马克思主义政治哲学的传统及其当代延展

The Tradition of Marxist Political Philosophy and
Its Contemporary Extension

李佃来 著

人民出版社

国家社科基金后期资助项目
出版说明

后期资助项目是国家社科基金项目主要类别之一,旨在鼓励广大人文社会科学工作者潜心治学,扎实研究,多出优秀成果,进一步发挥国家社科基金在繁荣发展哲学社会科学中的示范引导作用。后期资助项目主要资助已基本完成且尚未出版的人文社会科学基础研究的优秀学术成果,以资助学术专著为主,也资助少量学术价值较高的资料汇编和学术含量较高的工具书。为扩大后期资助项目的学术影响,促进成果转化,全国哲学社会科学规划办公室按照"统一设计、统一标识、统一版式、形成系列"的总体要求,组织出版国家社科基金后期资助项目成果。

全国哲学社会科学规划办公室

2014 年 7 月

目　　录

引　言

一、自由主义范式的分离与马克思主义政治哲学传统的提出

在进入 21 世纪以来的学术实践中,马克思主义政治哲学的兴起是一个引人注目的事件。可以说,十多年来,通过不同方向、不同角度和不同层面的学术探索,学术界对于马克思主义政治哲学的认识已经有了质性的推进,为打开马克思主义政治哲学的理论空间也作了深厚的铺垫。但一个需要检省的前提性问题是,作为一个重大的学术课题,马克思主义政治哲学的出场与在场,虽然与人们对传统教条的马克思主义哲学研究模式的反思与批评不无相关,但无可争辩的是,这在一定程度上,乃是由西方政治哲学的刺激所导致的一个结果。也就是说,20 世纪 70 年代以来政治哲学在西方思想界的复兴及其作为强大"显学"的定格,促发人们将这一理论方向引入中国马克思主义哲学的学术论域,进而以之为基础来实现马克思主义哲学研究的自我创新,以及实现马克思主义哲学与当今西方哲学的有效对话。在这种外作用力的推动下来从事马克思主义政治哲学的研究,本身就暗含着以西方主流政治哲学特别是自由主义政治哲学来嫁接、引导、匡定马克思主义政治哲学的极大可能。而只要盘点、检视既往的相关讨论也不难发现,马克思主义政治哲学的有些命题,往往就是从西方自由主义政治哲学的范式中接生出来的;或者西方自由主义政治哲学的基本变量,成为马克思主义政治哲学隐在的判断标准;如此等等。放大开来,这就很容易让人想起阿拉斯戴尔·麦金太尔所指证的一个现象,即当代社会中的每一种政治哲学理论,"都明确地或含蓄地提出它们的主张,在一个制度化的框架之内,它们大部分由自由主义的假设明示,这使得自由主义的影响超出其明确倡导的效果之外。……自由主义当然以许多伪装形式出现在当代的论战之中。而在这样做的时候,它们通常是在论战中先发制人,通过重新阐述与自由主义发生的各种争吵和冲突而取得成功。因此,这些争吵和冲突似乎已经变成了自由主义内部的论战"①。

---

① ［美］阿拉斯戴尔·麦金太尔:《谁之正义? 何种合理性?》,万俊人等译,当代中国出版社1996 年版,第 511 页。

　　这一以自由主义为支点来进行政治哲学研究的学术现象,在涉及关于马克思正义理论的学术理解时,似乎是尤为明显的,这让我们不得不正视、警惕这一学术现象隐在的理论陷阱。问题之实情是这样的:今天人们在正义问题上的热情,与罗尔斯《正义论》发表以来所形成的学术效应有直接的关系,因此,人们通常所讲的"正义",是在讨论罗尔斯及其对置者的理论时授受的一个概念。这正如加拿大学者威尔·金里卡所描述的:"一个普遍认可的事实是,规范的政治哲学复兴于罗尔斯于 1971 年出版的《一种正义理论》(即指《正义论》——引者注)。要想了解当代的各种正义理论,罗尔斯的理论是一个自然的出发点。罗尔斯的理论支配着当代政治哲学的论争,并不是因为人人都接受他的理论,而是因为其他不同的观点通常是在回应罗尔斯理论的过程中产生的。但正如这些不同观点只有依照它们与罗尔斯的关系才能得到最好的理解,同样,要理解罗尔斯也就要求首先理解他所回应的那种理论——功利主义。"①当罗尔斯的正义理论支配着当代政治哲学的发展,而诸种政治哲学的观点只有依照与罗尔斯的关系才可能被理解时,就会形成这样一个情况,即马克思的正义思想,也被安装在罗尔斯正义理论刺激下形成的政治哲学框架内予以阐释,判断马克思正义观念的根据,也要从罗尔斯或与之相关者的政治哲学的范式中引出。可以说,不管是承认马克思持守正义观念的柯亨,还是否认马克思持守正义观念的伍德,都是这样做的;而在中国学术界所发生的"马克思有无正义观念"的争论,往往也受到了这一学术定式的隐在诱导。所以,当人们还在环绕"目标冲突"和"物质资源的有限"来认证正义在马克思理论演进中不同时期的消长状况时,却没有意识到这两个所谓的"正义条件",乃是休谟、亚当·斯密以及罗尔斯、诺齐克等近代和当代自由主义理论家讨论正义的基本前设,对其的提炼与概括,乃是依据了这些自由主义理论家的范畴。

　　平心而论,对于一个新的学术领域或学科方向而言,在其确立的初始阶段,外在话语的辅佐与推动可能都还是必要的;可一旦被外在范式绑缚起来,这一新的学术领域或学科方向,则就难以走出其"学徒状态",从而在思想的探求上也不容易达及深层。所以,我们一方面应当肯定西方政治哲学对马克思主义政治哲学进行催化的积极意义,应当认识到,没有近几十年来西方政治哲学蓬勃发展的学术大背景的烘托,马克思主义政治哲学从一种蔽而不显的状态中抽脱出来,进而生长为一个风头正劲的学术领域,或许是难以想见的。但另一方面,我们显然也应当认识到,在他者的范式之外确证

―――――――――

① 〔加〕威尔·金里卡:《当代政治哲学》(上),刘莘译,上海三联书店 2004 年版,第 19 页。

马克思主义政治哲学自身的思想传统,开显这一传统的独特思想意义,对于这一学术领域的发展与成熟来说,则是最为重要的前提性工作之一。

而实质上,只要本着"求真"意识来对政治哲学的发展历史加以检视就会看到,各种政治哲学理论之间无论存在什么样的勾连和同质,它们也往往是在互不相同的情境和传统中形成和推进的,正是彼此的殊异,才使得每一种政治哲学都能够在思想史的链条上凸显出来,不至于掩蔽在他者的范式之下而失去光芒。有意思的是,罗尔斯在为其《正义论》命名时,其实已经指示了这一点:《正义论》英文名称为 A Theory of Justice,按照其本意,即指"一种"正义理论,言外之意是,在它之外,还有其他正义理论。然而,罗尔斯的这个指示显然没有引起人们足够的重视,因为只要一谈到正义,人们往往首先想到的就是罗尔斯,似乎只有以罗尔斯为基本样本或参照系,正义的研究才是具有合法性的。这毋庸置疑是有悖于罗尔斯书写《正义论》之原意的,也不符合政治哲学史的基本理论构图。

由此来看,从事政治哲学研究的一个重要前提,就是"划界",即厘清研究对象的传统归属,确定研究对象的理论边界。对于马克思主义政治哲学研究而言,"划界"的重要性尤为显著,因为如果始终遵从既往的学术路数,将自由主义视为唯一正当的理论范式和研究框架,那么就注定无法走出简单地向西方取经的"学徒"状态,也必然将马克思主义政治哲学的原初理论问题遮蔽起来。在此意义上,我认为,要使马克思主义政治哲学成为一个具有自我主张、以自身为本质根据的独立领域,就需要在"划界"的问题意识下,切实地将自由主义理论范式分离出去,并提出"马克思主义政治哲学传统"的问题。

不过,进一步说,提出"马克思主义政治哲学传统"的问题,我们必然要予以追问:马克思自己有没有自成一系的政治哲学? 如果有,其政治哲学的实体性内容是什么? 从马克思政治哲学的理论进路中,可以揭示出什么样的思想逻辑? 这种思想逻辑在哲学史的推进中,又是以何种形式得以展现的? 可以说,在一定意义上,只有对这些问题作出实质性的检思与回答,才能够彰明马克思主义政治哲学的思想底蕴与理论特质,从而也才能够开显和证立马克思主义政治哲学的传统。要检思与回答这些问题,如果说不能依傍于自由主义的理论范式,那么就应当回到思想史的视域,从"连续性"与"非连续性"双重维度来加以创造性阐发。

从思想史的视域来开展马克思主义政治哲学的研究,国内学术界应当说已经有了一些积极的探索。其标志性理论路径,就是"向回看"。具体一点说,也就是将马克思放在近现代政治哲学的思想线索中,通过对近现代政治哲学理论命题——如市民社会与政治国家、权利与权力、个体与共同体、特殊性与普遍性等等——的盘点、检思与考察,来解析马克思在政治哲学上的努力及创获。我们知道,过去在马克思哲学的解释中,存在一种将马克思与其之前的哲学家完全对立起来的"断裂论"和"突变说"。相比"断裂论"和"突变说",这一"向回看"的理论路径的一个重大推进,就是打通了马克思与其之前的思想史,突破了将这两者对立起来的僵固阐释模式和思维定式,在很大程度上克服了这种僵固阐释模式和思维定式的偏蔽与不足,对于还原马克思政治哲学的初始理论坐标以及本真思想谱系,具有重要意义。

然而,除了其积极性的一面,这样一条强调"向回看"的思想史路径,由于在一定意义上是针对过去的"断裂论"和"突变说"而厘定的,所以它又很容易矫枉过正,走向另一个极端,即忽视马克思哲学与近代哲学之间的质性区别,忽视马克思与他所批评的那些只知道解释世界的理论家之间的根本分殊,这进而又很容易导向自由主义理论范式,既不利于澄明马克思政治哲学的实体性内容,也不利于确定马克思主义政治哲学传统的边界。有鉴于此,我提出如下观点:除了"向回看"的路径,马克思主义政治哲学研究的思想史视域,还需要补入一条"向前看"的阐释路径。这条阐释路径的要旨和根本点,就是从马克思推进到西方马克思主义、从 19 世纪的马克思主义哲学推进到 20 世纪的马克思主义哲学。这条阐释路径之所以值得补入,不仅仅是因为它能够对"向回看"起到一种"矫正"作用,避免滑向自由主义的思维老路,同时也是因为它能够让我们从整体上来把握和呈现马克思主义政治哲学传统的理论内容、思想实质及历史延展。但这样一来,就必然涉及一个需要进一步论析与阐明的问题:西方马克思主义哲学与马克思哲学存在一种衔接、连续性乃至同质性吗?

二、马克思主义哲学史与西方马克思主义的会通

开辟"从马克思到西方马克思主义"的阐释路径,是一个关涉到马克思主义哲学史研究的重大问题。众所周知,根据现行的学科分类,国外马克思主义与马克思主义哲学史是两个不同的学科方向和研究领域,而西方马克思主义在内容上主要从属于作为一个独立学科方向的国外马克思主义。毋庸置疑,这种学科分类在一定意义上乃是为了凸显国外马克思主义研究的特定意义和重要地位。然而,同样毋庸置疑的是,这种学科分类实质上隐在地将以西方马克思主义为主体性内容的国外马克思主义,看

作是外于马克思主义哲学史而存在的理论形态,因而就在逻辑上将其排除在马克思主义哲学史的学术视野与理论框架之外了。所以,马克思主义哲学史研究在范式上不能根本地接纳西方马克思主义,而西方马克思主义研究缺少马克思主义哲学史的总体视野,成为马克思主义哲学界的普遍学术现象。

追溯起来,将西方马克思主义及东欧新马克思主义等放在马克思主义哲学史的框架之外来加以界定,是苏联马克思主义哲学界所确立起来的理论路数。苏联马克思主义者是以他们自己所理解并定格下来的哲学模式为最终标准,来确定马克思主义哲学史研究之内容的。进入到他们研究视域的,只是马克思、恩格斯、列宁的哲学思想(自然也不是他们哲学思想的全部),至于青年卢卡奇、柯尔施、葛兰西、霍克海默、萨特、沙夫、科西克等人的哲学思想,则被不由分说地贴上了"非马克思主义"的标签,从而不可能也没有出现在苏联马克思主义者研究的视线之内。目前,中国学术界对西方马克思主义、东欧新马克思主义等国外马克思主义形态的评价,与苏联马克思主义者的态度相比已是大为不同,但将国外马克思主义与马克思主义哲学史生硬地区隔开来却足以表明,中国的马克思主义哲学史研究依然在一定程度上延续着苏联的标界体系。这是值得深长思之的事情。

中国新时期的马克思主义哲学史研究在 20 世纪 80 年代初开创之时没有纳入西方马克思主义,应当说是不足为奇的,因为西方马克思主义登陆中国学术界也只是 20 世纪 80 年代初之后才发生的学术事件,这样一股对中国学者来说完全陌生的理论思潮在其性质与特质没有被完全辨识之前,是很难被放入马克思主义哲学史的视野中来得到介绍与评论的。然而,当人们在对原理教科书体系批评之后已经普遍地不再用原有的标准(特别是唯物主义—唯心主义对立的标准)来指认西方马克思主义种种理论观点的时候,马克思主义哲学史与西方马克思主义继续被作为两个异质的构架来对待,是让我们不得不反诘与审理的问题。平心而论,应不应当将西方马克思主义纳入马克思主义哲学史,并不是一个可以任凭研究者个人的喜好而随意决定的问题,其最根本的判断依据,应当是马克思主义哲学传统形成的内在机制与已然形成的马克思主义哲学基本风貌的历史事实。

马克思 1877 年在《给〈祖国纪事〉杂志编辑部的信》中,曾说过这样一段颇具警示性的话:"极为相似的事变发生在不同的历史环境中就引起了完全不同的结果。如果把这些演变中的每一个都分别加以研究,然后再把它们加以比较,我们就会很容易地找到理解这种现象的钥匙;但是,使用一般历史哲学理论这一把万能钥匙,那是永远达不到这种目的的,这种历史哲学理论的最大长处就在于它是超历史的。"①马克思的这段话,是对俄国知识分子提出的《资本论》所揭示的资本主义产生与发展的规律是否适用于俄国这样一个问题的回答,实质上也是对马克思主义哲学发展规律的一种深度思考。马克思无非是要表明:以西欧为背景并根据它的实践材料创立的唯物史观和社会发展理论,作为一般性的学说,本质上是属于世界的。然而,在世界化的过程中,它们又一定要结合具体的历史环境从而采取特殊的民族化的方式来实现。如果说,马克思在此提出了马克思主义哲学发展的一般性与特殊性、世界性与民族性的关系的问题,那么,这一问题在恩格斯那里得到了更为明确的说明。1886 年在致左尔格的信中,恩格斯指出:"德国人一点不懂得把他们的理论变成推动美国群众的杠杆;他们大部分人连自己也不懂得这种理论,而用学理主义和教条主义的态度去对待它,认为只要把它背得烂熟,就足以满足一切需要。对于他们来说,这是教条,而不是行动的指南。"②我们发现,马克思与恩格斯在这些论述中,通过说明马克思主义哲学一般性与特殊性、世界性与民族性相互之间的关系,论证了马克思主义哲学发展的内在机制就在于通过特殊性来体现一般性、通过民族性来体现世界性,由此指出各国的马克思主义者应当依托对本民族文化历史发展与具体革命实践的研究,创造出与本民族文化语境和历史语境相契合的马克思主义哲学形态。这实际上是承认了不同民族马克思主义哲学形态形成与存在的合理性,承认了马克思主义哲学的发展是由一元到多元、由单一理论模式到多种理论模式并置的格局。

　　然而,马克思与恩格斯身后的理论史,特别是"教条主义"与"非教条主义"的分野与斗争史表明,那个风行了大半个世纪的所谓"正统的马克思主义哲学"体系,实质上从来就没有承认过在马克思、恩格斯、列宁哲学之外还有什么其他形态的马克思主义哲学,因为那些打着"正统马克思主义"旗号的哲学家(当然不包括卢卡奇这样以"正统"为名号来从事非正统马克思主义理论研究的哲学家),从来就是以被定于一尊的苏联马克思主义哲学理解模式为标准,去评判和裁剪生成于西欧大陆、英美资本主义国家以及东欧社会主义国家中的马克思主义理论形态,从而将这些理论形态指认为是非马克思主义甚至是反马克思主义的思潮,这无疑也就对应着苏联马克思

---

① 《马克思恩格斯选集》第 3 卷,人民出版社 1995 年版,第 342 页。
② 《马克思恩格斯选集》第 4 卷,人民出版社 1995 年版,第 677 页。

主义哲学史研究模式形成的真实语境。相反,这些被标识为"非马克思主义"甚至是"反马克思主义"的哲学形态,几乎都是在反教条主义的基础上,通过将马克思主义基本原理与各自所属的民族的文化和历史相融而创造出来的。这些哲学形态的大部分,虽然从来就没有放弃对苏联马克思主义哲学模式的批评,但它们并不承认马克思主义哲学只有一种,并不用一种马克思主义哲学的解释模式去打压其他的模式。

这让我们进一步意识到,如果并非用先已预制的观点,而是以深刻解悟马克思与恩格斯指认出的马克思主义哲学传统形成的内在机制为基准去观望 20 世纪马克思主义哲学发展的历程,我们就有理由相信,西方马克思主义的形成,虽然与西方种种哲学思潮的影响与刺激不无相关,但其最为重要的思想资源,却是马克思主义哲学传统提供的。在某种意义上,西方马克思主义理论家是以接续和推进马克思主义哲学传统为根本旨向来进行哲学创造的,他们的话语,往往是在以某种方式回应马克思主义哲学史上提出的理论问题与形成的思想现象。卢卡奇的"总体性辩证法"、葛兰西的"实践哲学"、柯亨的"历史唯物主义的辩护",这些具有深刻影响力的思想观点与理论进路,都是在这样的基础上提出并进一步锁定的。所以,西方马克思主义的种种理论形态,基本上都是马克思主义哲学之特殊的历史与逻辑交汇的产物;这些理论形态其实并没有溢出于马克思主义哲学的理论传统,它们从一开始就是作为马克思主义哲学"内史"的组成部分而形成与发展的。这也就是说,上面所提出的问题,即西方马克思主义哲学与马克思哲学是否存在一种衔接、连续性乃至同质性,乃是可以得到肯定性回答的。

确证了这一点,我们就应当理直气壮地在理论范式上,将西方马克思主义纳入马克思主义哲学史的结构中加以看待。这既符合马克思主义哲学发展的机制和规律,也与已然形成的马克思主义哲学基本历史风貌相一致。在一定意义上可以说,唯有确立起这样一种学术路数,马克思主义哲学史的研究才不至于呈现为离散的、不完整的状态,而西方马克思主义的研究也不会因为缺乏哲学史的视野而继续停留在对"正面启示与负面影响"之类问题的讨论上,而是可以深入到宽厚的哲学史逻辑中来,清理西方马克思主义哲学家是在什么样的路向上接续和推进马克思主义哲学传统的。进而言之,只要确立起这样一种学术路数,我们就可以顺理成章地在"从马克思到西方马克思主义"的理论路向上,来梳理马克思主义政治哲学的思想逻辑、考究马克思主义政治哲学的基本论题了。这也就是我们在马克思之后所要开辟和建立的"向前看"的思想史视域。

三、政治哲学作为西方马克思主义研究路径的合法性

要在"从马克思到西方马克思主义"的阐释路径上开展政治哲学的研究,由此整体性地呈现马克思主义政治哲学的传统,除了在学理上打通马克思哲学与西方马克思主义哲学,我们还需要阐明的一个至关重要的前提性问题,就是政治哲学作为西方马克思主义研究路径的合法性问题。

众所周知,无论是政治哲学,还是西方马克思主义,都是中国学术界近些年来确立起的重要研究领域。虽然这两个研究领域都随着研究者视野的不断拓展和学术队伍的不断壮大而得到了长足的发展,但毋庸讳言的一点是,它们之间并没有产生实质性的交集。亦即,政治哲学研究者基本没有将思维的触角切实地伸向西方马克思主义;而西方马克思主义研究者也基本没有确立起一个政治哲学的理论向度。然而,这个情况绝不意味着,西方马克思主义缺乏实至名归的政治哲学思想,故而以政治哲学为路径推进西方马克思主义的研究是非正统的。相反,在我看来,西方马克思主义的实体性内容之一,就是政治哲学。

第一,在当下的学术讨论中,"政治哲学"虽然是一个语义含混甚至引发歧义的概念,但一般而论,正如列奥·施特劳斯所言,政治哲学是哲学的一个重要分支,同时又涵盖政治学的内容,是对根本性政治问题的哲学思考。在这个意义上,政治哲学包含了对重要政治现象的善恶评价,对政治价值的理性省思以及对政治理想的热切求证。尤为重要的是,政治哲学要为政治活动提供理念的支撑,亦即,它要论证"一个社会为什么要建立和实行这样的而不是别的政治制度,一个国家和政府为什么要制定和实施这样的而不是别的政策和政治措施,一个人或一个群体为什么会采取这样的而不是别的政治行为"[①]。因此,凡是关乎阶级、国家、权力、权利之行为导向以及自由、民主、平等、正义之价值导向的问题,都应当是政治哲学予以指涉的内容。就此而论,西方马克思主义的若干理论命题,与政治哲学的指涉范围是正相重合的。从早期西方马克思主义者卢卡奇、葛兰西的民主革命理论诉求,到法兰克福学派的资本主义批判理论话语,再到20世纪70年代之后新马克思主义的"激进民主"政治要求、全球政治理论诉求以及分配正义理论创制,都应当被认定为政治哲学的内容。

第二,学术界一个普遍性的观点认为,西方马克思主义相对于传统马克

---

① 陈晏清、王新生:《政治哲学的当代复兴及其意义》,《哲学研究》2005年第6期。

思主义而言,实现了从政治学向哲学的过渡。如果我们不加分析地接受这一观点,那么我们自然没有理由继续追问"何为西方马克思主义的政治哲学",没有理由去找寻将西方马克思主义与政治哲学连接起来的东西。然而,西方马克思主义就真的纯哲学化而不关心政治追求了吗? 仅从传统承袭与沿取的视角来加以审理,便知这一问题的答案一定是否定的。如果我们承认,马克思论述"人的解放"、"非神圣形象的自我异化"、"革命"、"改变世界"以及具有形上意义的"自由"与"正义",正是在一种政治哲学的思想逻辑中进行的,那么,这一理论思路在马克思完成其哲学的创造之后并没有止步,后来的卢森堡、卢卡奇、葛兰西、早期法兰克福学派,甚至青年哈贝马斯,都在不同层面上、以不同的方式沿着马克思政治哲学的逻辑进行了理论的探索。他们对苏联社会主义政治模式的批判,以及结合现实政治而对理论与实践之关系的深刻阐发,实际上都导向了政治哲学的思想逻辑。这自然可以说明,在当代政治哲学的学术界面上,的确并非像有些论者所指认的那样,是自由主义、社群主义一统天下的格局,西方马克思主义在其中所扮演的角色,是无论如何都不能轻忽的。据此言之,在政治哲学的路向上来读解西方马克思主义,或在西方马克思主义的理论视域中阐发政治哲学的思想,绝不是将两种互为他者、彼此外在的东西拼合在一起,在根本的意义上,这是要求从西方马克思主义理论主题中离析政治哲学的思想资源,将内在于西方马克思主义的政治哲学理论彰示为20世纪马克思主义政治哲学以及广义政治哲学理论断面上的重要部分。

第三,从历史来看,自黑格尔、马克思、托克维尔、密尔等人以不同路向开现代政治哲学风潮以降,作为一门学科的政治哲学开始逐渐被冷落乃至被放逐,大有从此而销声匿迹之迹象。究其根源,主要在于实证主义知识原则和科学主义话语取代价值原则和人文主义话语,以及由此而衍生出的以经验理性为基础的政治学和行政管理学对以价值理性为基础的政治哲学的替代。这一持续了百余年的思想状况,在20世纪中前期终于有所转折。一大批以守护人文价值为己任的理论家,开始重新认识、反思、批判由工具理性之胜利与扩张而导致的现代性文化危机,以此为基础,他们开始涉入关于政治共同体之基本信念、基本价值、基本生活方式以及基本制度之根据的考辨与论析。正是在这一历史与文化语境中,政治哲学开始重新登场,并借助于新自由主义、社群主义等主流意识形态的壮大而再度复兴。不难考知,政治哲学从衰落到复兴的整个历程,恰恰是以自由主义思想家为代表的20世纪西方知识分子检讨近现代主导性知识原则和价值准则,观照现代人之生存状况,重塑乌托邦之理想性话语的过程。在这一过程中,现代性构成了整个幕后背景,政治哲学之败落与崛起,全都系于思想家与学人对现代性知识状况的不同回应。施特劳斯曾经预言,彻底质疑近三四百年来的西方思想学说是一切智慧追求的起点。实质上,如果我们把当代政治哲学之思的思想起点视为施特劳斯所言西方人文知识分子对近现代思想的质询与审问,那么,我们起码应当承认,西方马克思主义的现代性批判逻辑,已无可争议地成为政治哲学之当代复兴的重要铺垫,甚或是重要话语。一个明显的事实是,20世纪以追逐政治之"应然"存在为旨归的现代性批判,不是由一种哲学力量单独发起,毋乃说这是一次思想的大合唱,西方马克思主义、存在主义、形形色色的后现代主义,凡此种种,都在以不同的方式检思现代主义之科学理性,求证政治活动之妥当的政治原则与政治价值,不过,西方马克思主义在其中所起的作用,在我看来是主导性的,其领唱的位次是任何一种思想力量都不可替代的。因为西方马克思主义自卢卡奇、柯尔施以来,就一直对作为启蒙现代性之连带性产物的科学主义和实证主义不屑一顾,甚至是对其进行了极大的嘲讽与驳难,这从某种意义上说,正成为20世纪现代性批判"聚合性"力量的中心。于是,一个几乎没有悬念的结论是:没有西方马克思主义那摧枯拉朽式的现代性批判,20世纪西方知识界甚至于无法强烈地感知实证主义和行为主义政治学在解决政治问题以及人之存在问题上的种种困难,政治哲学也就无法在一片欢呼声中重新出场亮相。

在此,我们不妨以法兰克福学派的批判理论为例来予以说明。第一代法兰克福学派掌门人霍克海默在《批判理论》一书中,从指正现代性的思维困境出发,对批判理论的概念、主题、功能及其特点等基本问题进行了明确的界定和深入细致的分析。根据霍克海默的界定,批判理论异质于19世纪以降堂而皇之地占据多门学科研究高位并成为一种统摄性思维方式的实证主义。在对待社会问题上,如果说实证主义主张像自然科学描述自然法则一样描述社会与政治法则,因而在逻辑上将资本主义、极权主义、种族主义、性别歧视以及各种各样的统治与压迫看作是必然的趋势和事实,那么,与这种"冻结"社会本质的"合法性证明"相反,批判理论强调以一种批判的态度和超越的眼光来看待资本主义,尤其是它的政治价值。而当霍克海默、马尔库塞、洛文塔尔、弗洛姆、本雅明、波洛克以及阿多诺等具有不同文化背景和知识结构的法兰克福学派理论家,都不约而同地将批判的矛头指向晚期资本主义的种种不合理状态以及其放大形式的启蒙现代性困境之时,这些理论家实际上在悄然地重构一种政治哲学的理论话语,同时也为之后种种政治哲学思潮之历史出场埋下了浓重的伏笔。

　　由此可见,在马克思身后的西方马克思主义理论史上来开辟政治哲学的研究路径,是具有确定的合法性支撑的;而循着这一路径所开展的研究,可以反映马克思主义政治哲学传统在20世纪的特定理论延展和思想取向。

第一章　马克思的政治哲学及其理论传统：
一个起始性的探究

传统马克思主义哲学研究范式在根本上将马克思哲学界定为辩证唯物主义与历史唯物主义，从而连带地将之确证为探究自然与历史事实以及自然与历史规律的知识论和实证性理论。可以说，这一研究范式先在地预设了马克思哲学与政治哲学的不相兼容，因为政治哲学在本质上是一种追求价值、构造理想世界的理论，它与实证性科学具有根本不同的学术前提和致思方式。这一系于知识论和实证思维的研究范式，使许多学者未必情愿从政治哲学的维度来理解马克思的哲学，未必情愿在普遍的意义上将马克思的哲学定位为一种政治哲学，即便要赋予"马克思政治哲学研究"以合法性，也只是根据当代性或他者的理论资源来做一种"从后重构"，这大概也是自由主义理论得以捆绑马克思政治哲学研究的重要因由之一。然而，只要真正本着一种探寻真理的意识走入马克思的文本和理论语境中来，我们就会发现传统马克思主义哲学研究范式的浅薄、贫瘠、虚妄，就会发现马克思不仅建立起了一个坚实的政治哲学理论维度，而且也开创了一种不同于自由主义的政治哲学传统。

一、历史唯物主义的政治哲学意蕴

政治哲学是一个关于规范性论证的学科方向，疏离了规范性的理论视角，它就不具有合法性可言。如果我们将历史唯物主义界定为是马克思主义哲学的实质，而又遵从通常的思维习惯，将之作为一种异质于规范性的认知性和实证性理论来加以描述和研究，那么我们就没有底气和资格从马克思哲学中开辟出政治哲学的研究向度。所以，马克思有没有政治哲学，以及如何认识其政治哲学，在很大意义上取决于我们是如何理解历史唯物主义的。

众所周知，虽然一提到马克思，人们会立即想到他的历史唯物主义理论，但马克思却从来没有写过一部专门论述历史唯物主义的著作。不过，毋庸讳言的事实是，人们在理解何谓历史唯物主义时，通常又会想到马克思在《〈政治经济学批判〉序言》中的如下著名论述："人们在自己生活的社会生

产中发生一定的、必然的、不以他们的意志为转移的关系，即同他们的物质
生产力的一定发展阶段相适合的生产关系。这些生产关系的总和构成社会
的经济结构，即有法律的和政治的上层建筑竖立其上并有一定的社会意识
形式与之相适应的现实基础。物质生活的生产方式制约着整个社会生活、
政治生活和精神生活的过程。不是人们的意识决定人们的存在，相反，是人
们的社会存在决定人们的意识。社会的物质生产力发展到一定阶段，便同
它们一直在其中运动的现存生产关系或财产关系（这只是生产关系的法律
用语）发生矛盾。于是这些关系便由生产力的发展形式变成生产力的桎
梏。那时社会革命的时代就到来了。随着经济基础的变更，全部庞大的上
层建筑也或慢或快地发生变革。"①由于这段论述长期以来被称为马克思关
于历史唯物主义的"经典表述"，所以人们也总是根据这段论述来理解历史
唯物主义的理论实质。恩格斯在为马克思《政治经济学批判。第一分册》
所写的书评中，将这段"经典表述"所阐发的原理进一步概括为"人们的意
识取决于人们的存在而不是相反"②，这在人们看来也正是历史唯物主义的
理论实质之所在。但在我看来，这种理解存在一定偏差。

　　我们知道，苏东马克思主义解释模式的一个最大缺陷，就是将历史唯物
主义作了自然本体论或物质本体论的理解。根据自然本体论或物质本体
论，历史唯物主义只是自然唯物主义在历史领域中的推广和运用，所以重点
不是历史而是唯物主义。实际上，如果仅仅停留在"人们的意识取决于人
们的存在而不是相反"这个层面来界定历史唯物主义，我们就依然没有摆
脱自然本体论和物质本体论的思维定式，因为这种界定必然将思维的触角
伸向唯物主义而不是历史。可是，马克思和恩格斯在《德意志意识形态》中
批评费尔巴哈时曾这样指出：

　　　　当费尔巴哈是一个唯物主义者的时候，历史在他的视野之外；当他
　　去探讨历史的时候，他不是一个唯物主义者。在他那里，唯物主义和历
　　史是彼此完全脱离的。③

　　在《唯物主义和经验批判主义》一书中，列宁又这样指出：

---

①　《马克思恩格斯文集》第 2 卷，人民出版社 2009 年版，第 591—592 页。
②　《马克思恩格斯文集》第 2 卷，人民出版社 2009 年版，第 598 页。
③　《马克思恩格斯文集》第 1 卷，人民出版社 2009 年版，第 530 页。

　　马克思和恩格斯的学说是从费尔巴哈那里产生出来的,是在与庸才们的斗争中发展起来的,自然他们所特别注意的是修盖好唯物主义哲学的上层,也就是说,他们所特别注意的不是唯物主义认识论,而是唯物主义历史观。因此,马克思和恩格斯和他们的著作中特别强调的是**辩证**唯物主义,而不是辩证**唯物主义**,特别坚持的是**历史**唯物主义,而不是历史**唯物主义**。①

　　马克思、恩格斯以及列宁的这些话直截了当地告诉我们,历史唯物主义的理论实质在于历史而不在于唯物主义,人们通常重视的"社会存在决定社会意识"这一唯物主义原则,实际是随着马克思和恩格斯对历史的深入探究而确立起来的,所以,只有把握住了"历史"这个环节,历史唯物主义的实体性内容及理论实质才有可能展现出来,相反,如果仅仅抓住"唯物主义"一词而遮蔽了历史,历史唯物主义则就很容易被曲解为与之格格不入甚至截然相反的东西。那么,如何理解历史唯物主义中的"历史"?

　　我们知道,历史唯物主义是一个具有普遍适用性的理论,而马克思和恩格斯在《德意志意识形态》中,也是在一般历史的层面提出历史唯物主义的基本原则的,这似乎表明,他们所首先面对和考察的历史,就是跨越一切时代的普泛一般的历史。然而,马克思在《1857—1858年经济学手稿》中所提出的"人体解剖对于猴体解剖是一把钥匙"②的著名论断,却告诉我们一个基本事实,即他是以解读现代资本主义历史为坚实踏脚石而进入一般历史的。所以,要理解历史唯物主义中的"历史",关键是要追问:马克思是如何锁定和考察现代资本主义历史的?

　　毋庸置疑,任何一个时代的历史,包括现代资本主义历史,总是由本质的东西和现象的东西、核心的东西和边缘的东西、关键的东西和从属的东西所构成的。因而,任何一个人想要真正进入到历史中来,就必须首先把握住历史中本质的、核心的和关键的部分。对于现代资本主义历史而言,本质的、核心的和关键的部分是什么? 不可否认,现代资本主义历史在相当大的意义上,是随着商品经济和私有财产关系的形成而展开的,所以显而易见,从内容上来看,其本质的、核心的和关键的部分就是商品经济和私有财产关系。而由于商品经济和私有财产关系的社会组织形式就是市民社会,所以

---

① 《列宁专题文集　论辩证唯物主义和历史唯物主义》,人民出版社2009年版,第115—116页。

② 《马克思恩格斯文集》第8卷,人民出版社2009年版,第29页。

追根溯源,马克思是借助于市民社会而锁定和考察现代资本主义历史,进而创立历史唯物主义理论的。市民社会虽然看似是一个经济科学的概念,但就其本来意义,它是一个近现代政治哲学的根基性概念。

之所以说市民社会在本来意义上是一个近现代政治哲学的根基性概念,乃是因为人们首先不是从经济科学的层面,而是从政治哲学的层面,以权利和自由的主题来回应市民社会这一新生事物的。反过来说,霍布斯、洛克以来的近现代政治哲学的根本母题是权利和自由问题,而这一根本母题虽然被洛克等政治哲学家们论定为由自然法所证成的东西,但归根结底却是在市民社会这一现实历史土壤上滋生出来的,反映的是市民社会的基本利益诉求。所以我始终认为,虽然霍布斯、洛克、休谟、卢梭、康德、穆勒等政治哲学家们都没有使用过"市民社会"这一术语,但实际上,我们只有置于由市民社会所表征的历史背景中,才能够从源头上理解和把握他们的政治哲学思想。但毋庸讳言的一个事实是,大部分近现代政治哲学家——如洛克、亚当·斯密——是从一种静时态的理性主义出发,本着一种建构主义的旨趣来开展政治哲学研究的,所以他们的核心工作之一,是对市民社会这个现代新生事物所透射出的精神性原则予以肯定、辩护和修缮,以此达到为现代社会构建伦理规则和提供制度模型的目标。在这种情况下,市民社会虽然是近现代政治哲学所由以形成的现实土壤,但它却不可能作为研究和探察的对象而进入到政治哲学家们的理论视野之中,所以黑格尔之前近现代政治哲学并未将历史向人们呈现出来。

在近现代政治哲学史上,黑格尔率先把市民社会作为一个明确的对象加以探究,这是自霍布斯、洛克以来政治哲学发展过程中的一个重大理论推进,标志着政治哲学家们开始进入自觉的理论反思的层面。在《法哲学原理》中,黑格尔把市民社会设定为"伦理"篇中的一个上承家庭、下接国家的中间环节。这个由家庭而市民社会而国家的篇目安排,在一定意义上是其逻辑学的思辨结构的一个展现,但由于黑格尔从来没有把逻辑学仅仅视为一种形式的东西,而是将其看作"一切事物的自在自为地存在着的根据"[1],所以这个看似形式上的篇目安排,实质充分反映了黑格尔对市民社会问题的一种异常深刻的把握。可以说,黑格尔之所以把国家设定为市民社会的一个下游环节,目标并不在于从一种并列结构来阐释它们之间的平行关系,而是要求站在国家所代表的普遍伦理精神的至高点上,来高屋建瓴地审视和批判市民社会。具体来讲,黑格尔从市民社会中所看到的最核心的东西,

---

[1] ［德］黑格尔：《小逻辑》,贺麟译,商务印书馆1980年版,第85页。

就是没有节制、没有尺度的利己主义原则，以及由这一原则而进一步导致的匮乏、贫困乃至阶层和阶级的分化等社会现象。不容否认，作为一位谙知英国古典政治经济学和资本主义发展史的德国哲学家，黑格尔对市民社会的这番考察和审视，表明他比自洛克到亚当·斯密的政治哲学家更敏锐地洞察到了从资本主义经济生产关系中所折射出来的现代历史的内在矛盾，从而在一定意义上向人们呈示了历史。不过，黑格尔由于是在一种思维和存在的同质性理论结构中来解决他所看到的矛盾的，所以，他至多只是将现代资本主义历史最核心的部分——市民社会的利己主义原则消融在了伦理国家当中，而并不可能发展出一种真正指向市民社会的历史主义理论。在此意义上，黑格尔对于现代资本主义历史的呈示，说到底也只是一种浅尝辄止的努力。

　　以上论述表明，市民社会虽然是近现代政治哲学的一个根基性概念，但要根据这个概念来锁定和考察现代历史，一个必要的前提就是对这个概念所指涉的对象进行实质性的检思和批判，而这项工作最终是由马克思完成的。我们知道，马克思始终将其所从事的理论活动称为"批判活动"，而但凡成为他的考察对象的东西，往往都是在他看来需要着力加以批判的东西。在写于1843年秋冬之际的《〈黑格尔法哲学批判〉导言》中，马克思对自己的批判活动的目标和任务进行了明确的说明："真理的彼岸世界消逝以后，历史的任务就是确立此岸世界的真理。人的自我异化的神圣形象被揭穿以后，揭露具有非神圣形象的自我异化，就成了为历史服务的哲学的迫切任务。于是，对天国的批判变成对尘世的批判，对宗教的批判变成对法的批判，对神学的批判变成对政治的批判。"①根据这一说明，马克思的批判活动的目标和任务，就是通过揭露具有非神圣形象的自我异化来确立此岸世界的真理。通过详细追问会发现，在这一目标和任务中包含了两个关键性的问题，一就是如何揭露具有非神圣形象的自我异化的问题，二则是在何处揭露这种具有非神圣形象的自我异化的问题。显而易见，相比于第一个问题，第二个问题更具有前提性的意义，而且这个问题也直接关涉到马克思是否能够借助于市民社会来锁定现代资本主义历史。但由于马克思在写作《〈黑格尔法哲学批判〉导言》之际还缺乏系统的政治经济学知识，所以此时对第二个问题的认识尚不是特别清晰的，虽然他是要求将批判的矛头对准法和政治的领域。不过，有趣的是，在马克思大致写于同一时期的《论犹太人问题》中，这个问题最终有了答案，而这正是其政治哲学研究的一个重大

---

① 《马克思恩格斯文集》第1卷，人民出版社2009年版，第4页。

结果。

以我之见，马克思终其一生都在从事政治哲学的理论批判工作。不过严格来讲，马克思是从《论犹太人问题》开始，才真正介入政治哲学领域的。在此前的《黑格尔法哲学批判》中，马克思虽然已经提出了"市民社会决定政治国家"的观点，但一是由于在这一著作中马克思的主要工作是批判黑格尔所崇尚的理性国家，二是由于马克思在其中并未对市民社会的内在矛盾作出深刻的考察，所以与此相应，他也没有真正意识到应当在市民社会中来揭露具有非神圣形象的自我异化，这也就是为什么在《〈黑格尔法哲学批判〉导言》中，他仍然要求将法和政治作为批判的首要对象。而在《论犹太人问题》中的考索与探究，实质上使马克思在对这个问题的认识上发生了根本性的改变。在这部政治哲学的"宣言书"中，马克思取得了两个重大的理论成果：一是在对写入在资产阶级法典中的权利和自由予以追根溯源的检视中，明确看到了政治生活是手段、市民社会生活是目的的事实，从而深化和推进了之前提出的"市民社会决定政治国家"的认识；二是在黑格尔的基础上对市民社会的利己主义原则进行通透彻底的批判中，明确看到了资本主义社会中个体与共同体、特殊利益与普遍利益之间不可自解的对立关系，并由此提出了将政治解放推进到人类解放、将市民社会推进到人类社会的伟大政治主张。第一个理论成果是一个从属于科学认知范围内的事实判断，第二个理论成果是一个从属于哲学批判范围内的价值判断。这两个重大理论成果，让马克思深刻认识到对市民社会的研究和批判对于揭露具有非神圣形象的自我异化，以及对于破解现代资本主义历史之秘密的基础性意义。正是基于这个在政治哲学研究上所获得的认识，从《论犹太人问题》之后的《1844年经济学哲学手稿》开始，马克思才实质性地投身于以政治经济学批判为载体的市民社会的研究（后来的《资本论》及其手稿的写作，就是市民社会研究的一个推进和聚焦），由此一方面锁定并打开了通往现代历史的根本入口，另一方面也因之而为历史唯物主义的创立作了充分的理论准备。

在1859年的《〈政治经济学批判〉序言》中，在对历史唯物主义创立的旅程进行回顾和记述时，马克思曾对以政治经济学批判为载体的市民社会的研究与历史唯物主义的关系作过粗线条的勾勒与说明：

> 为了解决使我苦恼的疑问，我写的第一部著作是对黑格尔法哲学的批判性的分析，这部著作的导言曾发表在1844年巴黎出版的《德法年鉴》上。我的研究得出这样一个结果：法的关系正像国家的形式一

样,既不能从它们本身来理解,也不能从所谓人类精神的一般发展来理解,相反,它们根源于物质的生活关系,这种物质的生活关系的总和,黑格尔按照 18 世纪的英国人和法国人的先例,概括为"市民社会",而对市民社会的解剖应该到政治经济学中去寻求。我在巴黎开始研究政治经济学,后来因基佐先生下令驱逐而移居布鲁塞尔,在那里继续进行研究。我所得到的,并且一经得到就用于指导我的研究工作的总的结果,可以简要地表述如下……(下面紧接着历史唯物主义的"经典表述"——引者注)。①

如果说长期以来人们在对历史唯物主义与政治哲学关系的认识上存在严重不足,那么,只要我们自觉地将市民社会概念放置在政治哲学的视域中来认真加以梳理并看到马克思的创造性探索,我们就一定可以根据马克思的上述勾勒与说明而得出这样一个结论:历史唯物主义与政治哲学并不是彼此外在、互为他者的,相反,它们之间存在一种内在的融通关系。具体一点说,这种融通关系体现为相辅相成的两个方面,一是政治哲学构成了历史唯物主义的一个重要理论源头,二是历史唯物主义构成了政治哲学向纵深推进的一个重要理论基础。前一方面已经一目了然,后一方面还需要继续予以说明。

后一方面的实质在于:不管是马克思之前的霍布斯、洛克、休谟,还是他之后的罗尔斯、诺齐克,实际都是在权利和自由的价值基点上,从各自所属的学思传统和理论路数来讨论政治哲学问题的。如果正如上文所述,权利和自由在现实性上反映的是市民社会的基本利益诉求,那么具体一点说,这个利益诉求的核心,就是现代人对人的自然生命和生存资格的基本尊重,这是这些政治哲学家开展研究的最根本规范性驱动力之一。就此而论,历史唯物主义与霍布斯、洛克以来的政治哲学在规范性问题上是有重合和共享之处的。根据恩格斯在《在马克思墓前的讲话》中的讲述,马克思发现人类历史发展规律进而形成历史唯物主义的理论创制,起点就在于对人的吃喝住穿等自然生命的基本把握,而在《德意志意识形态》中,马克思则又直截了当地将这些人的自然生命解释为是人的解放的坚实基础和根本踏脚石。所以,由这些人的自然生命所引申出来的权利和自由不但没有消逝在马克思的视野之外,而且正是其历史唯物主义理论结构中最坚实、最现实的内容之一。这倒不是说历史唯物主义是以"市民社会"为立脚点的(相反它是以

---

① 《马克思恩格斯文集》第 2 卷,人民出版社 2009 年版,第 591 页。

人类社会为立脚点的），而是说在市民社会研究基础上所创立起来的历史唯物主义，是一个有其不可遮蔽的规范性内容，从而包含了政治哲学的思想意蕴并为政治哲学作奠基的理论。由此而论，我们不仅有理由借助于历史唯物主义来开展马克思政治哲学的研究，而且在一定意义上，只有坐落于历史唯物主义的谱系，我们才能够真正洞观和把握马克思政治哲学的独特性与深刻性。历史唯物主义自然并不直接等同于马克思的政治哲学，但马克思遵照历史唯物主义而反过来对市民社会和资本主义生产关系所作出的深刻考察和批判，却无疑追溯到了权利、自由等政治哲学问题背后的"根问题"。就此来看，这个被相沿成习地论定为认知性和实证性学说的历史唯物主义，实质是探索和考察近代以来政治哲学问题最不可或缺的一个方法论遵循和理论框架。所以在我看来，我们不仅应当依据马克思早期的政论性文本来阐释其政治哲学思想，同时更应当依据历史唯物主义创立之后、以《资本论》及其手稿为核心的文本从事这项工作。由于历史唯物主义所讲的规范性都具有鲜明的历史性特色，所以，与西方近代以来以自由主义为代表的规范性政治哲学不同，马克思政治哲学是以一种历史主义理论的独特形态呈现在政治哲学史上的。

二、马克思政治哲学的理想性维度与现实性维度

政治哲学虽然是一个有着明确的理论边界和理论特质，很容易与其他学科门类从外部区分开来的学科门类。但从内部来讲，政治哲学却又不是不可再分的铁板一块，而是可以根据多种标准得到进一步的界分。比如，可以根据所处时代界分出古典政治哲学与现代政治哲学，也可以根据学术传统界分出自由主义、社群主义、女权主义、文化多元主义，甚至还可以进一步在自由主义传统内部界分出自由至上主义、功利主义、平等的自由主义，如此等等。除了这些为人们所熟知的界分标准，还有一个界分标准容易被人们所忽视，这就是可以根据与现实政治生活的关联程度，将古往今来的政治哲学界分为理想性政治哲学与现实性政治哲学。虽然在政治哲学史上，大部分政治哲学要么是理想型或理想主导型的，要么是现实型或现实主导型的，但这并不意味着我们在审视和认定一种政治哲学时，应当一律采取一种非此即彼的排他性态度，而应当看到有些政治哲学是兼理想性与现实性于一体的复合型的。作为一种历史主义理论，马克思政治哲学就是这样一种类型的政治哲学，即它不仅包含了一个理想性维度，同时也包含了一个现实性维度。毋庸置疑，我们只有同时看到这两个维度，才能够完整地理解和把

握马克思政治哲学及其所开创的理论传统的独特思想结构与精神气质。

(一) 马克思政治哲学的理想性维度

作为一门探求好的政治生活的学问,政治哲学会在规范性层面关涉到一定的价值理念。由于政治哲学所关涉到的价值理念往往具有超拔于现实政治生活的祈向和特质,所以在宽泛的意义上,一切政治哲学都包含着一个理想性维度。然而,如果一种政治哲学的价值理念完全是在经验生活的限度内确立起来的,那么无论它具有怎样的超拔性,也并未真正构造出一个指向未来的理想生活空间,而在这种情况下,政治哲学就只是一种理想性维度从属于现实性维度,或者缺少理想性维度的现实性政治哲学。我认为,在严格的意义上,一种政治哲学是否包含了理想性维度并成为理想性政治哲学,并不在于它是否关涉到一个明确的价值理念,而在于它所关涉到的价值理念是处于何种位阶的。具体一点说,只有在完全异质于日常经验生活的位阶上来确立价值理念,政治哲学才会上升到一个理想性的维度,进而才会成为一种理想性政治哲学。从政治哲学史来看,柏拉图以"理想国"为模型所构建的政治哲学,就是一种比较典型的理想性政治哲学,这是因为作为超感性世界的"理想国",不仅不是在作为感性世界的日常尘世生活的基础上建立起来的,而且反过来还要作为后者的一个终极样本,这说明前者虽然与后者在时间上是并列存在的,但却显然处在一个后者远未达及的位阶。与之相反,近代以来以自由主义为代表的西方主流政治哲学,就是一种比较典型的现实性政治哲学,原因是这种类型的政治哲学虽然包含着一个罗尔斯所讲的"现实主义的乌托邦",但这个"现实主义的乌托邦"的重心在于对日常尘世生活的原则进行确证与抽象,并在此基础上来追求一种更加合理的尘世生活,所以归根结底,它并没有超出日常经验生活的范围。

与近代以来的西方主流政治哲学不同,马克思的政治哲学包含着一个显而易见的理想性维度。之所以如此,主要是因为马克思是在一个根本不同于近现代西方主流政治哲学家所处的历史位阶上阐发政治哲学思想的。追根溯源,从霍布斯、洛克到罗尔斯、诺齐克,近现代西方主流政治哲学家们不管从属于何种学术传统,他们实质上都是在与商品经济和市场经济相对应的市民社会这一历史位阶来构建政治哲学的,虽然"市民社会"未必成为他们政治哲学的一个核心术语或显性论题。马克思政治哲学研究所取得的重大理论突破之一,则在于在市民社会这一历史位阶的对置面上,确立起了人类社会的历史位阶。相对于市民社会,人类社会是一个在现代人的生活经验之外的历史位阶,代表的是人类未来的生活样态和历史发展阶段,所以与此相应，马克思以这一历史位阶为基点所构建的政治哲学，必然是一种实至名归的理想性政治哲学。

在市民社会的历史位阶上，政治哲学家们所关注的理论问题，归根结底都是政治解放视域内的问题。作为一个由宗教改革、启蒙运动和资产阶级大革命等多个历史和思想事件所一体带来的结果，政治解放的重大意义，就在于使人从过去奴隶和封建时代的人身依附状态中摆脱出来，进而使权利和自由成为现代人的生命结构中不可或缺的要素和构件。然而，根据马克思的审视，政治解放只是人类在实现自身解放过程中的一个中间阶段而非终点，这注定其局限性与其进步性是同时存在的。政治解放的局限性主要在于：它一方面将共同体和个体、公民权和人权、身为"公民"(citoyen)的人和身为"市民社会成员"(bourgeois)的人一分为二；另一方面却又使共同体从属于个体、公民权从属于人权、身为"公民"的人从属于身为"市民社会成员"的人，即"公民身份、政治共同体甚至都被那些谋求政治解放的人贬低为维护这些所谓人权的一种手段；因此，citoyen[公民]被宣布为利己的homme[人]的奴仆；人作为社会存在物所处的领域被降到人作为单个存在物所处的领域之下；最后，不是身为citoyen[公民]的人，而是身为bourgeois[市民社会的成员]的人，被视为本来意义上的人，真正的人"①。在政治哲学史上，马克思之前的卢梭和黑格尔，应当说也都看到了政治解放的这个局限性，但他们并未在政治解放之外来思考如何克服这个局限性的问题，而只是通过重新调整和平衡共同体与个体、公民权与人权、身为"公民"的人与身为"市民社会成员"的人的关系，来克服这个历史局限性。与此不同，马克思则是在完全相异于"政治解放"的"人的解放"这个思想层面上，来思考如何克服前者的历史局限性问题的。以马克思之见，"只有当现实的个人同时把抽象的公民复归于自身，并且作为个人，在自己的经验生活、自己的个体劳动、自己的个体关系中间，成为类存在物的时候，只有当人认识到自身'固有的力量'是社会力量，并把这种力量组织起来因而不再把社会力量以政治力量的形式同自身分离的时候，只有到了那个时候，人的解放才能完成"②。这个情况表明，在人类社会的历史位阶上，马克思所构建的理想性政治哲学所关注的理论问题，是"人的解放"而非"政治解放"视域内的问题。

在"政治解放"的视域内，政治哲学是围绕权利、自由、平等之类的价值

---

① 《马克思恩格斯文集》第1卷，人民出版社2009年版，第43页。
② 《马克思恩格斯文集》第1卷，人民出版社2009年版，第46页。

原则而开展的,其核心工作,要么在于为这些价值原则作辩护,要么在于以这种辩护为基础,来制定公正的社会制度之构建的可能性方案。马克思提出人的解放的思想范畴,其旨趣之一虽然在于克服政治解放之不可自解的历史局限性,但这并不意味着他是以一种不同于洛克、卢梭、罗尔斯、诺齐克等政治哲学家的方式,来把握政治解放视域内的问题的。所以至关重要的一点是,马克思政治哲学的理想性维度,并不关涉权利、自由、平等、公正等价值原则和理论问题,无论怎样对这些价值原则进行排列组合,无论以何种路数来阐释这些理论问题,也都不可能从根本上解决政治解放的历史局限性问题,进而也不可能达到人的解放的终极目标。情况毋宁是,在人的解放的视域内,马克思关注的核心问题,是如何在"推翻使人成为被侮辱、被奴役、被遗弃和被蔑视的东西的一切关系"①的基础上,实现人的自由而全面发展的问题。毫无疑问,人的自由而全面发展的一个基本前提,就是人与人之间身份和地位上的平等。但这个"平等"已经远远超出了权利和义务意义上的平等的内涵,即它不是简单地指权利和义务的一种分配规则,而主要是指人的本性的一种实现状态。马克思和恩格斯在《德意志意识形态》中提出"按需分配"这一未来共产主义的分配原则时,对这个问题作过明确说明:

> 共产主义的最重要的不同于一切反动的社会主义的原则之一就是下面这个以研究人的本性为基础的实际信念,即人们的头脑和智力的差别,根本不应引起胃和肉体需要的差别;由此可见,"按能力计报酬"这个以我们目前的制度为基础的不正确的原则应当——因为这个原理是仅就狭义的消费而言——变为"按需分配"这样一个原理,换句话说:活动上,劳动上的差别不会引起在占有和消费方面的任何不平等,任何特权。②

显而易见,根据马克思和恩格斯在这段话中的论述,如果说消除任何不平等和任何特权的"按需分配"原则,既是实现人的自由而全面发展的一个基本保证,也是它的题中应有之义,那么,这个原则并不是要达到权利和义务的公正分配,而是达到人的本性的实现。权利和义务的公正分配是近代以来的现实性政治哲学所着重思考和反复争论的一个主要问题,而人的本

---

① 《马克思恩格斯文集》第1卷,人民出版社2009年版,第11页。
② 《马克思恩格斯全集》第3卷,人民出版社1960年版,第637—638页。

性的实现则是马克思在人类社会的位阶上、在人的解放视域内为其理想性政治哲学所赋予的一个特定的问题。两者之间的一个重大区别在于，前者并不涉及形而上学、人类学及美学等方面的问题，而后者则已涉及这些具有终极意义的问题了。前者固然是当代政治哲学研究中需要认真对待的一个重大理论与现实问题，但后者也是将政治哲学推向纵深的一个几乎是不可或缺的视角。

　　然而，值得注意的问题是：从中外学术史来看，"马克思的政治哲学"作为一个研究对象和学术领域，是随着 20 世纪 70 年代以来当代规范性政治哲学的理论复兴而确立起来的。所以与此相应，当代规范性政治哲学既成为人们理解马克思政治哲学的一个逻辑起点，也成为人们阐释后者的一个合法性样本。概括起来，不管是自由主义还是社群主义，不管是自由主义家族内部的自由至上主义还是平等的自由主义，当代规范性政治哲学关涉的都是个体与共同体、自由与平等、基于权利的正义与基于公平的正义等现实性政治哲学的话语和论题，所以，人们也经常自觉不自觉地将马克思的政治哲学整体性地置于这些话语和论题的谱系当中加以考察和分析。这一学术路数虽然有助于促进马克思主义政治哲学与当代西方规范性政治哲学的对话，但却容易将马克思政治哲学理想性维度所具有的独特意义遮蔽起来。在这方面，罗尔斯的研究和评论比较具有代表性。在《政治哲学史讲义》中谈到马克思共产主义高级阶段的正义思想时，罗尔斯曾这样说道："我们应如何理解'各尽所能，按需分配'的原则？我认为，它不是一条正义的原则，它也不是一条正当的原则。只是一个描述性的概念或原理，可以准确地描述共产主义高级阶段的社会变革以及社会的运行机制。……共产主义社会似乎是一个超越了正义的社会。……对我而言，正义的逐渐消失既是不值得欲求的，也是在实践中难以实现的。我认为，正义的制度不会自发地产生，而是需要在某种程度上依赖于——当然不是仅仅只依赖于——具有某种正义感的公民；这些公民是通过正义的制度背景来习得这种正义感的。对正义的关注的缺失之所以是不值得欲求的，乃是由于，具有某种正义感以及具有与正义感相关的各种理念是人类生活的一个部分，是理解其他人、承认其他人的权益的一个组成部分。总是随着我们自己的心愿去行动，从不担心或意识不到他人的权利——这种生活将会是这样一种生活，它完全意识不到体面的人类社会所必须的根本条件。"[1]从这段评述来看，罗尔斯应

---

[1]　[美]约翰·罗尔斯：《政治哲学史讲义》，杨通进、李丽丽、林航译，中国社会科学出版社 2011 年版，第 384—386 页。

当说注意到了马克思政治哲学的理想性维度所包含的不同于西方规范性政治哲学的独特内容,但他显然没有上升到人的解放和人的本性的思想层面,高屋建瓴地把握这个内容所具有的意义,而是孤注一掷地用现实性政治哲学的正义标准来对之进行评价,由此才会认为权利始终是体面的人类社会的一个根本条件。这不仅容易将马克思政治哲学理想性维度的意义遮蔽在现实性政治哲学的视界之中,而且也不利于从一种反思性视角来完整地理解现实性政治哲学的理论问题。

(二) 马克思政治哲学的现实性维度

在马克思政治哲学的研究中,一个令人深长思之的问题是,不仅其政治哲学的理想性维度得不到恰如其分的评价,而且对其政治哲学现实性维度的认识也存在明确不足。因为人们通常会认为,现实性政治哲学是随着近代以来商品经济和市民社会的出场而整体性地形成和确立起来的,其目的之一在于为商品经济和市民社会中人的自由、权利和正义关系提供辩护,而马克思对商品经济和市民社会始终采取的是一种批判的态度,所以马克思的政治哲学既不存在一个实质性的现实性维度,进而也无法为我们在当代语境中构建一种现实性的马克思主义政治哲学提供有效的思想资源。实际上,这是一种片面而肤浅的学术认识。人们之所以会得出这种认识,主要是没有把握市民社会和人类社会、政治解放和人的解放的辩证关系。

在柏拉图那里,作为两个不同的位阶,日常尘世生活与"理想国"是一种共时性的关系结构。正因为如此,后者才可以在越过前者的基础上得到独立构建,并反过来为前者提供一个理想性的样本。在这个意义上,柏拉图的理想性政治哲学并没有为现实性政治哲学开辟出合法的领地,他以彼岸世界的法则来改造此岸世界的设想和努力,只是其理想性政治哲学的一个推演和实现。与此大不相同,在马克思这里,市民社会与人类社会作为两个不同的位阶,则是一种一前一后的历时性的关系结构,它们分别对应着马克思在《1857—1858 年经济学手稿》中所界划的人的三个发展阶段中的第二个和第三个阶段,即"以物的依赖性为基础的人的独立性"阶段与"建立在个人全面发展和他们共同的、社会的生产能力成为从属于他们的社会财富这一基础上的自由个性"阶段。这一关系结构决定了,马克思不是在无视或越过市民社会位阶,而是在充分肯定这一位阶之积极要素的前提下,推进到人类社会这一更高历史位阶的。也正因为如此,马克思才指出人的发展的第二个阶段为第三个阶段创造了条件。与此相应,在政治解放和人的解放之间,马克思虽然深刻洞察到前者的历史局限性并力图在后者的思想界面上来加以克服，但他并没有由此而以后者为视点来否定前者所具有的历史进步意义，相反对这种进步意义给予了充分肯定。这正如他在《论犹太人问题》中所指出的，"政治解放当然是一大进步；尽管它不是一般人的解放的最后形式，但在迄今为止的世界制度内，它是人的解放的最后形式。不言而喻，我们这里指的是现实的、实际的解放"①。从这一点来看，马克思尽管在阐发其理想性政治哲学思想时，并没有直接动用权利、自由、平等、公正等与政治解放相呼应的价值，但他也并没有把这些在现代社会中凸显出来、为现代人所普遍认同和接受的价值一体性地放在被告席上加以批判。真实的情形在于，马克思只是批判资产阶级国家利用这些价值来掩盖实际的剥削关系，而对于这些价值本身，他则始终采取的是一种"抽象肯定"的态度。就此来讲，除了理想性维度，马克思的政治哲学无疑也包含着坚实的现实性内容，亦即也存在一个不容否认的现实性维度。从整体的文本和理论语境来看，马克思政治哲学的现实性维度，具体展现为两种形式的话语，即一种是批判性的话语，另一种是建构性的话语。

　　首先是批判性的话语。人们往往会认为，现实性政治哲学的一个标志性特征就是理论建构而非政治批判，所以一种批判性的话语，往往代表的是一种理想性而非现实性的政治哲学。但实际上，一种政治哲学是理想型的还是现实型的，关键在于它所借助或辩护的价值是在理想界面上还是在现实界面上确立起来的，或者说它是以在理想界面上所确立起来的价值还是以在现实界面上所确立起来的价值为出发点的。根据这个标准，既存在以理论建构为目标的现实性政治哲学，也存在以政治批判为目标的现实性政治哲学。具体地说，如果一种政治哲学旨在借助于从现实界面上所确立起来的价值原则来维护和修缮既定的社会关系，那么它就是一种以理论建构为目标的现实性政治哲学；而如果一种政治哲学旨在借助于从现实界面上所确立起来的价值原则来揭示和批判既定的社会关系，那么它就是一种以政治批判为目标的现实性政治哲学。在政治哲学史上，霍布斯、洛克以降的近现代西方主流政治哲学属于前一种类型，而马克思以资本批判为落点所发展的政治哲学，就属于后一种类型。这便是说，马克思政治哲学的现实性维度在批判的意义上，具体展现为马克思借助于从现实界面上所确立起来的价值原则而对资本主义社会关系所进行的政治批判。

　　进一步来讲，马克思对资本主义社会关系进行批判所借助的价值原则，宽泛地说，也就是近代以来现实性政治哲学始终遵循的权利、自由、平等、公

---

① 《马克思恩格斯文集》第 1 卷，人民出版社 2009 年版，第 32 页。

正等原则,而集中来看,则主要是这些原则的内核——所有权原则。在洛克、亚当·斯密、诺齐克等政治哲学家的视野中,作为最重要的价值原则之一,所有权原则不仅意味着人身的自由,也同时意味着人与人之间的平等和社会的公正,所以生活在现代社会中的人,应当无条件地拥有由自己的劳动而确立起来的所有权。马克思自然会在抽象的意义上肯定所有权原则的正面价值,同时也认为每个人都应当占有自己的劳动产品即拥有所有权。然而,马克思并不可能由这个见解而走向对所有权原则的一味辩护,而是必然会以之为逻辑端点来形成对资本主义生产关系的深刻批判。因为马克思敏锐地洞察到,在资本主义社会中,所有权是一个与私有财产制度紧密关联在一起的原则,所以这个原则看似意味着自由、平等与公正,但实则包藏着最为复杂的社会关系和最为隐蔽的剥削关系。具体来看,这里包括相互关联的两个问题:一是工人作为法律上的自由人,虽然始终拥有自己劳动力的所有权,但由于劳动和资本是彼此分离而非相互统一的,所以除了自己劳动力的所有权,工人并不可能真正拥有因自己的劳动而带来的所有权;二是单个工人和单个资本家在交换环节所发生的劳动力买卖行为,虽然符合所有权原则及等价交换原则,但从连续性的资本主义商品生产环节来看,资本家阶级却因为剩余价值的剥削而占有了工人阶级的所有权,由此使商品生产的所有权规律,决定性地转变为资本主义占有规律。这两个问题一并表明,"工人丧失所有权,而对象化劳动拥有对活劳动的所有权,或者说资本占有他人劳动——两者只是在对立的两极上表现了同一关系——,这是资产阶级生产方式的基本条件,而决不是同这种生产方式毫不相干的偶然现象"①。由此可见,马克思以所有权原则为逻辑起点而建立的政治批判,主要是从整体上来揭示资本主义生产方式的不正义性,而不是某个资本家对某个工人的不正义剥削关系。如果说这就是马克思政治哲学的现实性维度在批判的意义上所涉及的关键问题,那么这个问题不仅没有歧出于政治哲学的基本理论视域,而且代表了近代以来现实性政治哲学的一种最深刻的思维水平,因为只有在生产方式的层面来审视以所有权为核心的政治和生活原则,才可能洞穿其外在现象并把握其内在本质。

其次是建构性的话语。我们都知道,马克思设想的共产主义包括初级和高级这两个前后相接的历史阶段,而其所讲的人类社会的历史位阶,在严格的意义上,对应的只是共产主义的高级阶段,而并不涵盖初级阶段。所以,马克思也只是在思考共产主义高级阶段的原则和问题时,才厘定其政治

---

① 《马克思恩格斯文集》第8卷,人民出版社2009年版,第208页。

哲学的理想性维度的，而就共产主义初级阶段而言，他所关注的仍然是现实性政治哲学问题。之所以如此，内在地看，则是由于共产主义初级阶段还没有达到理想性政治哲学存在的必要条件。概括地说，理想性政治哲学的必要条件包含两个方面，一是物质财富的无限涌流，二是人与人之间利益竞争关系的根本消除和互助友爱关系的普遍建立，原因是只有具备了这两个条件，才可能在权利、自由、平等、公正等价值原则之外，来谈论人的自由而全面发展的问题。根据马克思的设想，这两个条件只有在共产主义高级阶段才能实现，而无论在资本主义阶段还是在共产主义初级阶段，它们都不可能实现。这就意味着，与共产主义初级阶段相对应的政治哲学，必然是涉入权利、自由、平等、公正等问题域的现实性政治哲学。不过，由于先前资本主义社会中的那种剥削关系在共产主义初级阶段已经不复存在，所以马克思以这个阶段为背景所发展的现实性政治哲学，不再展现为政治批判的话语形式，而是展现为理论建构的话语形式。

在理论建构的意义上，马克思政治哲学的现实性维度所关注和思考的中心问题，就是如何以所有权原则为基点，来公正地分配社会基本产品的问题。对于这个问题，马克思在《哥达纲领批判》中作出了明确的说明：共产主义初级阶段的"每一个生产者，在作了各项扣除以后，从社会领回的，正好是他给予社会的。他给予社会的，就是他个人的劳动量。例如，社会劳动日是由全部个人劳动小时构成的；各个生产者的个人劳动时间就是社会劳动日中他所提供的部分，就是社会劳动日中他的一份。他从社会领得一张凭证，证明他提供了多少劳动（扣除他为公共基金而进行的劳动），他根据这张凭证从社会储存中领得一份耗费同等劳动量的消费资料。他以一种形式给予社会的劳动量，又以另一种形式领回来。……至于消费资料在各个生产者中间的分配，那么这里通行的是商品等价物的交换中通行的同一原则，即一种形式的一定量劳动同另一种形式的同量劳动相交换"①。在这段说明性文字中，马克思讲的分配原则，就是我们通常所说的"按劳分配"原则，在西方规范性政治哲学中，被称作是"应得"原则。这个原则的主旨，就是要求根据人们的禀赋、抱负和贡献等要素来分配社会的基本产品。由于每个人的禀赋、抱负和贡献都体现其所有权的东西，所以这个原则归根结底，也就是一个所有权原则。马克思的真实想法应当是，这个原则在资本主义社会中带来的是私有财产制度，但在共产主义初级阶段，则应当成为社会分配的主导原则。在这个意义上，马克思虽然没有更多的文字上的说明，但

---

① 《马克思恩格斯文集》第3卷，人民出版社2009年版，第434页。

他显然已在慎重地思考如何以所有权原则为基点来分配社会基本产品这个重大的理论和现实问题了。

洛克、诺齐克等以"自由"为立论前提的政治哲学家认为,社会的分配应当完全遵照这个以"应得"为基准的所有权原则进行,因为唯有如此,人与人之间才是真正平等的。然而从现实层面来看,由于人与人之间在禀赋、抱负和贡献上各不相同,所以这个"平等的"原则只是意味着权利上的平等,而在结果上却总是意味着不平等。所以,如何以"平等"(主要是结果上的)这个价值来中和"自由"这个价值,就成为规范性政治哲学的一个重要问题。在政治哲学史上,卢梭、罗尔斯等人都是基于这个问题来进行理论建构的。而马克思在思考社会主义初级阶段的分配问题时,实际也把这个问题纳入了他的理论视野。在《哥达纲领批判》中讲完以所有权原则为基点的社会分配方案后,马克思又这样指出,由于人们劳动能力和家庭状况上的差异,"某一个人事实上所得到的比另一个人多些,也就比另一个人富些,如此等等。要避免所有这些弊病,权利就不应当是平等的,而应当是不平等的"[①]。马克思在这里实际就是要求以结果上的平等,来克服权利上的平等的弊病,亦即以"平等"来克服"自由"所可能带来的弊病。这表明马克思是在统合"自由"与"平等"的整体性视域中,而不是仅仅以"自由"为价值前提,来思考社会主义初级阶段以所有权原则为基点的社会分配问题的。马克思的这种思考不仅代表了政治哲学史上的一个伟大的思想,而且也能够为我们今天探讨公正问题以及构建一种符合社会主义初级阶段的政治哲学理论提供重要借鉴。

(三) 理想性维度与现实性维度的分野与融通

马克思政治哲学的理想性维度与现实性维度,类似于 20 世纪政治哲学史上两种分殊性的理论思路,一是由施特劳斯所确立的回归古典,凸显德性、卓越、永恒等形上价值的理论思路;二是由罗尔斯所确立的立足现代,强调权利、自由、平等、公正等现实价值的理论思路。前一理论思路代表的是 20 世纪的一种典型的理想性政治哲学,后一理论思路则代表的是 20 世纪的一种典型的现实性政治哲学。我们都知道,施特劳斯学派与罗尔斯学派虽然都是以政治哲学为志业的,但他们却不仅不去认真思考对方的观点和主张,而且都将对方视为政治哲学的"异类"和"怪胎"加以排斥。这个有趣的现象一方面可能是源于双方自命不凡的排他性心态,另一方面则源于他

---

① 《马克思恩格斯文集》第 3 卷,人民出版社 2009 年版,第 435 页。

们所确立的两种理论思路之间的根本异质。马克思政治哲学的理想性维度与现实性维度之间的关系，就如同 20 世纪的这两种理论思路之间的关系，即它们关涉的是互不相同乃至具有重大差异的理论问题，彼此之间存在明显分野。在这个意义上，将这两个维度区分开来而不是把它们混在一起，不仅对于我们完整地理解马克思的政治哲学，而且对于我们构建和发展马克思主义政治哲学理论，都具有重大意义。

　　然而，更为重要的问题是，上述 20 世纪的两种政治哲学理论思路不管从外部来看多么不同，从内部来看，它们则既存在关联性也存在互补性，因为它们实质是从不同的角度和层面，来思考如何确立现代人的生存和生命结构这样一个共同的政治哲学问题。这个情况启示我们，在把握马克思政治哲学的理想性维度与现实性维度时，既应当看到它们之间的差异性，也应当看到它们之间的融通性，两者之间存在差异和两者之间存在融通，不是相互矛盾、非此即彼的两个问题。进而论之，如果说理想性维度与现实性维度之间存在某种不可否认和不可遮蔽的融通性，那么这种融通性不仅源自理论逻辑上的一种完满和自洽，同时也源自历史发展上的一种衔接和照应。之所以如此，是因为马克思政治哲学的这两个维度分别对应着两个不同的历史位阶——理想性维度对应着人类社会的历史位阶，现实性维度对应着市民社会的历史位阶。作为具有一前一后的历时性关系结构的两个位阶，市民社会与人类社会之间既存在某种断裂性和非连续性，也存在某种衔接性和连续性，因为道理不难理解，历史发展中的"每一代都立足于前一代所奠定的基础上，继续发展前一代的工业和交往，并随着需要的改变而改变他们的社会制度"①。作为一种实至名归的历史主义理论，马克思哲学的每一个重大思想探索，都是对历史中最深刻关系的一种反思和展现，所以市民社会和人类社会在历史层面所具有的衔接性和连续性，必然同时反映在马克思政治哲学的理想性维度与现实性维度的关系中。这不仅意味着马克思在思考理想性政治哲学问题时，也不忘关注现实性政治哲学问题，而且意味着这两个维度中的问题一定是相互贯通而非彼此隔膜的。概括地说，两者之间的这种相互贯通主要体现在两个方面：一是现实性维度为理想性维度提供了立论前提；二是理想性维度为现实性维度提供了价值标准。

　　其一，现实性维度为理想性维度提供了立论前提。在马克思哲学的研究中，长期以来存在一种错误的理解，这就是认为人类社会或共产主义社会以大写的人消解了小写的人，以共同体的价值消解了个体的价值。根据这

---

①　《马克思恩格斯文集》第 1 卷，人民出版社 2009 年版，第 528 页。

种理解,马克思政治哲学的理想性维度所阐述的人的自由而全面发展的问题,则指的是作为类存在的人的一种生活状态,因而并不关乎每个个体的生存结构。然而我们知道,马克思和恩格斯在《共产党宣言》中曾郑重指出,在共产主义社会中,"每个人的自由发展是一切人的自由发展的条件"①。这句简洁明了的话告诉我们,人的自由而全面的发展既是指一种整体性的生活状况,也是指每个个体的生活状况,而且后者还构成前者的基本条件。如果这个情况说明,人的自由而全面的发展实际指的是平等的个体的一种均衡的生活状态,那么,马克思政治哲学的理想性维度虽然并不涉及现实性政治哲学的那些基本问题,但它却是建立在"个体的平等"这个现实性政治哲学的价值诉求基础上的,如果不是以这个价值诉求为基础,人的自由而全面的发展则只能是一个飘荡无根的说法。罗尔斯在解读马克思共产主义高级阶段的政治哲学思想时,比较清楚地看到了这个问题,由此这样指出:

> 共产主义等同于没有强制的、激进的平等主义。这一理念仍然是站得住脚的;它包含:(a)所有的人都拥有平等获得和使用社会生产资料的平等权利。(b)所有的人都拥有与其他人一起共同参与到制定经济计划的公开而民主决策中去的平等权利。(c)所有的人都应——我设想——平等地分担那些任何人都不想去承担的必要的工作,如果存在这类工作的话(可以肯定会存在许多这类工作)。②

这个情况,要求我们在阐释马克思政治哲学的理想性维度时,又需要回过头来考察其在现实性维度上所进行的论述。而毋庸置疑,无论在政治批判的意义上还是在理论建构的意义上,马克思政治哲学的现实性维度所蕴含和表达的一个基本价值诉求,就是个体的平等。所以,我们可以据此认为,马克思正是由于在阐述现实性政治哲学问题时,将每个人看作平等的个体来加以对待,才能够在阐发理想性政治哲学问题时,顺理成章地提出人的自由而全面发展这个涉及人的本性的问题。现实性维度为理想性维度提供了立论前提,就是在这个意义上讲的。

其二,理想性维度为现实性维度提供了价值标准。与市民社会这个业已定格的历史位阶不同,人类社会是一个在马克思的视野中尚未到来的历

---

① 《马克思恩格斯文集》第2卷,人民出版社2009年版,第53页。
② [美]约翰·罗尔斯:《政治哲学史讲义》,杨通进、李丽丽、林航译,中国社会科学出版社2011年版,第384页。

史位阶。这个情况，倒不是使马克思关于理想性政治哲学问题的思考变成
了一种遥不可及的玄想，而是为马克思在考察现实性政治哲学问题时提供
了一种反推的可能。这意味着，马克思不仅以现实性维度中的问题为基石
来提出和厘定理想性维度的问题，而且也反过来站在理想性维度的制高点
上来审视现实性维度中的问题，从研究方法的层面来看，这类似于他所提出
的独具特色的"从后思索"方法。具体论之，马克思在理想性维度中确立起
人的自由而全面发展的目标，意味着他在阐释现实性维度中的政治哲学问
题时，必然又是站在一种"以自由为前提的平等"和"以平等为前提的自由"
的价值立场上的，因为如果是在自由和平等这两个价值之间作出一种二选
一的决定，那么就很容易由一个极端走向另一个极端，人的自由而全面的发
展同样成为一种无根的想象。其实正因如此，马克思在为共产主义初级阶
段设想和制订分配方案时，才要求将"自由"与"平等"统合起来加以整体考
量。杰拉斯、柯亨及罗尔斯等政治哲学家，其实都看到了这个问题，用罗尔
斯在《政治哲学史讲义》中概括的话说就是："马克思不仅把按需分配原则
排列在资本主义的规范之上，而且还排列在社会主义（共产主义社会的第
一个阶段）的按劳分配原则之上。在这么做的时候，马克思实际上假设了
一种客观的、非历史性的正义标准，按照这种标准，生产方式以及相应的社
会形态都可以依据它们接近该客观标准的程度而得到评判。"[①]罗尔斯等人
虽然错误地将马克思在理想性维度中所确立起来的正义标准指示为一种非
历史性的政治哲学标准，但他们却显然注意到了马克思利用这个标准来作
一种反向思考和推导的"从后思索"逻辑。理想性维度为现实性维度提供
了价值标准，则正是在这个意义上说的。

　　以上两个方面，不仅表明马克思政治哲学的理想性维度和现实性维度
是相互贯通乃至互为补充的，而且也表明，以这种互通性和互补性为前提的
马克思政治哲学，无论在理论结构还是在思想内涵上，都要优于西方以自由
主义为代表的、单向度的主流政治哲学。

三、自由主义界域之外的马克思
政治哲学及其理论传统

　　一般而言，我们只有先在地确立一个外部参照系，并与这个参照系进行

---

①　［美］约翰·罗尔斯：《政治哲学史讲义》，杨通进、李丽丽、林航译，中国社会科学出版社
　　2011年版，第356页。

充分比较,方能辨识出一个理论自成一系、独善其身的要素与特质,从而才有资格将其指示为这种或那种"传统"。现在的问题是:如果认为马克思开创了一种独具特色的政治哲学理论传统,这是就何种参照系而言的? 毋庸置疑,这个参照系主要是近代霍布斯、洛克以来所发展起来的以自由主义为代表的西方主流政治哲学。从思想史来看,马克思既顺接着自霍布斯、洛克到黑格尔的学术脉络涉入政治哲学问题域,从而与后者在理论兴趣与研究对象上形成不少交集,但又以全然不同于后者的路数和范式来创建其政治哲学,从而在政治哲学史上形成了一次根本性的深化与推进。如果只是注意到马克思政治哲学与西方主流政治哲学之间的理论共享而意识不到它们的差异,则很容易参照后者的理论样本来对前者予以解读,而这样一来,不仅无法使马克思政治哲学研究摆脱依傍他者的"附庸"和"学徒"状态,而且也注定会将马克思的真实思想命意遮蔽起来。就此来说,从理论传统的视角,全面揭示马克思政治哲学相对于以自由主义为代表的西方主流政治哲学的异质性理论思路与超越性关系,具有重大的学术和思想意义。

(一) 从市民社会到人类社会

我们虽然可将近代以来的西方主流政治哲学界分为功利主义、自由至上主义、平等的自由主义以及共和主义等各不相同的学思传统与理论流派,但概括地说,这些不同的学思传统和理论流派,大致又都是以权利和自由为价值基点开展政治哲学研究的,权利和自由在此意义上成为西方主流政治哲学的理论中轴。一个值得注意的问题是,人们实际很容易根据这种情况,陷入对权利和自由的形而上学理解中,由此要么像契约论政治哲学家那样将之证成为由自然法所给定的先验性价值,要么将它们诠释为从自身来获得合法性的独立政治原则,这样便遗忘了对它们的发生学本源和生成基础的追索与探析。进而言之,就发生学本源和生成基础而言,权利和自由并非像边沁所认定的那样,是由成文法所规定和给予的[①],情况毋宁是,这些在霍布斯、洛克以来的近现代政治哲学中凸显出来的价值原则和政治规范,正如前文所示,深深植根于市民社会这个现代新生事物之中,故而市民社会才

---

① 人们在日常生活中也往往习以为常地认为,权利是法律所赋予的东西,因而是先有法再有权利。但实际上,这两者恰恰构成的是一种相反的关系,即先有权利再有法,权利构成法的基础和内容。这正如黑格尔在《法哲学原理》中所洞见到的那样:"人格一般包含着权利能力,并且构成抽象的从而是形式的法的概念、和这种法的其本身也是抽象的基础。所以法的命令是:'成为一个人,并尊敬他人为人'。"[德]黑格尔:《法哲学原理》,范扬、张企泰译,商务印书馆1961年版,第46页。

是权利和自由的发生学本源和生成基础。

这里的问题在于，作为一个随着现代商品经济而形成的人类生活组合模式，市民社会的根本利益诉求之一即在于确立人的生存权、劳动权与所有权。所以，只是当市民社会真正从古代和中世纪的那种依附状态中脱颖而出，进而生成为一个不以政治国家为根据、相反政治国家以它为根据的领域之后，权利和自由才会顺理成章地进入到政治哲学家的视野之中，成为他们所普遍关注的最重大论题。这一点，从洛克开始就一目了然地展现在政治哲学的理论叙事当中。在《政府论》中，洛克所着力论证和辩护的权利并不是一个抽象的所指，而是具体指涉作为现实市民社会利益诉求的生存权、劳动权与所有权，这也是洛克之后直到黑格尔的政治哲学家以及经济学家们讨论的首要权利。从后来的情况来看，无论是19世纪的功利主义代表人物穆勒，还是当代政治哲学家罗尔斯和诺齐克，他们所论述的权利和自由的覆盖面虽然比之前大了很多，但这只是表明生活在市民社会中的人们对权利和自由的要求随着资本主义国家和法律制度的建立与逐渐完善而在不断向外扩展，市民社会依然是权利和自由的最坚实社会历史基础。

由此观之，近现代西方政治哲学绝不是在一种单纯的概念史和观念史的前后相接与渐次分化中向前推进的，而是基于市民社会的出场与经验性在场这一现代社会历史结构的重大变迁而建构起来并不断发展的。推进一步说，这里所包含的关键信息在于，霍布斯、洛克以降自上而下的政治哲学家不仅是在市民社会的历史与文化背景下，而且也是以市民社会为根本立足点来从各自所属的传统和视界来予以推理的，这是近现代政治哲学研究中容易被人们所忽视，但实则极为重要的一个问题。情形何以如此？

从现实层面来看，市民社会由于是一个以个体的经验性存在为基础的社会组合体，所以借用黑格尔的话来说，生活在这个组合体中的人无不"把本身利益作为自己的目的"①，无不根据主体性或特殊性、为我主义或利己主义的精神性原则来安排自己的各项事务。照此来说，我们自然可以顺理成章地将经典自由主义传统中的洛克、亚当·斯密、穆勒及诺齐克等推认为以市民社会为立足点的政治哲学家，原因在于，他们几乎都从"个体自由"这个始源性的逻辑起点出发，遵从严格的"自我决定"原则来构建其各极其致的理论学说，这一做法不仅与市民社会的精神性原则相符合，而且还从理论上对这种原则作出了强有力的辩护。然而，卢梭、黑格尔及罗尔斯等对经典自由主义的理论主张提出反拨的政治哲学家，是否也应被一体划归在以

---

① ［德］黑格尔：《法哲学原理》，范扬、张企泰译，商务印书馆1961年版，第201页。

市民社会为立足点的阵营当中？答案无疑是肯定的。因为问题在于：主体性或特殊性、为我主义或利己主义的精神性原则，使得市民社会从一开始就没有展现出洛克所勾绘的那种风平浪静、井然有序的理想性图景，而是使之成为一个充满各种竞争性和博弈性的利益关系，将自由与平等、个体与群体、特殊性与普遍性等矛盾推向极致的一个领域。这样来看，卢梭、黑格尔、罗尔斯等人相继用"公意""国家伦理"及"公共理性"来克服唯我独尊的主体性或特殊性原则，其旨趣并不在于构建一种根本超越于市民社会经验性存在的理性法则，而是在于用一个统合了自由与平等、个体与群体、特殊性与普遍性的较完整理论框架，从一种较高的理论反思水平来审视和把握市民社会的经验性存在。这说明，他们并没有疏离市民社会的精神性原则，而只是以一种在他们看来更符合道德直觉的理性方式，来补充、修缮和提升这种原则。对于此，我们可以从卢梭的理论文本中找到明确答案。在《社会契约论》中，卢梭这样说道："把我们与社会体联系在一起的那些约定之所以是必须履行的，完全是由于它们是相互关联的，是由它们的性质所决定的：一个人在履行这种约定时，就不可能不是在为他人效力的同时也是在为自己效力。如果不是因为大家把'每个人'这个词理解为他自己，都想到为大家投票也就是在为自己投票，公意又怎么会总是公正的，而且大家又怎么会都希望他们当中的每一个人都幸福呢？这就证明权利平等和它们所产生的正义观念是由于每个人的偏私所产生的，因而也是由于人的天性所产生的。"①卢梭的这段论述充分表明，他并非像人们通常所理解的那样，是在一个完全不同于洛克的基点上来提出其公意概念并阐发其平等主义的思想观点的，相反，以他之见，"人的偏私的天性"这种在市民社会中起支配作用的东西，恰恰是公意、平等和正义的最坚实前提，所以他所着重思考的问题之一，是如何将自由与平等、个体利益与群体利益很好地整合起来，由此构建一个"人人为我、我为人人"的理想化的社会。由卢梭的范例，我们可以清晰地看到，那些在近现代西方主流政治哲学中具有叛逆品格和批判性精神的理论家，同样站在了经典的自由主义哲学家所持守的市民社会这个立足点上。由此来说，自霍布斯、洛克直到罗尔斯、诺齐克，不管是哪种运思进路和学术传统中的政治哲学，其工作的最终目标，都在于竭力构建一套契合市民社会的精神性原则和商业社会运作模式的伦理规范和行为规则，进而以此来协调和安顿生活在其中的人们的社会关系。

对于马克思而言，其政治哲学的理论创制则体现出截然不同于西方主

---

① ［法］卢梭：《社会契约论》，李平沤译，商务印书馆2011年版，第35页。

流政治哲学的情形。众所周知,在《关于费尔巴哈的提纲》中,马克思是这样表述第十条的内容的:"旧唯物主义的立脚点是市民社会,新唯物主义的立脚点则是人类社会或社会的人类。"①人们在理解这一表述时,往往以为马克思只是根据市民社会和人类社会来指认新旧两种唯物主义的区别和分野,而一般不会将思维的触角伸向政治哲学问题域。但一则是由于市民社会首先是一个政治哲学的基础性概念,其次才衍生出其他含义;二则是由于马克思的政治哲学与其唯物主义形成的是一种彼此会通而非互为他者的关系,所以与此相应,马克思不但从市民社会对置面上的人类社会这个立足点来建立其历史唯物主义的叙事结构,而且也从这个立足点来确立其政治哲学的思想框架。

这里需先在论明的问题是:不仅近代以来的政治哲学是在市民社会问题域中发展起来的,马克思也是通过研究市民社会而进入政治哲学领域的,市民社会概念亦是通向他的政治哲学的桥梁。比如,当马克思在《〈政治经济学批判〉序言》中强调要根据市民社会来理解法的关系与国家的形式等政治哲学论题时,这一信息就清晰可见地透射了出来。然而,就像研究宗教与信仰宗教是完全不同的两码事一样,通过研究市民社会来涉入政治哲学,与以市民社会为立足点来为之也是完全不同的两回事情,前者大致来说是一个事实判断,而后者主要是一个价值判断。从事实判断上说,马克思无疑是把市民社会论定为他的政治哲学的一个至关重要的"根"问题,而从价值判断上说,他则要求把政治哲学甚至全部哲学的立足点由市民社会更改为人类社会。不过,这个事实判断与价值判断所指涉的问题虽然并不等同,但却存在一种隐在的因果关系。具体一点说,马克思正是因为在纵深层面上对市民社会予以了探究,他才决然地将政治哲学及唯物主义建立在了人类社会的价值基点上。

众所周知,马克思对市民社会的研究始自1843年的《黑格尔法哲学批判》。不过,在这部著作中,马克思重点是从本体论上来证立市民社会相对于国家的优先性,而基本没有对市民社会的内在矛盾予以剖析,所以,他此时还不可能提出以何者为立足点的问题。然而,当在《论犹太人问题》、《1844年经济学哲学手稿》及《1857—1858年经济学手稿》中对市民社会作出批判性审查并将之推向被告席后,马克思与以自由主义为代表的西方主流政治哲学家在立足点上必然会发生真正分野。具体说来,西方主流政治哲学家们之所以相沿成习地以市民社会为立足点来发展其理论学说,是因

---

① 《马克思恩格斯文集》第1卷,人民出版社2009年版,第502页。

为他们始终相信,市民社会是既能满足自我需求又能满足他人需求,从而实现人与人互利共赢的最佳社会组合模式。不能不说,探寻一个人与人互利共赢的社会组合模式,不仅是西方主流政治哲学各个理论流派的共同旨趣,也是马克思政治哲学的一个重大课题。但在马克思看来,在市民社会的视域和框架内寻求一种人人互利的组合形式,只不过是一个天方夜谭、没有答案的迷梦,原因就在于,市民社会归根结底乃是一个由私人利益所织就、只能形成竞争性与对抗性而非协作性关系的领域,即在市民社会中,"每个人都互相妨碍别人利益的实现,这种一切人反对一切人的战争所造成的结果,不是普遍的肯定,而是普遍的否定"①。由此来说,只有跳出市民社会的理论框架,并进入人类社会的思想界面,才能够实质性地探索出解决个体价值与共同体价值、特殊利益与普遍利益之矛盾的方案,因而也才能够从根本上把握到何为人人互利的最佳社会组合模式及如何通达这一模式的问题,否则,这一问题将永远是无解的。进而论之,在人类社会中之所以能够实现人与人的互利共赢,并非因为这个社会组合模式消解了个体价值而仅仅维护了共同体价值(相反这种情况不是人人互利的生活形式的题中应有之义),而是因为个体价值与共同体价值在其中达到了真正的统一,用马克思的话说就是,"每个人的自由发展是一切人的自由发展的条件"②。不过,马克思在这里提到的"每个人",绝不等同于市民社会中的那个"私利化的每一个人",前者蕴含了比后者远为丰富的思想内容,而这也正是人类社会与市民社会最为关键的界分点。可以说,马克思就是在对市民社会与人类社会的这番审视和比较中,坚定地将后者当作其政治哲学及唯物主义的立足点的。

综合起来,如果将市民社会与人类社会这两个不同的政治哲学立足点视为前后相接的两个不同历史位阶,那么这两个历史位阶之间的关系,就如同黑格尔逻辑学中知性和理性的关系,后者并非构成对前者的全盘否定,而是以前者为坚实的踏脚石到达新位阶的。这种关系直接表明,人类社会既具有超越于市民社会的特质,也具有与市民社会相通的地方。从后一方面来看,马克思确立起来的是一种与西方主流政治哲学在论题上相重合,但在论证方式和理论内核上根本相异的现实性政治哲学话语;从前一方面来看,马克思确立起来的则是一种在西方主流政治哲学视野中完全缺失的超越性政治哲学理论叙事。这就涉及马克思所开创的政治哲学传统的另外两个问题,即一是从自然论证到社会论证;二是从此岸价值到彼岸价值。

---

① 《马克思恩格斯文集》第 8 卷,人民出版社 2009 年版,第 50 页。
② 《马克思恩格斯文集》第 2 卷,人民出版社 2009 年版,第 53 页。

（二）从自然论证到社会论证

从人类社会与市民社会相通的一面，我们不难发现，近代以来政治哲学反复申述的那些基本价值和论题，如权利、自由、平等、公正等等，也都同样进入马克思的理论视野，成为其政治哲学的研究对象和关键词。仅就这一点而言，马克思政治哲学似乎与西方主流政治哲学并无实质性分歧，故此相对于后者，前者似乎也难以构成一种新的"传统"。但我们要立即指出，对于这些在现代社会中凸显出来的价值和论题，马克思是在一个与西方主流政治哲学完全不同的理论结构中，通过完全不同于后者的方式来进行论证的。具体言之，西方主流政治哲学普遍遵从的是一种自然论证的理论思路，而马克思政治哲学遵从的则是一种社会论证的理论思路。这个情况告诉我们，这两种政治哲学绝不是可以任由人们随意合并的同类项，它们之间的差异在某种意义上说，要远远大于相同之处。

对于西方主流政治哲学的自然论证，我们应当如何理解？如上所述，霍布斯、洛克以来的政治哲学家们之所以将市民社会作为理论创制的立足点，乃是因为市民社会在他们眼中，是实现人人互利共赢的最佳社会组合模式。进一步追索，他们之所以认为在市民社会这个组合模式中，能够实现人与人之间的互利共赢，则是由于权利和自由在他们看来，不是专属这个人或那个人的，而是对每个人来说都是普遍有效的。就此而言，"平等的权利"不仅是洛克、诺齐克等人所代表的经典自由主义的一个立论前提，同时也是全部近现代西方主流政治哲学的一个立论前提。比如说，作为具有显著平等主义倾向的自由主义理论家，罗尔斯所推定的第一个正义原则就是平等权利原则，即"每个人对与其他人所拥有的最广泛的平等基本自由体系相容的类似自由体系都应有一种平等的权利"[1]，而其推定的第二个正义原则即差异原则，从理论位阶上看则从属于或服务于这个平等权利原则。问题在于，每个人都是以社会人的角色生活在这个世界上的，而且无论是权利、自由还是平等，也都是在人与人的社会关系中提出来的一些价值和原则，它们对于独白或孤立的个人来讲是没有任何意义的。所以，权利本身就是一个复杂的社会政治问题，并且常常会受到一些复杂多变的社会因素的影响，这使得人们在享有或行使权利上未必能够达及平等。为了在理论研究中绕开这个问题，从而使平等的权利成为一个可靠的立论前提，西方主流政治哲学家的

---

[1]　［美］约翰·罗尔斯：《正义论》（修订版），何怀宏、何包钢、廖申白译，中国社会科学出版社2009年版，第47页。

通行做法就是将有差别的社会人还原为同质性的自然人,原因是大概只有从同质性的自然人的视点来看,平等的权利才可成为一个不加任何限制或背景性说明就能成立的立论前提。这个做法在霍布斯、洛克以降的契约论传统中体现得尤为明显,因为契约在政治哲学中的本意,是指人们在一个虚拟的原初状态下订立一个一致同意和接受的合约,以便共同确定建构理想的政治和法律制度所需遵循的原则。而从契约的这一本意我们便可推知,政治哲学家们除了将人预设为有共同政治取向和理性能力的、无差别的自然人之外,是没有任何办法来让人信服,一个关乎政治和法律制度之根本,且又能反映群体意志的原则何以能够在一个虚拟状态下被确定下来。这一点从罗尔斯对原初状态的假定中可以看得一清二楚,因为他在《正义论》中反复重申这样的观点,即处在原初状态中的人们不仅都是有理性的,并且人们的理性认识也基本上是均衡的,所以在正义原则的选择上人们很容易形成"重叠共识",而不至于出现不可调和的重大分歧。显而易见,罗尔斯的这个观点就是从高度同质化的自然人的角度提出来的,而并未真正将社会历史背景及其牵涉的诸种复杂因素计量进去,虽然他的正义理论在一定意义上,是为了解决自由与平等之间的冲突这个复杂的社会问题。正是在如此这般的意义上,我们认为近代以来的西方主流政治哲学是通过自然论证的方式来建立其理论框架的。

平心而论,这个以自然人为视点、以平等的权利为立论前提的自然论证手法,除了在技术上具有便于演绎、易于推理的好处之外,也蕴含了有进步意义的价值取向和规范性诉求,这主要表现在,人固然总是生活在一定的社会关系之中,由于种种现实社会性因素的参入,人们也未必能够使平等的权利兑现为一种真实状态,但这绝不意味着不可以将人们置于同等价值标准上予以同等对待,相反,这样做的意义之一在于为修正现实的不平等提供了一个至少是理想性的尺度,而西方政治哲学的自然论证显然就包含了这种意义,原因是它作为一种论证方式,在前提上实际遵从了"平等待人"的基本理念。这个问题从历史性的向度来看则更是一目了然:在西方古代及中世纪存在人身附属关系的社会中,不同的人由于其出生这一不可选择的因素而被先天地安放在不同的社会地位上,所以,不但平等的权利无法成为一个普泛性的政治口号,甚至于连权利都被视为是等而下之的东西。与之两相对照,近代以来政治哲学所奉行的自然论证,即便是在一个虚设的情境中来申述平等的权利这一价值论主张,对于人们深刻检思近代之前具有明显等级关系的社会秩序,进而对于构建符合现代社会价值准则和政治原则的伦理规范体系,也都是一个极为重要的突破口。然而,我们务必指出,如果说自然论证的进步性集中来看主要体现为在理论前提上设立了一个规范性的基准，那么一旦超出这个范围，其进步性就会十分有限乃至会走向其反面。究其原因，是因为权利既然如上所述，本身就是一个复杂的社会政治问题，那么只有从自然论证转向社会论证，在关涉具体社会历史问题的坐标系中研究权利以及自由、平等、公正，才有可能对它们予以通透彻底的理解与把握，否则，不仅无法对这些在现代社会中挺立起来的政治原则和政治价值作出具有历史规定性的解释和说明，而且也注定会使自然论证所蕴含的规范性基准蜕变为毫无效力甚至为相反的东西作隐性辩护的东西。而近代以来以自由主义为代表的政治哲学家们，虽然大都触及了十分敏感的社会历史问题，甚至于其理论工作的旨趣之一，就在于以同质性的自然人为前设来解决那些敏感的社会历史问题，但由于他们通常是以一种先验的方式，根据某种模式化的程序来处理这些敏感的社会历史问题的，而并没有在一个类似于社会存在论或社会本体论的基础上，从马克思所讲的社会生产关系的视角，去拷问这些社会历史问题所得以形成的历史性背景和制度性原因，所以归根结底，在他们的阐释逻辑中，并不真正存在一个从自然论证向必要的社会论证过渡的环节，而这无疑是其政治哲学在方法论和理论设置上最致命的缺陷之一。

实际上，既然如上所述，近代以来的几乎全部政治哲学都是在市民社会问题域中发展起来的，市民社会问题构成政治哲学的"总"问题或"根"问题，那么能否实现从自然论证到社会论证的革命性转换，从而使后者成为政治哲学的根本学术方法和主导理论思路，在很大程度上取决于政治哲学家们是如何理解市民社会问题的。对于市民社会，马克思在《1857—1858年经济学手稿》中作出过如下著名论述：

> 我们越往前追溯历史，个人，从而也是进行生产的个人，就越表现为不独立，从属于一个较大的整体：最初还是十分自然地在家庭和扩大成为氏族的家庭中；后来是在由氏族间的冲突和融合而产生的各种形式的公社中。只有到18世纪，在"市民社会"中，社会联系的各种形式，对个人说来，才表现为只是达到他私人目的的手段，才表现为外在的必然性。但是，产生这种孤立个人的观点的时代，正是具有迄今为止最发达的社会关系（从这种观点看来是一般关系）的时代。①

---

① 《马克思恩格斯文集》第8卷，人民出版社2009年版，第6页。

　　根据马克思在这里的论述,我们可以看到,市民社会的历史出场与在场,虽然使人摆脱了过去的从属于一个较大整体的依附性关系和不独立状态,并使社会联系的各种形式表现为人们实现私人利益的手段,但这只是市民社会及其所表征的历史时代的一个外在表象而非内在本质,其内在本质毋宁说是由迄今为止最发达的社会联系所指示出来的。以市民社会为立足点的西方主流政治哲学家们,由于并不注重对市民社会问题本身进行反思性探究(当然黑格尔是个例外),所以,他们只能把握到市民社会及其所表征的历史时代的外在表象,而无论如何都到达不了其内在本质的层面。进而论之,他们之所以始终不能从自然论证的理论路数中抽脱出来,与其对市民社会滞留于表象的直观式研究不无相关,这是因为仅从外在表象来看,生活在市民社会中的人无非就是孤立的自然个人而非处在相互联系中的社会人,故而在市民社会的历史地平线上所凸显出来的权利、自由、平等、公正等等,牵涉到的也无非就是自然人之间的关系而非真正的社会性政治关系。与西方主流政治哲学家判然有别,马克思则正是在对蕴藏于市民社会中的发达的社会关系及其所指示的内在本质的深刻考索与揭示中,将政治哲学的自然论证理论思路根本性地改换为了社会论证理论思路,并由此大尺度地改写了近代以来政治哲学的学术传统。

　　不过,推进一步说,马克思将政治哲学的自然论证思路改换为社会论证思路,其对蕴藏于市民社会中的发达社会关系及其所指示的内在本质的揭示只是一个笼统的理由。而如果仅仅局限于这个笼统的理由,我们似乎还不足以将马克思与西方主流政治哲学家完全界分开来,原因是如果由个体利益与群体利益的冲突所造成的竞争性与对抗性关系,乃是市民社会中发达的社会关系的根本表现形式,那么像霍布斯、卢梭、休谟、亚当·斯密以及黑格尔这样的政治哲学家,实际也都看到了市民社会中个体利益与群体利益的冲突及由此而来的竞争性与对抗性关系。所以,需要追问的更深刻的问题是:马克思与他之前的这些政治哲学家们,分别是如何来解读市民社会中的竞争性与对抗性关系的? 可以这么说,马克思之前的这些站在市民社会立足点上的政治哲学家,由于总是将人的利己本性作为一个重要的立论前提和研究的出发点,所以,他们无不将市民社会中的竞争性与对抗性关系解读和解释为人的利己本性的一个自然释放和必然表现形式,并认为国家所应当做的事情,就是从制度上引导或校正人的这种利己本性,使之能够与社会的整体利益相协调。这种解读和解释虽然看似已接入到社会论证的理论思路中来,但实际与这种思路渐行渐远,原因之一在于,人的利己本性归根结底乃是一个人的自然生存层面的问题,而非社会生产关系中维度的问题。正是因为如此，马克思在《1857—1858 年经济学手稿》中，对这种解读方式予以激烈批评：

> 把竞争看成是摆脱了束缚的、仅仅受自身利益制约的个人之间的冲突，看成是自由的个人之间的相互排斥和吸引，从而看成是自由的个性在生产和交换领域内的绝对存在形式。再没有比这种看法更错误的了。①

马克思的这个批评实际是要告诉人们，市民社会中的竞争性与对抗性关系的始作俑者，如果不是人的利己本性及因之而来的个体自由这个自然性因素，那么就一定是比这个自然性因素远为深刻的社会性因素。这个社会性因素是什么？根本来看，这个社会性因素就是在市民社会中起支配作用的资本。对于此，马克思是这样论述的：

> 在自由竞争中自由的并不是个人，而是资本。只要以资本为基础的生产还是发展社会生产力所必需的、因而是最适当的形式，个人在资本的纯粹条件范围内的运动，就表现为个人的自由，然而，人们又通过不断回顾被自由竞争所摧毁的那些限制来把这种自由教条地宣扬为自由。自由竞争是资本的现实发展。②

马克思在此不仅挑明，市民社会中的竞争性与对抗性关系归根结底是由资本所造成的，而且还挑明，由资本所造成的自由竞争又总是以个体自由这个具有欺骗性的形式所表现出来的。这相互粘连的双重信息进而告诉我们，西方主流政治哲学家们如果是因为仅仅抓住了这个外在表现形式才总是以自然个体为支点来论述权利、自由、平等、公正以及道德、伦理等问题，那么，这些显性政治哲学问题实际都与资本这个隐在的权力形式存在本质性而非偶然性的关联，后者才是前者的全部"谜底"，虽然西方主流政治哲学家们并不承认这个事实。

由上述问题，我们能够推知，如果说马克思与近代以来的西方主流政治哲学家一样，也对权利、自由、平等、公正等基本命题给予了积极关注和研究，那么他与后者的分野之处就在于，他并不是拘泥于这些政治哲学命题本

---

① 《马克思恩格斯文集》第 8 卷，人民出版社 2009 年版，178 页。
② 《马克思恩格斯文集》第 8 卷，人民出版社 2009 年版，179 页。

身来关注和研究这些命题的,而是在政治经济学的视域中,根据历史唯物主义理论方法,借助于"资本批判"这一特定的话语形式来做这项工作的。前一研究方式和学术路数归根到底只是自然论证的一个表现形式,而后一研究方式和学术路数才是马克思确立社会论证理论思路的根本标志。这个独具特色的社会论证方法,既使马克思政治哲学与以自由主义为代表的西方主流政治哲学形成了"划界",也表明近代以来的全部政治哲学在马克思这里实现了最重大、最根本的学术突破,并取得了最深刻、最彻底的理论形式,因为一旦认识到蕴藏于市民社会中的发达的社会关系的实体性内容即是资本关系,那么"资本批判"这个看似与政治哲学完全无关的话语形式,恰恰就成为近代以来滥觞于市民社会的政治哲学理论向纵深层面推进时所无法绕开的一个最重要问题。

(三) 从此岸价值到彼岸价值

如果说从人类社会与市民社会相通性来看,马克思开创政治哲学新传统的一个重要标识,就在于实现了从自然论证到社会论证的根本性转换,那么从人类社会对市民社会的超越性来看,马克思开创政治哲学新传统的重要标识,则就在于实现了从此岸价值到彼岸价值的根本性提升。对此,我们应当如何理解?

我们都知道,政治哲学不同于实证性科学,它追求的是"应然"的政治生活状态,因而在本质上它是一种由价值判断所证立起来的规范性理论,疏离了价值判断,它就只能蜕变为政治哲学之外的东西了。从这一点来看,自古代到近现代再到当代的政治哲学并没有实质性的分歧和差异,因为它们都建立在价值论和规范性证明的基础之上。但显而易见,仅仅看到这种同质性,对于深入研究政治哲学是远远不够的,原因是政治哲学的多样化形态及其丰富复杂的理论内容,恰恰展现在不同时代理论家申述价值和规范问题的差异性视界和思路中。现在的问题是,人们一般都会把西方政治哲学的源头追溯到古希腊,但在古希腊时代所建立起来的古典政治哲学与近代之后的政治哲学实际存在不可同日而语的差别。概而言之,前者由于是在一个尘世所不能参与的超感性世界层面上勾绘理想政治图景的(柏拉图的《理想国》是个突出的例子),故此其所申述的都是人们的日常经验所难以把握和达及的价值,如德性、智慧、卓越、崇高、永恒、目的等等。根据其特点,我们可以把这些价值统称为彼岸价值。这些彼岸价值因为具有真理般的不可替代性,所以它们也相应地具有形而上学的意味,它们虽然不是从感性世界中得来的,但可以作为一个母版而为复杂多变的感性世界提供规导

（这也是柏拉图的基本想法）。然而，近代以后的西方政治哲学几乎全部颠覆了古典政治哲学的价值及其论证方式，原因是随着商品经济及其质的规定性的市民社会的形成与不断延展，近现代人开始将目光从遥远的理想国转到最直接的经验和感性世界，所以正如卢卡奇所洞见到的，这时"社会存在的所有问题都失去了它们的人的彼岸性"①。与这个状况相顺应，近现代政治哲学不仅不再讲述为古典政治哲学家所尊崇的那些彼岸价值，而且还将之视为怪异的东西予以抛弃，相反，那些反映和表达人们在现实经济、政治、社会生活层面上的利益诉求的价值，如自由、平等、公正、民主等等，成为政治哲学家们的主要研究对象。这些价值既然是以人们的日常生活为开端并且又要借助于政治和法律制度的中介而落归于人们的日常生活，所以毋庸置疑，它们可被一体归列在此岸价值的范围之内。虽然近现代政治哲学家们常常通过形而上学的方式来证成这些此岸价值，但它们已基本没有了形而上学的神圣性和为他者立法的绝对资格。

　　虽然古典政治哲学与近现代政治哲学代表了政治哲学史上两种截然不同、各有合法性的阐述价值和规范性问题的路数，但由于人们现在基本上是在罗尔斯《正义论》发表以来所激荡起的学术语境中开展政治哲学研究的，所以在理解何谓价值和规范问题时，往往又不会联想到古典政治哲学，于是造成了似乎只有霍布斯、洛克以来的西方主流政治哲学才有价值和规范基础的片面认识。② 这种片面认识，不仅不利于从政治哲学史上全面开掘我们在今天可资借鉴与取用的思想资源，也严重影响到对马克思政治哲学的理解，因为人们从人类社会这个立足点上并未发现一种能够将政治哲学证立起来的价值基础和规范性话语，故而也据此否认了马克思政治哲学的基本在场。但很显然，这只是一个用近代以来立足于市民社会的西方规范性政治哲学作标准、基于此岸价值而形成的理解，而如果换用古典政治哲学的标准、基于彼岸价值来加以判断，我们则会得出完全相反的观点，因为在马克思与古典政治哲学之间存在着一种隐微的思想史关联，而这种关联是阐释马克思政治哲学的一个极为重要的突破口。

　　阿伦特是比较早地认识到马克思与古典政治哲学思想史关联的人。在《马克思主义与西方政治思想传统》中，阿伦特深刻地指出：

---

①　[匈]卢卡奇:《历史与阶级意识——关于马克思主义辩证法的研究》,杜章智、任立、燕宏远译,商务印书馆 1999 年版,第 216 页。

②　其实,罗尔斯本人也是从霍布斯开始讲述政治哲学的,而古典政治哲学并没有在他所认定的政治哲学谱系中占有一席之地。

我们政治思想传统的发轫显然是从柏拉图和亚里士多德的学说开始的,而且这一传统很明显是在马克思的理论中迎来了它的终结。……只是在其发轫和终结时期并不伴有什么变奏。①

显而易见,阿伦特在此一方面认为马克思终结了从柏拉图和亚里士多德所开始的政治哲学传统;另一方面又认为他实际依然身处这个传统当中,即在这个传统发轫和终结时并不伴有什么变奏。阿伦特这一指认的与众不同与深刻之处,就在于打破了只是根据德国古典哲学、法国政治思想及英国古典经济学来阐释马克思的思维定式,并由此揭示出了从古希腊的肯定到近现代的否定再到马克思的否定之否定的"三段式"思想演进历程。实际上,翻检《资本论》及其相关手稿,我们并不难发现马克思借助于古代人的观点来批判现代人时所折射出的这一"三段式"思想演进历程。比如说,在《1857—1858年经济学手稿》中,马克思就曾这样说道:"古代的观点和现代世界相比,就显得崇高得多,根据古代的观点,人,不管是处在怎样狭隘的民族的、宗教的、政治的规定上,总是表现为生产的目的,在现代世界,生产表现为人的目的,而财富则表现为生产的目的。……古代世界是从狭隘的观点来看的满足,而现代则不给予满足;换句话说,凡是现代表现为自我满足的地方,它就是鄙俗的。"②从这段话我们可以看到,如果现代人将生产作为人的目的及将财富作为生产的目的,已经完全背叛了古代将人作为生产的目的的崇高思想,那么马克思则并非像施特劳斯所以为的那样,在一条所谓"历史主义"的道路上将现代人的做法推向深远,相反,他在这里提出的要求就是通过回归古代而纠正现代人永不满足的鄙俗。

马克思与古典政治哲学的这一思想史关联启示我们,不能像一些当代政治哲学家(如罗尔斯)那样,仅仅从现实性层面上、参照此岸价值来把握人类社会概念,而应当看到这一概念所实际蕴含着的深刻的超越性思想和彼岸价值。如果只是停留在前一思维阶段,我们将缺少把马克思与西方主流政治哲学家区隔开来的充足理由,而只有将思维推进到后一阶段,才有可能再次在"传统"的意义上,洞见到其政治哲学的独特理论见识和卓尔不群的思想气质。问题是,人类社会概念所蕴含的彼岸价值是什么?

阿伦特将这一彼岸价值主要解读为一种与亚里士多德所提的"闲暇"

---

① [美]汉娜·阿伦特:《马克思主义与西方政治思想传统》,孙传钊译,江苏人民出版社2012年版,第90—91页。

② 《马克思恩格斯文集》第8卷,人民出版社2009年版,第137—138页。

相类比的未来社会的"闲暇"。不过，这个"闲暇"并不是一个具有高度概括性的价值论范畴，它主要指涉一种生活样态，比之更具有概括性的应是与近代以来西方主流政治哲学中的权利和自由完全不同的"自由"概念。理由是，人类社会作为一个马克思所憧憬的未来理想社会形式，换用其他说法，就是"自由人的联合体"或"建立在个人全面发展和他们共同的、社会的生产能力成为从属于他们的社会财富这一基础上的自由个性的历史阶段"等等，而这些说法显然都将自由命定为了核心价值。其实从《1844年经济学哲学手稿》到《资本论》及其手稿，马克思对于这一自由之价值的强调是始终如一的。用作为西方主流政治哲学理论基石的自由概念，自然无法理解马克思所强调的这一自由，因为前者关涉到人们现实权利的获得，是从人们的实际生活经验中直接引申出来的，而后者指涉到人的自我实现的诉求，是对人的解放这一理想性目标的一个综合判断，是高于人们的实际生活经验的。这一自由与古典政治哲学中的德性、智慧、卓越、崇高等虽然具有不同的链接对象，但它们在思想命意上却是基本相通的，都具有超越性的祈向和彼岸价值的共同特征。人们可能以为，如果说古希腊哲学家都是在一种显性的政治哲学层面上来向人们讲述德性、智慧、卓越、崇高的，那么马克思实际并没有植入到政治哲学问题域，或至少以政治哲学所特有的话语和方式来阐发自由这一超越性的彼岸价值，换言之，并不能因为自由与古典政治哲学的超越性价值具有相似性或相通约性，而认为马克思在人类社会的理想性界面上发展了政治哲学。但正如上文所示，市民社会是近代以来几乎全部政治哲学的一个"总问题"，而人类社会虽然根本不同于市民社会，但它是从市民社会问题式中衍推出来的一个处在更高位阶上的概念，所以，我们不仅应当对这个概念作出一种政治哲学的解读，而且应当看到，马克思以其独特的自由为价值基点来诠释这一概念，并非意味着他在与西方主流政治哲学相平行的理论层面来确立政治哲学思想叙事，而是意味着其政治哲学的理论反思水平达到了近代以来的最高点。

我们要着重阐明的问题在于：以此岸价值为落脚点的近现代西方主流政治哲学，大致说来，是以经验主义为前提，并遵从经验主义的思维路数和推理原则而得以开展的。正如黑格尔在《小逻辑》中所指认的："经验的原则，包含有一个无限重要的规定，就是为了要接受或承认任何事物为真，必须与那一事物有亲密的接触，或更确切地说，我们必须发现那一事物与我们自身的确定性相一致和相结合。……简言之，在于求得关于当前事物的思想。"①由黑

---

① 　［德］黑格尔：《小逻辑》，贺麟译，商务印书馆1980年版，第45页。

格尔的这个指认可以推知,建立在经验主义思维前提下的近现代西方主流政治哲学,实际只能达到对有限世界之政治现象和政治事物的解析和说明,而对于马克思所讲的自由及古典政治哲学所讲的德性等从属于无限世界的对象,它则是无法把握的。然而,毋庸讳言,一种理论一旦与无限的东西相疏远,其思想性维度就很容易从高处跌落下来。所以,近现代西方主流政治哲学虽然克服了古典政治哲学轻视甚至忽视日常复杂政治的固有缺陷,但也暴露出其在意义世界、终极关怀等问题上的先天不足。对于此,阿伦特也有一个类似的指证:近代以来的政治哲学理论"是一种操作的假说,根据其产生的结果而变化,它的有效性不在于它的启示,而是关系到'它在何种程度上起作用'这样的问题。……相对于行动,理性优先,对人类活动作出规则的精神的优先性都丧失了。……这个世界及其生活中,无论是哪里,因为人被功能化了,让人惊叹的人的原先最基本的一个特征被完全剥夺了"①。这种情况"以前所未有的程度把我们的生活当做几乎是无意义的东西,把判断作为不能确定的东西,把思维作为浅薄的东西"②。由此来说,自霍布斯、洛克到罗尔斯、诺齐克的政治哲学家们虽然普遍将基于平等权利的公正话语论定为政治哲学的最高知识形式,但与马克思通由终极性的自由这个价值而达到的理论反思水平相比,前者则还处在一个需要提升的较低学术层面。

　　当然,我们承认,建立一个比近代以来经验性和操作性的政治哲学思维更高的思维界面,进而提升政治哲学的理论反思水平,不仅是马克思,而且也是康德以来德国古典哲学家的一个重大理论课题。比如,康德的物自体概念在某种意义上,就是要解决这个课题。但由于康德在理论理性的界限内否定了物自体的可把握性,所以从这个概念几乎不能推出类似于马克思自由的高位价值。康德虽然在实践理性领域赋予了道德以一种高于经验原则的地位,但正如阿伦特所指出的,这个道德只是一种封闭的"驾驭和限制人类自身理性精神的力量"③,所以也并不能真正为经验原则树立一个标尺,从而有效克服后者所可能具有的偏蔽与不足。黑格尔借助于辩证法推

---

① ［美］汉娜·阿伦特:《马克思主义与西方政治思想传统》,孙传钊译,江苏人民出版社 2012 年版,第 112—113 页。

② ［美］汉娜·阿伦特:《马克思主义与西方政治思想传统》,孙传钊译,江苏人民出版社 2012 年版,第 127 页。

③ ［美］汉娜·阿伦特:《马克思主义与西方政治思想传统》,孙传钊译,江苏人民出版社 2012 年版,第 112 页。

进了康德所提出的问题，认为"再也没有比物自体更容易知道的东西"①，并由此把握到了与马克思的自由相通约的自由以及精神、上帝等无限世界的对象。但我们知道，政治哲学是探寻"什么是最好的政治秩序"的学问，所以在本质上它从属于创造性的实践哲学而非认知性的理论哲学，构造的是朝向未来而非面向过去的理论空间。而黑格尔由于将理论活动视为"黄昏到来才会起飞的密纳发的猫头鹰"，故此，其所讲的自由、精神与上帝等只是在认识论领域超越了经验性知识，在实践哲学领域我们则看不到这种超越。康德与黑格尔的范例说明，即便是德国古典哲学不无深刻的批判性和反思性理论进路，也并没有将近代以来的政治哲学实质性地引向更高的思维水准，并由此独辟蹊径地进行政治哲学的理论创制。与康德和黑格尔相比，马克思的自由是针对人在世俗市民社会中的生存结构而提出来的一个高位价值，它既具有物自体超凡脱俗的精神性意义，也并非神秘莫测、不可把握的东西；它绝不仅仅是历史存在中供人们认知的理性法则，更是改造现实政治秩序和塑造未来理想政治生活的模板。从这个情况来看，近代以来的政治哲学毋庸置疑也只是到马克思这里才得到了根本性的改写，由此上升到了一个前所未有的理论制高点上。

从市民社会到人类社会，从自然论证到社会论证，从此岸价值到彼岸价值，这三个重大转换一体表明，在政治哲学史上，马克思的确开创了一种与以自由主义为代表的西方主流政治哲学迥然有异的理论传统，并由此打开了政治哲学研究的全新学术空间。如果说人们在开展马克思政治哲学研究时，往往不太重视考究不同政治哲学的理论殊异与传统归属这个前提性问题，而是习惯于套用罗尔斯、德沃金、诺齐克等主流政治哲学家所提供的现成理论模板来注解马克思，那么，只有廓清马克思所开创的政治哲学传统的边界、论域及其牵涉的重大学术和实践意义，才能够使马克思主义政治哲学成为一个在研究对象、学术问题及理论方法上皆趋于明朗的研究领域。

从历史来看，马克思政治哲学所包含的理论问题以及其所昭示的思想特质，在 20 世纪，在列宁尤其是西方马克思主义的政治哲学创造活动中，在不同的方面得到了彰显和延续。马克思所开创的政治哲学传统，由此也得到了大大发展。

---

① ［德］黑格尔：《小逻辑》，贺麟译，商务印书馆 1980 年版，第 126 页。

第二章 西方马克思主义的提问与马克思政治哲学的开显:一个重要过渡

毋庸置疑,马克思从来就没有让政治哲学溢出于他自己的思想发展轨迹和唯物主义的理论构架,他从来都是根据政治哲学所链接出的那些问题来具体地设置自己的理论向度,并由此标指他在哪些地方接续了之前思想史的逻辑以及在哪些地方超越了这种逻辑的。然而,在马克思身后的马克思主义哲学史上,在不同的解释路向和学思传统中,这一点"遭遇"到了不同的对待和命运:在马克思思想的解释中走得过偏的人,如经济决定论者,往往都有意无意地埋没了马克思的政治哲学思想,由此遮蔽了马克思哲学最为实质的理论内容;相反,那些试图从马克思唯物主义框架中开发出政治哲学思想空间的人,如大部分西方马克思主义者,往往都是以"回到"或者"跟进"马克思政治哲学话语为前提来进行学术阐释和理论创造的,这在一定意义上释放和展现了马克思所要表达的最为真实的东西。

一、科学性还是规范性:西方马克思主义对马克思政治哲学合法性的证明

自第二国际开启对马克思哲学之实质的注解风潮,从而用辩证唯物主义和历史唯物主义的合体或者直接用历史唯物主义来指称马克思创立的哲学以降,理论家和学者们总会千方百计地将马克思与一种"科学的"理论关联起来,似乎唯其如此,才能够领会马克思所说的"真正的实证科学"①究竟意味着什么。考茨基宣讲的"经济决定论"以及苏联哲学家隐性指定的"物质本体论"自不必说,就连被称为"马克思精神遗产的忠实卫士"的拉法格,也表达了一种类同于"经济决定论"的"科学的"观点:"自由地放纵的经济力量玩弄人类有如狂风之于弱草,甚至比风更可怕,它给人类社会带来风暴。在整个私有制时代的许多世纪中间它们曾蹂躏人类,摧残人类,而人类却不能制服它们。可是这些最无情的、放肆的、盲目的经济力却促进共产主义的再现,无须取得人们的同意,甚至违反他们的意志。共产主义再也不只

---

① 《马克思恩格斯文集》第 1 卷,人民出版社 2009 年版,第 526 页。

是存在于那些渴望和平和幸福的思想家的头脑中和各民族的幻想中，它出现于经济的现实中；它用自己的工业和自己的农业把我们包围起来，它用自己的风俗和自己的制度把我们紧紧抱住；它陶冶人类的不纯良的头脑和激励无产阶级的困厄的群众。共产主义以隐蔽的形式存在于经济生活的深处，只等在劫难逃的革命的时刻一到，便要出现于社会舞台。"①而在第二国际中表现出"叛逆"理论品格的拉布里奥拉，也曾直言不讳地表达了对于马克思主义哲学的"科学性"理解："今后的问题在于是否承认人类活动进程中那种超越我们同情心和主观赞同的必然性……就这一点来说，我乐于接受'科学的'这个别名。"②阿尔都塞的言论更加鲜明而彻底："直截了当地说，凡在提到马克思列宁主义的地方，我们在理论上有权和在政治上有义务继续使用和保卫'科学'这个哲学范畴，并且指出马克思创立了一门革命的科学。"③

　　与这些理论观点和理论立场相对立，"生存论"及林林总总的关于"生活世界"的学说，对科学主义和经验主义策动了一波未息一波又起的声讨与诛伐，由此使马克思哲学诠释中的历史性维度得以出场，这大概也就是当代马克思主义哲学研究在反拨传统教科书体系之后最引以为豪的理论"发现"了。但问题是，即便在人们最引以为豪的理论"发现"之处，那些系于或者"历史"或者"经济"或者"实践"或者"主体性"的学说，最终也要绞尽脑汁地诠证一个稳固的理论质点，以为若非如此，这些学说将会成为随波漂荡的浮萍。所以，马克思哲学解释的"科学性"和"事实给定性"，如幽灵一般，总是迟迟不能隐退。在这个意义上，柯尔施在20世纪初所指证的现象直到今天仍然值得我们深长思之："马克思的唯物辩证法的流动的方法论冻结成了一些关于不同的社会领域里的历史现象的因果联系的理论公式——换言之，它变成了某种最好称之为一般系统社会学的东西。……马克思主义的'社会学'学说首先是一个经济学体系，甚至是一个地理学和生物学的体系。"④

　　这就触及了问题的根本之处：当马克思被一再证实为与僵固的"普遍

①　[法]拉法格：《财产及其起源》，王子野译，生活·读书·新知三联书店1962年版，第168—169页。

②　[意]安·拉布里奥拉：《关于历史唯物主义》，杨启潾、孙魁、朱中龙译，人民出版社1984年版，第6页。

③　[法]路易·阿尔都塞：《保卫马克思》，顾良译，商务印书馆1984年版，第227—228页。

④　[德]卡尔·柯尔施：《马克思主义和哲学》，王南湜、荣新海译，重庆出版社1989年版，第27—28页。

规律"、"物质变迁"、"生产力制导"、"经济现实"以及诸种"科学性"之变体连通在一起的理论家的时候，政治哲学的出场就变得异乎寻常的困难。因为不管人们对政治哲学作出何种界定，在根本的意义上，它是一种规范性的理论，一种与"批判"、"创构"、"价值"、"引导"等关键词须臾不可分开的理论。而这种理论在"科学的"、"实证的"、"经验的"马克思主义阐释面前，似乎无法独立说明和独立赢获自己存在的合法性。这也就是在哲学史上人们宁愿提"马克思的政治学"而不愿提"马克思的政治哲学"，宁愿将马克思和恩格斯对国家、阶级、革命的论述看作是历史唯物主义的内在基本构件而不愿从中抽引出诸如"人生存的价值"、"历史发生的原则"、"实践活动的伦理意义"等思想学说的最根本性原因。所以，在一些自以为洞察了马克思思想实质的人看来，在马克思哲学得到实现的地方，政治哲学遭到了排拒；将任何有关"意识形态的想象"、"道德的依附"、"观念的幻影"等从哲学的论道中统统驱逐出去，成为马克思哲学与传统哲学的根本界标（这从另一个侧面来讲，也就是对政治哲学的一种清算）。在那些彪炳思想史册的哲学家中，至少阿尔都塞就持有这样一种观点，虽然他在实际上对政治哲学的界定和论述并不比对这一观点的指认更少；艾伦·伍德也隐含地表达了这一见解，虽然他的论述总是与一种关于"正义"的单向度的政治哲学话语粘连在一起。这大概也就是马克思主义政治哲学的研究在由西方政治哲学的刺激而"被迫"出场的情况下，人们不得不借助于外在范式的补白而进行学术探讨的一个重要原因：我们在马克思那里寻不到政治哲学的一丝踪迹，我们只能从当代政治哲学或者古希腊政治哲学的巨大思想场域中"偷运"出一些容易上手的材料，进而将之输送到马克思主义哲学的结构中，自由主义或其他政治哲学传统的灵魂如果说在马克思身上"成功"附体，它往往就是通过这种方式实现的！这种状况的原罪，就在于人们对"科学的"马克思与"规范的"马克思，或者马克思哲学的"科学性"与"规范性"所进行的"非此即彼"的判断与选择。

　　不过，只要我们并不满足于仅仅在东方和"正统"马克思主义及其种种连带形式那里进行理论的梳理，我们就有理由通过对西方"非正统"马克思主义的解读来获得一个完全不同的理论支点，因为正如前文所示，对于科学主义和实证主义的马克思哲学诠释路向，卢卡奇、柯尔施以降的西方马克思主义哲学家，普遍采取的是一种批判的态度。西方马克思主义哲学家之所以要批判科学主义和实证主义的马克思哲学诠释路向，主要是因为在他们看来，若是不状告对马克思一而再再而三的科学主义和实证主义理解，作为一种理论传统的马克思主义哲学就会陷入一种尴尬的、不能自救的危险当中,对马克思哲学精神空间之开发的大门也将会徐徐关闭。萨特在批评马克思主义理论之苏联形式时,就讲述了这一点:"在它(指苏联形式的马克思主义——引者注)之中发生了一种真正的分裂,把理论扔到一边,把实践扔到一边。……理论和实践分离的结果,是把实践变成一种无原则的经验论,把理论变成一种纯粹的、固定不变的知识。"①哈贝马斯在重建历史唯物主义时也直接指出:"在马克思的理论传统中,每当人们倾向于压制哲学问题,而有利于科学的科学理解时,滑入拙劣的哲学中去的危险就特别大。早在马克思的著作中就已经出现了历史哲学的遗产有时不加反思就起作用的现象;这种历史客观主义首先渗透在第二国际的进化论中,例如在卡尔·考茨基的著作中,以及在辩证唯物主义中。因此,当我们今天重新接受历史唯物主义的社会进化的基本观点时,须特别谨慎。"②从更为普泛的意义上来讲,西方马克思主义要求在哲学的研究中注入"主体性"、"精神文化"、"心理学"的酶素,以及由此要求将宏观的政治经济学批判转向微观的文化心理与意识形态批判,与萨特和哈贝马斯在状告实证主义上的"直白"和"露骨"归根结底来看并无二致:马克思主义哲学"太现实"、"太科学"、"太唯物"、"太形而下"了,以至于在"哲学"的精神气质上渐行渐远,这大概就是除阿尔都塞这样的"另类"之外西方马克思主义最为一致的"集体默认"了。问题是,我们可以很自然地这样说:这只不过是西方马克思主义在理论研究重心上的一次"集体转移"罢了,与政治哲学又存在什么样的关系?

　　其实,西方马克思主义对科学性的群起而攻,从一个相反的方向来看,就是对规范性的普遍诉求和呼唤,也就是要求将"不明确的"规范基础③以各不相同的方式澄明为马克思主义理论发展不可或缺的内在支撑。在以青年哈贝马斯为代表的西方马克思主义哲学家看来,一旦这种规范基础得到了证明,那么就会得出这样一个起码的判断:"马克思主义的理论只是在形式上表明了它在哲学和实证科学'之间'的地位。因此,它还根本没有成为它所代表的科学理论的独特类型。我们可以毫不含糊地说,马克思主义理论的结构是一种明确地用政治观点设计出来的、同时在科学上又可以证伪

---

① [法]让-保罗·萨特:《辩证理性批判》(上),林骧华等译,安徽文艺出版社1998年版,第22页。

② [德]尤尔根·哈贝马斯:《重建历史唯物主义》,郭官义译,社会科学文献出版社2000年版,第4页。

③ [德]尤尔根·哈贝马斯:《重建历史唯物主义》,郭官义译,社会科学文献出版社2000年版,第5页。

的历史哲学。"①毋庸置疑,以规范性消解了独尊的科学性,并进而倾注于马克思主义理论中的"政治设计"之后,在直接关于"政治"甚至与"政治"无直接关联的问题上,大部分西方马克思主义理论家一定会支持卡尔·施米特的见解,即马克思、恩格斯"对历史发展的特性有着生动的意识,不能把他们的科学性比做另一些为把自然科学方法和精确性运用于社会哲学和政治问题的努力"②,因为"马克思主义的科学性不打算赋予临近的事变以机械的精确性,使之成为一种机械计算和机械建构的胜利"③,或者说,"马克思主义的科学确定性,只涉及从否定的角度理解的无产者,它仅仅是资产者在经济上的辩证对立面"④。进而,他们也一定会认同克劳德·勒福尔的观点,即要理解我们现在的处境,既不需要政治学也不需要政治社会学,我们需要的是政治哲学。⑤ 我们可以就此明示:通过对"规范性"和"科学性"的厘定,西方马克思主义者重启了第二国际无意或蓄意压缩的政治哲学的解释逻辑,诠证了马克思主义与政治哲学的合法性关联。因此,在实质上,对政治哲学的直接或间接、显在或隐在的认定,构成了西方马克思主义者的一个重大理论"发现"。如果没有这样一个重大发现,他们几乎无法借着一个可靠的思想"起点"和"落点",去彰明布洛赫提出的、也接入到众多西方马克思主义者思想结构中的"前面的"和"尚未生成的"东西;进而,如果没有这样一个发现,他们也无法穿透那些"可证实"的物件和现象,由此站在历史的背后去揭示"我们到底需要什么"以及"我们如何获得我们需要的东西"(这都是西方马克思主义极为重视的理论问题)。毕竟,规范性的东西一旦被证明为思想演绎的一个支撑点,即便与政治不那么有关联的问题,也已经与政治哲学所讲述的问题相距不远了。我们前文所指出的反实证主义与政治哲学的出场之间的对应关系,当可在这种意义上加以理解。被第二国际和苏联哲学无意或蓄意压缩的马克思政治哲学的合法性,也在这种意义上被西方马克思主义所证立。所以,西方马克思主义对政治哲学之解禁

---

① 〔德〕尤尔根·哈贝马斯:《理论与实践》,郭官义、李黎译,社会科学文献出版社 2004 年版,第 259 页。

② 〔德〕卡尔·施米特:《政治的浪漫派》,冯克利、刘锋译,上海人民出版社 2004 年版,第 203 页。

③ 〔德〕卡尔·施米特:《政治的浪漫派》,冯克利、刘锋译,上海人民出版社 2004 年版,第 204 页。

④ 〔德〕卡尔·施米特:《政治的浪漫派》,冯克利、刘锋译,上海人民出版社 2004 年版,第 208 页。

⑤ 参见〔加〕菲利普·汉森:《历史、政治与公民权:阿伦特传》,刘佳林译,江苏人民出版社 2004 年版,第 3 页。

的首要意义,就在于对马克思政治哲学解释之可能性和路径的一种开掘与重构。

二、政治哲学两种:西方马克思主义与马克思在政治哲学上的同类相似性

从何处进入"马克思政治哲学"这个论题,是一个需要加以盘点与检省的根本性、前提性难题。这一难题的实质,就在于说明我们应当根据什么范式,或者在什么意义上来清理马克思政治哲学的学术语境,指认马克思政治哲学的问题与逻辑,进而开发马克思主义政治哲学更为开阔的理论空间。从已有的学术探索来看,有两种理路是值得注意的:一是根据主导当今英美政治哲学的话语系统,即有关"正义"、"平等"、"公民资格"、"身份认同"等的话语系统来阐述马克思的政治哲学;二是根据西方近代政治哲学的话语系统,特别是有关"权利与义务"、"劳动与财产"、"特殊性与普遍性"等的话语系统来探讨马克思的政治哲学。前一理路看似将马克思政治哲学的讨论置放于一个"逼真"的理论语境中,但在某种意义上,它所导致的结果,就是用一种链接于自由主义的"外在"范式,来生硬地切割马克思的政治哲学。马克思并非没有"正义"、"平等"的理念,相反如果持此观点,马克思的形象对我们来说将会变得陌生而可怕;但我们往往在没有读透马克思的前提下,将外于马克思的"正义"、"平等"诸理念人为地填塞到马克思的思想中,这自然会导致马克思政治哲学的严重失真。后一理路以"向前追溯"的视野打通了马克思哲学与近代哲学,也使对马克思政治哲学的说明获得了一个更为可信的历史性支点,但若是一味地沿着这一理路来考察马克思的政治哲学,则不仅无法说明马克思身后的哲学家是如何处理马克思的政治哲学的,而且如前所示,也难以避开将马克思哲学歧变为近代哲学之嫌疑。由于近代自由主义与当代自由主义在根本上是同质的,即都预设了马克思所指证的"以物的依赖性为基础的人的独立性"以及私有财产制度的合理与合法,所以,这一理路可能导致的结果与前一理路导致的结果并无二致,即都在一个"外部"的理论支点上来求证马克思政治哲学研究的合法性与意义。这一学术结果的一个递进性的后果,或者反过来说,这一学术结果隐含着的一个推论前提,便是仅仅在一种意义上承认政治哲学讨论的名分,政治哲学的合法形式,被认定为只有在自由主义或者与自由主义相关联的意识形态中方可存在。于是,马克思政治哲学的论述与辨析,成了一种"被给予"的学术工作,一种由他者的思想范式来证成其学术与实践价值的工作,

而不是出于对马克思思想自身的一种"由内而外"的彰明。我们必然要进一步追问:即便是以最粗疏的方式来加以审理,政治哲学难道也只有一种吗?

从一个个案的研究视角来看,只要将罗尔斯的观点与施特劳斯的观点稍加对比就可获知,政治哲学在不同的理论家那里往往是以不同的方式得以表达的,所以政治哲学史也就自然而然地在不同的理论传统上铺展开来。既然事实就是这样,那么,当我们在政治哲学史上来定位马克思时,就绝不可粗心地将他与自由主义简单地排列在一起,而应当看到其政治哲学及其所代表的理论传统的独特性。如果说前文论述已经表明,马克思是在与自由主义的对峙中介入政治哲学的,他在接着近代自由主义的问题来讲述政治哲学之际,最终又以全然不同的方式,开辟、开创了政治哲学的全新理论空间和理论传统,从而超越了近代以自由主义为向标的政治哲学,那么概括起来,其所开创的政治哲学新传统,与自由主义有何质性区别?

要言之,自由主义作为一种政治哲学,在理论形态上,展现为人们通常所讲的规范性政治哲学。作为一种特定的政治哲学类型和范式,规范性政治哲学的基本运思路数,就在于从前提上证立某个或某些价值(如权利、自由、平等),进而据此来从理论上回答一种公正合宜的社会政治制度如何设计的问题。只要我们检阅一下洛克、穆勒、诺齐克、罗尔斯等政治哲学家的论述,都可以清晰地看到这一运思路数。显而易见,这一运思路数的一个根本宗旨,就是理论建构。这种理论建构虽然是要设定一个未必被人们先已认同和接受的前提性价值,但它却是在一种"肯定式"而非"否定式"中展开的。这意味着,以理论建构为宗旨的规范性政治哲学的最终旨趣,往往都是在于为既定的社会建立或修缮伦理规范体系,而不在于从根本上发展一种批判性的理论。具体到自由主义,其主要工作,也就是从制度层面上,为资本主义社会建立或修缮伦理规范体系,而并不是从根基上向既定的资本主义制度予以挑战。从这里我们可以看到,自由主义作为一种规范性政治哲学,实质是以假定资本主义制度的永恒性为前提的,而并不认为资本主义制度存在本质性矛盾。这种对资本主义制度的审视,归根结底,是一种静态的、无历史的审视,在思维方式上,这就是一种知性形而上学。

作为一种政治哲学,马克思政治哲学也具有其不可否认的规范性理论内容,因而我们也有理由从规范性政治哲学的视域来对之加以阐释。但是,我们却不能由此而将马克思政治哲学笼统地界定为一种与自由主义相等同的规范性政治哲学,而应当看到它与后者相比较的深刻和独特之处。作为一种历史主义理论,马克思政治哲学与作为规范性政治哲学的自由主义相比最深刻的地方之一，就在于将近代以来政治哲学所讲的那些价值和规范，如权利、自由、平等、公正等等，一体推向社会结构的纵深层面予以考察。所以与此相应，马克思政治哲学最独特的致思路数，就是将静态的社会政治规范，转换为动态的历史性问题。由此一来，如何揭示、发现和构建"历史"，成为其重大的理论特色和思想目标。这不仅没有远离政治哲学的基本问题，相反这表征着一种最具有理论反思力和思想洞察力的政治哲学研究取向。这一研究取向意味着，马克思政治哲学的终极旨趣，绝不是对某个或某些价值提出系统辩护，进而以之为前提，来为既定的资本主义社会构建和树立一个为人们所普遍认同和接受，并且可以外化为人们具体行为的伦理规范目标和体系。毋宁说，马克思政治哲学最显著的理论旨趣，是利用近代以来政治哲学所讲的价值和规范，在"人类社会"和"人的自由而全面发展"这一"前方"和"未来"的参照点上，对资本主义制度的非公正性予以最深刻的批判，因为只有通过最深刻的理论批判，才能够从根本上揭示、发现和构建被自由主义所遮蔽的"历史"。在此意义上，马克思政治哲学作为一种历史主义理论，也大致可归结为政治哲学史上的一种批判理论，历史批判性构成了其最重要的精神性原则。无论是马克思政治哲学所实现的三个重大转换（从市民社会到人类社会、从自然论证到社会论证、从此岸价值到彼岸价值），还是其所包含的两个理论维度（理想性维度和现实性维度），其实都透显着其深刻的历史批判性。马克思政治哲学是在一个指涉不同位阶的历史大视野中来建立其叙事结构的，其所指涉的历史位阶主要有三个，一是资本主义，二是共产主义初级阶段，三是共产主义高级阶段。在共产主义高级阶段上，马克思政治哲学具有显而易见的超越性，但这种超越性，恰恰又是其历史批判性的一个根本前提。在共产主义初级阶段上，马克思政治哲学是一种建构型的理论，这与人们通常所理解的规范性政治哲学具有同质之处，甚至本身就是一种特定的规范性政治哲学。但马克思立论的一个根本基点，是在共产主义初级阶段，消除了社会中的压迫性因素和剥削关系，所以由此反观其政治哲学，我们又能够洞见其所蕴含的历史批判性。这样说来，马克思所开创的政治哲学传统，就是一种以历史批判性为价值底色和精神性原则的理论传统。而作为一种规范性政治哲学，以理论建构为宗旨的自由主义，则显然缺乏这种历史批判性。同时，如果我们要把马克思政治哲学及其所代表的理论传统放在规范性政治哲学的视域中来加以阐释，那么前提就是要抓住这种历史批判性。

　　如果说，当前马克思政治哲学研究的两种理路——根据当今英美政治哲学和根据近代政治哲学——没有完全意识到上述问题，因而有时导致两种不同传统的政治哲学界域不清,甚或混作一谈,那么,西方马克思主义开显出的求解政治哲学的理论路向,则将研究的视线引向马克思真实的思想语境,进而不单是将马克思政治哲学的内在逻辑还原了出来,而且也或直接或间接、或显在或隐在地循着马克思的思想轨迹,补充、修缮、发展了专属于批判理论的政治哲学,从而壮大了异质于自由主义而同质于马克思理论的政治哲学逻辑。从宏观上说,情形大致如下:

其一,卢卡奇、葛兰西、柯尔施等早期西方马克思主义者,本身即是在对西方革命的政治诉求中,通过重构朝向未来的历史来阐释他们的政治哲学的,这与马克思政治哲学的开展路数并无实质不同,因为马克思政治哲学的历史批判性既在很大程度上借助于"改变世界"这一革命性话语来得到展现,又要落归为这一革命性话语。具体一点说,卢卡奇的工作,是把总体性当成论证资本主义之暂时性和寻求无产阶级革命道路的内在方法,进而在此基础上厘定以总体性为方法论视野、以革命为实践旨趣的政治哲学;葛兰西所实现的,是通过凸显实践哲学之政治意蕴而回答了 20 世纪初西方革命之可能性的问题,从而使政治哲学与革命话语成为相辅相成的两个理论向度;至于独具哲学气质的柯尔施,则在强调马克思的理论作为哲学的合法性并由之而开创政治哲学的意义空间时,直接要求恢复被正统的马克思阐释者所遮蔽的"改变世界"的维度,以此达到为新的历史境地中的革命予以立言的目标。无论如何,这三位早期西方马克思主义者与马克思在政治哲学探索上所具有的内在一致性,是显而易见的。

其二,20 世纪 40 年代之后的许多西方马克思主义者,虽然不再像早期西方马克思主义者那样渴望彻底打碎资本主义的物化机器,渴望将无产阶级的政治意识从"被蒙蔽"、"被遮盖"的状态下解放出来;进而,他们虽然逐渐放弃了马克思"革命"的理论范式进而看似旁出了马克思所开创的政治哲学传统,但法兰克福学派提出社会批判理论,以及广义的人本主义马克思主义理论家要求解放人的感性世界,又因为是以一种"未来的"和"前面的"理想性的政治生活的设计来审视、诘问、反拨"现在的"政治和文化困局,是以一种对资本主义的"否定式"来面对不断铺展的现代性逻辑,所以在实质上,他们并没有疏远马克思政治哲学所特有的那种历史批判性。

其三,当今美国马克思主义在政治哲学的研究上掀起了新的高潮,这看似与马克思所开创的政治哲学传统关系不大,但其实大部分美国马克思主义者的工作,往往都在于本着马克思和早期西方马克思主义所确立的批判精神,沉潜到资本权力的背后,去揭示一个指向未来的世界。这一工作不仅体现在以哈维和詹姆逊为代表的后现代马克思主义、以奥康纳和福斯特为代表的生态学马克思主义、以奥尔曼为代表的辩证法马克思主义等的理论探索中，而且也体现在那些或者要求重构阶级政治话语，或者要求回到列宁、卢森堡以开显激进政治之当代价值的美国马克思主义学者的探讨中。而从这一点来看，美国马克思主义的政治哲学，同样包含了一个坚实的历史批判性的理论向度，故而总体上也可归入马克思所开创的政治哲学传统。

其四，作为西方马克思主义最重要的代表人物之一，哈贝马斯在政治哲学的建构上作出了开创性的贡献。自由主义虽然是哈贝马斯所面对的一个重要思想资源，但根本地审视，他的政治哲学是在批判理论的框架中得以衍生和开展的，这又使他与自由主义发生了根本分野。由此可以看到，即便哈贝马斯在多数情况下并非是将理论的源头追溯到马克思，但当他将分析的矛头指向失去平衡的资本主义政治文化机制，并达求一种趋近于交往合理性的后形而上学文化政治时，他的政治哲学还是透显着马克思主义传统之色彩。在20世纪90年代以来的政治哲学研究中，特别是在以"话语民主"、"合法性"以及"世界市民社会"为节点的"普遍性政治哲学"的研究中，哈贝马斯有一个向规范性的理论立场的转变，但这个转变并不是以放逐批判理论为前提的，相反其对规范性问题的思考，始终与对资本主义的批判关联在一起，不管这种批判是直接的还是间接的、显在的还是隐在的。

西方马克思主义的政治哲学虽然在不同语境以及不同哲学家的学术路数中，获得了不尽相同的理论表达和理论解析，但一旦涉及与马克思政治哲学的关联性，那么不同的政治哲学逻辑就在一定程度上收拢在一起，从而在一定范围内发生了重合。这样说来，西方马克思主义对政治哲学的发展，大致是沿着一条有别于自由主义的路径前进的。这既推进了马克思政治哲学的论题，又使20世纪政治哲学的历史，不独以或者罗尔斯或者诺齐克的方式展现出来，由此大大丰富了作为复数的、广义的政治哲学的内涵。正是因为从马克思到西方马克思主义的政治哲学迥然有别于我们以为是唯一的政治哲学①，所以，在当代政治哲学史上，这一可以粗略地界定为以"批判理论"的形式出场与在场的政治哲学传统，其地位恰恰是不可动摇的，它是不能被装进其他政治哲学的架构中进行重新组合的。

如果说我们的论述表明，西方马克思主义对政治哲学的激活，在一定意

---

①　不管是将罗尔斯、施特劳斯还是其他哲学家作为一个解读的起点，政治哲学对于研究者而言，往往就注定会成为一种单数的理论形式。

义上正是对生成或孕育于马克思理论创造当中、在哲学史上又一度被"封杀"的政治哲学的激活,那么一个值得注意的、与西方马克思主义形成对照的相反事实是:第二国际理论家伯恩施坦也曾通过确立"伦理"和"主体性"的支点来试图激活类同于政治哲学的理论维度,但在政治哲学传统之分门别类的意义上,伯恩施坦并没有如西方马克思主义(特别是早期西方马克思主义)那样接入马克思的思想轨迹。在面对马克思哲学的科学性问题时,伯恩施坦曾这样说:"不要忘记,《资本论》尽管科学性很强,但归根结底是一部倾向性著作,而且是没有完成的。我认为没有完成的原因在于,科学性和倾向性之间的矛盾使这一任务对于马克思来说变得愈来愈困难了。"①伯恩施坦在这里的指认,作为一种对经济决定论的反拨,其隐含的意义应当说是深刻的。它至少在哲学史上比较早地说明,对马克思思想的理解不能仅仅以一种僵固的科学和实证的方式进行,而应当同时注意到马克思理论研究中的"倾向性"因素,即有关道德感和主观意志的因素。就此而论,伯恩施坦对马克思理论的解释,不能不说隐藏着一种将政治哲学释放出来的理论冲动,这和后来西方马克思主义的理论实践具有相似之处。但是,我们在伯恩施坦那里发现的政治哲学或者类似于政治哲学的理论表达,完全不是在马克思的思想语境中挺立起来的政治哲学,因为前者就像自由主义政治哲学家所预设的原则一样,并不要求从根本上、釜底抽薪式地触动和颠覆资本的权力,而是幻想着把马克思在实践哲学的意义上所证立起来的"改变世界"和"革命"的路向,拉到"改良"的方向上来。当近代自由主义哲学家在"道德"、"正义"等理论基点上思考社会前进之内在张力时,马克思之所以要站出来讽刺挖苦、厉声斥责,是因为从前者的逻辑中只能推出"改良"的理论主张,"革命"的要求在这种逻辑中被删除。马克思指证的这种情况,从他身后的哲学史来看,正是深受新康德主义影响的伯恩施坦要去竭力辩护的一个观点。当伯恩施坦在读解出马克思经济学研究的道德倾向进而强调工人阶级的解放取决于一种道德要求时,他已经以一种"修正主义"的方式改写了马克思政治哲学的思想逻辑。只要不是在根基上要求反转现存的资本主义制度,而只是希望以补偿性价值的"金钥匙"来打开通往社会主义的大门,那么,伯恩施坦提出的就只能是一种会通于自由主义之范式、最终指向"社会改良"的政治哲学。罗莎·卢森堡曾以极其辛辣的语言指出:"伯恩施坦要把资本主义的苦难的海洋加进一瓶社会改良的柠檬汁就把它变成社会主义的甜蜜的海洋,这种想法不仅是更荒唐,其异想天开的程

---

① 殷叙彝编:《伯恩施坦文选》,人民出版社 2008 年版,第 96 页。

度也毫无逊色。"①资本主义的政治和法律关系，在通往社会主义的道路上筑起了一座高墙，"这座墙靠社会改良和民主的发展是打不通的，相反，它只会因之更加牢固。要打垮这座墙，只有靠革命的锤击，即无产阶级夺取政权"②。

由这番论述可知：在马克思之后的哲学史上，那些试图通过理解或者重新理解马克思话语，进而以此为支点来开辟政治哲学探索路径的理论家，并不一定真正读懂了马克思创造政治哲学的背后语境，因而并不一定汲取了马克思政治哲学的实质精神。而对于 20 世纪 70 年代之后的新自由主义政治哲学家来说，且不论他们是否也将马克思的政治哲学作为一个思想的来源，但确定无疑的一点是，他们在根本上划定了与马克思政治哲学之间的"楚河汉界"，使其政治哲学难以与马克思的政治哲学在范式上发生通约。但与此不同，西方马克思主义却在不同程度上承接了马克思，这要么表现为以各种方式来开显马克思政治哲学的思想品格，要么表现为在新的语境下来阐释马克思政治哲学的理论命题，凡此种种，不一而足。这就说明，马克思与大部分西方马克思主义者在政治哲学上的类同性，要远远大于他与自由主义或社群主义传统的类同性。就此而言，我们大致可在"批判理论"的意义上，将马克思的政治哲学与西方马克思主义的政治哲学作为"同类项"来加以认定，这不仅有助于我们在一种"划界"意识中梳理从 19 世纪到 20 世纪的政治哲学史，更有助于在思想和方法论的层面上，通过不断挖掘西方马克思主义的理论沃土，来开辟更为开阔的通往马克思思想世界、还原马克思政治哲学之思想实质的路径。

三、重构还是重释：西方马克思主义开显
马克思政治哲学的两种路向

深入探察西方马克思主义的理论话语会发现，实际上继承了马克思政治哲学的品格是一回事，自觉地承认马克思政治哲学的在场是另一回事，这两者不能混为一谈。这是因为，那些将政治哲学作为一种明确的理论目标加以发展，抑或从其思想结构中可以开引出政治哲学理论逻辑的西方马克思主义哲学家，并不一定认为在马克思那里天然地就存在着一种政治哲学

① [德]罗莎·卢森堡：《社会改良还是社会革命？》，徐坚译，生活·读书·新知三联书店1958 年版，第 27 页。
② [德]罗莎·卢森堡：《社会改良还是社会革命？》，徐坚译，生活·读书·新知三联书店1958 年版，第 27 页。

（即便是以非常隐蔽的形式存在着），只需进行一番分疏与诠注即可使之大白于天下。走向历史唯物主义重建之后的哈贝马斯，就是一个典型。在重建历史唯物主义之前，如在写作《理论与实践》时期，哈贝马斯还是假定了一种内在于马克思理论结构的政治哲学逻辑，因为在这个时期，他在根本上将马克思看作是一位批判理论家。但转向对工具理性之批判，进而提出交往理性的范式之后，他却开始将马克思归入主倡工具理性之哲学家的行列，"重建历史唯物主义"的理论冲动，与他对马克思的这种新的认识不无相关。哈氏对历史唯物主义的理解和评论应当说"入木三分"，但这只是针对马克思身后的马克思主义理论而言的；由于他没能在"马克思的哲学"与"对马克思进行解释的哲学"之间进行界分，故此他在理解马克思上越走越偏，以至于他再也不可能在马克思那里，发现从属于政治哲学的那些思想质料了，虽然政治哲学的逻辑越来越生成为他自己思想推进的一条支配性主线。

　　另一种情况则完全相反。有些西方马克思主义哲学家，从一开始就是本着"向马克思靠拢"的原则去开展研究的，所以他们对政治哲学的阐释，是在自觉地确证马克思政治哲学之"在场性"的前提下进行的。在这部分哲学家中，卢卡奇、柯尔施、葛兰西等早期西方马克思主义者最具有代表性。他们不管是将马克思的政治哲学当作立论前提，还是致力于挖掘马克思思想中被经验主义无形打压的政治哲学维度，实际上都像卢卡奇所强调的那样，"坚持马克思的学说，决不想偏离它、改进或改正它。……按马克思所理解的意思来解释、阐明马克思的学说"①。当然，早期法兰克福学派以及当今美国马克思主义哲学家詹姆逊、奥尔曼、沃尔夫、布隆纳等，也在这个阵列当中。他们对政治哲学或者与政治哲学相关联的学术方向的发展，虽然主要依托于对现代性和当今资本主义政治、经济矛盾与趋势的审视、把握和批判，但他们并没有否认马克思政治哲学或者由马克思政治哲学连带出来的理论构架对于解析 20 世纪的政治现象所具有的价值，相反，他们的很多重要论述，都是以"请马克思出场"为前提作出的。

　　上述两种情况，对于开显马克思的政治哲学都具有重大价值，对于我们"正本清源"地清理马克思政治哲学的遗产，也都富有启示。不过，两种情况的启示意义并不一样。对于哈贝马斯而言，虽然越到后来越不愿承认马克思反实证主义之政治哲学的"在场性"，但这并不会影响我们在其巨大启

---

① ［匈］卢卡奇：《历史与阶级意识——关于马克思主义辩证法的研究》，杜章智、任立、燕宏远译，商务印书馆 1999 年版，第 42 页。

迪下去重新认识马克思的思想实质，进而由我们去开辟马克思政治哲学的研究平台。在批判性政治哲学的创造上，哈贝马斯的工作正如他的历史唯物主义重建一样，基本上就是一种"重构"。也就是说，当他不能在马克思主义传统的任何一个节点上感受到"强规范性"的理论诉求时，他只有通过自己的方式来使这种诉求结构建立起来，具体地说，就是"成功地重建为规范和价值进行辩护的普遍交往的前提和方法"①。对规范性诉求结构的重构，也就是对政治哲学之语境的重构，这不仅使哈贝马斯自己走进了普遍性政治哲学研究的开放之地，也使我们更加强烈地感受到哈贝马斯对经验主义、实证主义、科学主义重磅反击背后的哲学史玄机，这对于重新认识马克思的历史唯物主义与政治哲学的关系是一个重要前提。哈贝马斯对缺乏规范意义和价值追逐的历史唯物主义的驳难，起码一方面让我们意识到，在正统的马克思主义解释史和发展史上，纯粹实证和科学的路向引出了多少令人难返的"迷途"，以至于被误导的人们再也不能认识马克思政治哲学的"庐山真面貌"；另一方面让我们意识到，历史唯物主义不独以探求客观规律的"知识学"呈现出来，在更根本的层面上，它关涉到现代人的政治价值和生活意义。这样说来，哈贝马斯虽然在起点上并不是要彰明马克思政治哲学的规范性根基，但其"重构"的一番工作，却可以帮助我们认识正统阐释者的理论弊端，从而也有利于我们在新的思想地平线上，领悟马克思新唯物主义的政治意义，并构建马克思主义政治哲学。

对于承认马克思政治哲学之"在场性"的西方马克思主义者而言，他们由于大都像哈贝马斯那样，对经验主义、实证主义、科学主义的理论范式采取一种批判态度，所以在开显马克思政治哲学上，他们也会给我们同样的启示。不过，这部分哲学家在此方面的工作，主要是一种"重释"。这种"重释"工作的要义，就在于通过对马克思重要范畴的重新解释与发掘，来消除经验主义、实证主义、科学主义对马克思所造成的遮蔽，由此澄明马克思政治哲学的巨大思想空间。这种重释工作的一个最为这些西方马克思主义者看重的着力点，就是被卢森堡所明示、被卢卡奇所凸显、被早期法兰克福学派所沿用的"总体性"范畴。卢卡奇指出，总体性范畴乃是马克思取自黑格尔并独创性地厘定的理论范式和方法论。总体性无论是作为理论范式还是作为方法，都强调应辩证地理解理论与实践、部分与整体的关系，这与19世纪后期风行起来，并于20世纪上半叶炽盛的实证主义和经验主义的做法大

---

① ［德］尤尔根·哈贝马斯：《重建历史唯物主义》，郭官义译，社会科学文献出版社2000年版，第6页。

相殊异,因而也构成了对后者的一种克服和纠正。这正如法兰克福学派之美国代言人理查德·沃林所指,"只有通过统一于某个理论计划,只有首先牢记作为一个性质全体的社会秩序的观点,经验研究的成果才免于堕入琐碎的和无意义的命运之中"①。根据对总体性的洞察,卢卡奇、柯尔施、霍克海默、阿多诺等人,无不注重从批判理论的向度来揭示资本主义的社会和政治矛盾,从而探求"希望的"、"理想的"、"指向历史前方的"、"赋予未来社会的"东西。而对这些东西的探求,既是政治哲学的核心理论旨趣,也体现着政治哲学超越性的精神气质。如果由此来看,卢卡奇、柯尔施、霍克海默、阿多诺等人在总体性视域内指认出了一种政治哲学的理论逻辑,那么深入马克思的思想结构会发现,他们的这种指认,与马克思本人在政治哲学上的致思取向是相符合的。根据就在于:在从市民社会到人类社会、从此岸价值到彼岸价值的理论推进中,马克思所要发掘的最本质的东西,实际上就是卢卡奇、柯尔施、霍克海默、阿多诺等人意欲探求的"希望的"、"理想的"、"指向历史前方的"以及"赋予未来社会的"东西,如人的非异化的存在、公正的社会制度、美好的生活方式、人的自由而全面的发展等等。这个情况大致可以说明,卢卡奇、柯尔施、霍克海默、阿多诺等人的重释工作,在开显马克思政治哲学上,更具有拨云见日的理论效果。

---

① [美]理查德·沃林:《文化批评的观念》,张国清译,商务印书馆2000年版,第93页。

第三章　总体性、实践哲学与哲学的辩护：实证主义对置面上的政治哲学

考察早期西方马克思主义哲学家的理论活动，我们不难发现，无论是青年卢卡奇提出"总体性的辩证法"、葛兰西创构"实践哲学"，还是柯尔施论述马克思主义与哲学的关系，他们都是在特定的理论路向上思考与回答"什么是马克思哲学的实质与本真精神"。他们的思考与回答，从马克思主义哲学史的角度审视，虽然首先表现为对马克思文本的直接解读，但更为根本地来看，是对发生在第二国际内部的理论论争的回应。马克思、恩格斯身后，第二国际围绕"本真的马克思主义"展开了激烈的理论争论，由此形成了"经济决定论"（考茨基）、"伦理社会主义"（伯恩施坦）、"基于实践的历史唯物主义"（拉布里奥拉）、"整体性经济学"（卢森堡）等不同观点的分歧，乃至不同政治派别的分野。这样的理论争论，并非是起于第二国际而又止于第二国际，毋乃说，它在第二国际走向崩解之时，又延伸到了欧洲发达资本主义国家马克思主义知识分子阵营之中，并逐渐运演为柯尔施所说的"新老正统马克思主义与西方马克思主义之间的理论对峙"。西方马克思主义对马克思主义哲学的重新理解，就是在这样的语境中开始的。这样说来，在马克思主义哲学史上，第二国际构成了西方马克思主义思想发生的重要介质。西方马克思主义理论传统的开创，与第二国际的理论争论以及它所造成的历史效果之间，有着分割不开的关系。如果说，这种状况体现的是第二国际之于西方马克思主义的整体性思想效应，那么，这一思想效应具体可从两个向度加以考究：第一，从一个正面的向度论之，早期的西方马克思主义者，从第二国际中那些具有批判精神、其理论叙事中涌动着超越同时代哲学理解之思想元素的人那里，或直接或间接地摄取了理论创造的思想养料，进而在后者理论论见的基础上发展出自己哲学探索的基本定式。例如，拉布里奥拉文化哲学的理论进路以及将历史唯物主义诠释为"实践哲学"的观点，直接影响到葛兰西马克思主义哲学探索的维度与方向；卢森堡考察资本积累时运用的整体性方法，被卢卡奇、柯尔施等人传扬为"总体性"哲学思想，并最终定格为西方马克思主义的重要理论基调。第二，从一个反面的向度论之，早期西方马克思主义者对马克思重新进行解释，往往是由第二国际的理论证明刺激所致，亦即，第二国际普遍倾向于实证主义的马克思主

义哲学诠注方式,以卢卡奇、柯尔施等人之见,意味着向"庸俗的"、"拙劣的"马克思主义蜕变的开始。所以,西方马克思主义的理论创发,从一开始就是以反"正统马克思主义"、反实证主义、反科学主义的声音进行的,因而在根本上就是要去颠倒第二国际以及苏联马克思主义哲学的运演模式,使马克思主义哲学的发展回归到其"原本"的意义上来。

在这里,我们着力关注的是第二个向度。从第二国际的理论论争中走来的西方马克思主义,之所以要在质疑与驳难声中来回应19世纪末期以来对马克思所做的种种看似迥异实则归一的注解,是因为马克思思想中的一种一定要被发掘出来、一定要得以延续下去的东西,在卢卡奇、柯尔施等人看来,被这种起自第二国际且风行已久的注解删除得无影无踪。这种东西,不管是被说成是"历史性理论"、"实践性理论"还是"革命的哲学",在我看来,正是早期西方马克思主义者要去解放和发展的"政治哲学",因为一旦将马克思哲学中抗拒实证解释的那些要素激发出来,那么在最为直接的意义上,这就预示着"政治哲学"在对价值和规范的追求、对理论的反省以及对现实的批判中登场亮相了。作为对蕴藏于第二国际之马克思主义理论阐释与流播中的紧张的解决,政治哲学的这一释放,表征着西方批判的马克思主义者对马克思理论之性质的重新判定,是对卢卡奇所追问的"什么是正统的马克思主义"这一在当时被封死、变僵固的问题的一种活化。这一重大的理论工作,是在三个极富思想创造力的点上展开、推进的:一是总体性(卢卡奇),二是实践哲学(葛兰西),三是科学还是哲学(柯尔施)。

一、总体性:作为颠覆性的理论原则
如何激活了政治哲学

严格说来,作为一种思想方法的总体性被当作一个直接的理论问题得到阐述,是从早期西方马克思主义开始的,虽然在黑格尔哲学中总体性的原则早已有之。将总体性与西方马克思主义解读马克思的统摄性思路连接起来,这无论如何是不会成为疑问的,但将它与政治哲学,尤其是与马克思的政治哲学连接起来,可能听起来不大可行。然而,一个饶有趣味的情形是,有些表面看上去是"政治哲学"的问题,并不一定与真正意义上的政治哲学有什么瓜葛,说不定只是政治社会学涂染上了一些"政治哲学"的色泽而已;有些表面看上去不是政治哲学的问题,反倒链接到真正的政治哲学上去了,或者本身就已经是政治哲学的问题了(在这里,我们没有对政治哲学作一种硬性的、形而上的指定,我们只是从人们所遵从的政治哲学的通常意义

上来说的），总体性就是属于这种情况。我们发现，西方马克思主义之总体性及其延展开的理论逻辑，把马克思思想中那种不同于自由主义，也有别于其他意识形态的政治哲学复现出来。这在马克思主义哲学史上，构成了一条通达马克思哲学之实质的重要理论路径。

（一）卢森堡的启示

首先明确地用"总体性"来解释马克思哲学的西方马克思主义者是卢卡奇。但对这一范畴的考察，从历史连续性的角度来说，不应当遗忘卢森堡的理论贡献，因为卢森堡是马克思之后第一位用"整体性"辩证法的视野来理解马克思以及资本积累的理论家。卢森堡的思想影响到了卢卡奇（以及柯尔施），以至于在精神气质和理论实质上，他们多有一致之处。① 卢森堡曾说：

> 马克思有一把有魔力的钥匙，这把钥匙使他揭开了一切资本主义现象最深奥的秘密，使他能够轻易地解决了连斯密和李嘉图这样的资产阶级古典经济学大师都没有料到其存在的问题，但是，这把钥匙是什么呢？这不是别的，就是把整个资本主义经济当作一个历史现象来理解，并且不仅是往后看，象古典经济学在最好的情况下也懂得的那样，而且还往前看，不仅看到自然经济的过去，尤其看到社会主义的未来。马克思的价值学说、货币分析、资本理论以至他的整个经济学说体系的秘密是，资本主义经济的过渡性，它的崩溃，因而也就是——这不过是另一面——社会主义的最终目的。正是因为而且仅仅是因为马克思一开始就以社会主义者的立场，也就是用历史的观点去观察资本主义经济，所以他才能够解释资本主义经济的象形文字，正是因为他把社会主义的立场作为对资产阶级社会进行科学分析的出发点，他反过来才能科学地论证社会主义。②

在这段话中，卢森堡无疑就是在"整体性"的视野中理解马克思的，这是因为，马克思的政治经济学和科学社会主义学说，在她看来并不是两种互

---

① 人们通常讲的"西方马克思主义"，自然是指由卢卡奇、柯尔施等人在 20 世纪 20 年代开创出的一种理论传统。但在一种宽泛的意义上，我宁愿将卢森堡甚至拉布里奥拉也归入西方马克思主义传统，这就是基于他们对稍后的卢卡奇、柯尔施、葛兰西等人的影响而言的。所以，探寻西方马克思主义的历史源头，我以为忽略卢森堡、拉布里奥拉是不恰当的。

② 《卢森堡文选》（上卷），人民出版社 1984 年版，第 117 页。

不相干的理论,相反,它们构成了一个缺一不可的理论整体。所以,卢森堡指出,当马克思审理资本主义经济时,他理所当然地要从过去、现在和未来的整体意义上,从经济和政治相结合的层面上去进行。也就是说,马克思是把资本主义经济当作一个整体的历史现象来看待的,而不是仅仅从某一个固定的节点来对之加以把握。这种"整体性"的理论方法,正构成马克思历史辩证法的实质性内容。马克思也正是由于运用了这样一种辩证的方法,所以在经济学的研究中能够与英国古典经济学家分道扬镳。英国古典经济学家没有将自己的理论认识置放到一个整体的构架当中,他们没有以一个未来预设的目标来批判地审看现实的经济现象,即他们不会"向前看",看不到社会主义的未来,而只是从资本主义经济的某些既定事实出发,最后也还是要回到这样的事实,论证这些事实的合法性。与马克思"整体性"的理论方法相比,这是一种十足且无味的"非整体性"方法。需要注意的是,哪怕是在最为直观的意义上,我们在这里也可以从卢森堡的论述中,开引出政治哲学或者与政治哲学紧密粘连在一起的理论取向。这是为什么?

首先,英国古典经济学家对资本主义经济规律的探究,虽然声称建立在对经济现象客观分析的基础之上,但其经济自由主义的立场却假定,现代社会经济体系的基础是个人主义,每一个人都会根据自己利益的需求从事经济活动。所以,他们并没有打算触动现代资本主义的私有财产制度,反而是以证明这样的制度为前提进行研究的;他们并没有打算在历史性的视域内探询经济活动之未来的政治内涵,只是呈现了由经济现象背后"看不见的手"所掌控的当下的政治性——市民社会的政治性①。于是进一步论之,英国古典经济学家的理论叙事,在范式上与马克思批判的自由主义政治哲学正相通约,或者可以说,英国古典经济学家"料到其存在的问题",也正是洛克以降自由主义政治哲学家要加以解述的问题。如果说,古典经济学之研

---

① 为了避免理解上的歧义,我们需要指出的是:在市民社会的理论史上,英国古典经济学家在现代市民社会概念——在经济意义上、指涉到经济生活样态的社会结构——之酝酿与提炼的过程中,起了一定的积极作用。因为在古典经济学家看来,经济活动作为一种相对独立的行为,可以不受政治活动的干预,它有自己的内在法则,遵循着自己内在的、客观的规律,这就在实际上看到了现代市民社会的历史性存在,在理论上也孕育了后来黑格尔界定出的那个不同于政治国家的市民社会的概念。对于黑格尔来说,他能够在学理上提出一个明确的市民社会概念,并将市民社会与政治国家界分开来,与对英国古典经济学家的理论及其此种理论所指认的历史事实的研究与考量是分不开的。说英国古典经济学家呈现了市民社会的政治性,并不是指他们将马克思在《论犹太人问题》中所指认的那个"旧的市民社会"的"政治性质"展示出来,而正是指他们把祛除政治性质的市民社会之历史生成的政治哲学意义说了出来。

究在此意义上可被视为一种隐性的政治哲学理论路向，那么，反其道而行之的马克思的经济学研究，由于以"整体性"克服了"非整体性"、以"历史性"克服了"非历史性"，因而从中导出的那种思想逻辑，不但在本质上可以被辨识为一种政治哲学的逻辑，而且这种政治哲学因为在整体性的理论框架内获得了一个"制度之迁变"的思想依托，故此在规范和价值导向的意义上，自由主义政治哲学和古典经济学远远不可与之比拟。马克思轻松地解决了古典经济学家"没料到其存在的问题"，根据或其内缘即在于此；而那些"没料到其存在的问题"，也就是马克思在资本批判的过程中所发现的那些事关革命实践的政治性问题。

其次，卢森堡指认的马克思与英国古典经济学家在"整体性"与"非整体性"上的分界，从卢森堡同时代的思想语境来看，又是辩证法与以实证主义形而上学为标志的思维方式之间的分界。实证主义大行其道的 19 世纪后期到 20 世纪初期，马克思的理论就已开始被人为地切分为经济学、哲学、社会主义学说这样三个互不相干、各自为论的领域，这在那些持守经济决定论、物质决定论的第二国际理论家那里，甚至在并非拥戴决定论的伯恩施坦那里，都可以找到这方面的佐证。这一阐释马克思理论的定式，由于肢解了作为一个整体的马克思的思想表达，所以，使马克思主义的经济学研究变成了一种对纯粹客观的经济规律进行探询的理论实践，使哲学研究变成为一种空悬于历史上方的物质本体论绘制，使社会主义的理论求索与一种政治学或政治社会学直接结为一体。这种以"非整体性"的方式来观察马克思的理论镜像，根据卢森堡的理解，形成的只能是一种对马克思思想的幻觉、错觉，因为"马克思的思想作品之所以具有这种不寻常的作用，不仅是他本人的天才，而且也因为他始终按他所论述的一切问题之间的最重要的辩证关系，从最全面的历史观点去阐明它们"①。也就是说，马克思本人并没有对不同学科的问题进行分门别类的指认与论述，相反，哲学、经济学以及科学社会主义之理论在他那里通过一种辩证关系相互盘结在一起，将任何一种问题从一个思想整体中分离出去，造成对马克思理解的偏颇、简单、贫乏、空疏，都将不可避免。从政治哲学之切关性上来讲，将马克思的理论分解为几个独立的部分，无疑看不到马克思对哲学的创造是在一种资本批判的历史语境下发生的，看不到马克思的哲学乃是因为被他赋予了一种阶级政治的内涵才显得卓尔不群，哲学在此情形下只能被标指为一种"去价值性"、"去政治性"的理论，它与政治哲学是全然脱钩的，甚至那些与政治哲学仅

————————————

① 《卢森堡文选》（上卷），人民出版社 1984 年版，第 403 页。

有着微弱联系的理论探发,也只能被它拒之门外。相反,卢森堡的一个突出贡献则在于:她几乎没有以"政治哲学"这样的语汇来梳解马克思的理论,但她以一种不同于流俗的方式来说明马克思的理论创新与理论革命,则在实质上指出了马克思主义理论与政治哲学的一种对应关系。在"整体性"的视域里,她显然看到马克思的哲学关乎对"最好的社会制度"、"最合理的人之生存的经济结构"等具有终极和形上意义之问题的回答,这是在马克思的政治经济学研究和社会主义理论研究中散发出来的一种精神气质,这也就是卢森堡所讲到的"往前看"的理论诉求所折射出的政治哲学的欲求。在最直接的关切点上,这一政治哲学就体现为工人阶级的历史观,而在卢森堡看来,"自从马克思使工人阶级的历史观在哲学、历史和经济领域中发生作用以后,资产阶级在这些领域中的研究工作就中断了。经典意义上的自然哲学终结了,资产阶级历史哲学终结了,科学的国民经济学终结了"[1]。这就又回到第一方面的问题上来了(马克思与英国古典经济学家的分殊与划界)。

(二) 卢卡奇"总体性"的政治哲学意蕴

在被称为西方马克思主义开山之作的《历史与阶级意识》中,沿着卢森堡明示的"整体性"历史辩证法继续探问马克思哲学之实质的卢卡奇,通过回答"什么是马克思主义的正统"而系统论述了"总体性"范畴。他开宗明义地指出:"正统马克思主义并不意味着无批判地接受马克思研究的结果。它不是对这个或那个论点的'信仰',也不是对某本'圣'书的注解。恰恰相反,马克思主义问题中的正统仅仅是指方法。它是这样一种科学的信念,即辩证的马克思主义是正确的研究方法,这种方法只能按其创始人奠定的方向发展、扩大和深化。而且,任何想要克服它或者'改善'它的企图已经而且必将只能导致肤浅化、平庸化和折中主义。"[2]如果说标识马克思主义根本特质的东西就是其辩证的方法,那么这种方法就是要求将孤立的和导致孤立的事实以及局部的体系置放到一个总体的结构当中,根据一种整合性的、总体性的眼界来对其加以看待。所以,马克思主义的方法,刨根究底应当是一种"总体性"的辩证法。

---

① 《卢森堡文选》(上卷),人民出版社 1984 年版,第 485 页。

② [匈]卢卡奇:《历史与阶级意识——关于马克思主义辩证法的研究》,杜章智、任立、燕宏远译,商务印书馆 1999 年版,第 49 页。

不是经济动机在历史解释中的首要地位(Vorherrschaft)，而是总体的观点，使马克思主义同资产阶级科学有决定性的区别。总体范畴，整体对各个部分的全面的、决定性的统治地位(Herrschaft)，是马克思取自黑格尔并独创性地改造成为一门全新科学的基础的方法的本质。①

假若切断卢卡奇论述的上下文，我们无法理解"总体性"作为一种辩证法与"历史"、"社会"以及"政治"的挂钩何以可能，进而也就无法在"总体性"的理论范式中推出政治哲学的论式。但卢卡奇的语境是一目了然的：在他看来，马克思哲学的最根本使命是"改变世界"、"革命"（在《历史与阶级意识》的开篇，卢卡奇即引征马克思的那句名言，"哲学家们只是用不同的方式解释世界，问题在于改变世界"），这也应当是马克思之后的马克思主义哲学家遵从的使命。但是，这一使命在 20 世纪初的西方世界里是难以被释放为现实的。具体说来，有两个方面的原因务必要被识别出来：第一，发达资本主义的物质蒙蔽（即物化），使工人阶级往往只能囿限于一个历史的"当下"，从经济事实的"现在时态"来理解资本主义以及整个人类历史。于是，在物化意识的遮障面前，工人阶级看到的只是一个"被合法化"的历史终局，阶级意识、革命意识只能在极其有限的前提下才可能成为一种"真实的"主观政治性判断。第二，恩格斯晚年（甚至马克思晚年），有些教条主义的理解者，就已经开始对马克思哲学作出"经济决定论"与一般唯物主义的理解和论证。这样的理解和论证，在实际的政治后果上与物化意识暗通款曲，因为马克思主义哲学被证成为仅仅只能说明那些"可证实"的物件和现象的理论，因而它再也不可能站在历史的"后台"去揭示"我们到底需要什么"以及"我们如何获得我们需要的东西"等，革命的结论也再也不可能从马克思主义哲学中顺理成章地推导出来。这两方面的原因合起来看，就是一个巨大的理论与实践的断裂，正像后来的萨特指出的，"把理论扔到一边，把实践扔到一边"。总体性的缺席，在卢卡奇看来显然就是这个断裂的内缘所在，所以理解资本主义以及西方革命形式时需要明察，"只有在这种把社会生活中的孤立事实作为历史发展的环节并把它们归结为一个总体的情况下，对事实的认识才能成为对现实的认识"②。

如果说在卢卡奇的指认中，我们已经发现了总体性范畴与政治哲学的

---

① ［匈］卢卡奇：《历史与阶级意识——关于马克思主义辩证法的研究》，杜章智、任立、燕宏远译，商务印书馆 1999 年版，第 79 页。

② ［匈］卢卡奇：《历史与阶级意识——关于马克思主义辩证法的研究》，杜章智、任立、燕宏远译，商务印书馆 1999 年版，第 58 页。

一种关联,那么这一问题需要沿着卢卡奇的指认,并需要在一个更大的背景下作进一步梳理。卢卡奇强调马克思哲学之总体性的意义,一方面自然基于他对马克思的解读(即他在马克思资本的研究中发现,"总体性"的方法始终贯穿于马克思论述的过程当中,第二国际理论家在对马克思的阐释中将这一点抛弃了);另一方面也是基于他对 19 世纪中期以来就起作用,并在 20 世纪早期随着自然科学方法论的渗透而得到强化的实证主义逻辑的解读。以卢卡奇之见,马克思哲学之总体性的"覆灭",在很大程度上也是因为实证主义的肆虐才导致的结果。所以,我们也能真切地感知到,在总体性范畴提出的背后,对实证主义的警惕与回绝,正构成卢卡奇理论拷问的一个深层阿基米德点。将在这里涉及的场域稍作放大会发现,卢卡奇的反实证主义情结,与他同时代的韦伯的理论命题及其由此引发的思想效果的刺激应当也多有干系。韦伯反对将自然科学的方法运用到政治文化领域中,但他在社会科学方法论的认定中,又强调要将事实与价值分离开来,以及强调要将理论的重心安放于可证实的经验对象,这实质上与风行已久的实证主义在本质上发生了合流。直接的实证主义,以及韦伯遮遮掩掩的实证主义倾向,对当代政治学、社会学的发展具有范式引导的意义。这一范式的最根本特征之一,就是在"是"之要求的前提下将规范性的、价值论的要素从理论构造中驱逐出去,以保持社会科学研究的"价值无涉"。所以,在 20 世纪早期的西方思想语境中,对"好与坏"、"善与恶"、"美与丑"等的评判,往往被降格到理论研究的下位;而对"事实如何"以及"事实何以如何"等的回答,则被看作是社会科学乃至哲学研究的根本性意旨。面对这一状况,卢卡奇指证道:

> 经济形式的拜物教性质,人的一切关系的物化,不顾直接生产者的人的能力和可能性而对生产过程作抽象合理分解的分工的不断扩大,这一切改变了社会的现象,同时也改变了理解这些现象的方式。于是出现了"孤立的"事实,"孤立的"事实群,单独的专门学科(经济学、法律等),它们的出现本身看来就为这样一种科学研究大大地开辟了道路。因此发现事实本身中所包含的倾向,并把这一活动提高到科学的地位,就显得特别"科学"。①

---

① [匈]卢卡奇:《历史与阶级意识——关于马克思主义辩证法的研究》,杜章智、任立、燕宏远译,商务印书馆 1999 年版,第 54—55 页。

在卢卡奇看来,对事实的所谓"科学的"研究,必然涉及的一个至关重要的哲学问题,即是究竟如何从哲学上理解"现实"与"事实"。澄明这一问题,对于马克思主义哲学来说尤为重要,这是因为:"现实"与"事实"在马克思哲学中的重要地位,无论怎样评价可以说都不过分,不然"唯物主义者"的名号也不会加于马克思,这一点仅通过马克思对"经济关系"、"社会结构"、"历史法则"的倚重就可以获得说明。但如若不是在一个深层的思想支点上理解这一问题,反倒极有可能将本不属于马克思甚至马克思予以批驳的东西说成是马克思的创见,这不仅造成对马克思的曲解,也会导致马克思主义哲学的"畸形"发展。所以,从"总体性"的观察角度出发的卢卡奇,在对"现实"与"事实"的看待上采取了十分慎重的态度。他不无忧心地指出:

> 不用说,对现实的一切认识均从事实出发。唯一的问题是:生活中的什么样的情况,而且是在采用什么样的方法的情况下,才是与认识有关的事实呢? 目光短浅的经验论者当然会否认,事实只有在这样的、因认识目的不同而变化的方法论的加工下才能成为事实。他认为,在经济生活中的每一个情况、每一个统计数字、每一件素材中都能找到对他说来很重要的事实。他在这样做时忘记了,不管对"事实"进行多么简单的列举,丝毫不加说明,这本身就已是一种"解释"。即使是在这里,事实就已为一种理论、一种方法所把握,就已被从它们原来所处的生活联系中抽出来,放到一种理论中去了。比较老练的机会主义者,尽管本能地非常厌恶一切理论,还是很乐意承认这一点。但是他们求助于自然科学的方法,即自然科学通过观察、抽象、实验等取得"纯"事实并找出它们的联系的办法。他们于是用这种理想的认识方式来对抗辩证方法的强制结构。①

卢卡奇在这段话中表现出的忧虑在于,无论是经验论者还是机会主义者,在对"事实"的把捉中,都是从"可计算"、"可操作"的节点出发,以为只有这样,才可能以最"科学"的方式呈示"事实"之本质,才可能符合经济理论的基本要求。但实质上,这样一种"统计和建立在统计基础上的'精确的'经济理论总是落后于实际的发展",因为以总体性的结构呈现出来的实际的历史,是一个由多种关系组合而成的复杂的系统,其发展也是一个需要从多方位加以"审读"才可能予以把握的过程。也就是说,总体性的历史结

---

① ［匈］卢卡奇:《历史与阶级意识——关于马克思主义辩证法的研究》,杜章智、任立、燕宏远译,商务印书馆 1999 年版,第 53—54 页。

构,要求对"事实"和"现实"的理解绝不可仅仅滞留于那些"可计算"、"可操作"的节点,这是一种分离总体结构的理论"偏向",一种"非历史性"的解读历史的模式。以这种理论模式观测到的"事实",往往都是不具有"现实性"或者与"现实"之精神正相违背的东西。情形何以至此?

在黑格尔哲学开辟的精神圣地上吮吸汁液的卢卡奇认识到:"现实"作为一种总体性的表征,指涉到黑格尔所说的"合乎理性的"历史现象与历史活动,这从黑格尔的著名命题——凡是现实的都是合乎理性的,凡是合乎理性的都是现实的——中可以顺当地推导出来。而对"合乎理性的"历史现象与历史活动的思考和追寻,总是与对下述正反论题的反思和回答紧紧串联在一起:何种现实是合理的,何种现实是不合理的;何种现实是必然的,何种现实是偶然的;何种现实是应存的,何种现实仅是实存的。进而,什么是我们需要的,什么是我们不需要的;什么是一定要加以辩护的,什么是一定要予以指控的;什么是迟早会出现的,什么仅仅是昙花一现的。在对现实的理解中之所以能够看到论题的正反两方,在根本意义上乃是运用总体性辩证方法的一个结果。在总体性的向度内理解现实,按照卢卡奇的辨析,"似乎如此远离直接的现实,它的现实似乎构造得如此'不科学',但是在实际上,它是能够在思维中再现和把握现实的唯一方法。因此,具体的总体是真正的现实范畴。但是,这一看法的正确性,只有在我们集中注意力于我们的方法的真正物质基础,即资本主义社会及其生产力和生产关系的内在对抗性时,才完全清楚地表现出来。自然科学的方法、一切反思科学(Reflexion-swissenschaft)和一切修正主义的方法论理想,都拒不承认它的对象中有任何矛盾和对抗。如果尽管如此在各理论之间还是出现矛盾,那么这只是表明至今达到的认识还不够完全。似乎相互矛盾的各理论必须在这些矛盾中找到它们的限度,必须相应地加以改造,并被纳入到更一般的理论中,那时这些矛盾就会最终消失。但是我们认为,就社会的现实而言,这些矛盾并不是对现实的理解还不完全的标志,而是相反,它们密不可分的属于现实本身的本质,属于资本主义社会的本质。它们在对总体的认识中不会被扬弃,以致停止成为矛盾。完全相反,它们将被视为必然产生的矛盾,将被视为这种生产制度的对立的基础。如果说理论作为对总体的认识,为克服这些矛盾、为扬弃它们指明道路,那是通过揭示社会发展过程的真正趋势。因为这些趋势注定要在历史发展进程中来真正扬弃社会现实中的这些矛盾"①。卢

---

① 〔匈〕卢卡奇:《历史与阶级意识——关于马克思主义辩证法的研究》,杜章智、任立、燕宏远译,商务印书馆1999年版,第59—60页。

卡奇的辨析挑明了这样一个问题：将现实作为一个总体性的结构来加以审理，现实向我们显现出来的必然是对抗和矛盾的有机体，以及由这种对抗和矛盾所决定的发展趋势，而不是经验主义视域中的一个一个直接的可观察、可计算、可验证的事物或现象。于是，在对现实之对抗和矛盾的把握中，理论思维的一个"至上"要求，就在于通过理性思辨的一种抽象，来分辨与确定推动与倒转历史车轮的因素，进而分辨与确定"合乎理性的"东西与现实的本质关联，最终将多数情况下隐而不现的真实的现实揭示出来。作为对论题之正反维度予以把握并由此展现事实与现实之辩证法的一个"内因"，这种情况在卢卡奇看来，其实就是黑格尔哲学告于后人、在马克思哲学中又得到提升的一个极其重要的思想信息。在一个抹杀质的改变而仅由量的增减来获得说明的物质世界和"物性化思维"中，这一思想信息的"被遮蔽"，正是造成马克思主义哲学理解中的"肤浅"、"贫乏"、"形在神离"的一个根本因由。在这个意义上，一旦这一思想信息重新被植入到马克思主义哲学的理解中来，那么，可能的几个结果就在于：其一，那些在科学主义和实证主义马克思主义者看来是"现实"的东西，则会在理论的"洞穿"下被证明为"非现实"的东西；其二，正如马克思曾指出的那样，思想不仅会趋向于现实，而且会使现实趋向于它自身；其三，在有关"革命"、"阶级意识"的坐标系中得到解析的马克思主义哲学，会据此被证明为一种穿越那些看似最毋庸置疑、最理所当然的事实的"直观性"，从而最终为主体革命立言的理论。

这几个结果，大概就是卢卡奇以总体性来说明什么是正统马克思主义时要彰明的几个重要问题。在这里，总体性对政治哲学的激活，不仅体现为它对实证主义的一种抗拒，而且更重要的是，布洛赫所说的"前面"的那种东西，在总体性的结构中得以显现出来，而这种东西，与政治哲学所假定的"价值判断"或"理想追求"在本质上显然并无二致。这其实就是卢卡奇之后许多西方马克思主义理论家——建构批判理论的早期法兰克福学派尤为突出——都要去澄明的一个"同质性"的问题；我们前文讲到的西方马克思主义不同政治哲学取向的内在会通，其实就与这一问题之逻辑自上而下的沿传分隔不开。

（三）"总体性"作为马克思政治哲学之观察的一个真实视角

既然如上所示，揭示西方马克思主义的政治哲学，在一定意义上乃是开显马克思政治哲学的一条至关重要的理论路径，那么，当我们回过头来将卢卡奇与马克思连接起来时会发现：卢卡奇正如他自己所强调的那样，就是接着马克思来讲述总体性以及政治哲学问题的，在这一点上，我们不得不承认,他比他反对的那些哲学家——如第二国际的机械唯物论者和新康德主义者——的确更为深刻,虽然他在恩格斯自然辩证法上的刚愎自用以及过于浓重的黑格尔主义色彩使其理论话语动辄处于"被质疑"的风口浪尖。在《历史与阶级意识》的新版"序言"(1967年)中,卢卡奇的一个指认显得尤为肯定与诚恳:"毫无疑义,《历史与阶级意识》重大成就之一,在于使那曾被社会民主党机会主义的'科学性'打入冷宫的总体(Totalität)范畴,重新恢复了它在马克思全部著作中一向占有的方法论的核心地位。"①若是根据卢卡奇的方式来理解马克思,这一点对于马克思本身的理论来说的确是不成问题的;也就是说,我们在卢卡奇总体性理论话语之背后,的确发现了通往马克思总体性以及政治哲学的一条思路,这应当是解读卢卡奇与解读马克思可以发生对接的一个最为重要的向度了。情况何以至此?

马克思理解他所面对的那个时代的方式可以在多种意义上来谈,但毋庸置疑,卢卡奇所讲的总体性就是其中之一,虽然马克思在其著作中并没有将总体性作为一个直接的理论问题进行阐述。在某种意义上,这也正是马克思的政治哲学继承近代政治哲学的同时又超越后者的一个根本性的方面。马克思与大谈抽象思维与种种意识形态呓语的德国哲学家划清界限的地方,自然首先是他对社会经济关系和历史结构的深思。但要注意的是,马克思在观察社会经济关系和历史结构的时候,他眼中看到的不是一种单纯的直观的存在,毋乃说,这些事物在他的眼中被许许多多的关系所缠绕。马克思在《1857—1858年经济学手稿摘选》中谈到生产和消费时曾举过一个例子:"一条铁路,如果没有通车、不被磨损、不被消费,它只是可能性的铁路,不是现实的铁路。"②在这个例子中,马克思传达了这样一个信息:一个事物是由多种关系组合而成的(此亦谓总体性),因此在把握这个事物时不可拘泥于一种单向度的思维,拘泥于某一个环节或节点,否则把握到的只是一个"未完成的"、"不具有现实性的"事物。马克思在政治经济学视域中谈论生产和消费,旨趣之一自然在于思考社会和政治问题。所以,一旦将"铁路"的例子所含射的隐喻推到社会和政治问题上,马克思的政治哲学思想就豁然开朗。这在马克思对市民社会的理解上得到了验证,所以,让我们稍稍再次回到市民社会这个问题上来。

如果说市民社会及其与之相连带的问题是许多近代政治哲学家(如洛

---

① [匈]卢卡奇:《历史与阶级意识——关于马克思主义辩证法的研究》,杜章智、任立、燕宏远译,商务印书馆1999年版,第15页。
② 《马克思恩格斯文集》第8卷,人民出版社2009年版,第15页。

克、黑格尔等）进行推论的中心之点,那么马克思之前几乎所有的自由主义理论家（包括自由主义经济学家）都或者公开或者隐含地预设了这样一个前提:市民社会作为现代社会的产物在一定意义上是一种"完成了的现实",因为它把属于现代人要去追求的那些东西,如财产权、经济自由、政治自由等——实现出来,即使是提出要以国家的"普遍至上性"来克服市民社会之弊的黑格尔,最终也还是要为市民社会的合法性进行辩护。马克思像近代政治哲学家那样指认市民社会的历史进步性已是一个公开的事实,但马克思与众不同的地方在于,他没有将市民社会这个现代事物当作一个像卢卡奇批评的那样的既定"事实",而是从中看到了其"完成性与未完成性"、"现实性与非现实性"的矛盾,正如他在"铁路"的例子中所看到的矛盾那样。"旧唯物主义的立脚点是市民社会,新唯物主义的立脚点则是人类社会或社会的人类。"①在这句耳熟能详的断言中,马克思说的"旧唯物主义"也就是费尔巴哈式的那种唯物主义,他之所以认为它"旧",是因为这种唯物主义"至多只能达到对单个人和市民社会的直观",从而导向对市民社会之"完成了的现实性"的证明。但问题是,市民社会在马克思看来由于其私有财产制度的不可自解性而不具备"完成了的现实性",亦即,在市民社会中,对利益的攫取导致了"人被沦丧为工具"和"社会生产与生活形式普遍发生异化",将市民社会安放在整部人类历史的多重结构中视之,它还不是黑格尔讲的"合乎理性的现实",毋宁说,只有将市民社会推进到人类社会的阶段,这样的"合乎理性的现实"才得以完成。这就是马克思说的"新唯物主义的立脚点是人类社会"的一个最直观的意义。进一步说,由"市民社会"到"人类社会"的推进,对于志在创立新唯物主义的马克思而言,就意味着由"解释世界"到"改变世界"的递进。"哲学家们只是用不同的方式解释世界,问题在于改变世界。"②在这句成为马克思墓志铭,也被卢卡奇在论述总体性时开篇引征的话中,"改变世界"将对资本主义的批判、对无产阶级革命的诉求、对共产主义的憧憬、对人类理想生活样态的设计等等——囊括于其中,这大概是马克思哲学作为一种新唯物主义最为实质的思想内涵了。如果有人因为《资本论》这一鸿篇巨制的创作而否认这一思想内涵,并认为马克思哲学的主要工作在于阐释"铁的经济规律"和"恒定不变的历史因果关系",那么施米特的下述说法,就尤其值得我们深长思之了:

---

① 《马克思恩格斯文集》第1卷,人民出版社2009年版,第502页。
② 《马克思恩格斯文集》第1卷,人民出版社2009年版,第502页。

　　由于其(指资产阶级——引者注)本质存在于经济之中,马克思也得跟着走进经济王国,以便充分地从本质上理解资产者。……对于马克思主义的社会主义科学性来说,这其实是个生死攸关的问题:是否能够正确地分析资产阶级并理性地把握它。这就是马克思在探究经济问题时的那种着魔般勤奋的最深层动机。①

　　施米特的弦外之音显然是:在马克思的经济学研究中,对资本主义釜底抽薪式的批判,是大于他对"经济规律"和"历史因果关系"的阐释和说明的,因而《资本论》的创作,不过是他提出的"改变世界"的一种延续或者完成。施米特的理解与卢卡奇的说明不谋而合,其共同之处即在于以一种"行动主义"的眼光来审视马克思的经济学研究,而不是像经济决定论者或经济主义者那样在"锁定"经济事实与经济必然性中切除资本研究之政治价值关怀的维度。总体性作为理论与实践的统一、主体与客体的统一,在此意义上是要破除一种"当下即是"的思维范式,是要对资本的"历史性"给出一个完整性的说明;"改变世界"若是缺少这样一种理论的气节,本来具有可改变性的对象世界将变得不可改变,因为任何一种绝对的决定主义,都会制造"无时间性的永恒的假象",一个"永恒的"、"可还原的"东西与"政治追求"和"政治实践"是难以通约的。所以,卢卡奇的下述指证不无道理:

　　庸俗唯物主义者,甚至披着伯恩施坦等人的现代伪装,也没有超出再现社会生活的各种直接的、简单的规定的范围。他们以为把这些规定简单地拿过来,既不对它们做进一步的分析,也不把它们融合为一个具体的总体,他们就特别"精确"了。他们只用抽象的、与具体的总体无关的规律来解释事实,事实还是抽象的孤立的。正如马克思所说:"粗率和无知之处正在于把有机联系着的东西看成是彼此偶然发生关系的、纯粹反思联系(Reflexionszusammenhang)中的东西。"

　　这种反思联系的粗率和无知,首先在于它模糊资本主义社会的历史的、暂时的性质。它的各种规定带有适合一切社会形态的无时间性的永恒的范畴的假象。这在资产阶级庸俗经济学中表现得最明显,但是庸俗的马克思主义很快就步其后尘。辩证的方法被取消了,随之总体对各个环节在方法论上的优越性也被取消了;各部分不从整体来理

---

① [德]卡尔·施米特:《政治的浪漫派》,冯克利、刘锋译,上海人民出版社2004年版,第209页。

解，相反，整体被当作不科学的东西被抛弃，或者退化成了不过是各部分的"观念"或"总合"。随着总体的被取消，各个孤立的部分的反思联系似乎就是适合一切人类社会的没有时间性的规律。①

任何历史都无法被假设，但我们可以假想：如果马克思本人看到那些追随他的人不复通过辩证的理论结构来审理资本主义机体，而只是一味地用所谓的"纯粹科学"来打通自然之物与社会之物（甚至于将前者作为后者的必要前提），那么面对卢卡奇的指证，马克思定会举双手赞同。马克思之所以能够穿透历史、洞悉资本的真实逻辑，显然在很大程度上是因为他将"理论与实践"、"事实与价值"、"现在与未来"、"完成性与未完成性"、"现实性与非现实性"等诸多关系，统合到对资本主义与历史总体的理解当中，同时也在这些关系的张力场中作了极为精当的思想处理。虽然马克思几乎没有在任何一个地方对这一点进行明确说明，但他在有些著作中是作出过隐含的指认的。比如说，在《资本论》中揭示商品的奥秘时，马克思就曾说过，商品的神秘性质不是来源于商品的使用价值（这指向物的自然属性），也不是来源于价值规定的内容（这指向生理学上的真理等）；毋宁说，"商品形式的奥秘不过在于：商品形式在人们面前把人们本身劳动的社会性质反映成劳动产品本身的物的性质，反映成这些物的天然的社会属性，从而把生产者同总劳动的社会关系反映成存在于生产者之外的物与物之间的社会关系。由于这种转换，劳动产品成了商品，成了可感觉而又超感觉的物或社会的物。……商品形式和它借以得到表现的劳动产品的价值关系，是同劳动产品的物理性质以及由此产生的物的关系完全无关的。这只是人们自己的一定的社会关系，但它在人们面前采取了物与物的关系的虚幻形式"②。以自然属性背后的社会属性来说明商品形式诸环节及其内在关系，马克思的这段论述与他对市民社会所作出的历史性解读和批判实质上是具有一致性的，而这种一致性的核心就是"总体性"。从前往后看，这段论述证实了施米特与卢卡奇的深刻性；从后往前看，卢卡奇（还有卢森堡）要去揭开的那个总体，正是在这段论述中透露出来的马克思哲学—经济学理论的总体。这个总体，最终导向的就是历史的行动主义，"改变世界"在冲破"物性"的商品研究中，不能不成为最后的归宿。在这里，不管是从马克思自身的语境

---

① ［匈］卢卡奇：《历史与阶级意识——关于马克思主义辩证法的研究》，杜章智、任立、燕宏远译，商务印书馆1999年版，第58—59页。
② 《马克思恩格斯文集》第5卷，人民出版社2009年版，第89—90页。

出发还是从卢卡奇抑或卢森堡的语境出发,我们都不难发现,总体对于马克思而言,也就意味着政治哲学或者至少是以政治哲学为底蕴的历史唯物主义的在场。如果说我们能够在卢森堡、卢卡奇那里开显和建构起这样一种形象的马克思哲学,那么,沿着西方马克思主义的路向来把作为政治哲学家的马克思的身影真实地复原出来,虽然在时间上给人一种"倒置"的感觉,但从思想逻辑来看,马克思政治哲学的研究却恰恰需要这种"倒置"。而这样一来,切实开辟出一条"从西方马克思主义到马克思"的思想史阐释路径,对于我们全方位地展现马克思主义政治哲学的传统,也具有重要意义。

二、实践哲学:通达政治哲学何以可能

当我们将问题意识继续接入到马克思政治哲学研究中的时候,一个值得注意的现象是:学术界已经开始尝试从"实践哲学"这一理论向度来阐释马克思的政治哲学,如通过梳理亚里士多德的实践概念而为之,或通过比较康德与马克思的实践思维而为之,凡此种种,不一而足。[①] 开展这一学术工作,从学者们的主观意图来说,虽旨在推进与深化马克思实践概念的研究,但无形之中也挖掘出一个马克思政治哲学研究的新视角。不过,当我们积极地将此作为一个政治哲学研究的问题来对待时,我们却不能忽视这样一个信息:在马克思身后的思想史上,直接提出"实践哲学"的解释路向并将其与马克思政治哲学内在打通的,是作为西方马克思主义哲学家的葛兰西。所以,由之而来的一个判断是,葛兰西的实践哲学虽在传统的理解体系中没有被辨识为一条开显马克思及马克思主义政治哲学的重要路径,但一如卢卡奇的总体性,这条路径若总是被我们有意无意地忽略,那么我们遗失的东西,可能就会远远多于我们以为能够得到的东西。

对于葛兰西而言,何谓实践哲学?"实践哲学"虽然是身陷囹圄的葛兰西指代马克思哲学的一种"暗语"和"隐喻",但在其根本意义上,葛兰西却正是试图沿着"实践"的理路来理解和阐发他所认定的哲学形态以及马克思创立的哲学本身的。这说明,"实践哲学"在葛兰西这里,并不是我们通常所说的那种与理论哲学相对立的哲学形态,而是葛兰西对马克思哲学及一般意义上的哲学所作出的一种独特理解和界定。由此来看,实践哲学在逻辑上涉及两个层面的问题,一是如何阐释"哲学是什么"的问题,二是如何考辨马克思哲学的理论实质的问题。而翻检《狱中札记》也不难发现,葛

---

① 参见贺来:《论马克思实践哲学的政治意蕴》,《哲学研究》2007 年第 1 期。

兰西实际就是在这两个层面上，来具体阐发其"实践哲学"的基本观点的。至关重要的问题就在于：由于在这两个基本层面上，葛兰西最终将"实践哲学"证立为了政治哲学，所以与此相应，"实践哲学"不仅是葛兰西建构自己政治哲学的一个根本立论点，而且也是他开显马克思政治哲学的一个根本依据。

（一）从实践哲学到政治哲学：经由文化范式的内在过渡

在逻辑上，葛兰西是通过论述"哲学是什么"来论述"实践哲学是什么"的。在他看来，在哲学史上流布甚广的观念，总是将哲学研究指认为一项奇特而艰难的事业，哲学活动也就被界定为在特定领域内、由特殊群体所专门从事的智识活动。但其实，这是对"哲学是什么"问题的一种极其片面、应当予以革除的理解。这一问题之实质在于：

> 人类的大多数，就他们都从事着实际活动，而在他们的实际活动（或在他们的行为的指导路线）中又都暗含着一种世界观、一种哲学这一点而言，都是哲学家。……
>
> 从我们的观点来看，仅仅研究各个哲学家的哲学的历史和逻辑还远远不够。作为一个方法论的指导线索，至少应该把注意力引向哲学史的其他部分，引向广大群众所持有的世界观，最狭隘的统治（或知识）集团的世界观，并最终引向这各种不同的文化复合体和哲学家的哲学之间的联系。一个时代的哲学并不是这个或那个哲学家的哲学，这个或那个知识分子集团的哲学，人民群众的这一大部分或那一大部分的哲学。它是所有这些要素的结合过程，这个过程在一种整体的趋势——其顶峰变成为集体活动的标准，变成具体的和完全（完整）的"历史"——中达到顶峰。①

葛兰西在这里要确立的一个直截了当的观点即在于：人人都是哲学家，职业哲学家与非职业哲学家只有"量"的区别，而无"质"的不同。这是因为，每一个人都成为生物学家、数学家显然是不可能的，而一个人既不是职业哲学家，也不按照哲学的方式进行思考也是不可能的。换言之，哲学不应当只是少数职业哲学家的理论，而应当是大多数人民群众的行为法则、世界

---

① ［意］安东尼奥·葛兰西：《狱中札记》，曹雷雨、姜丽、张跣译，中国社会科学出版社2000年版，第256页。

观、文化和意识形态,是一个时代的"生活"和"历史",是"世代承传的大量的变动"。或者更具体地说,人们所固有的"自发"哲学包含在语言、常识、大众宗教以及民俗的观念体系中,包含在相对平静的生活世界以及波涛汹涌的历史流变中。如此一来,葛兰西首先将哲学与历史会通起来,进而也就将哲学证立为实践哲学,因为在葛兰西的语境中,"实践性"在某种意义上就意味着"历史性",抽离历史的"绝对观念论"和"纯粹物质论"都与实践之精神相背而行,称为"实践"的那些东西,一定要在历史活动、历史关系、历史结构中去寻找。进一步论之,葛兰西所彰示的"历史",与"文化"在一定程度上又有对等性,历史活动及其意识的呈现,也就是他或隐或显地论述的文化之脉络。在《狱中札记》以及葛兰西的其他文本中,"文化"毋庸置疑是一个很大的概念;学术界在研究文化哲学时回避不了葛兰西,当与这一点相关。在这个意义上,实践哲学也就是一种文化哲学,而从葛兰西对哲学的规定中也很容易看出,哲学的内容其实就承载在文化的实体当中。在这样一个关联点上,我们发现在实践哲学中同样涌动着一种政治哲学的理论逻辑,这需要结合葛兰西对"市民社会"的界定和说明来加以理解。

葛兰西对市民社会的界定和说明是在他的国家学说中完成的。葛兰西认为,当代资本主义国家已经具有了整体意义,它实际上由两部分组成,一为政治社会,二为市民社会。它们以不同的权力形式行使国家的统治职能,前者实施的是直接的强制性权力,后者则实施的是立基于民众同意之上的"文化霸权"。这两部分也就构成了上层建筑的两大领域,即如葛兰西所说:"我们目前可以确定两个上层建筑'阶层':一个可称作'市民社会',即通常称作'私人的'组织的总和,另一个是'政治社会'或'国家'。这两个阶层一方面相当于统治集团通过社会行使的'霸权'职能,另一方面相当于通过国家和'司法'政府所行使的'直接统治'或管辖职能。这些职能都是有组织的、相互关联的。"①我们在此需要指出两点:其一,葛兰西虽然确认了国家结构的两个部分,但相形之下他更加看重市民社会,因为"市民社会无须'法律约束'或强迫的'义务'就能运转,但是照常可以带来集体压力,并且通过风俗的演化、思想和行为方式以及道德风尚等产生客观效果"②。而对于政治社会来说,甚至要随着整体国家之强制性职能的式微而被纳入市民社会当中。更为重要的是,市民社会与一种政治哲学所要表达的"政

---

① [意]安东尼奥·葛兰西:《狱中札记》,曹雷雨、姜丽、张跣译,中国社会科学出版社 2000 年版,第 7 页。

② [意]安东尼奥·葛兰西:《狱中札记》,曹雷雨、姜丽、张跣译,中国社会科学出版社 2000 年版,第 198 页。

治的"那个具有"价值指向"的维度连接起来了，相反，政治社会却不一定如此（这源于政治社会与直接的"政治学"问题的关联）。毕竟，文明的传扬以及道德的教化，作为国家具有价值引导性与规范创造性的职能，是在市民社会的种种存在形式——政党、工会、学校、教会以及新闻机构等——中完成的。所以，市民社会不仅同政治社会一样具有"政治性"，而且前者的政治性在某种意义上大于后者的政治性，这或许就是葛兰西将"霸权"与市民社会而不是与政治社会对应起来的内缘所在。就此而言，市民社会问题群在实质上构成葛兰西政治哲学的逻辑起点与逻辑中心。其二，葛兰西界定市民社会的理论路数不同于黑格尔和马克思，即不是在经济意义上而是在文化和意识形态的意义上来界定市民社会，这正如博比奥所指："在葛兰西看来，市民社会所包括的不是'整个物质关系'，而是整个思想文化关系，不是'整个商业和工业关系'，而是整个知识和精神生活。"①于是，问题变得简单而明了：市民社会在葛兰西这里，被解释为大众文化、公众价值观、知识体系以及精神生活等的场域与载体，一言以蔽之，市民社会的核心范式即是文化，这一点在葛兰西以降的理论史上也被继承下来（如帕森斯、哈贝马斯等人对市民社会问题的研究，即凸显了葛兰西厘定的文化范式）。

　　将上述两点结合起来，我们不难推知：凡是有关大众的行为法则、世界观、文化和意识形态的东西，即葛兰西所理解的一个时代的"生活"、"历史"和"文化"的东西，或者说在他看来成为哲学之内容的东西，说到底都会因为市民社会之"文化霸权"的职能而烙上强烈的"政治性"的印记，因而在最终的意义上都会成为政治哲学予以关涉和行将释放的内容。这样一来，我们的问题就已经"柳暗花明"了：认为"人人都是哲学家"从而将哲学界定为大众生活以及历史与文化的葛兰西，不就是证明了实践哲学之文化性与政治哲学之实质是同宗同源的，或者直接说，实践哲学归根结底就是一种政治哲学吗？对此，葛兰西本人也有明确的说法："达到'哲学和政治'、思想和行动的平等或相等，也就是说，达到实践哲学。一切都是政治，甚至哲学或各种各样的哲学（参看关于意识形态的特征的注）也是如此。"②"既然一切活动都是政治的，那么怎么能不认为每个人的真正哲学都整体地包含于他

---

① 转引自［意］朱塞佩·瓦卡：《第二次世界大战后对〈狱中札记〉的解释》，载［意］萨尔沃·马斯泰罗内主编：《一个未完成的政治思索：葛兰西的〈狱中札记〉》，黄华光、徐力源译，社会科学文献出版社2000年版，第49页。

② ［意］安东尼奥·葛兰西：《狱中札记》，曹雷雨、姜丽、张跣译，中国社会科学出版社2000年版，第270页。

的政治活动中呢?"①"真正的哲学家是而且不能不是政治家,不能不是改变环境的能动的人。"②实践哲学就这样成功地过渡为一种政治哲学,这不能不说是葛兰西理论中的一种显性逻辑,它代表了葛兰西理解哲学的重要定式。

(二)"总体性"视域下的实践哲学:政治哲学的另类可能

由于葛兰西讲的实践哲学,在其文本的叙述中经常直指马克思哲学,所以"实践哲学"之"实践"的内涵,在他论及马克思哲学的历史与理论时,亦赢获了一种阐发。我们先来看葛兰西提出并回答的这样一个问题:

> 有人断言,实践哲学是在 19 世纪头 50 年中文化发展的最高领域中诞生的,这种文化以德国古典哲学、英国古典经济学和法国的政治著作和政治实践为代表。这三种文化运动是实践哲学的来源。但是,要在怎样的意义上去理解这一断言呢? 是每一个这样的运动分别地有助于实践哲学的哲学、经济学和政治学的建立吗? 还是实践哲学综合了这三种运动,就是说综合了那个时代的全部文化。而且在这新的综合中,不论人们考察理论的、经济的还是政治的哪个"要素",人们都将发现这三种运动中的每一种都是作为一种预备性环节出现的? 我认为,实际情况正是如此。而且,在我看来,要把综合的整体环节和内在性的新概念、思辨形式的内在性概念等同起来。而内在性概念是由德国古典哲学提出来的,借助于法国政治和英国古典经济学,它被翻译成历史主义的形式。
>
> ……在我看来,最有意思、最有成效的研究课题之一,还是就德国哲学、法国政治学和英国古典经济学之间所作的研究。我想,在某种意义上,可以这么说,实践哲学等同于黑格尔加大卫·李嘉图。③

葛兰西提出这个问题的一个实际背景是:人们在理解马克思哲学史时,虽然都注意到了德国古典哲学、英国古典经济学和法国的政治著作与政治

① 〔意〕安东尼奥·葛兰西:《狱中札记》,曹雷雨、姜丽、张跣译,中国社会科学出版社 2000 年版,第 237 页。
② 〔意〕安东尼奥·葛兰西:《狱中札记》,曹雷雨、姜丽、张跣译,中国社会科学出版社 2000 年版,第 265 页。
③ 〔意〕安东尼奥·葛兰西:《狱中札记》,曹雷雨、姜丽、张跣译,中国社会科学出版社 2000 年版,第 312—313 页。

实践对于马克思哲学的发生学意义,但又往往在"一一对应"的意义上来看待马克思与他之前的思想史之间的关系,进而也就把本来作为一个思想整体的马克思哲学粗暴地分割为"纯哲学"、"经济学"和"政治学"。这种学术倾向在葛兰西看来主要流播于教条马克思主义阵营当中,由于这一阵营动辄以"绝对肯定性"的眼光来审视一个本来充满矛盾的、复杂的历史性实体,所以马克思哲学之思想来源被其僵硬地切分为互不关涉、彼此外在的几个部分似乎就顺理成章。但实质上,"实践哲学以这所有的过去的文化为前提:文艺复兴和宗教改革,德国哲学和法国革命,卡尔文主义和英国古典经济学,世俗的自由主义和存在于整个现代生活观的根子中的这种历史主义。实践哲学是这整个精神和道德改革运动的顶峰,它使大众文化和高级文化之间的对照成为辩证的对照"①。葛兰西在此强调"所有的过去的文化",就是强调马克思是在"综合"的意义上来处理他之前的思想史的遗产的,所以葛兰西眼中的马克思哲学、经济学、政治学,是同一世界观的组件,这三种理论活动彼此之间具有可转译性,即任何一种理论活动之要素都包含在另外两种当中,从而共同构成一个同质的循环。葛兰西考量马克思思想前提的这种方式,显然也就是在卢森堡和卢卡奇理论中被当作方法论之根本的总体性,所以由之而来的判断也将有几分类似:能够开引出政治哲学之逻辑的总体性一旦成为实践哲学的理论前件,那么实践哲学便在另外一条路径上通向了政治哲学。

正如我们在上文论及卢森堡时辨析的那样,在完全的"分门别类"的意义上来认识马克思的理论,就会使哲学研究变成为一种空悬于历史上方的物质本体论绘制。如果说这正代表了作为教条马克思主义之主流的决定论者的一种理论归宿,那么,对决定论者的挞伐其实也正是葛兰西在"实践"的意义上来理解马克思哲学的一个基本语境。在对决定论者布哈林的《历史唯物主义理论:马克思主义社会学通俗教材》进行批评时,葛兰西指出,《历史唯物主义理论》将实践哲学(即马克思哲学)变成了最坏意义上的意识形态,即变成了永恒的、绝对真理的教条体系,这就将实践哲学与绝对的"物质"形而上学混为一谈!无疑,从葛兰西论述的真实语境出发会一目了然:反对将马克思哲学描述成物质本体论的葛兰西,不仅认识到了"历史"对于一般哲学的重要性,更重要的是,认识到对于马克思哲学的理解之所以导入到物质论中,是因为作为马克思哲学之统摄性原则的"历史"溢出于人

---

① [意]安东尼奥·葛兰西:《狱中札记》,曹雷雨、姜丽、张跣译,中国社会科学出版社2000年版,第308页。

们的视线,由此导致以自然唯物主义的片面性来遮盖或消解马克思哲学的丰富性。在此认识的基础上,葛兰西主张将被流放的"历史"重新找回,使之成为领会马克思哲学微言大义的根本座架。这在很大程度上就是葛兰西指认马克思理论之整体性的旨归:既然马克思在吸收德国古典哲学之思想资源的过程中亦借助了法国政治和英国经济学,那么他也很自然地在历史的地平线上厘定了哲学研究之内容,或者反过来说,他在哲学的形式中切近或再现了历史的内容。在此意义上,马克思将德国哲学提出的"内在性"概念——意指黑格尔的辩证法——转译成历史主义的形式,使哲学与历史合二而一。认为作为文化的历史和作为历史的文化具有强烈的"政治性"的葛兰西,一旦在超越"自然必然性"和"理念必然性"之坐标的基础上将马克思哲学看作为一种历史主义的理论,他也就顺理成章地在马克思哲学中发现了"政治",从而将之界定为一种政治哲学:"一个大人物表现他思想的较有创造力的方面,并不是在从表面的分类的观点来看显然应当是最合乎逻辑的形式中,而是在别处,在表面上看来可以被认为是与之无关的部分中。一个搞政治的人进行哲学写作:情况可能是,他的'真正的'哲学反倒应该在他的政治论著中去寻找。每个人都有一种占支配地位的活动:正是必须从这里去寻找他的思想,这种思想处在一种往往不是暗含在、而且甚至经常是同公开表达的东西相互矛盾的形式中。"①一言以蔽之,实践哲学(马克思哲学)"既是一种也是政治的哲学,又是一种也是哲学的政治"②。

　　由上可知,在整体的意义上来理解马克思哲学,显然同样将实践哲学与政治哲学内在打通,进而使在第二国际和苏联理论家的解释模式中遭到摒弃的"政治的"要素重新被注入哲学中来。如果说,这还不足以在这一问题的说明上提供一个完全的、充分的"由头",那么,葛兰西指认的另一个有关总体性的情况就值得我们继续注意了:实践哲学是要说明如何在历史的地平线之上批判和改造属人的文化世界,因而它必然把实际的政治运动纳入其中,于是在审视实践哲学的历史和理论时要看到,它包含了"科学的世界观"和"实际的革命运动"两个相辅相成的部分,这两个部分的关系简单地说就是马克思哲学和列宁哲学的关系。"对比马克思和伊里奇(指列宁——引者注)以造成一种等级差别,这是愚蠢且无用的。他们分别表现

---

① [意]安东尼奥·葛兰西:《狱中札记》,曹雷雨、姜丽、张跣译,中国社会科学出版社 2000年版,第 317 页。

② [意]安东尼奥·葛兰西:《狱中札记》,曹雷雨、姜丽、张跣译,中国社会科学出版社 2000年版,第 308 页。

了两个阶段:科学和行动,这两个阶段既是同质的,又是异质的。"①在这里,葛兰西自然不是认为,马克思哲学是缺乏政治说明因而只有将列宁哲学补入进来才使政治哲学的谈论成为现实;葛兰西恰恰是要表明,马克思的世界观天然就是一种区分现实与想象、真与假、好与坏的"政治的"法则,可这对于第二国际和苏联理论家(尤其是布哈林)来说却置若罔闻,因而对列宁之"革命行动"这一实践哲学延伸部分进行"补白"式说明,只不过是要给予那些分解了实践哲学并因之而误读了马克思的人一个"刺痛"的警醒:越是执迷不悟地按照庸俗唯物主义者的方式在马克思的所谓纯粹哲学或纯粹经济学文献中清理其哲学思想,就越有可能忽视这样一个基本事实,即马克思是一位理论活动与政治实践活动不可分割地交织在一起的人物,因而他的思想处于持续创造的过程当中,但无论如何,在他的思想发展中又有一个根本的主题始终未曾隐退,这就是如何以一种革命性的世界观来审理和指导实际的政治实践。一种世界观即代表了一种政治的实践,而并非像实证论者或观念论者所认为的那样,要么是一种指向"必然性"的实体化的理论,要么是一种定位于"偶然性"的彻头彻尾的观念体系。对于既是科学又是行动的马克思哲学来说,"建立一个指导性阶级(也即国家)就等于创造一种世界观。德国无产阶级是德国古典哲学的继承人,这个说法如何理解? 马克思要指出的,难道不正是在成为一个变成了国家的阶级的理论的时候,他的哲学所具有的历史功能吗? ⋯⋯领导权得到实现,意味着对于一种哲学、对于它的真正的辩证法的真正批判"②。可以说,葛兰西在此强调"科学与行动"、"理论与实践"的统一,在一定意义上就是要告诫人们,不应以"理论思维"和思辨形而上学来解构马克思的"实践思维"和绝对历史主义。这当中的政治哲学真义,需要我们深长思之。

(三) 马克思实践概念的遮蔽与解蔽:实践哲学之政治性的一个再判断

一个不争的事实是:在人们还执迷于将马克思哲学解释为或者实证的理论或者思辨的学说——这也是中国目前马克思主义哲学研究的两个极端——的节点上,葛兰西却早在 20 世纪 30 年代就通过实践哲学的推导而证明了后来阿伦特的想法:"马克思所产生的影响及其科学工作的根底里

---

① ［意］安东尼奥·葛兰西:《狱中札记》,曹雷雨、姜丽、张跣译,中国社会科学出版社 2000 年版,第 294 页。

② ［意］安东尼奥·葛兰西:《狱中札记》,曹雷雨、姜丽、张跣译,中国社会科学出版社 2000 年版,第 293 页。

的东西是什么？要回答这个问题，很难找到合适的说辞。真要说的话，恐怕是他的政治哲学。马克思对此并未特别精雕细刻，也不是始终明确，但是它产生的冲击力要比那些精心论述的理论产生的影响的总和还要大。"①平心而论，葛兰西的理论工作是深刻的、富有卓越见地的，对我们自身的学术研究来说也具有十足的"冲击性"和"挑战性"。在此，有必要将讨论链接到近些年中国学术研究的一个断面中来，以此挑明问题之实质。

众所周知，20世纪80年代中期以来，中国学术界热衷于全面地反思、反转传统教科书体系的马克思主义哲学。这当中，人们在释放"实践"之哲学能动性的基础上，于"理论哲学"的对面设置了"实践哲学"，进而在"实践"的基本解释路向上对马克思的理论进行了多方位的研究。这可以说是教科书体系批判的一个重大理论成果，但随之而来的学术现象却让我们不得不进行一个"再反思"：当人们在"实践唯物主义"、"实践辩证法"、"实践人学"、"实践美学"等名下进行这样那样的学术诠释时，无所不包、无所不能的"实践"却要么被注解为一种抽象思辨、空洞无物的东西，要么被诠释为一种类似于亚里士多德讲的"制作"的东西。从葛兰西实践哲学与政治哲学内在贯通角度来看，这些研究似乎还难以达到葛兰西的理论高度，我们在其中既发现不了"历史"，也无法开显出"政治"。可"实践"毕竟又被认定为马克思理论的硬核，于是浓缩地看，马克思哲学在其实质上往往不会被界定为一种政治哲学。所以，当中国学术界开始讨论马克思主义政治哲学时，常常还要依据于西方主流政治哲学的范式来构造一个研究的框架，并用这样的理论标准来判断马克思的话语，我们前文对马克思正义观之研究的一个诘问，即说明了这一状况。就此而论，如果说传统的教科书体系几乎没有为马克思的政治哲学存留理论空间，那么，教科书体系批判之后的学术研究也还是在这一问题上形成了空缺。但正如我们已经指出的那样，马克思的历史唯物主义作为一种旨在"改变世界"的学说，是以政治哲学作为其深厚的理论底蕴的。在一定意义上，只有将马克思哲学辨识为政治哲学，方才领略到马克思的理论实质和思想"技艺"。所以，在问题之延伸的链环上，我们需要一个继续的"诊断"。

可以说，教科书体系的批判在很大程度上并不是使马克思主义理论面向具体的、现实的问题，而是着力于追究马克思主义哲学理论体系是否以及如何趋于合理，范畴是否以及如何达及恰当，论述是否以及如何符合人们习

---

① ［美］汉娜·阿伦特：《马克思与西方政治思想传统》，孙传钊译，江苏人民出版社2007年版，第81—82页。

惯以为的马克思主义经典文本，试图在此基础上建构不同于教科书体系的马克思主义哲学体系，以为如此一来就可以摆脱中国马克思主义哲学研究面临的困境。这一趋向于学术性的研究定式，实际上将马克思主义哲学研究引导到经院哲学式的概念推演中。我们并不认为这一定式毫无意义，因为它毕竟提供了对马克思主义哲学理论的更多观察视角，由此也开创了马克思主义哲学研究更为广阔的可能性发展空间，但它的缺陷也是不容否认的：从概念到概念、从范畴到范畴的纯逻辑演绎和以纯粹思辨理论的坐标体系来重解马克思主义哲学理论的学问，实质上在一定意义上使马克思主义哲学研究退变为自言自语的学理公式的铺陈与推导。实际上，实践之所以很容易被理解为一个抽象的概念，与这一研究定式是分不开的。而且，在这种情况下，将实践理解为纯粹的工具性行为的理论范式并没有随着学术性范式的出场而消除，相反，它被包藏在学术性范式中，借助于后者的勃兴而得以重生，因为我们可以想见，强调概念和逻辑指导之优先性的理论话语，终究还是要寻求一个实体性的支点。如果说这就是事实之真相的一个剖面，那么，我们离马克思讲的"实践"究竟有多远？

若要列举马克思谈论"实践"的文本，大体上应包括博士论文、《1844年经济学哲学手稿》、《关于费尔巴哈的提纲》、《德意志意识形态》等等。这些文本虽在写作的背景、思想结构的呈现等方面不尽相同，但涉及"实践"思想时，却有一个同质之处，即马克思基本上是都赋予了"实践"以事实与价值、经验与理想、必然与自由、形下与形上等多重的意涵，而并非是仅仅通过说明"改造自然的生产"、"获得物质需求的劳动"就来规定其内容。而且更重要的是，马克思的实践就像葛兰西所讲的那样，它是一个历史的范畴，而不是一个凝固的概念。在其中，由历史性所给出的政治批判和政治改造的那一维度，构成实践的根本性价值指向。让我们来对马克思集中讨论实践的《关于费尔巴哈的提纲》（以下简称《提纲》）的思想结构作一个简要分析：

《提纲》第一条至第九条（特别是第一、二、三、四、五、八、九条）集中论述到"实践"概念，直接的意义大致在于批判费尔巴哈的直观唯物主义和历史观上的唯心主义，同时也批判了黑格尔式的唯心主义（第一条）。然而，马克思接着就在第十条和第十一条中谈到市民社会和人类社会、解释世界和改变世界的区别。从形式逻辑上说，前九条与最后两条似乎并无太大关联，但从思想内涵上说，它们之间应当不会是分离的，而这正是《提纲》语言简洁而思想丰富深刻的魅力之所在。也就是说，马克思在这里讲的实践之内涵，一定蕴藏在市民社会和人类社会、解释世界和改变世界的辩证法中。

如果说这是我们走入马克思实践理论之堂奥的一个起点,那么,类似于阿尔都塞提出的"症候阅读法"的方法论需要我们注意:《提纲》之前,马克思对市民社会和人类社会、解释世界和改变世界之矛盾的解述,主要是在《〈黑格尔法哲学批判〉导言》、《论犹太人问题》等写于 1843—1844 年间的文本中进行的;如此,这些文本虽未郑重其事地去梳理一个实践概念,但他的实践思想却显然与它们链接在一起。这些文本的核心主题,可以说就是在肯定现代市民社会之历史进步性的同时,又去指证它内在的分裂和自解不了的矛盾,进而提出"从揭穿人的神圣形象的自我异化到揭穿人的非神圣形象的自我异化"、"从市民社会和人类社会"、"从政治解放到人类解放"、"从资产阶级革命到无产阶级革命"等的推进。这就是《提纲》最后两条的内容之真实的呈示,也是马克思讲的"实践"的内容之真实的展现。在如此这般的思想关联中,我们自然看到了实践之政治内涵的流露,看到了对实践的理解如若隔离了对政治价值的判断就会流行走样这一事实。所以,总体来看,"实践"在马克思那里本就不是一个抽象的、可在形式逻辑层面上加以推导的范畴,毋宁说,它在本质上指涉的是一个与"超越"、"批判"、"革命"、"解放"等关键词链接在一起的政治哲学语境,它的实体性内容就是在这一语境中确立起来的。

　　实际上,马克思实践概念的上述理论特质,在他之前的思想史传统中早已有之,其理论源头大致可以追溯到亚里士多德。亚里士多德曾将人的活动区分为三种类型,即理论活动、实践活动与制作活动。其中,理论活动追求永恒不变的终极真理,制作活动是系于自然之必然性的外在工具性行为,而实践活动则指向伦理的、政治的事务,追求伦理和政治目标的实现。亚里士多德将人在其本性上看作是政治动物,认为城邦中的公民如何达及系于政治的善的生活,比追求真理的科学活动以及变革对象的技术活动更为根本,所以在他看来虽然理论活动最高,但实践活动却最重要。亚里士多德之后,康德沿着实践的理解路向进行了厘定,他索性将实践直接限制在道德领域,并区分了理论理性与实践理性。在广义上考察马克思的思想史前提,我们似乎也没有充足的理由认为马克思的实践思想一定受到了亚里士多德实践理论传统的影响,但在实践之精神实质上,马克思(包括葛兰西)显然与亚里士多德甚至康德有相通之处。不过,马克思是在"思入历史"中,是在解决作为现代性困境的个人与共同体之分裂的矛盾中来阐发实践的政治意义的,这一点使他与亚里士多德和康德在根本上区分开来。

　　务必澄明的一个连带性问题是:马克思实践概念中并非没有亚里士多德所讲的"制作"活动之内涵,如马克思和恩格斯曾这样说道:"可以根据意识、宗教或随便别的什么来区别人和动物。一当人开始生产自己的生活资料，即迈出由他们的肉体组织所决定的这一步的时候，人本身就开始把自己和动物区别开来。人们生产自己的生活资料，同时间接地生产着自己的物质生活本身。"①这里讲的"生产活动"，自然应当是马克思意指的实践之一种。但我们始终强调的一个观点是，如果停留在纯粹的历史唯物主义层面上，极有可能将马克思哲学歧变为仅仅是解释世界的学说。实证主义将经验作为唯一的认知和推理前提，而马克思哲学却是将经验当作历史的物质基础和展现方式。所以，指涉到实践不同层次之内涵，需要认识到制作活动在某种意义上只有在关联到政治活动的时候，才变得可以理解。或许正是因为葛兰西读透了这一点，他才总是强调这样一个观点，即"物质本身并不是我们的主题，成为主题的是如何为了生产而把物质社会地组织起来，而自然科学则应相应地被看作本质上是一个历史范畴，一种人类关系"②。葛兰西的观点显然与我们指认的问题是对等的，从中我们还是能够看到一种显在的实践哲学与政治哲学的贯通。既然如此，当马克思实践思想还在继续被遮蔽、其政治哲学还在继续被误解时，沉潜到葛兰西实践哲学之背后，进而开出那条通往马克思政治哲学的路径，意义无论如何都将是非凡而深远的。

三、科学还是哲学："柯尔施问题"的政治哲学意蕴

在早期西方马克思主义开显政治哲学的道路上，不仅卢卡奇的总体性理论和葛兰西的实践哲学散发着璀璨的光芒，柯尔施对马克思主义与哲学之关系的辨析与论证，也与前两者的理论工作有异曲同工之处。他的辨析与论证充斥着对实证主义的排拒，这实质上也是为政治哲学的出场鸣锣开道，其传递的丰富而深刻的政治哲学思想意蕴，是值得认真挖掘、细细品味的。

（一）"柯尔施问题"的呈现：近百年前的一个思想诘问

柯尔施能够成为西方马克思主义的"鼻祖"之一，是因为他的《马克思主义和哲学》一书的写作。在这本看上去并不"厚重"的"小书"中，柯尔施

---

① 《马克思恩格斯文集》第 1 卷，人民出版社 2009 年版，第 519 页。
② ［意］安东尼奥·葛兰西：《狱中札记》，曹雷雨、姜丽、张跣译，中国社会科学出版社 2000 年版，第 384 页。

提出了一个马克思主义的后来者无法回避的问题：马克思主义是哲学还是科学？由于这个问题具有特殊性和独特意义，中国学术界直接将之称为"柯尔施问题"①。那么，这一问题之实质究竟是什么呢？柯尔施在《马克思主义和哲学》的开篇这样说道：

> 直到最近，不论是资产阶级的还是马克思主义的思想家们，对于马克思主义和哲学之间的关系可能会提出一个非常重要的理论的和实践的问题这一事实，都没有较多的了解。对于资产阶级教授们来说，马克思主义充其量不过是 19 世纪哲学史中一个相当不重要的分支，因而就把它当作"黑格尔主义的余波"而不予考虑。但是，"马克思主义者们"也不想大力强调他们理论的"哲学方面"，尽管这是出于完全不同的理由。②

他继而又说道：

> 无论马克思主义理论和资产阶级理论在所有其他方面有着多大的矛盾，这两个极端在这一点上却有着明显的一致之处。资产阶级的哲学教授们一再互相担保，马克思主义没有任何它自己的哲学内容，并认为他们说的是很重要的不利于马克思主义的东西。正统的马克思主义者们也一再互相担保，他们的马克思主义从其本性上来讲与哲学没有任何关联，并认为他们说的是很重要的有利于马克思主义的东西。但还有从同样的基本观点出发的第三种倾向；在整个这个时期内，这是唯一多少更彻底地关心社会主义的哲学方面的倾向。它由各种"研究哲学的社会主义者"所组成，他们声称他们的任务是用来自文化哲学（Kultur-philosophie）的观念或者用康德、狄慈根、马赫的哲学概念或别的哲学来"补充"马克思主义。然而，正是因为他们认为马克思主义体系需要哲学的补充，他们也就使人们明白了，在他们的眼里，马克思主义本身是缺乏哲学内容的。③

---

① 参见徐长福：《求解"柯尔施问题"——论马克思学说跟哲学和科学的关系》，《哲学研究》2004 年第 6 期。
② ［德］卡尔·柯尔施：《马克思主义和哲学》，王南湜、荣新海译，重庆出版社 1989 年版，第 1—2 页。
③ ［德］卡尔·柯尔施：《马克思主义和哲学》，王南湜、荣新海译，重庆出版社 1989 年版，第 4 页。

　　柯尔施指证的问题简单而直接：无论是反马克思主义者，还是马克思主义的拥护者，抑或是马克思主义面前的中立者，都不约而同地认为马克思主义不是一种哲学，而在很大程度上只是一种经验的社会学、实证的地理学、可还原结果之起点的经济学，如此等等。回到 20 世纪初的理论语境，柯尔施讲的问题不难理解，因为那些自诩为"正统马克思主义者"的第二国际理论家，以及大部分苏联哲学家，虽然不一定挑明马克思主义是不是哲学的问题，但都前赴后继地钻进科学主义和实证主义的洞穴中，进而以科学和实证的标尺来丈量马克思的理论，结果就是消解了马克思主义作为哲学的意义，否定了马克思主义成为哲学的合法性。

　　令人遗憾的是，柯尔施在 20 世纪初的这一诘问，竟没有在随后的理论史中得到重视，所以，柯尔施看到的情形，在种种理论传统中，仍以这样那样的方式再现出来。在马克思主义阵营当中，后来的苏联人以及阿尔都塞虽然没有否定马克思的理论作为哲学的意义，但他们在"科学性"上进行了过强的论证，以至于很容易使人们相信马克思只讲科学和决定论，而缺乏对哲学的创造。哈贝马斯在《理论与实践》（1963 年）一书中，还认为马克思的理论是介于科学和哲学之间的半科学、半哲学的东西，但到写作《重建历史唯物主义》（1976 年）时，他就直接将马克思以及众多的马克思主义者当作科学主义和实证主义者加以驳难了。类似的状况出现在逻辑实证主义阵营当中，其代表人物艾耶尔认为马克思对历史的科学探讨在一定意义上开出实证主义之先河，因此干脆将马克思列入实证主义的先贤榜，于是也就隐性地重述了马克思无哲学之观点。最不能让人忽视的是批判理性主义创始人波普尔的言论。在《开放社会及其敌人》、《历史主义的贫困》等著作中，波普尔把马克思界定为一位预言家，把马克思主义界定为预知未来的"历史主义"。"我所谓的'历史主义'是指一种社会科学的研究途径，它认为历史预言是它的主要目的，并认为通过揭示隐藏在历史演变之中的'节奏'、'类型'、'规律'和'趋势'就可以达到这一目的——这样说就够了。"[1]"历史主义试图找到那条人类注定要走的'路'，它试图发现'历史的线索'或'历史的意义'。"[2]波普尔对历史主义怀有先天的敌意，认为历史主义对未来事件的预测看似具有科学的根据，实则往往是不成功的。马克思主义作为历史主义是最精致、影响最大、最危险的一种，而马克思也是一位最失败的预言

　　① ［英］卡·波普尔：《历史主义的贫困》，何林等译，社会科学文献出版社 1987 年版，第 7 页。
　　② ［英］卡尔·波普尔：《开放社会及其敌人》第 2 卷，郑一明等译，中国社会科学出版社 1999 年版，第 405 页。

家,他的失败,完全系于其历史决定论的贫乏。虽然波普尔这种批判的出发点是好的,即旨在挑战以决定论为基础的极权主义,进而为自由而民主的社会确定新的思想基础,但他不加甄别地将马克思与其他马克思主义者的理论与一种历史决定论对应起来,则在客观上变相地放大了柯尔施所指证的现象,对马克思的错解与误识也就因为波普尔言论的流播而难以止息。

对于最早明确意识到这一问题之严重性的柯尔施而言,以科学、实证和决定论的思维来压制马克思的哲学,其实是对马克思思想中最闪耀的部分的遮蔽。以他之见,马克思和恩格斯虽然在他们的著作中写下一些看似消灭哲学的话语,但他们理论的最初形态"却是完完全全为哲学思想所渗透的。它是一种把社会发展作为活的整体来理解和把握的理论;或者更确切地说,它是一种把社会革命作为活的整体来把握和实践的理论"①。而在他们后来的著作中,"马克思主义理论的核心特征实质上仍然没有变化。因为在后期的论述中,马克思和恩格斯的马克思主义作为科学社会主义,仍然是社会革命理论的唯一整体"②。归根结底,马克思的理论在柯尔施看来是一种特定的哲学,具体地说是一种将对象锁定为"社会革命之活的整体"的哲学。特定的哲学亦为哲学,不管它在多大程度上异质于传统意义上的形而上学。这样一来,柯尔施对于"马克思主义是否是一种哲学"之问题给出了一个肯定性的回答。

但是,仅仅表明马克思主义是哲学,或者说仅仅证成其哲学的合法,对于作为一位革命的理论家的柯尔施而言,远远不可能是根本旨趣,因为若是其目的只在于此,相反,可能会将马克思的理论完全导入到古代或近代哲学的范式中,这却是柯尔施予以反对的(当然,在柯尔施这里,马克思与黑格尔之间的关系是个例外)。实质上,柯尔施质疑与驳难流行的马克思解释学,是要引导人们通过领悟马克思主义之哲学性而走进马克思的问题意识中,捕捉马克思哲学的实践意义,并将这种意义注入对 20 世纪西方资本主义国家之社会革命的理解中。在这里,马克思的理论作为哲学所体现出的具体指向(涉及这种哲学的起点、定位、归宿),必然成为解开"柯尔施问题"之扭结不得不透视的对象。

---

① 〔德〕卡尔·柯尔施:《马克思主义和哲学》,王南湜、荣新海译,重庆出版社 1989 年版,第 22—23 页。
② 〔德〕卡尔·柯尔施:《马克思主义和哲学》,王南湜、荣新海译,重庆出版社 1989 年版,第 24 页。

（二）哲学的世界化："柯尔施问题"之政治性的释疑

如果说，马克思、恩格斯逝世后至今，指认马克思理论之非哲学性的观点从未消失，那么，这样的观点无论是从支持实证主义方法还是反对此一方法出发，往往都以马克思在博士论文和《〈黑格尔法哲学批判〉导言》等文本中"消灭哲学"的说法来证明自身的正确性。但不得不检省的一点是，文本的解读如若抽离了后台的历史和思想语境而断章取义，那么，得出不准确甚至截然相反的结论也就不足为奇。这种情况在这里显然十分真实地发生了：马克思"消灭哲学"的说法，不仅不能证明哲学在他这里被清扫，相反，在这些说法中恰恰渗透着马克思对新哲学的憧憬和他对哲学理想的追求。首先让我们来看其博士论文中那段人们耳熟能详的论述：

> 当哲学作为意志面向现象世界的时候，体系便被降低为一个抽象的总体，就是说，它成为世界的一个方面，世界的另一个方面与它相对立。体系同世界的关系是一种反思的关系。体系为实现自己的欲望所鼓舞，就同他物发生紧张的关系。它的内在的自我满足和完整性被打破了。本来是内在之光的东西，变成转向外部的吞噬一切的火焰。于是，得出这样的结论：世界的哲学化同时也就是哲学的世界化，哲学的实现同时也就是它的丧失，哲学在外部所反对的东西就是它自己内在的缺点，正是在斗争中它本身陷入了它所反对的缺陷之中，而且只有当它陷入这些缺陷之中时，它才能消除这些缺陷。与它对立的东西、它所反对的东西，总是跟它相同的东西，只不过具有相反的因素罢了。①

在这段论述中，马克思使用了"哲学的缺点"、"哲学的丧失"这样的说法，以为马克思消灭哲学的人常常抓住这些说法不放。但在这里，马克思的意思应当是：哲学作为意志和理念的世界，与外部的实体世界是分离开的，所以哲学和实体世界各有缺陷，即相互缺乏对方，哲学缺乏实体世界，而实体世界也缺乏哲学。所以，世界需要"哲学化"，哲学需要"世界化"，这两者具有对等性。哲学世界化在形式上自然也就意味着它会变成为另外一种东西，也就是它会"丧失"自身；但在内容上，哲学只有世界化，才可能使自身成为真正意义上的哲学，才表征着它的实现。由此观之，马克思并非是要取消哲学的合法地位，而是承诺去创造一种面向外部世界，进而成为外部世界

---

① 《马克思恩格斯全集》第 1 卷，人民出版社 1995 年版，第 75—76 页。

的哲学。

毋庸讳言,马克思在此的论述深深烙着黑格尔哲学的印记,甚至可以说,是黑格尔哲学的一种转译或翻版。但是黑格尔对马克思的思想影响,并非像传统的理论范式和学术话语所指认的那样,仅是马克思以费尔巴哈唯物主义的"中间环节"对黑格尔披着神秘外衣、头足倒置的辩证法加以改造,由此形成了唯物主义辩证法。其实,哲学研究作为一项有关"思"的事业,总是与特定时代的理论与现实问题紧密相关,这一点,对于柏拉图以降的传统形而上学来说,甚至也不外于此。不过,哲学在真正意义上成为"思想把握到的时代",是从黑格尔开始的,黑格尔哲学"乃是从他研究资本主义社会问题,研究经济学问题里生长出来的"①,这一点对马克思影响很大。从皈依到背叛黑格尔哲学之门的过程中,马克思不论在哪些方面进行过思想的清算,在哲学创造之朝向历史与时代上,始终与黑格尔哲学在精神气质上有吻合之处。马克思对黑格尔哲学的判断,根据卢卡奇的认识,也是"根据黑格尔对资本主义社会、资本主义经济学的矛盾和发展规律的理解正确性与局限性"②来进行的。所以,自马克思在博士论文中立下"哲学的世界化"的许诺之后,他就致力于使哲学成为直指人的生活世界、直指历史与现实、直指社会之改造的思想智慧。这一点,在《〈黑格尔法哲学批判〉导言》中更是淋漓尽致地体现出来,而让人大跌眼镜的是,质疑马克思哲学之在场的观点,却又常常是从此处寻找立论的。

> 德国的法哲学和国家哲学是唯一与正式的当代现实保持在同等水平上[al pari]的德国历史。因此,德国人民必须把自己这种梦想的历史一并归入自己的现存制度,不仅批判这种现存制度,而且同时还要批判这种制度的抽象继续。他们的未来既不能局限于对他们现实的国家和法的制度的直接否定,也不能局限于他们观念上的国家和法的制度的直接实现,因为他们观念上的制度就具有对他们现实的制度的直接否定,而他们观念上的制度的直接实现,他们在观察邻近各国的生活的时候几乎已经经历过了。因此,德国的实践政治派要求对哲学的否定是正当的。该派的错误不在于提出了这个要求,而在于停留在这个要求——没有认真实现它,也不可能实现它。该派以为,只要背对着哲学,并且扭过头去对哲学嘟囔几句陈腐的气话,对哲学的否定就实现

① [匈]卢卡奇:《青年黑格尔》(选译),王玖兴译,商务印书馆1963年版,第140页。
② [匈]卢卡奇:《青年黑格尔》(选译),王玖兴译,商务印书馆1963年版,第141页。

了。该派眼界的狭隘性就表现在没有把哲学归入德国的现实范围，或者甚至以为哲学低于德国的实践和为实践服务的理论。你们要求人们必须从现实的生活胚芽出发，可是你们忘记了德国人民现实的生活胚芽一向都只是在他们的脑壳里萌生的。一句话，你们不使哲学成为现实，就不能够消灭哲学。①

　　这一大段话是马克思在批判黑格尔的法哲学时说的，但马克思在其中却将批判的矛头主要指向了要求消灭哲学的实践政治派，对黑格尔则明贬暗褒。之所以如此，显然主要是源自马克思的这样一种认识：黑格尔虽然总是绞尽脑汁地将他所叙述的事物置放于无所不包的绝对逻辑之中，但他的哲学，尤其是处理市民社会问题的法哲学，却是在观察现代资本主义历史，特别是在观察英国和法国资本主义之历史行进基础上加以创构的。所以，黑格尔的哲学在历史之"位阶"上，甚至要高于德国的现实历史，德国在哲学思维上走在欧洲的最前列，但在资本主义政治与经济之实现（以哈贝马斯的理解，就是现代性之实现）上，还没有达到欧洲的水平。所以，"如果德国国家制度的现状表现了旧制度的完成，即表现了现代国家机体中这个肉中刺的完成，那么德国的国家学说的现状就表现了现代国家的未完成，表现了现代国家的机体本身的缺陷"②。既然如此，在德国谈论如何消灭哲学之前，理应先将黑格尔哲学之历史内容释放为现实，否则，只会保持"先进"的思维与"片面和低下"的现实同步的尴尬状况。可以明察，马克思对黑格尔法哲学的这种理解，其实也代表了他对哲学的一般性理解。在这种理解中，马克思仍然没有取消哲学的意思，而是暗中肯定了"世界化"的哲学之创造的历史性意义，这与其博士论文中的思想是一脉相承的。

　　从黑格尔与马克思哲学的连贯性来说，将哲学研究开放为面向现代社会的思想事业，意味着哲学所处理的问题，定当是现代人无法规避的重大历史性课题。这一重大课题，被深刻洞察了英国工业革命和法国政治革命的黑格尔敏锐地锁定在现代市民社会之形成的历史境遇中，而这几乎是近现代政治哲学得以发生的一个最为根本的场所。从时代性上，黑格尔指出，"市民社会是在现代世界中形成的，现代世界第一次使理念的一切规定各得其所"③；从内容规定上，黑格尔强调，市民社会"是各个成员作为独立的

---

①　《马克思恩格斯文集》第1卷，人民出版社2009年版，第9—10页。
②　《马克思恩格斯文集》第1卷，人民出版社2009年版，第11页。
③　［德］黑格尔：《法哲学原理》，范扬、张企泰译，商务印书馆1961年版，第197页。

单个人的联合,因而也就是在形式普遍性中的联合,这种联合是通过成员的需要,通过保障人身和财产的法律制度,和通过维护他们特殊利益和公共利益的外部秩序而建立起来的"①。由对市民社会的这种指认出发,黑格尔进而提出并回答了两个问题:其一,关于财产权的问题。黑格尔认为,人们在市民社会中是通过劳动来满足他们的各种需要,但人们劳动资本和劳动技能的差别以及各种偶然因素的存在,导致人们经济关系中的分配不均以及人们的等级差别,其中最为根本的也就是私有产权的差别。在他看来,这样的差别都是正常的,都获得了其"有效的现实性",因而人有保护自己财产权的合法性。其二,关于普遍性和特殊性的问题。黑格尔指出,在市民社会中,"具体的人作为特殊的人本身就是目的",因而普遍性和特殊性对市民社会来说是相互分离的,特殊性构成它的核心原则。这样一来,将市民社会纳入国家的结构中去克服特殊性和普遍性之间的冲突,就应当成为顺理成章的事情。

可以说,黑格尔眼中的市民社会,在内容上属于时代、属于历史,它所包含的那些基本构件(显性的和隐性的),如需要、劳动、商品、财产权、法律制度、自由精神与理性精神等等,无不凸显出它所从属的时代的矛盾与法则。而这一切,其实正是马克思在系于"改变世界"的历史唯物主义理论中处理的那些内容。拉布里奥拉曾经不无深刻地指出,作为历史唯物主义之根本的"历史",既是一个民族的范畴,也是一个时代的范畴,其时代性就体现在对现代社会、现代世界之机理与规律的揭示和说明中。所以,从市民社会与历史唯物主义之关联性的角度审视,我们会发现这样一个重要的信息:马克思从对黑格尔法哲学的研习中洞见到,市民社会作为"物质的生活关系的总和",将现代社会历史结构中的那些关系,尤其是与人的政治生命息息相关的那些关系,鲜活地呈现在现代人面前。因此,如若不能从理解市民社会出发,那就理解不了历史与政治;而如若不能对市民社会的各个要素作出历史性的阐释,那也难以形成对资本主义穿透性的解析。市民社会由此敞开为马克思进行理论耕耘的开放之地,与市民社会粘连在一起的历史性与政治性内容,在马克思对具有"世界化"倾向的黑格尔哲学有了充分的理解之后,就被淋漓尽致地释放了出来,并最终定格在其历史唯物主义的理论架构与思想诉求当中。

然而,问题的关键之处在于,马克思的历史唯物主义正如前文所示,并非只是探询历史规律的实证性理论(虽然这一点像柯尔施看到的那样,经

---

① [德]黑格尔:《法哲学原理》,范扬、张企泰译,商务印书馆1961年版,第174页。

常被人们所否认），在实质上，它与政治哲学是相互附生、结为一体的。考虑到市民社会理论本就在根本上从属于政治哲学的问题式，我们自然可以更确切地推知，从市民社会的理论逻辑开出历史唯物主义的理论逻辑，恰恰表明马克思在历史唯物主义的理论土壤中深深埋下了政治哲学的种子。所以，在马克思理论结构中作为显性组件的历史唯物主义，的确不像普列汉诺夫和斯大林论析的那样，是将辩证唯物主义推到历史领域而得出的结果，或者说是对社会规律的简单呈现；在某种意义上，历史唯物主义只有被识别为一种切近人的政治存在和政治价值的理论，它才可能在马克思"哲学的世界化"之承诺的思想脉络被准确理解。

　　显然，上述论析可以表明，从哲学的世界化立言到市民社会的考辨再到历史唯物主义的创立，马克思的这番推进实质上廓清了一个重要的政治哲学的理论后台；或者说，将哲学指定为一项朝向现代市民社会、现代历史之发展的思想事业，马克思在广义上为一种政治哲学的出场奠定了深厚的理论基础。具有强烈政治意蕴的历史唯物主义，被拉伸在求取现代人政治生存之解答的历史境地中，哲学获得了实在的政治内涵，而政治也具有了实在的历史指向。这是马克思沿着黑格尔的致思路向对"大写"的政治哲学的开显，政治哲学之"大写"，即体现为现代性视域中人的政治存在的综合性展现，既有物质性的要素，又有精神性的要素。在这种"大写"的政治哲学逻辑中，我们显然看到现代思想智慧与近代思想智慧的某种融通，这种融通源自马克思与以黑格尔为代表的近代政治哲学家对市民社会这一现代政治滥觞之地的哲学把捉。在这种自上而下的思想贯通中，哲学被证成为指向历史后台和历史前方的理论致思，理论与实践的关系不管是在唯物主义的形式中还是在唯心主义的形式中，都得到了淋漓尽致的体现。其实正是因为这一点，政治哲学才当仁不让地成为近现代哲学的主导范式，其重要意义要盖压人们动辄指认为第一哲学的认识论形而上学。这也可以说是马克思政治哲学的重要理论奠基，它与哲学的世界化之宣言是环环相扣、节节相连的。

　　如果说，在哲学的世界化中，我们看到了马克思政治哲学与黑格尔政治哲学的同源同质，那么，这一点对于柯尔施来说也是深有认知的。在强调马克思理论之哲学性的时候，柯尔施不仅不回避"马克思同质于黑格尔"这一在当时几乎不能为正统马克思主义者所接受的观点，而且强调这一观点所包含的信息是走向马克思理论深处务必识别的内容。他说："自从19世纪中叶以来，全部资产阶级哲学，尤其是资产阶级的哲学史著作，出于社会经济的原因，已经抛弃了黑格尔哲学和辩证的方法。它已经返回到这样一种哲学的和写哲学史的方法,这种方法使得它几乎不可能从像马克思的科学社会主义这样的现象中得出任何'哲学的'东西来。"①因为实际上,"黑格尔之后哲学思想的发展,以及以前从康德到黑格尔的哲学进化,都不能被理解为纯粹的观念的链条。任何理解这整个较后时期——在历史书中,正规地称作'德国唯心主义'时期——的完整实质和意义的企图,只要忽视了或仅仅肤浅地和陈腐地了解某些对于它的整个形式和过程是生死攸关的联系,必将可悲地归于失败。这些联系就是那个时期的'思想运动'和同时代的'革命运动'之间的联系"②。

　　柯尔施所揭示的问题,自然包含着这样一层寓意:从康德经由黑格尔一直到马克思的哲学,作为在"思想中把握到的时代",实际上是以近代西方资本主义社会的历史变迁为背景的。那些否认马克思有哲学的人,不管是出于什么样的目的,都没有理解近现代哲学运动与近现代历史运动之间的关联,所以总是在一种"形而上学"的思维中非此即彼地指认什么是哲学、什么不是哲学。柯尔施的这层寓意,从我们对黑格尔与马克思"世界化的哲学"的梳解来看,自然是丰富而深刻的,这也为证明马克思哲学的合法性以及独特意义提供了发人深省的思想史根据。然而,这种深刻性如果说在马克思"大写"的政治哲学语境中,是无可置疑的,但一旦将语境切换到马克思超越于黑格尔哲学的政治哲学中,柯尔施的理解就有疑窦丛生之处了。柯尔施连接马克思与黑格尔的关节点是"革命",这与 20 世纪初的历史要求当然是切合的;但我们知道,正是在"革命"的问题上,马克思的政治哲学与黑格尔的政治哲学划清了界限,"改变世界"的唯物主义也才由此获得了实至名归的含义和意义。有趣的是,在这一问题上,马克思也提出了"消灭哲学"的说法,而这种说法自然亦不在于使自己的理论远离哲学,而是另有其义。让我们再来看《〈黑格尔法哲学批判〉导言》中的如下论述:

　　　　起源于哲学的理论政治派犯了同样的错误,只不过错误的因素是相反的。

　　　　该派认为目前的斗争只是哲学同德国世界的批判性斗争,它没有想到迄今为止的哲学本身就属于这个世界,而且是这个世界的补充,虽然只是观念的补充。该派对敌手采取批判的态度,对自己本身却采取

---

① ［德］卡尔·柯尔施:《马克思主义和哲学》,王南湜、荣新海译,重庆出版社 1989 年版,第7 页。
② ［德］卡尔·柯尔施:《马克思主义和哲学》,王南湜、荣新海译,重庆出版社 1989 年版,第9—10 页。

非批判的态度，因为它从哲学的前提出发，要么停留于哲学提供的结论，要么就把从别处得来的要求和结论冒充为哲学的直接要求和结论，尽管这些要求和结论——假定是正确的——相反地只有借助于对迄今为止的哲学的否定、对作为哲学的哲学的否定，才能得到。关于这一派，我们留待以后作更详细的叙述。该派的根本缺陷可以归结如下：它以为，不消灭哲学，就能够使哲学成为现实。①

马克思在这里是将批判的矛头指向了要求保留哲学的理论政治派，但实质上，马克思真正的批判对象却是黑格尔的法哲学。因为，马克思虽然认识到黑格尔对现代市民社会的研究蕴藏了现代政治哲学的根本思想机密，也为自己的理论构造提供了甚至无法替取的知识前件，但面对异化无处不在、人的现实存在与类存在完全分离的市民社会，黑格尔只是贡献了一种以理性来克服矛盾的可能，而没有从根本上状告"使人成为被侮辱、被奴役、被遗弃和被蔑视的东西的一切关系"。也就是说，达到欧洲水平的黑格尔法哲学，最终也还是要以隐在地捍卫欧洲的资本主义生产关系为旨归。而马克思的要求则是：不但能把德国提高到现代各国的正式水准，而且提高到这些国家最近的将要达到的人的高度。就此而论，批判黑格尔的法哲学，与倡言人的解放是相辅相成的两个方面，如果没有前者作为思想的支撑，那么后者的实践也可能会难以为继。所以，马克思在此要求消灭哲学，实际是要求消灭作为德意志意识形态的黑格尔主义哲学，而他之前强调的世界化的哲学，进而随着这一要求的提出，也就赢获了更为具体而实际的内涵，这就是，哲学一定要上升为一种革命的理论，一定要把问题意识接入到对市民社会与人类社会、政治解放与人类解放之辩证关系的回答中。正是由于这样一种诉求，作为无产阶级批判的武器的马克思理论，才成为一种紧紧系于"改变世界"的政治哲学，这一点是不容置疑的。如果说，马克思在历史唯物主义宏大叙事中对以市民社会为中心的现代社会的总体考量就导向了我们指认的"大写"的政治哲学，那么，我们也可相应地将"革命"场境中的政治哲学称为"小写"的政治哲学。而如果说，我们在前者中看到了马克思与黑格尔的重合，那么，在后者中就彰示着马克思对黑格尔的超越。就此可以明察：柯尔施以"革命"之节点来连接马克思与黑格尔，打开的是政治哲学的话语空间，但却是以在一定程度上误解马克思以及黑格尔的政治哲学为代价的。不过，柯尔施终究还是在很大意义上廓清了马克思理论作为

---

① 《马克思恩格斯文集》第 1 卷，人民出版社 2009 年版，第 10 页。

哲学的革命实质,这至少为我们梳解马克思的政治哲学提供了一种难得的启示。

(三) 从哲学到形而上学:"柯尔施问题"之政治性的再判断

当我们像柯尔施那样以"革命"之范式来诠证马克思理论作为哲学的合法性,进而诠证其作为政治哲学的合法性时,我们不得不掩卷长思的一个问题是:一旦将"革命"植入到对马克思理论话语的理解当中,可能就会顺理成章地在实证思维的对岸激活政治哲学的思维,从而不至于在一种"物性"的范式中掩埋马克思的原初思想地平线。但事实上,"革命"可能会被当作一种经验的东西来对待,由此也就会丧失掉本应背负的价值承当,在平稳、和平的社会中"以阶级斗争为纲"、"以革命为纲"就是这样的状况,而人们将"阶级"、"革命"当作历史唯物主义的组件机械地加以理解,也会在学理上助长这一状况之形成。鉴于这一情形,我们在解析马克思以"改变世界"和"革命"为中心的政治哲学时,务必要辨明的一点是,一定有一种超越于可观察、可验证、可计量之事物的东西,或者说有一种不可被实证的东西,始终贯穿于马克思的理论求索当中,正是因为存在这样一种东西,马克思才得以在处理价值与事实、理想与现实、彼岸与此岸的事物时做到游刃有余,他的哲学才真正成为一种能够质询好的事物与坏的事物、能够探询正当的生活与非正当的生活的政治哲学,而这种政治哲学也才具有了一种超拔的精神气质。这其实就是"柯尔施问题"引导我们去进一步思考的一个更深层的问题。

这个问题的原委是这样的:柯尔施所批评的实证主义理论家,以及后来的艾耶尔、波普尔等人,之所以不约而同地否认了马克思的哲学,显然是因为他们将马克思的理论不由分说地还原为了一种关于知识的学说。但要注意的是:其一,追求客观的知识亦即探求客观的真理,这是自然科学的分内之事。自然科学在求证知识的真理性时都不曾完全获得"明解",马克思就更不可能去做自己做不了的事情了。毋宁说,马克思的著作中虽有关于自然的种种论述,但将自然看作是人的"精神的无机界"的他,关心的乃是社会和历史之变革的事业,而这是用纯粹的知识无法去说明的。其二,诚如赵汀阳先生所说:"任何知识,甚至包括科学和逻辑,都依赖着知识所不可能证明的某些哲学假设,即一些似乎不证自明的观念。因此,思想的主体部分虽然是知识,但思想的奠基部分却是智慧,尽管我们无法保证那些代表智慧的观念是真理。"①这样说来,柯尔施强烈要求还原马克思哲学的本性,应当

---

① 赵汀阳:《每个人的政治》,社会科学文献出版社 2010 年版,第 2 页。

也是出于不愿以知识来消解智慧、以自然科学来消解哲学，起码我们可以从中引申出这一点。进而言之，当马克思哲学的合法地位得到证立时，他讲的社会历史的东西以及智慧的东西其实就已经被确认下来。这样的东西与我们所说的不可被实证的东西是对应的，我们也可笼而统之地将之称为哲学的东西。哲学与自然科学自古希腊以降向来就是泾渭分明的，所以这种哲学的东西当然不同于自然科学的东西，它兼具理想性、批判性、超越性于一身，它可以成为一种判断的标准，或者在实践上展现为一种历史的内在驱动。对此，我们需要结合哲学史作更为细致的分疏。

人们常说，马克思在哲学史上摧毁了形而上学，由此建构起以生活实践为基础的新唯物主义或以求证历史规律为己任的历史唯物主义。这样的说法自然有其合理之处，但这种合理是有条件的。我们可以就此试问：哲学虽可根据范式、路数以及语境来作这样那样的区分，但成为哲学的东西，难道就没有任何同质性可言了吗？事实显然并非如此。我们如果追溯马克思的广义思想史前提就会发觉，马克思的哲学其实是与古希腊以来的很多思想智慧相勾连的，以至于我们不了解这些思想智慧就难以走进马克思哲学之殿堂。在此，至关重要的一段哲学史叙事需要从柏拉图的"两个世界"说起。

柏拉图在阐述自己的理念论时，区分了两个世界，即一为尘世中可见的、易变的、虚幻的感性世界，一为理念中普遍的、必然的、真实的超感性世界。对于这两个世界的细微甄别，一生都在研究形而上学的海德格尔有一段经典的总结："自晚期希腊和基督教对柏拉图哲学的解释以来，这一超感性领域就被当作真实和真正现实的世界了。与之相区别，感性世界只不过是尘世的、易变的，因而是完全表面的、非现实的世界。尘世的世界是红尘苦海，不同于彼岸世界的永恒极乐的天国。如果我们把感性世界称为宽泛意义上的物理世界（康德还是这样做的），那么，超感性世界就是形而上学的世界了。"[1]海德格尔的总结无不精到，因为崇尚"理想国"的柏拉图，就是把超感性世界当作一把丈量的准尺，以之来确立对于经验事物和现象世界的批判法则。"理念的独立王国翱翔于现实之上（这个彼岸的领域是哲学家自己的主观性）并模糊地反映于现实中。"[2]这就是祈求终极问题和终极致思目标的形而上学努力，这对于后来的哲学发展产生了深远的影响。

---

[1]　孙周兴选编：《海德格尔选集》（下），生活·读书·新知上海三联书店1996年版，第770—771页。

[2]　《马克思恩格斯全集》第40卷，人民出版社1982年版，第69页。

比如说,康德在实践理性批判中,就隐性地设定了这种形上的东西,具体地说就是先验的道德准则和绝对的道德命令。绝对命令是一种定言式的表达,它是无条件的:"这样行动:你意志的准则始终能够同时用作普遍立法的原则。"①至于黑格尔,其"绝对精神"也有这样一层形上意蕴。"绝对精神"作为一种理性的最高规定,为存在提供了证明自身的根据;现实与理性、经验与思想的和解,被黑格尔指认为哲学的最高目的。到了马克思这里,情况又是如何呢?海德格尔的下述理解是发人深省的:

> 现今的"哲学"满足于跟在科学后面亦步亦趋,这种哲学误解了这个时代的两重独特现实:经济发展与这种发展所需要的架构。
>
> 马克思主义懂得这[双重]现实。然而他还提出了其他的任务:"哲学家们只是以不同的方式解释世界,而问题在于改变世界。"[让我们]来考察一下这个论题:解释世界与改变世界之间是否存在着真正的对立?难道对世界每一个解释不都已经是对世界的改变了吗?对世界的每一个解释不都预设了:解释是一种真正的思之事业吗?另一方面,对世界的每一个改变不都把一种理论前见(Vorblick)预设为工具吗?
>
> 那么,在马克思那里谈到的是哪样一种改变世界呢?是生产关系中的改变。生产在哪里具有其地位呢?在实践中。实践是通过什么被规定的呢?通过某种理论,这种理论将生产的概念塑造为对人的(通过他自身的)生产。因此马克思具有一个关于人的理论想法,一个相当确切的想法,这个想法作为基础包含在黑格尔哲学之中。②

海德格尔提出的问题的重要性在于:马克思哲学的核心思想是改变世界、实践、革命,这是毋庸置疑的;但改变世界并非只是一种"纯粹的行为主义"的活动方式,或者说,实践并非是人的活动的随意发生,而是在精神指向下形成的人及其存在的求取与获得,因此,实践之张开的同时必定也有一种理论作为引导。马克思是反对纯粹经验的唯物主义的,这正如他在批判费尔巴哈时所指出的那样:"从前的一切唯物主义(包括费尔巴哈的唯物主义)的主要缺点是:对对象、现实、感性,只是从客体的或者直观的形式去理

---

① [德]康德:《实践理性批判》,韩水法译,商务印书馆1999年版,第31页。
② [法]F. 费迪耶辑录:《晚期海德格尔的三天讨论班纪要》,丁耘摘译,《哲学译丛》2001年第3期。

解,而不是把它们当做感性的人的活动,当做实践去理解,不是从主体方面去理解。"①马克思讲的实践作为一种历史的活动,如果没有一种理论的前件和一种超验性的思考,显然就会重新与一种经验主义发生对接了。在此意义上,海德格尔的理解虽有使马克思的实践思维歧变为理论思维、使改变世界混同于解释世界之嫌疑,但毕竟又为实践的非实证化解读提供了一种积极的考量。

我们从海德格尔的问题中可以提取这样一个基本的信息:马克思在对历史的思入中无疑破除了传统形而上学的本质主义和基础主义,使哲学推理之根基与流变的历史和丰富生动的人类活动关联起来,而不再系于一个固定不变且普遍有效的理念之本体,所以马克思主义在范式上根本不可能同质于柏拉图主义、康德主义以及黑格尔主义。但这只是问题的一个方面。另一方面,柏拉图—康德—黑格尔思想链环上作为形而上学的东西,马克思并没有完全抛弃,而是将其创造性地转化到自己的历史唯物主义当中,进而使其成为我们所设想的不可被实证的东西,或者成为海德格尔所理解的理论的东西。而实际上,当我们如同柯尔施那样肯定而执着地强调马克思的理论就是一种哲学时,我们不能不坦诚地指出,我们所寻求的关键的东西,其实就是一种形式的形而上学。因为在一定意义上甚至可以说,只有保留了形而上学,哲学才成其为哲学,否则,它可能只是一种被扭曲过后的变了味的科学。这一点,对于凸显了生产、生活范式的马克思来说,也不外于此。然而,如果说,我们循着"柯尔施问题"确证了马克思形而上学的意义,那么,其形而上学从精细之处到底又如何进一步理解? 或者说,这种形而上学在内容上又是如何被表达的?

马克思曾指出:"新思潮的优点就恰恰在于我们不想教条式地预料未来,而只是希望在批判旧世界中发现新世界。……现在哲学已经变为世俗的东西了,最确凿的证明就是哲学意识本身,不但表面上,而且骨子里都卷入了斗争的漩涡。如果我们的任务不是推断未来和宣布一些适合将来任何时候的一劳永逸的决定,那么我们便会更明确地知道,我们现在应该做些什么,我指的就是要对现存的一切进行无情的批判"②。从马克思的这段陈述中,我们可以看到:马克思绝非像波普尔所批评的那样,是以科学和实证的方式来预知未来的历史事件,相反,马克思对这种理论行为不屑一顾,认为这是一种教条主义的体现。他要求在"批判旧世界中发现新世界",其实就

————————

① 《马克思恩格斯文集》第 1 卷,人民出版社 2009 年版,第 499 页。

② 《马克思恩格斯全集》第 1 卷,人民出版社 1956 年版,第 416 页。

包藏着一种抗拒实证思维的形而上学思维。如果将马克思苦苦追寻的新世界还原为人类解放的世界，即还原为人的一切异化关系都得到普遍和解的共产主义社会，那么，这个新世界显然与柏拉图讲的"超感性"的理念世界在精神气质上有通合之处。在审理资本世界的过程中，马克思发现了这个新世界；而反过来说，他一旦发现了这个新世界，就由之而来批判现存的资本世界，进而也要求改变后者，这也就使"实践"获得了丰富而深刻的历史内涵。

若是照此说来，马克思形而上学的最大特点，或者最重要特质，就在于对一种深重的价值的担当和对一种精神祈向的承诺。马克思虽然认为"真理的彼岸世界消逝以后，历史的任务就是确立此岸世界的真理"，但他又发现德国实际生活缺乏精神活力，精神生活也无实际内容，所以，此岸世界之真理的确立在他看来又需要理论和思想作为支撑。"理论在一个国家实现的程度，总是取决于理论满足这个国家的需要的程度。但是，德国思想的要求和德国现实对这些要求的回答之间有惊人的不一致，与此相应，市民社会和国家之间以及和市民社会本身之间是否会有同样的不一致呢？理论需要是否会直接成为实践需要呢？光是思想力求成为现实是不够的，现实本身应当力求趋向思想。"①马克思在此突出理论和思想的东西，与海德格尔理解的理论的东西并无二致，在其中，蕴藏着马克思哲学要讲述的故事及要展现的价值和精神：或者人的存在的非异化，或者社会制度的公正，或者更美好的生活方式，或者人的全面而自由的发展。凡此种种，不一而足。可以说，马克思对异化的控诉，对人类解放的向往，对无产阶级历史任命的确认以及对改变世界之革命的渴望，皆与马克思的形上精神息息相关；而他在资本研究上的执着以及在东方社会问题探索上的投入，应当也与之有分隔不开的干系。

总体上说，从确认马克思哲学的合法性到确认其形而上学的合法性，我们揭示的一个核心问题在于：除了经验命定的事物，对于马克思来说，可作为批判标准的超越性的价值判断和精神祈向，构成其理论更为根本的内容。此一问题一旦被澄清，"柯尔施问题"之政治性其实就已经获得了一种新的说明。这是因为，一种系于形上价值的哲学，本质上就是要回答人的何种生存样式是值得追求的，或者，社会的何种政治制度是正当合意的等问题。而这样一种哲学，不正是古希腊以来自上而下贯穿于哲学史中的政治哲学吗？不要忘记，政治哲学虽然关乎政治实践之层面的内容，但更关乎政治理念之

---

① 《马克思恩格斯文集》第 1 卷，人民出版社 2009 年版，第 12—13 页。

层面的内容；如果只计较改变人的生活景况与政治命运的实践，而置政治理念以及与之相粘连的价值和理想的设计于不顾，那么，政治哲学则可能就会丢掉"哲学"的名分而质变为一种实用的政治社会学。在哲学史上，马克思政治哲学的合法性之所以常常得不到承认，显然不是因为马克思没有关于政治理念的设定与陈述，而往往是因为人们总是像柯尔施批评的对象那样，首先就没有确证马克思的理论作为哲学的意义，进而也根本不可能去发掘马克思形而上学的精神内涵。

第四章　民主、辩证法与主体意识：
革命范式下的政治哲学

　　除了考察总体性、实践哲学以及对于哲学的辩护之政治哲学意蕴，要在完整的意义上呈现卢卡奇、葛兰西、柯尔施等著名的早期西方马克思主义者的政治哲学理论，还需进入到对于他们而言至关重要的一个历史语境中：随着资本主义转变到帝国主义阶段，西欧各国间的矛盾趋于加深并进一步激化，最终导致第一次世界大战的爆发，这为社会主义运动提供了十分有利的形势和条件。1917年，俄国十月革命取得胜利，并震惊了西欧的工人政党和革命理论家。尔后，由于十月革命的直接影响与指导，德国、匈牙利、意大利以及波兰等国也相继爆发了革命，并建立起相应的苏维埃政权。但不久之后，这些国家的革命遭到反动当局的镇压，从而最终宣告失败，西欧无产阶级革命也由之跌入了低谷。在这种情势下，西欧的马克思主义理论家，以及以列宁为首的苏联马克思主义者，不得不面对这样两个问题：其一，按照马克思《资本论》的解释，社会主义革命会首先在发达的资本主义国家取得胜利。但事实是，在西欧发达的资本主义国家，革命并没有成功；相反，在资本主义落后的苏俄，社会主义革命却出人意料地取得了胜利。对此，应当如何解释？其二，与前一问题相关联的是，西欧国家社会主义革命是在苏俄十月革命的指导下进行的，那么，其失败与十月革命的指导模式有没有关系？或者说，十月革命在模式上具有普遍的世界意义，还是仅仅适应于苏俄的特殊情况？可以说，这两个显在的问题始终困扰着卢卡奇、葛兰西及柯尔施等人。所以，如何理解有关西欧国家革命的理论性问题，进而在实践上设计出适合这些国家的革命路线与策略，就自然而然地成为早期西方马克思主义理论家在政治哲学上的一个重大问题意识，他们之所以自觉且义无反顾地去开创一种异质于第二国际和苏联模式的马克思主义哲学传统，与这一问题意识也有密切关系。在此意义上，我们能够断言：早期西方马克思主义政治哲学的根本范式之一，就是"革命"范式，而其中心论题之一，即在于从理论与实践的双重维度思考革命的可能性及其路向等问题。这与20世纪40年代之后的西方马克思主义政治哲学有很大的不同。40年代之后的西方马克思主义，如法兰克福学派，基本上是在反思现代性困境的背景下进行政治哲学创造的。在这样一个直接的"现代性"范式下，政治哲学的革命性关怀和诉求渐行渐远,其实践旨趣也逐渐式微,而文化批判的逻辑则愈来愈兴盛。

一、卢森堡的民主理论及其思想效应

正如我们在前文开发"总体性"之政治哲学意蕴时所做的那样,探索早期西方马克思主义系于革命之范式的政治哲学,也需要将学术起点建立在对罗莎·卢森堡政治哲学的清理上。因为卢卡奇、葛兰西等人的思想,不仅在总体性问题上,而且在涉及政治哲学的很多方面,与卢森堡的思想都是息息相通的。一个最不能忽视的问题,就是卢森堡在考察俄国革命和探索西方革命道路时,提出了她的民主思想,从而开引出一整套关于社会主义革命和政权模式的观点。这些观点不仅影响到列宁对民主的理解,而且还直接影响了卢卡奇、葛兰西、柯尔施等人对西方革命道路的历史思考,从而在西方马克思主义哲学逻辑中赢获响亮回声,并形成"卢森堡—西方马克思主义"式的以民主为总体视野的革命观和政治哲学取向。

(一) 革命情境下的思想激荡:卢森堡民主理论的厘定及其内涵

作为一位社会革命家和政治哲学家,罗莎·卢森堡可以说一生都在思考民主问题。她对民主首先是十分渴望的,认为革命政党与民主须臾不可分离。她的这种情怀与认识,是与她曲折性的生命历程和悲剧性的生活遭遇直接相关的。19 世纪末 20 世纪初,世界资本主义体系发生了重大变化,自由资本主义过渡到帝国主义阶段,自由竞争的资本运行模式发展为资本的垄断。与这一变化相伴而生的,是资本主义福利政策的出笼、大批中产阶级的形成以及工人阶级革命意志的削弱与式微。这些变化和新的历史现象,直接波及第二国际特别是德国社会民主党内,从而形成对这些变化和历史现象的不同回应,导致在马克思理论和西方社会主义路线上不同观点的分歧,乃至不同政治派别的分野。以伯恩施坦和晚年考茨基为首的"修正派",打着"改良主义"的旗号而实际地站在反无产阶级专政的立场上。他们因为资产阶级怀柔政策的推行而在人数和势力上占据了绝对优势,形成多数派。相反,以罗莎·卢森堡和卡尔·李卜克内西等人为代表的"革命派",则长期处于受排挤、遭冷落的地位,因而成为少数派。可以说,在很大程度上,正是政治上的弱势促成了卢森堡向往自由和民主的生命人格。在德国社会民主党内,她多次申言,民主之所以不可缺少,不是因为它使无产阶级夺取政权成为多余,而是相反,它构成无产阶级夺取政权的第一要件。

　　就此而论,卢森堡的民主理论从一开始就深深地打上了时代的印记。亦即,这一理论直接面对国际社会主义革命,特别是俄国革命与西欧革命,思考的是俄国革命与西欧革命中的政权组织形式与具体道路问题。因此,在俄国二月革命和十月革命的整个过程中,卢森堡都没有采取沉默与旁观的态度,而是密切关注革命动态,积极察问诸如俄国社会民主党的建党原则等革命中的每一个重要信号,并提出不同于列宁的观点,甚至与之展开激烈争论。实际上,正是在这样的意见对峙中,罗莎·卢森堡阐发了她独树一帜的民主理论之观念。

　　列宁在 1904 年写作《进一步,退两步》之后,卢森堡随即写成《破灭的希望》、《俄国社会民主党的组织问题》和《群众罢工、党和工会》等一系列文章,针对列宁关于社会民主党的组织原则提出了自己的反对意见。她指出:"社会民主党的运动是阶级社会历史上在其各个时期和全部过程中都要依靠群众的组织和群众的直接的独立行动的第一个运动。"①即是说,无论是俄国社会民主党,还是德国社会民主党,其根柢都深深植于工人群众当中,党的组织和运动,时刻都要依赖于群众。以此为据,卢森堡提出了"自我集中制"的组织制度和建党原则。她解释道:"社会民主党的集中制无非是工人阶级中有觉悟的和正在进行斗争的先锋队(与它的各个集团和各个成员相对而言)的意志的强制性综合,这也可以说是无产阶级领导阶层的'自我集中制',是无产阶级在自己的党组织内部的大多数人的统治。"②

　　根据卢森堡的诠释,"自我集中制"的民主精神,在本质上不同于"极端集中制"。所谓"极端集中制",即是指将革命家"有组织的部队"和"没有组织起来但是积极革命的环境"区分开来,是严格的国家对各方面实行的直接性、僵直性干预。卢森堡之所以强烈质疑列宁的建党原则,是因为在她看来,列宁忽视了社会民主党组织的特殊性,低估了群众相对于党组织和无产阶级运动而言的基础地位,因而有意无意地制造了"极端集中制"的思想气氛。根据卢森堡的指证,这种思想气氛"没有积极的创造精神,而是一种毫无生气的看守精神。他的思想过程主要是集中于监督党的活动而不是使它开花结果,是缩小而不是发展,是束缚而不是联合整个运动"③。而这实质上,是把密谋集团的布朗基主义运动的组织原则机械地搬运到社会民主党和其所领导的工人运动中来。

① 《卢森堡文选》(上卷),人民出版社 1984 年版,第 502 页。
② 《卢森堡文选》(上卷),人民出版社 1984 年版,第 504 页。
③ 《卢森堡文选》(上卷),人民出版社 1984 年版,第 508 页。

　　根据这种批评，卢森堡坚定地指出，工人阶级不需要一个无所不知和无所不在的中央委员会的监护，社会民主党的集中制也"不能建立在党的战士对中央机关的盲目听话和机械服从的基础之上"①，而只能定格在"多数人统治"的民主框架中，即现实地上升为一种"自我集中制"。按照文本，我们可以大致从"自我集中制"的民主诠释中剥离出两层含义：其一，它意味着多数人意志的集合，即社会民主决策和运动的群众性，正是在这个意义上，它才体现出民主原则；其二，它并没有因此而否定集中的意义，仍然认为程度恰当的集中是社会民主党生存的必要酶素，在这个意义上，它强调基层党组织及党员个人对上层党组织的服从。

　　既然罗莎·卢森堡批评列宁的集中制原则，倡言"自我集中制"，是紧紧依托于她对俄国革命道路和革命前程的思考，是与阶级斗争的实际和社会主义革命的实现不可分割地联系在一起的，那么，这也就意味着，俄国革命进展到哪里，卢森堡的视线就移向哪里，而其民主的思想就渗透到哪里。事实也正是如此：当俄国由二月革命发展到十月革命时，卢森堡又对十月革命的总体性质、意义特别是革命后的政权建设作出了评价与审思。一如当初对二月革命的热情态度，卢森堡获知十月革命爆发的消息后，她在狱中狂欢胜利，认为十月革命不仅挽救了俄国革命，而且也挽救了国际社会主义的荣誉，因而是一件自巴黎公社革命以来又一具有世界历史意义的大事，而且其标志性要远远强于巴黎公社革命。但与此同时，卢森堡又对十月革命的整个过程保持了十分谨慎的态度，并且直言不讳地指出了革命中的缺陷。在《论俄国革命》这篇后来争议颇多的狱中笔记中，卢森堡意味深长地说道，达到新生社会的唯一道路，即是社会生活本身这所学校，是最无限和最广泛的民主和舆论。然而，俄国十月革命后的布尔什维克政权迫不及待地解散了立宪议会，废除了普选制，限制了出版、集会、结社和言论自由。这在卢森堡看来，已经损害了十月革命原本具有的民主成果，进而很容易使新生政权导向官僚化。因为以她之见，"自由始终是持不同思想的人的自由"，"没有普选，没有不受限制的出版和集会自由，没有自由的意见交锋，任何公共机构的生命就要逐渐灭绝，就成为没有灵魂的生活，只有官僚仍是其中唯一的活动因素。"②

　　进而言之，十月革命后建立的苏联社会主义国家体制根据卢森堡的理解，已经大大偏离了马克思主义的民主轨迹，根由即在于它将无产阶级专政

---

① 《卢森堡文选》(上卷)，人民出版社1984年版，第503页。
② 《卢森堡文选》(下卷)，人民出版社1990年版，第504页。

与社会主义民主绝对对立起来。而实际上，卢森堡认为，无产阶级专政即指社会主义民主，这二者并非相互外在、彼此隔离，而是应当成为民主政治一体之两面。她这样说道："无产阶级的历史任务在于，当它走向政权时，在资产阶级民主的位置上，创造出社会主义民主以代替之，而不是取消一切民主。……社会主义民主肇始于社会主义政党夺取政权的时刻。社会主义民主不是别的，它就是无产阶级专政。"①根据这种认识，卢森堡指出，苏维埃为巩固政权而采取的非常措施，是维护专政而反对民主的，所以实际上成了人民积极性减损、官僚风气膨胀以及社会主义生命力衰竭的根源，这是异常不幸的一件事情。

通过对苏俄革命之组织形式和政权模式的批评性考察，罗莎·卢森堡引申出了一整套民主理念，为其政治哲学的创构注入了具有深远意义的思想智慧。在内容上，概括地说，这套民主理念主要强调了两方面的内容：一是群众论；二是自发论。

首先，正如上文已经引出的，卢森堡自始至终都十分强调群众之于无产阶级革命的基础意义，因而她矢志不渝地强调对群众首创精神的尊重。按照卢森堡的理解，社会民主党代表的是广大无产阶级的根本利益，其最终目标是推翻资产阶级统治，实现人民的彻底解放。这一革命目标的实现，只有建立在广大人民群众积极参与的基础上，才是最终可能的。亦即，"只有当组织核心和人民群众之间有血液循环，他们之间有共同的脉搏跳动，社会民主党才能承担伟大的历史行动"②。正因为如此，把社会民主党建成一个在政治上依靠无产阶级，但在组织上脱离无产阶级的职业革命家团体，对于无产阶级革命来说是完全行不通的。"在已经由固定的党的干部组成的有阶级觉悟的无产阶级核心和它周围由阶级斗争所支配的、处于阶级觉悟提高过程中的普通群众之间，绝对不能筑起一堵不可逾越的墙壁。"③所以，卢森堡不止一次地告诫德国和俄国马克思主义者，一定要尊重群众的首创精神，"在无产阶级的政党内，每一次具有决定性的大运动决不能来自一小撮领导人的倡议，而应来自支持党的那些群众的决心和信心"④。

其次，与强调尊重群众的首创精神相一致，卢森堡一直注重强调群众的自发性，反对用领导人物和上层组织的自觉性取而代之。在这一点上，卢森

---

① 《国际共运史研究资料》第4辑，人民出版社1982年版，第45页。
② 《国际共运史研究资料》第8辑，人民出版社1983年版，第5页。
③ 《国际共运史研究资料》第4辑，人民出版社1982年版，第189页。
④ 转引自[英]戴维·麦克莱伦：《马克思以后的马克思主义》（第3版），李智译，中国人民大学出版社2004年版，第55页。

堡与列宁是有着根本性分歧的。列宁在《怎么办?》一书中批判俄国社会民主党内经济派崇拜工人运动的自发性而轻忽革命理论的指导意义时指出，自发的工人运动不可能产生社会主义思想体系，而只能形成工联主义意识，因此，社会主义意识只能从外部灌输给工人。在这一过程中，社会民主党的自觉性必须能够起到一种统摄作用，群众的自发性必须纳入领导层的自觉性中方可克服其自身缺陷。而在卢森堡看来，自发性和自觉性其实并不存在必然矛盾，两者是可以调和的、交融的，但若以自发性不能产生社会主义意识为由而将之置于革命运动的下位，则是一种危险的做法。她声言，"革命不允许任何人给它当教员"，社会民主党在无产阶级革命中的作用主要应该体现在提出政治口号，摆出关于政治问题和战时无产阶级利益的明确态度，而不在于用命令下达的方式消解工人群众的自发性，这是德国社会民主党内部发生分裂、修正主义派别势力膨胀这一反面经验给出的结论。

（二）退与进：卢森堡民主理论的限度及价值

由于罗莎·卢森堡的民主观念与列宁的想法在很大程度上是背道而驰的，故此前者的理论一经抛出，就立即遭到了后者的严苛批评，这在马克思主义史上，也构成了一段极其重要的思想学案。受这一学案的影响，在后来的国际社会主义运动中，卢森堡的民主理论更是屡次被贴上"机械决定论"、"宿命论"等名目繁多的标签而受到指责。如果考虑到俄国革命具体历史境况等客观因素，我们发现，这些批评与责难在某种程度上还是映现出了卢森堡民主理论话语的一些致命缺陷。

正像人们所熟知的，在俄国革命和列宁建党的初始岁月中，革命处在一片白色恐怖的危机关头。从外部来说，有来自沙皇俄国反动统治集团的威胁；就内部而言，则出现了社会民主党的严重分化，形成民粹派、经济派、合法马克思主义、孟什维克主义等不同政治派别的林立和各自为政的局面。在这种严峻的历史情势下，列宁强调职业革命家的领导作用，强调集中的重要意义，申明严格的纪律是当时无产阶级战胜资产阶级的必备要件，这都是符合历史事实因而不容置疑的正确抉择。因此正如列宁所指出的："在黑暗的专制制度下，在流行由宪兵来进行选择的情况下，党组织的'广泛民主制'只是一种毫无意思而且有害的儿戏。"①在这一点上，卢森堡虽然注意到了俄国革命所面临的种种危险，但她显然没有充分去对这些危险作必要的分析，因而在高扬群众及其自发性历史作用的同时，不知不觉地偏向了低估

---

① 《列宁选集》第1卷，人民出版社2012年版，第418页。

权威、轻忽上层组织领导功能、盲目崇拜群众的错误革命观,使其革命理论或多或少地涂抹上理想化的色彩。对此,我们是需要澄明的。

　　然而,在历史尘埃落定的今天,当我们重新反思卢森堡的民主思想以及后人对这一思想的种种评价时,我们必须承认,卢森堡阐说的若干合理观念并没有随着历史车轮的前进而得到确认,有意和无意的误解与歪曲已成为卢森堡思想评判席上的"法定判官"。我们的任务显然是要驱散长期笼罩在思想上空的迷雾,使问题之真相立时显现。从问题的相关性角度说,这也是廓清早期西方马克思主义革命范式下政治哲学之场境的前提性工作。

　　其实,正如上文所指,卢森堡长期被排斥在社会民主党领导与决策层以外的政治命运,铸就了她对民主式革命道路的不懈追求。她对群众自发性的不断强调,显然也是与这一政治命运直接相关的。她清楚地认识到,德国社会民主党虽然在组织上已经比较成熟,但掌握实权的修正派由于不能正确地理解和把握工人运动的形式与变化,因而习惯于按照领导层的"自觉性"来制定决策,于是自然而然地将群众自发性的作用抛之脑后,致使群众在实际革命中所起的作用十分有限。就此而言,卢森堡的自发论主要是针对德国社会民主党的右倾领导而提出来的,其实践意义也就在于反对社会民主党的领导与群众运动的隔离。在这个意义上,卢森堡重视群众自发性不仅是有时代背景作依托因而是正常、合理的,而且也没有像过去人们所批评的"资产阶级自由主义"以及"意识形态忽视论"倾向。恰恰相反,卢森堡的民主理论由于是以无产阶级革命作为背景支撑的,因而在性质上是专属无产阶级的。早在写作《社会改良还是社会革命?》以批判伯恩施坦的经济观点时,卢森堡就申明,与伯恩施坦的论战,不是革命同志之间的意见歧异,而直接就是"两种世界观、两个阶级、两种社会形态的争论了"。当第二国际"经济决定论"代言人考茨基借口经济条件不成熟而攻击十月革命后建立的无产阶级政权患上了"民主缺失症"时,卢森堡敏锐地指出,考茨基煞费苦心加以辩护的民主,是属于资产阶级的,他是要把革命限制在资产阶级民主的范围内,是"放弃社会主义革命而仅仅献身于民主",是"背叛自己,背叛国际,背叛革命"。因此,卢森堡始终坚持马克思的革命理论,强调马克思主义意识形态的重要性。她所阐扬的"自发论",自然不是指马克思主义理论的自发性,而仅仅是指行动的自发性①,注重的是群众对革命的参与。在《社会改良还是社会革命?》中,卢森堡就已经提出了阶级意识问题,

---

① 参见周穗明:《卢森堡和西方新马克思主义先驱的民主观》,《科学社会主义》2005年第1期。

主张通过政治活动、工会以及社会民主党内部自我批评等多种形式提升无产阶级的阶级意识,将自发的工人意识转化为自觉的无产阶级革命行动。卢森堡对民主的这些理解,本来已经在历史的隧道中定格,而在后来的时空多棱镜中却不断被错认乃至被歪曲,这是值得深入省思的。

与此同时,我们需要厘清的是,卢森堡及其民主理念虽然多次受到列宁的批评,但将卢森堡赞誉为"鹰"的列宁,将批评更多的是指向了卢森堡的政治策略,而不是其民主思想本身[1]。作为第二国际的左派,卢森堡与列宁其实在反修正主义立场上是完全一致的。在修正主义者质疑甚至谩骂列宁领导的党时,卢森堡辩护道:"列宁的党是俄国唯一在那最初时期就理解革命的真正利益的党,它是革命的向前推进的因素,因此在这一意义上说它是唯一真正实行社会主义政策的党。"[2]在对民主的理解上,卢森堡与列宁除了分歧之外,也多有共合之处。按照一般的理解,"民主集中制"是1906年列宁在《提交俄国社会民主工党统一代表大会的策略纲领》一文中正式提出来的,而卢森堡在此之前就已经提出了"自我集中制"原则。从两个术语之内涵上讲,应该不难判断,列宁是受到了卢森堡理论的影响,"民主集中制"原则的确立,有卢森堡的一份功劳。[3] 同时,列宁也清楚地认识到,社会主义是一定要以民主为底线的。因此,当列宁在晚年觉察到官僚主义和特权主义正在苏联党内悄然滋生并迅速生长时,他与这些危险现象展开了不竭的斗争,试图以此扩大社会主义国家政治生活中的民主。这些事实充分说明,卢森堡的民主理论实际上对列宁的政治哲学思想产生了潜在的、较大的影响。对列宁的这种影响,如果说代表了卢森堡政治哲学在东方马克思主义传统中获得的反应与体现的价值,那么,当卢卡奇、葛兰西、柯尔施等人沿承卢森堡民主理论之话语从而开创出异质于苏俄马克思主义传统的西方马克思主义传统后,卢森堡政治哲学思想的反应与价值同时又创获了另外一种意义,这即是西方马克思主义者对西方革命道路的探索与理解。

(三) 民主与革命的再思考:西方马克思主义者的回应与继续探索

由于卢森堡整套民主理论话语解答的是俄国和德国革命中的一系列问题,因此,与卢森堡有着相同或相似生活经历的早期西方马克思主义者,在省思俄国革命模式、探索西方革命道路时,无不把卢森堡的著作看作重要的

---

① 参见周穗明:《卢森堡和西方新马克思主义先驱的民主观》,《科学社会主义》2005年第1期。

② 《国际共运史研究资料·卢森堡专辑》,人民出版社1981年版,第66页。

③ 参见周尚文、江乃兵:《论罗莎·卢森堡的党内民主观》,《探索与争鸣》2005年第3期。

文本加以读解,把她的思想当作重要的资源加以汲取。所以显而易见,在早期西方马克思主义政治哲学之创造的台前幕后,卢森堡的确是一个巍然耸立的形象,她对卢卡奇、柯尔施等人的影响,在某些方面甚至是难以估量的,这使 20 世纪初非教条马克思主义的政治哲学理论表现出一种思想逻辑的连续性。

在《历史与阶级意识》中,卢卡奇有两篇文章专论卢森堡。在对卢森堡民主思想的批评性考察中,卢卡奇还是毫不掩饰地指认卢森堡理论的片面之处。例如,当论及卢森堡关于苏维埃政权的批评性观点时,卢卡奇直截了当地指出,卢森堡"过高估计它(指无产阶级革命——引者注)的纯粹无产阶级性质,因此过高估计无产阶级在革命第一阶段能够拥有和事实上的确拥有的外在力量以及内在的清彻性和成熟性。同时我们可以看到,在反面是过低估计非无产阶级因素在这革命中的重要性。这既包括在阶级之外的非无产阶级因素,也包括这种意识形态在无产阶级本身之内的力量。这种对真正动力的错误估计导致她的错误概念中的最关键性的一点:过低估计党在革命中的作用,过低估计与自发力量的经济发展必然性对立的有意识的政治行动"①。在评价卢森堡《尤尼乌斯的小册子》时,卢卡奇又尖锐地批评,卢森堡是用革命未来阶段的原则来与当前的要求相对立。

不过,在卢卡奇看来,卢森堡的民主理论在指认俄国革命道路上虽然不是完全正确的,但对于思考欧洲革命而言却有着极其重要的启示与引导意义。在《历史与阶级意识》的"序言"(1922 年)中,卢卡奇语重心长地说道:"对罗莎·卢森堡的思想之所以必须进行详细的分析,还因为它的富于成果的结论不亚于它的错误对俄国以外,特别是德国的许多革命马克思主义者的理论产生了决定性的影响。在某种程度上,这种影响在今天依然存在。对于任何最初由这些问题引起兴趣的人来说,只有通过对罗莎·卢森堡的基本理论著作的批判性探讨,才能达到真正革命的、共产主义的和马克思主义的立场。"②卢卡奇认为解读卢森堡的思想能产生如此之大的政治效果,一个十分重要的原因即在于,按照卢卡奇的理解,卢森堡之所以批评俄国革命的组织形式与政权特点,一方面是因为狱中的她并不了解俄国革命的实际情况;另一方面是因为她并不希望俄国的革命模式在西欧重演,反对将十月革命完全拷贝到西方去,而这正把握住了西欧社会主义革命的命脉。事

---

① [匈]卢卡奇:《历史与阶级意识——关于马克思主义辩证法的研究》,杜章智、任立、燕宏远译,商务印书馆 1999 年版,第 375 页。

② [匈]卢卡奇:《历史与阶级意识——关于马克思主义辩证法的研究》,杜章智、任立、燕宏远译,商务印书馆 1999 年版,第 41 页。

实上，卢森堡虽然由于过早牺牲因而没有来得及总结和反思西欧在十月革命后爆发的无产阶级革命，但在实践中，她的确不同意西方革命一定要以俄国革命为样板。卢森堡虽然始终主张坚持马克思的革命路线，但她对西欧资本主义的变化及其给革命带来的影响，是有比较清醒的认识的。在剖析伯恩施坦主义产生的社会根源时，卢森堡指出，马克思恩格斯之后的西欧共产主义运动处在一个新的历史时期，在这个历史时期中，由于资产阶级对工人收买政策的推行以及大量贵族工人的产生，社会民主党内一部分对资本主义经济体系缺乏真正理解的人，逐渐放弃了革命的观念，将社会主义寄托在资本主义的自我改良上，并且将自身与广大工人群众隔离开来，因而伯恩施坦主义是 19 世纪末 20 世纪初西欧垄断资本主义特殊历史语境的一个产物。根据这种认识，我们自然可以推知，卢森堡并不认为发生在异质于西欧历史语境中的俄国的革命应当移植到西欧去。由此可知，卢卡奇对卢森堡的理解是完全正确的。而事实上，卢卡奇正是根据这种理解去思考欧洲革命问题的。

卢卡奇认为，十月革命之后的西欧革命之所以惨遭失败，主要是因为西欧采取了俄国暴力革命的模式。暴力革命之所以在西方发达资本主义国家不能取得胜利，根源在于无产阶级阶级意识在物化世界中的丧失。亦即，发达资本主义生产力的增长和由此而带来的物的世界的膨胀，使无产阶级丧失了对整个资本主义社会现实的批判与改造能力，因而对无产阶级革命表现得麻木与冷漠。所以，在卢卡奇的视野中，通过民主的方式提升无产阶级的阶级意识，赢获广大群众的合法性支持，才是西欧革命的根基。这一理解，应当说与卢森堡的民主理论是一致的，卢卡奇本人对此当然也是清楚自知的。在《历史与阶级意识》中，卢卡奇说道："罗莎·卢森堡对'无产阶级'概念范围的理解完全不同于机会主义者。她极其深刻地表明了革命形势将会如何动员迄今未组织起来的而且的确是组织工作达不到的广大无产阶级群众（农业工人等）。她表明了这些群众将会如何在他们的行动中表现出甚至比敢于傲慢地对待他们、认为他们不成熟和'落后'的党和工会高得无法比拟的阶级意识。"[1]这说明，卢森堡民主理论中的群众性观点在卢卡奇的理论中被升格为阶级意识的观点，但其民主之内涵却没有因此而改变。

不仅如此，卢卡奇在 1928 年为党中央起草的《勃鲁姆提纲》中，明确反对第三国际的暴力革命教条，并提出民主专政的问题。他强调在无产阶级

---

[1]　［匈］卢卡奇：《历史与阶级意识——关于马克思主义辩证法的研究》，杜章智、任立、燕宏远译，商务印书馆 1999 年版，第 406—407 页。

革命和资产阶级民主革命之间并没有隔着一道不可逾越的鸿沟,因而主张匈牙利革命需要有一个民主主义革命的过渡时期。工人阶级和农民阶级的民主专政就是由资产阶级革命过渡到无产阶级革命的典型形式。同时,他还提出了在国际工人运动中争取人民阵线同盟军的思想。虽然《勃鲁姆提纲》遭到匈牙利共产党和共产国际"取消主义"的指责,卢卡奇也因此而发表了一个自我批评,表示承认《提纲》是右倾机会主义的,但他直到晚年都认为,民主专政和人民阵线同盟军思想,对于西欧革命而言是正确的、有价值的。

柯尔施提出了与卢卡奇的"阶级意识"十分相似的观点。他认为,西方革命失败的根源在于资产阶级意识形态统治的加强与工人阶级意识形态即马克思主义理论的"经济决定论"化,因此对于西方马克思主义者和革命家来说,首要的历史任务就是通过意识形态的哲学批判,恢复马克思主义的本来意义,开辟出一条"工人群众—意识形态"的革命线路,最终在理论与实践相统一的意义上实现社会革命的总体性目标。在柯尔施的革命路线图中,我们显然还是能够看到卢森堡的身影。至于对西方资本主义的变化有着深刻理解的葛兰西,情形也不外于此。他在探索西方发达资本主义国家的革命道路时,也是明确反对将俄国的革命模式机械地复制到西方发达资本主义国家的革命实践中。他认为,俄国与西欧在市民社会的样态上有根本性的差异。具体地说,在俄国,市民社会是处于原初的、尚未成熟的阶段;而在西欧,市民社会却已经非常完善,并且在国家的政治结构中发挥着"文化领导权"的巨大政治功能,而这种功能甚至比军队、法庭、监狱等直接的政治机器所发挥的功能更加强韧,在稳固政权上的作用是不可或缺的、持久的。在这种情况下,共产党人只有首先在文化和意识形态方面展开同资产阶级的斗争,动员作为市民社会成员的大众的力量,获得他们的支持,建立起对立的"文化领导权",才能最终取得革命的胜利。毋庸置疑,葛兰西关于西方革命的基本思考路向,在某种意义上与卢森堡的理解是一脉相承的。

通过上述分析,我们不难发现,卢卡奇、葛兰西、柯尔施等早期西方马克思主义者通过总结和反思西欧革命失败的经验而对西方革命道路的求索,总体上沿取了卢森堡在此之前提出的民主思想,由此使卢森堡的民主理论真正获得了西方语境的论证,并创构出从卢森堡到西方马克思主义的革命理论传统。总体看来,这一传统强调无产阶级革命与无产阶级政权之民主视野的重要意义,重视工人群众的力量,重视无产阶级意识形态的合法性支持,因此注重从意识形态批判和文化批判的向度定位革命与政权模式。但是,早期西方马克思主义的革命理论与卢森堡的理论相比,更加强调"领导权"的争取,而卢森堡在选择以论战的方式来维护"自发性"的同时,却忽视了通过夺取领导权的方式来提升"自觉性"的意义。

应当说,由卢森堡所开出,并由早期西方马克思主义者所继承的以民主为基础的革命理论传统,作为一种政治哲学的基本取向,在总体上指认出一条适合西方发达资本主义国家的革命路线,同时在对苏俄革命和政权模式的批评上,由于有苏联20世纪30年代之后肃反扩大化、个人崇拜以及政权垮台等一幕幕"悲剧"的相继上演,而有着特殊的意义。然而,在长期的理论斗争和历史实践中,这一理论传统要么被当作右倾主义而推上被告席,要么被搁置而最后被遗忘。在苏东社会主义出现挫折、新社会运动崛起以及各种"后"马克思主义思潮粉墨登场等事件相继而来的当下历史语境中,重新反思卢森堡、卢卡奇、葛兰西等人的理论话语,拷问、总结国际共产主义运动中的成败得失,探求西方乃至世界社会主义革命的现实道路,是摆在马克思主义者面前的历史重任。

二、从辩证法到革命实践:列宁的启示

在卢卡奇的总体性、葛兰西的实践哲学以及柯尔施为马克思哲学所作的辩护中,黑格尔都作为一个至关重要的背后人物而现形。因为这些早期西方马克思主义哲学家对于实证主义、科学主义的反拨,倚重的一个关键质点就是黑格尔的辩证法。其实在黑格尔辩证法的关联性上,早期西方马克思主义哲学家的理论求取,不仅仅只是通过抗拒实证主义和科学主义来恢复马克思主义的哲学本性,尤其是其政治哲学本性;毋宁说,他们如此之举的最终落脚点还是西欧的革命,包括对革命实践之重要性的凸显,对革命之可能性的探索,对革命之具体路径的理论厘定等等。而这样一个辩证法研究的政治哲学落脚点,是与列宁的辩证法研究及其对西方马克思主义者产生的影响相链接的。放大来看,这也是20世纪初东、西方马克思主义在政治哲学上的一个重要关联。思想史的实情大致如下:

在相沿成习的西方马克思主义研究中,一个很少被质疑的观点是,西方马克思主义是在与苏联政治和理论模式的完全对立中进行马克思主义的解释与发展活动的。应当说,这一观点在很大程度上是对的,因为无论是从西方马克思主义对物质本体论、机械反映论的不屑一顾还是从对缺乏民主的政权模式之不断诘难上说,卢卡奇、柯尔施、法兰克福学派以及萨特等都是将矛头直接指向苏联及其理论家。甚至连对人道主义充满了恐惧甚至仇恨的阿尔都塞,也都在理论的构造中与苏联理论形态背道而驰。但有趣的是,

卢卡奇、葛兰西等人在各自的思想典籍中一方面对布哈林等人的唯物主义提出批评，另一方面又在很多地方十分珍视列宁的观点。这是值得我们深长思之的。如果深入了解20世纪早期的思想与政治大背景，应当得出这样一个基本的判断：西方马克思主义在一个极其重要的方面是沿着列宁的路来走的，列宁对卢卡奇、葛兰西甚至20世纪40年代之后的西方马克思主义者产生的深远影响，应当被计算在东、西方马克思主义传统之关系的考量范围内。这当中的根本关联点，就是革命性辩证法的研究。

众所周知，在马克思主义哲学史中，列宁哲学具有独特性和卓尔不群的特质，这是因为列宁相对于马克思恩格斯而言，突出了20世纪的哲学命题，相对于大部分苏俄哲学家而言，则突出了对于哲学和辩证法的研究，而不是一味地在讲解唯物主义和唯心主义的对立，一味地在今天人们动辄批评的教科书体系中阐释马克思主义基本理论。不过，正如著名马克思主义哲学史研究专家麦克莱伦所认定的那样，列宁在早年时期并不认为马克思主义需要一个哲学上的特殊部分，所以那时的他也并不注重对辩证法加以论析，而其突出的研究成果，主要还是有关辩证唯物主义认识论方面的论见。在《唯物主义和经验批判主义》中，列宁批判了马赫主义的唯心主义认识论，捍卫了恩格斯强调的辩证唯物主义认识论。他指出："我们现在谈的完全不是唯物主义的这种或那种说法，而是唯物主义和唯心主义的对立，哲学上两条基本路线的区别。从物到感觉和思想呢，还是从思想和感觉到物？恩格斯坚持第一条路线，即唯物主义的路线。马赫坚持第二条路线，即唯心主义的路线。"[1]可以说，列宁的这种具有论战意味的指认，实质上主要就是沿承了恩格斯以及普列汉诺夫的哲学理路，突出唯物主义反映论和可知论，突出"物质给定性"、"事实确证性"在认识过程中的主导地位，对于主体能动性和人的历史活动的丰富性的把握是不够的。正是因为如此，早期西方马克思主义者，无不对《唯物主义和经验批判主义》时期的列宁提出了种种质疑，对列宁隐含命定的"直观的"、"镜子式的"反映论予以批评。柯尔施就曾尖锐地指出，列宁及其追随者"把认识仅描绘成主观意识对客观存在的被动的镜子式的反映。这样一来，他们既破坏了存在和意识的辩证的相互关系。而且作为一个必然的结果，又破坏了理论和实践的辩证的相互关系"[2]。对于探求革命之可能性的早期西方马克思主义者来讲，"单向度"

---

① 《列宁专题文集　论辩证唯物主义和历史唯物主义》，人民出版社2009年版，第6页。
② ［德］卡尔·柯尔施：《马克思主义和哲学》，王南湜、荣新海译，重庆出版社1989年版，第82页。

地来理解主体和客观、意识和物质以及理论和实践之关系，是无法释放革命之可能性空间的，这正如总体性辩证法所昭示的情形。在此意义上，柯尔施的批评就显得顺理成章。

不过，在《唯物主义和经验批判主义》中，除了一种消解主体能动性的逻辑构架外，其实又有一种冲破这种构架，从而显现主体能动性和历史性原则的隐在诉求。这一点，在列宁的下述说法中可被识别："马克思和恩格斯和他们的著作中特别强调的是**辩证**唯物主义，而不是辩证**唯物主义**，特别坚持的是**历史**唯物主义，而不是历史**唯物主义**。"①在这里，列宁以黑体字的方式突出了"辩证"和"历史"，说明他已经开始意识到辩证法和历史性原则在界分马克思创立的新唯物主义和以费尔巴哈的哲学为代表的旧唯物主义中的重要性，开始意识到哲学研究朝向由辩证法开引的主观世界和历史境地所具有的实践性价值。列宁这种重要的意识，随着他对俄国革命情势的审视与把捉而愈加强化，这促成了他1914年前后开始的辩证法研究，最终的成果即是《哲学笔记》。列宁对辩证法的研究，在某种意义上说，是从研习黑格尔的哲学开始的。列宁指出：

> 如果我没有弄错，那么黑格尔的这些推论中有许多的神秘主义和空洞的学究气，可是基本的思想是天才的：万物之间的世界性的、全面的、活生生的联系，以及这种联系在人的概念中的反映——唯物地颠倒过来的黑格尔；这些概念还必须是经过琢磨的、整理过的、灵活的、能动的、相对的、相互联系的、在对立中统一的，这样才能把握世界。要继承黑格尔和马克思的事业，就应当辩证地探讨人类思想、科学和技术的历史。②

在这段论述中，列宁既然认为黑格尔以及马克思辩证法的基本思想是"天才的"，对于探讨人类思想、科学和技术的历史具有重要意义，那么，这种"天才性"和"重要性"相对于普列汉诺夫和考茨基等人的理论观点来说就尤为突出。"辩证法也就是（黑格尔和）马克思主义的认识论：正是问题的这一'方面'（这不是问题的一个'方面'，而是问题的实质）普列汉诺夫没有注意到，至于其他的马克思主义者就更不用说了。"③普列汉诺夫、考茨

---

①　《列宁专题文集　论辩证唯物主义和历史唯物主义》，人民出版社2009年版，第115—116页。

②　《列宁专题文集　论辩证唯物主义和历史唯物主义》，人民出版社2009年版，第134页。

③　《列宁专题文集　论辩证唯物主义和历史唯物主义》，人民出版社2009年版，第151页。

基等第二国际理论家"落后"于黑格尔和马克思的根本方面,在列宁看来也就是对于辩证法的漠视。大部分第二国际理论家着重从自然规律和客观经济结构中寻求历史的动力,而对黑格尔的辩证思维结构少有问津,用考茨基自己的话说就是,马克思和恩格斯"是从黑格尔出发的,我是从达尔文出发的。我所研究的首先是达尔文,后来才是马克思;首先是有机体的发展,后来才是经济的发展,首先是物种的生存斗争,后来才是阶级斗争"①。"我很早就开始探索一种历史观,但是对于我来说,这种历史观首先是与自然科学思想相联系的,并不是与经济学思想相联系的。当然,社会主义的文献很快就使我意识到了经济因素的意义。随着我的经济学知识的进步,我也一步一步认识到了经济因素对于历史发展的意义,但是我仍然保留着对于历史中的自然因素的兴趣,继续把历史的发展与有机体的发展联系起来。"②

其实,无论是从自然进化论的向度,还是从经济主义的向度来构造历史观,考茨基只要远离了一种辩证的思维,就不可能对主体与客体、能动性和规律性之互动性和张力关系进行精当处理。结果就是,当客观规律之绝对支配地位被无限放大后,主体能动性在历史推动中所能发挥的巨大作用力就被忽略了。列宁对考茨基的批评,实际上就是抓住了这一点。列宁认为辩证法的一个重要维度,即在于讲述了自在之物向为他之物的转化,而这一点是异常深刻的:"自在之物一般地是空洞的、无生命的抽象。在生活中,在运动中,一切的一切总是既'自在',又在对他物的关系上'为他',从一种状态转化为另一种状态。"③"自在之物"向"为他之物"的转化,是主体对于既在的自然之物的一种克服,因此也就是主体能动性的显现和绽放。这种识见,大概就是列宁辩证法研究最为重要的心得了。主体能动性,在一般意义上就展开为对于世界的创造,也就是,"人的意识不仅反映世界,并且创造世界"。而主体对于世界的创造,从列宁所在的 20 世纪初的政治语境上说,就是释放革命能动性,进而推进社会主义运动的重大问题。从这个视点上说,当考茨基以及普列汉诺夫等人禁锢于一种自然主义的历史观而看不到革命辩证法所蕴含的政治意义时,社会主义就成了一种宿命,革命就变得步履维艰了。列宁、卢森堡以及稍后登场的西方马克思主义者,与第二国际

---

① 《哲学研究》编辑部编:《唯物主义历史观》第二分册,上海人民出版社 1965 年版,第 37 页。

② 《哲学研究》编辑部编:《唯物主义历史观》第二分册,上海人民出版社 1965 年版,第 26 页。

③ 《列宁专题文集　论辩证唯物主义和历史唯物主义》,人民出版社 2009 年版,第 132 页。

的一个重要界分点也就在此。列宁辩证法研究的伟大贡献之一,就是破解了第二国际所设下的自然进化论的困局,弱化了经济事实在革命中的绝对支配性,凸显了革命主体的自我推动和打破宿命论的可能。列宁之所以能够提出社会主义革命首先会在一国胜利的论见,显然与他对辩证法的深刻理解是分不开的。而十月革命的成功,在实践上证明了列宁论见的正确性,也证明了他的辩证法研究所具有的难以估量的实践价值。

列宁以"请黑格尔出场"为前提的辩证法研究,对于早期西方马克思主义者的影响出乎人们习见下的想象。列宁研究辩证法的起点、旨趣都在于苏俄革命,而从实际效果来说,也有现实的十月革命的成功范例来证明辩证法作为理论和方法对于实践的重大指导意义。所以应当不难想见:同样执着于挖掘黑格尔哲学之现代价值、同样身为革命理论家、同样渴求革命成功的卢卡奇、葛兰西等人,在一定意义上说,与列宁是站在大致相同的地平线上的"同道人",他们对于列宁辩证法的研究成果予以关切,进而从中获得启发,或将其中的思想创造性地转化为自己所用的理论资源,都是顺理成章的事情。著名法国政治哲学家、社会学家卢西·戈德曼曾指出:"黑格尔的范畴几乎全部覆盖于马克思主义的论域中,这些范畴在1917—1923年间的欧洲被重新激活是不足为奇的:首先体现在列宁的《哲学笔记》中,然后体现在卢卡奇的《历史与阶级意识》,接下来,我认为就体现在葛兰西的哲学分析当中。与此同时,这样一个现象也是不足为奇的:在梅林、普列汉诺夫、考茨基、伯恩施坦以及写作《唯物主义和经验批判主义》时的列宁那里,马克思主义基本上被当作一种'科学'来研究。……但1923年之后,这一局面结束了,这是由欧洲当时的革命形势决定的。"①戈德曼在这段话中要去说明的一个重要事实,就是列宁借助于黑格尔对辩证法的研究,被卢卡奇、葛兰西在随后的理论求索中沿袭下来,这是由他们思考、审视欧洲革命之现实需要所助推的。

关于列宁与早期西方马克思主义之间的这种连接,美国学者凯文·安德森亦作出了一种精细的考察:

> 1920年代,黑格尔主义马克思主义哲学家葛兰西在意大利发起了关于列宁与黑格尔的讨论。1924—1926年,葛兰西在意大利的马克思主义刊物上发表了几篇有关列宁研究黑格尔的短文,其中一篇涉及

---

① 转引自 Kevin Anderson, *Lenin*, *Hegel*, *and Western Marxism*, University of Illinois Press, 1995, p.176。

《哲学笔记》中的《谈谈辩证法问题》。……虽然卢卡奇的《历史与阶级意识》、柯尔施的《马克思主义和哲学》这两本著名的出版于 1923 年的黑格尔化马克思主义的著作，都没有直接提到那时还未发表的列宁的《哲学笔记》，但这两本书至少在部分内容上是建立在列宁 1914 年回归黑格尔基础之上的。这是因为：无论是卢卡奇还是柯尔施，都是列宁领导的第三国际的青年成员。列宁在 20 年代早期回归黑格尔之际，曾有意地向这些成员宣告自己的理论转向。①

凯文·安德森的考察提醒人们：在早期西方马克思主义的开山作品《历史与阶级意识》以及《马克思主义和哲学》撰写之时，列宁的《哲学笔记》虽然并没有发表出来，但实质上列宁的研究动向早已为卢卡奇、柯尔施、葛兰西等人所知晓，他们对于列宁的黑格尔和辩证法的情结是极为重视的。所以，葛兰西还专门发起了有关于此的讨论。

不得不说，无论是卢西·戈德曼还是凯文·安德森，都在实质上揭示出列宁的黑格尔转向和辩证法研究对于西方马克思主义者的启示，都将他们之间的"同质性"联系和"交集"予以彰明。而戈德曼和安德森的揭示与彰明，显然是正确的、寓意深刻的。只要到卢卡奇、葛兰西甚至对列宁的唯物主义观点加以强烈质疑的柯尔施的著作中仔细检阅、盘点，就会发现这些西方马克思主义哲学家的黑格尔主义情结与列宁的此一情结如出一辙，前者对辩证法思想的消化与运用与后者的此一工作并无本质殊异。在此意义上，列宁通过辩证法研究而以各种方式凸显主体能动性，尤其是这种主体能动性对于苏俄革命的实质性推动，必然是卢卡奇、葛兰西等人思考欧洲革命时注意的核心问题与关键节点。

三、主体性革命的三重意义

正是由于早期西方马克思主义者像列宁一样，都面对着如何消解第二国际实证主义和科学主义对革命的消极影响，从而使革命的诸种要素由被动变为主动的生死攸关的课题，所以在列宁辩证法研究的潜在熏陶与影响下，卢卡奇、葛兰西以及柯尔施不约而同地把哲学中的"主体性"问题解释为事关欧洲革命的可能与取径的问题，由此在三重意义上策划了主体性革

---

① Kevin Anderson, *Lenin*, *Hegel*, *and Western Marxism*, University of Illinois Press, 1995, pp. 176-177.

命。这构成他们政治哲学的根本性实践旨趣。

（一）变理论为实践：主体性革命意义之一

在谈到列宁时，卢卡奇在《历史与阶级意识》初版"序言"中无比真诚地认为："既走上了这条道路，我们就发现列宁的著作和演说在方法论上具有决定性的意义。我们不打算在这里涉及列宁在政治上的成就。但是正因为我们的任务带有这种意识形态的片面性和局限性，这些著作和演说就有力地提醒我们，列宁作为理论家对于马克思主义的发展具有何等重要的意义。他作为政治家的超凡影响，今天对许多人说来掩盖了他这种作为理论家的作用。因为他每次发表的意见对发表当时的现实的实际重要性总是如此之大，以致不是所有的人都能看到，他在实际中产生如此大的影响，归根到底只能是因为他作为理论家的伟大、深刻和富有成果。他有这种影响，是由于他把马克思主义的实践本质发展到了以前从未达到过的清晰和具体的高度，是由于他把马克思主义的这一方面从一个几乎完全被遗忘的状态中拯救了出来，并且通过这一理论行动再一次把正确理解马克思主义方法的钥匙交到了我们手中。"①

在这段话中，卢卡奇谈到了一个关键的问题：列宁之所以在政治上有伟大的成就，首先是由于他在理论上有伟大的创造；而他在理论上之所以有伟大的创造，在很大程度上又是因为其方法论。不难判断，此处所指的方法论显然与辩证法是对应的，这也说明列宁的辩证法研究对卢卡奇的确产生了实质性的影响。而从《历史与阶级意识》的实际理论呈示上说，卢卡奇就是倚重于总体性辩证法来加以政治哲学的阐释的，这在我们前文的论述中已经指认。对于辩证法的重视，其实不仅开引出了一种在理论性质上反实证主义的、通达马克思思想结构的政治哲学逻辑，而且也开引出了关联于主体能力的、旨在盛放革命之实践意义的政治哲学逻辑。正是因为如此，卢卡奇才在上面这段话中强调，列宁循着辩证的方法把理论的实践本质完全解放出来，使之发展到前所未有的高度。列宁的这一重大贡献对于非教条地理解马克思主义理论的卢卡奇来说，显然是弥足珍贵的。因为卢卡奇已经强烈地感受到第二国际的实证主义已经把马克思理论的实践品格删除干净，致使其在各行其道的马克思追随者那里被遗忘，这对于迫在眉睫的欧洲革命来讲是一个极其危险的信号。所以，如何在辩证法的说明中，把教条化的

---

① ［匈］卢卡奇：《历史与阶级意识——关于马克思主义辩证法的研究》，杜章智、任立、燕宏远译，商务印书馆1999年版，第41—42页。

理论转化为革命的理论,把被遮蔽的马克思"改变世界"的哲学维度促生为20世纪初马克思主义的根本思想要求,就成为卢卡奇以及葛兰西、柯尔施等人从列宁那里获取启迪时责无旁贷的政治使命。对于此,卢卡奇在《历史与阶级意识》新版"序言"中梳理他对列宁的认识时,又毫不掩饰地予以表达:

> 我设法看到列宁既不是一个简单地、直接地踩着马克思、恩格斯的理论脚印走的人,也不是一个天才的、实用主义的"现实政治家"。我的目的是要阐明他的思想的真实本质。简单地说,列宁的这幅肖像可以描绘如下:他的理论力量在于,无论一个概念在哲学上是多么抽象,他总是考虑它在人类实践之中的现实涵义,同时,他的每一个行动总是基于对有关情况的具体分析之上,他总是要使他的分析能够与马克思主义的原则有机地、辩证地结合在一起。因此,就理论家和实践家这两个词最严格的意义而言,他既不是前者,也不是后者。他是一位深刻的实践思想家,一个热情地将理论变为实践的人,一个总是将注意力集中于理论变为实践、实践变为理论的关节点上的人。①

在这段话中,卢卡奇把他对列宁的认识做了一个真实的、直率的总结。他对于列宁总是能够以一种实践的方式来从事理论研究,总是能够将理论灵活地变为实践活动之特点的总结不无精到,而列宁的这一特点自然也正是卢卡奇竭力展示的一种理论魅力。正如我们在总体性中所看到的那样,理论与实践在卢卡奇的眼中不应当是相互分离、彼此外在的,它们其实就是一个整体,理论内容讲述的是实践的故事,理论只有最终能够推动实践才显示其应有价值,而实践也不是经验意义上的行为主义,它只有作为一种理论高地上的行动释放才变得切实可行。以卢卡奇之见,理论与实践的这种在黑格尔和马克思那里都得到实现的辩证结构,在科学的、实证的、庸俗的马克思主义面前被歧变为一种单向度的经验主义的发生,既无深刻的理论内涵作以支撑,又无深刻的实践洞思作以显现。所以,当第二国际理论家相继跳进经验主义的河流中来搜寻开启社会主义大门的金钥匙时,他们完全不可能像列宁那样在马克思以及黑格尔的辩证逻辑中开引出革命实践的现实期许,于是也就形成了卢森堡批评伯恩施坦时所指证的事情——在资本主

---

① ［匈］卢卡奇:《历史与阶级意识——关于马克思主义辩证法的研究》,杜章智、任立、燕宏远译,商务印书馆1999年版,第30页。

义苦难的海洋中加进一瓶社会改良的柠檬汁。第二国际的这种处理理论与实践的方式，从19世纪末到20世纪初在欧洲铺展开来。所以，第二国际理论家与列宁的落差，在某种意义上也就是十月革命的胜利与西欧革命的失败之间的差距。以此论之，在一种革命求取的辩证法向度内，卢卡奇论析理论与实践之关系的"终极"落点，就是通过变理论为实践来呼唤社会主义革命的"出场"。这正如吉多·斯塔罗斯塔所说："基本上，卢卡奇对于黑格尔哲学的'重新改造'突出强调了辩证法的重要性。更具体地说，卢卡奇把马克思科学理论的方法论特性作为无产阶级的科学性赋予其革命性的因素。因此，对于方法的强调便不是一种抽象的、理论的探讨，而是与工人阶级的政治行动直接相关。真正的问题在于在'意识和行动之间建立真正的、必然的联系'。我认为这一问题正是卢卡奇思想的核心。"[1]

与卢卡奇的理解大致相仿，葛兰西在《狱中札记》中阐述列宁哲学的理论特质时，也对其从理论到实践的过渡给以直接确认。"马克思是一种世界观的创造者。但是，伊里奇（列宁）的地位如何呢？它是纯粹从属和依赖性的吗？这得在既是科学又是行动的马克思本身中去寻找解释。"[2]简单地说，列宁就是将马克思的科学理论变为行动的马克思主义者，他的伟大贡献就在于把辩证法的研究成果成功运用到苏俄革命当中，使马克思主义书本中讲的革命公式变为了实际的革命运动并取得了胜利。他所领导的十月革命从某种意义上说，表征着反《资本论》的胜利：

> 这是反对卡尔·马克思的《资本论》的革命。在俄国，马克思的《资本论》与其说是无产阶级的书，不如说是资产阶级的书。它批判地论证了事件应该如何沿着事先确定的进程发展下去：在俄国无产阶级甚至还没有来得及考虑它本身的起义、它本身的阶级需要和它本身的革命之前，由于西方式样的文明的建立，怎样会必定产生一个资产阶级，又怎样会必定开始一个资本主义时代。但是，已发生的事件战胜了意识形态。事件已经冲破了这种分析公式，而根据历史唯物主义的原则，俄国历史好像应该按照这一公式发展。布尔什维克否定了卡尔·马克思，并用毫不含糊的行动和所取得的胜利证明：历史唯物主义的原则并不像人们可能认为和一直被想象的那样是一成不变的。[3]

---

① 周凡执行主编：《新马克思主义评论》第一辑，中央编译出版社2012年版，第360页。
② ［意］安东尼奥·葛兰西：《狱中札记》，曹雷雨、姜丽、张跣译，中国社会科学出版社2000年版，第293页。
③ ［意］安东尼奥·葛兰西著，李鹏程编：《葛兰西文选》，人民出版社2008年版，第8—9页。

在这段影响斐然的指陈中,葛兰西从历史行动对理论学说的某种程度上的反拨为支点,证明了列宁在推动无产阶级革命中的贡献以及由之而凸显出来的行动主义的品格。如果说在卢卡奇对理论与实践之关系的理解中已经彰示了主体革命的必要性与取置之一,即冲破正统阐释者理论教条的束缚,将自然进化论和经济定论公式中被"命定"的历史进程激活为由无产阶级自觉的革命行动所推动的过程,那么在葛兰西的上述指陈中,这一主体革命的取置更是依托于十月革命的鲜活例证得到昭示。这一主体革命的取置,在作为革命理论家的葛兰西的求取当中,是尤为迫切的。毕竟,西欧革命的相继失败,已经使他完全意识到学理案卷中的证明方程和革命图谱,只有在具体实际的情境之坐标中加以解析与描绘,才能具有强劲的生命力和深刻的理论说服力。而具体实际的情境在 20 世纪 20、30 年代就是要烘托植根于各自民族和历史语境的革命实践,所以当葛兰西从列宁的理论世界中开发出一个巨大的实践世界时,他的任务也就相应地变成了从实践哲学的推理中开导出切合西欧特别是意大利的革命实践形式。

如果说,我们已经清晰地看到卢卡奇、葛兰西在与列宁的连接中突出了革命旨趣下的实践索求和行动主义,那么他们的实践和行动主义绝对不可能是他们所批评的庸俗马克思主义所钟情的实践和行动主义,这在本质上是两个思想范式的东西,彼此之间完全不可能通约。也许是出于对这两者之差异可能被人为抹平的顾虑,葛兰西做了一个特别说明:"意大利或德国类型的'个体'哲学家是以一种'被中介的'方式和'实践'联系着的,而在中介的链索上往往有许多环节。相反,实用主义者却希望把他自身和实践直接地联系起来。实用主义者从直接的现实,而且往往是从最粗俗层次的直接现实出发作出判断,而意大利或德国类型的'个体'哲学家则有更高的目标,使其眼光更为高远,并倾向(如他在任何方向上倾向着的话)提高现有的文化水平。在这一点上,后者显然比前者更为'实际'。黑格尔可以看成是 19 世纪自由革命的理论先驱。而实用主义者顶多是有助于扶轮社运动的创造,或有助于为保守而反动的运动辩护——而且这是一种真正意义上的辩护,而不是像在黑格尔和普鲁士国家那里发生的那样,是由于论战中的曲解而引起的辩解。"①在这种对比中,我们可以辨识:意大利或德国的哲学所讲求的实践,也正是葛兰西、卢卡奇以及柯尔施等人所呼吁的历史行动,这与实用主义者所讲求的实践是大相径庭的,后者只不过是"从最粗俗

① [意]安东尼奥·葛兰西:《狱中札记》,曹雷雨、姜丽、张跣译,中国社会科学出版社 2000 年版,第 288 页。

层次的直接现实出发作出判断",这是不可能导出切近于西欧境局的革命路径的,因为其理论前提并非是革命辩证法,而主体能动性也不可能在真实的意义上被激起。

(二) 质疑苏俄革命模式的普遍适用性:主体性革命意义之二

如果说,十月革命正如葛兰西所指出的那样,在实践上构成了对历史唯物主义,尤其是正统解释下的历史唯物主义所证成的历史运动规律之绝对普遍适用性的一种反拨,那么同样存在的一个问题是:十月革命模式本身在世界社会主义运动中是否是普遍适用的? 根据奥托·鲍威尔的理解与提问就是:"俄国革命的方法是一般无产阶级革命的本质所产生,还是俄国社会的特殊环境所决定的? 布尔什维克主义是任何无产阶级革命的唯一可能、唯一能达到目的的方法,还是仅仅适合俄国的特殊的情况而不能应用于其他国家的无产阶级解放斗争的方法? 全世界无产阶级能够而且必须模仿俄国的方法,还是斗争条件的差别是如此巨大,以致在俄国历史本身迫使无产阶级采取的方法在其他国家不能应用而必须代之以完全不同的方法? 这是国际社会主义要求回答的一些重大问题。"①

其实,在十月革命之后的欧洲革命相继爆发之后,列宁虽然强调苏俄布尔什维克在世界范围内应当有示范意义,强调十月革命应当引导俄国之外的其他国家的革命走势,但研究辩证法从而重视主体能动性的他,同时又十分注意要考虑到每一个国家的实际情形和由之而来的革命的实际可能性。所以在奥托·鲍威尔的问题上,列宁的一个基本论见是,具有国际意义和普泛性的,只是苏俄革命的某些特点而不是全部,这个不能夸大,否则就会犯"左派幼稚病"。为此,他语重心长地讲道:

> 共产党人要竭尽全力来指导工人运动以及整个社会发展沿着最直最快的道路走向苏维埃政权在全世界的胜利,走向无产阶级专政。这是无可争辩的真理。然而,只要再多走一小步,看来像是朝同一方向多走了一小步,真理就会变成错误。只要像德国和英国的左派共产主义者那样,说我们只承认一条道路,一条笔直的道路,说我们不容许机动、通融和妥协,这就犯了错误,这种错误会使共产主义运动受到最严重的危害,而且共产主义运动部分地已经受到或正在受到这种危害。右倾

---

① ［奥］奥托·鲍威尔:《布尔什维主义还是社会民主主义?》,史集译,生活·读书·新知三联书店1978年版,第3页。

学理主义固执地只承认旧形式,而不顾新内容,结果彻底破产了。左倾学理主义则固执地绝对否定某些旧形式,看不见新内容正在通过各种各样的形式为自己开辟道路,不知道我们共产党人的责任,就是要掌握一切形式,学会以最快的速度用一种形式去补充另一种形式,用一种形式代替另一种形式,使我们的策略适应并非由我们的阶级或我们的努力所引起的任何一种形式的更替。①

列宁在苏俄革命模式上的这一论见,显然建立在辩证法之坚持的基础上,所以对于卢卡奇、葛兰西等人而言,启发性尤为显著。这些早期西方马克思主义者在创造政治哲学时所面对的最为重大的现实问题,是十月革命胜利了,但在此革命模式下策动的西欧革命却为何先后失败了。他们对这一问题的检省,最终就是沿着列宁的思路进行的。正如我们在剖析卢森堡民主理论的影响时所看到的那样,卢卡奇、柯尔施、葛兰西等人是不主张将外于西欧语境的十月革命模式,机械地复制到德国、匈牙利、意大利等国的社会主义运动中的。他们从列宁这里获得的启见,与从卢森堡那里获得的启见并无二致。所以,这些西方马克思主义者的基本理论路数,大致都是循着黑格尔—马克思—列宁的链环,以总体性辩证法为中心来透析20世纪初西方社会结构变化的内在机理,进而在此基础上探索切合西欧国家的无产阶级革命道路。

将这一理论路数发挥到极致,从而在指定西方独特的革命路向上具有表率性的,应当是葛兰西。对东方社会结构和西方社会结构之根本性差异有深刻洞见的他,在政治哲学的理论范式内,对链接到西欧革命的诸种问题加以通透论析,进而对西欧的革命路线图予以详细描绘。当发觉俄国的市民社会尚处于原初的未成熟状态,而西方的市民社会却已经非常成熟完善(上文已有所示)时,葛兰西直截了当地指出,俄国的革命可以通过发动"运动战"(war of maneuver)来推翻强权统治而获得胜利,而西方国家却只能通过长期的"阵地战"(war of position)来首先夺取市民社会的"文化领导权(或称文化霸权)",进而取得革命的胜利。这两种革命模式的对比,源自市民社会之差异所造成的社会政治力量的一种对比。可以说,拥有市民社会支持的西方国家,在政治力量上比缺乏市民社会支持的俄国的情况远为复杂。对于西方资产阶级的统治来说,威权政治固然是十分重要的,但市民社会的文化领导权体系更如同是一道一道牢固的壁垒,使得资产阶级在某种

---

① 《列宁专题文集　论无产阶级政党》,人民出版社2009年版,第267—268页。

程度上赢得了社会各个阶级的支持。因此,西方国家的共产党所面临的情况也就是异常复杂的,其任务也是尤为紧迫的。"'市民社会'已经演变为更加复杂的结构,可以抵制直接经济因素(如危机、萧条等等)'入侵'的灾难性后果。市民社会的上层建筑就像现代战争的堑壕配系。在战争中,猛烈的炮火有时看似可以破坏敌人的全部防御体系,其实不过损坏了他们的外部掩蔽工事;而到进军和出击的时刻,才发觉自己面临仍然有效的防御工事。在大规模的经济危机中,政治也会发生同样的事情。危机使袭击力量无力在时间和空间上闪电般组织起来;更不消说赋予他们应有的斗志。同样,防御者的士气不会涣散,他们也不会放弃阵地,在废墟当中也不例外,他们也不会丧失对自身的战斗力和对未来的信心。"①在这种情况下,共产党人的重要使命,自然必须是首先在文化和意识形态方面展开同资产阶级的斗争,动员大众的力量,获得他们的支持,建立起对立的"文化领导权"。这就是所谓的"阵地战","政治上的'阵地战'一旦获胜便具有明确的决定意义。也就是说,在政治上,只要没有赢得阵地,机动战(即运动战——引者注)就会继续,这样一来,就无法动员国家霸权的各种力量"②。从市民社会之文化领导权具有持久性和不易瓦解性上说,这场阵地战即使在政治革命取得胜利后,也是要长期进行下去的。不能不承认,葛兰西的解析与认定,由于深入到了资本主义历史变迁之背后,把握到了东、西方社会结构的根本异质,所以,对于当时的马克思主义者理解东欧和西欧革命的差异(包括它们的起点、进程、结局等方面的差异),实质上提供了难得的坐标,这也算是作为一名革命的马克思主义哲学家的一份珍贵献礼。

(三) 主体的觉醒与阶级意识的确立:主体性革命意义之三

在主体性革命之维度内,早期西方马克思主义者自始至终都着力要解决的一个问题是:作为革命之主体的工人阶级,如何才可能在解悟自身之本质的前提下确立起阶级意识。这个问题的重要性在于:

第一,马克思、恩格斯在解释作为意识形态上层建筑的阶级意识之生成法则时,一方面强调其根芽深植于现实的土壤之中,强调其对现实经济力量的依赖性,但另一方面又强调其独立性以及对于经济基础和现实生活的反作用力。对于以改变世界和社会革命为重大问题意识和理论目标的马克

---

① [意]安东尼奥·葛兰西:《狱中札记》,曹雷雨、姜丽、张跣译,中国社会科学出版社2000年版,第191页。

② [意]安东尼奥·葛兰西:《狱中札记》,曹雷雨、姜丽、张跣译,中国社会科学出版社2000年版,第195页。

思、恩格斯来说,阶级意识在此意义上所能释放的能量,会是无比巨大的,以至于如果不注重提升阶级意识的自我认知,处于社会结构之下位的被剥削群体将无法将自身的命运与"剥削"和"颠覆剥削"联系起来,而革命在这种情况下,也将难以获得其现实性根基和实际的可能性。正因为如此,马克思自1843年底指认出市民社会与人类社会的矛盾辩证法,指认出现代历史运动的主角将会是无产阶级之后,就一直竭力从各个方面来唤醒处于资本生产链条末端的工人的主体性,这一任务直到他逝世之前都还在进行着。从结果来看,正如恩格斯在《在马克思墓前的讲话》中诚恳指出的那样,马克思第一次使现代无产阶级意识到自身的地位和需要,意识到自身解放的条件。而恩格斯本人也在《社会主义从空想到科学的发展》中郑重申明:"完成这一解放世界的事业,是现代无产阶级的历史使命。深入考察这一事业的历史条件以及这一事业的性质本身,从而使负有使命完成这一事业的今天受压迫的阶级认识到自己的行动的条件和性质,这就是无产阶级运动的理论表现即科学社会主义的任务。"①

　　第二,在现代科学的助推下,从19世纪后期到20世纪,资本主义生产力获得了前所未有的高速度之发展。这一方面使西方资本主义社会能够在丰裕的物质基础上,借助于福利来改善阶级关系;另一方面使被锁定在资本主义生产大机器上的工人,越来越受制于一种外在工具理性的摆弄。这两方面的新变化,表征的是卢卡奇所深谙到的物化结构的形成和资产阶级意识形态的炽盛。在卢卡奇看来,在强大的物化意识下,过去马克思、恩格斯亲眼看到的那个自愿肩负革命之重任的无产阶级群体,正在歧变为一个没有主体认知、没有阶级认同、没有革命意志的群体。也就是说,"由于劳动过程的合理化,工人的人的性质和特点与这些抽象的局部规律按照预先合理的估计起作用相对立,越来越表现为只是错误的源泉。人无论在客观上还是在他对劳动过程的态度上都不表现为是这个过程的真正的主人,而是作为机械化的一部分被结合到某一机械系统里去。……随着劳动过程越来越合理化和机械化,工人的活动越来越多地失去自己的主动性,变成一种直观的态度,从而越来越失去意志"②。

　　当卢卡奇、柯尔施、葛兰西等人认识到马克思、恩格斯甚至辩证研究中的列宁都曾对阶级意识之确立给予高度重视时,当他们察觉到无产阶级的

---

①　《马克思恩格斯文集》第3卷,人民出版社2009年版,第566—567页。

②　[匈]卢卡奇:《历史与阶级意识——关于马克思主义辩证法的研究》,杜章智、任立、燕宏远译,商务印书馆1999年版,第156页。

阶级意识在 20 世纪正随着物化结构的强化日趋消逝时，同样向往人类解放、同样祈求社会革命的他们，竭尽全力去重新激活人的主观能动性，由此去重新证立阶级意识的历史必要性，也就成为顺理成章的理论和实践旨趣。本着这样的旨趣，这些早期西方马克思主义者在创构政治哲学之时，几乎都要在理论的设计之中，突出被第二国际和部分苏联哲学家所深深遮蔽的主体，也就是突出在历史的总体性结构中无产阶级既作为客体又作为主体的角色。可以说，这就是贯穿于卢卡奇、葛兰西著作中的逻辑主线。卢卡奇、葛兰西在生活的轨迹上应当并无太多交集，但在证成主客统一尤其在证成主体性上，却是基本一致的。这种对主客统一尤其是对主体性的证成，构成他们重构无产阶级强大的主观世界和阶级意识的重要哲学前提。

不过，与葛兰西在很大程度上不同的是，卢卡奇对于主体性的证成，主要是在黑格尔的精神光环下、借助于黑格尔的辩证法来进行的。这正如他在 1967 年《历史与阶级意识》新版"序言"中说的那样："至于对这一问题的实际讨论方式，那么今天不难看出，它是用纯粹黑格尔的精神进行的。尤其是，它的最终哲学基础是在历史过程中自我实现的同一的主体—客体。当然，在黑格尔那里，它是以一种纯粹逻辑的和哲学的方式提出的：通过消除外化，自我意识向自身的返回，并由此实现同一的主体—客体，绝对精神在哲学中达到了它的最高阶段。然而，在《历史与阶级意识》中，这个过程表现为一种社会—历史的过程，当无产阶级在它的阶级意识中达到了这一阶段，并因而成为历史的同一的主体—客体时，上述过程也就达到了顶点。"①毋庸讳言，在实证思潮和庸俗的唯物主义大行其道，因而主体性思维几乎被完全消解的情境下，卢卡奇的这种证成方式实质上形成了一种"绝地反击"，使马克思主义能够在哲学的前提上确证"主体"的合法性，进而使无产阶级能够在检省物化思维的过程中，达到对自身本有的地位、使命以及所应肩负的政治行动的认知。但问题是，青年卢卡奇并没有真正将他的理论支点设立在现实的历史大地上，所以，当他沿着黑格尔的足迹走下来的时候，他也就不可避免地要以黑格尔的主观主义，来完成对无产阶级之主体—客体身份的认证。所以，"将无产阶级看作真正人类历史的同一的主体—客体并不是一种克服唯心主义体系的唯物主义实现，而是一种想比黑格尔更加黑格尔的尝试，是大胆在凌驾于一切现实之上，在客观上试图

---

① ［匈］卢卡奇：《历史与阶级意识——关于马克思主义辩证法的研究》，杜章智、任立、燕宏远译，商务印书馆 1999 年版，第 18 页。

超越大师本身"①。就此而论,人们对卢卡奇证成主体性以及重构阶级意识的方式提出种种质疑,无论如何都是不足为奇的事情。

　　至于葛兰西,虽然从来都不放逐黑格尔哲学的在场,但他对主体性的证成和对阶级意识的重构,却主要还是在马克思的名义下进行的。具体地说,葛兰西抓住了马克思在《关于费尔巴哈的提纲》中的论述,建立起了理解和阐释主客统一的实践哲学思路。葛兰西说道:"实践哲学是在格言警句和因为纯粹偶然的缘故而提出的实践标准的形式中诞生的。因为实践哲学的创始人将其智慧用在了其他问题、特别是经济问题(他对它进行了系统的论述)上;但在这些实践标准和格言警句中却暗含着整个世界观,暗含着一种哲学。"②葛兰西在这段话中所提到的"格言警句",其实就是马克思在《关于费尔巴哈的提纲》中的相关论述,尤其是第一条的论述。众所周知,马克思在《提纲》中指证,旧唯物主义的一个重大缺陷在于只是关注直观的客体,对于主体则不予任何说明。在葛兰西看来,马克思对旧唯物主义的这个指证,厘定的就是一条实至名归的实践哲学理论路径。这条路径既强调外在实体的意义,由此指向生活世界和开放的历史,也强调内在主体的意义,由此使作为实体的生活和历史,成为"人"的生活和历史。所以,在马克思的"格言警句"中所暗含的"整个世界观"和"哲学",就是一种旨在强调和证成主客统一的绝对历史主义。这种绝对历史主义,既是葛兰西在马克思那里所发现的实践哲学,也是他本人要建构的实践哲学。正是凭借这种作为绝对历史主义的实践哲学或作为实践哲学的绝对历史主义,葛兰西实现了对于主体性的证成和对于阶级意识的重构。

　　为了突出主体性的意义,葛兰西特别强调从实践哲学的视域来界定"物质"概念的必要:"显然,对于实践哲学来说,'物质'既不应当在它从自然科学中获得的意义上来理解(物理、化学、机械学等——要从其历史发展中来标记其研究的意义),也不应当从人们在各种唯物主义形而上学中发现的任何意义上来理解。应当考虑到一起构成为物质本身的各种不同的物理(化学、机械的等等)特性(除非人们转而求助于康德的实在概念),但只是在它们变成一种生产的'经济要素'的范围内。所以,物质本身并不是我们的主题,成为主题的是如何为了生产而把物质社会地历史地组织起来,而

---

① [匈]卢卡奇:《历史与阶级意识——关于马克思主义辩证法的研究》,杜章智、任立、燕宏远译,商务印书馆1999年版,第19页。

② [意]安东尼奥·葛兰西:《狱中札记》,曹雷雨、姜丽、张跣译,中国社会科学出版社2000年版,第342页。

自然科学则应相应地被看作本质上是一个历史范畴,一种人类关系。"①这种对于"物质"概念的反科学式的界定,可以说正应了博格斯的指认:"葛兰西在目睹了第二国际的失败以后相信,社会主义革命不会从资本主义经济的崩溃中机械地到来的,而必须靠建立,是在广阔的历史舞台上经过有目的的人类活动才能获得的。向社会主义的转变不可能期待任何笔直的道路……葛兰西论证说,要有这样的认识,就需要建立马克思主义的新的(重建的)哲学基础,它将恢复社会主义政治学的主观维度,并把人类的活动者置于革命进程之中。"②如果情形正如博格斯所指,那么应当说,葛兰西为阐释市民社会的文化政治性,确立了一个自洽的、坚实的理论前提。理由是在葛兰西这里,市民社会作为不同于经济世界的文化世界,首先是由于其主体性的认同才获致其存在的可能性的,而它作为领导权所拥有的政治力量,也基本上是从主观世界中释放出来的。市民社会对政权的同意,其对一种政治制度的合法性的支持,无不彰显了主体性的意义;而革命中文化领导权的获取,以及由之而来的实际革命的推进,显然也少不了主体的能动要素。由此可以看到,在这方面,那些动辄在葛兰西的话语上贴上"唯心主义"标签而大加挞伐的批评者,应当是没有注意到葛兰西凸显和证成主体性,并积极地策划主体革命的良苦用心。当然,葛兰西的观点和主张也未必是完全合理的,因为他也像青年卢卡奇那样,并未将主观主义从对主客统一的证成中彻底清除出去。或许正是因为这一点,当代一些试图颠覆马克思唯物主义立场的流派或人物,常常要将学理的源头追溯到葛兰西,在他那里开引出在根本上否定马克思的逻辑。

---

① ［意］安东尼奥·葛兰西:《狱中札记》,曹雷雨、姜丽、张跣译,中国社会科学出版社2000年版,第383—384页。

② 转引自［英］R. 克尼:《葛兰西的实践哲学》,康立伟译,《哲学译丛》1989年第6期。

第五章　现代性批判中的政治哲学设计

著名阿伦特研究专家,美国学者伊丽莎白·扬-布鲁尔在《阿伦特为什么重要》这本阿伦特百年诞辰的纪念之作中说过:

> 在辨识新事物时,阿伦特始终有一个核心观念:从一战后到50年代苏联"解冻",这一时期乃是人类历史上的一次根本性断裂,是以前和以后的分水岭,是对人们聚集在一起讨论政治和进行政治行动之可能性的彻底攻击,是对人类多样性的攻击。因此,为了明白我们是谁,以后我们人类有什么可能性——这里的"以后",阿伦特不仅指纳粹主义和大屠杀以后、二战和斯大林主义以后,而且指在足以毁灭整个人类的武器产生以后——我们不得不去思考,在这些对政治可能性的根本性攻击中有什么新奇之处。[1]

我们之所以在此引征布鲁尔的这段论述,是因为作者在清理阿伦特思想背后的历史语境时,指认出了一个在理解20世纪的政治哲学时具有普泛意义的框架。这个框架从时间上说,大致坐落在20世纪20年代之后一直到二战这段时期中;从问题上说,这个框架含纳了法西斯主义、两次世界大战以及斯大林政治模式给世界带来的冲击。这个框架不仅对于界划阿伦特的政治哲学具有根本的指导性,而且对于界划卢卡奇、柯尔施、葛兰西之后的西方马克思主义政治哲学具有根本的指导性。这是因为阿伦特与这个时期的西方马克思主义者在生活的年代上有一个交集,从而他们不仅在上述框架内看到的许多现象与事物具有同质性,而且在政治哲学的理论建构上,他们也展现出明显的家族相似性,虽然阿伦特从不认为自己是一位西方马克思主义者。

进一步说,布鲁尔所指认的上述框架,归根结底乃是一个现代性框架。在这个框架之内,早期西方马克思主义政治哲学的核心问题即革命问题不断趋于沉寂,而由世界战争、科学技术的延展、工具理性的膨胀等一系列新

---

[1]　[美]伊丽莎白·扬-布鲁尔:《阿伦特为什么重要》,刘北成、刘小鸥译,译林出版社2008年版,第7页。

的事件所折射出的现代性问题则逐渐凸显,并进入卢卡奇、柯尔施、葛兰西之后西方马克思主义政治哲学的核心理论地带。在此意义上,现代性本身已获得了其不可遮蔽的政治性,而关于现代性的反思与批判,要么成为这个时期西方马克思主义政治哲学的根本理论主题,要么构成这个时期西方马克思主义开展政治哲学研究的关键思想前提。现代性与政治哲学,由此在西方马克思主义的理论延展中获得了一种同构关系。①

一、批判理论及其政治的基本构思

在现代性理论范式下,西方马克思主义政治哲学的一个根本逻辑起点和重要学术工作,就是对于批判理论的建构与重构。

作为一个影响了大半个世纪西方思想的重要术语,批判理论虽然被西方马克思主义、后现代主义、女权主义、文化研究等众多引领20世纪西方学术潮流的理论视角共同分享,但它主要还是和法兰克福学派纠合在一起,自始至终一直是法兰克福学派的方法论基础和理论定位。所以,若要沿着批判理论的逻辑主线来梳理西方马克思主义的政治哲学,那么核心的对象无疑应当锁定为法兰克福学派。作为西方马克思主义的重要支脉,法兰克福学派在当代政治哲学的发展中所作出的贡献,足以使其彪炳思想史册。

---

① 将此处问题放大开来会发现,现代性与政治哲学之间的同构关系,自黑格尔检省现代性问题以来,就一直在或强或弱的意义上,以或显或隐的方式存在着。正如哈贝马斯正确指出的,黑格尔是思想史上第一位真正将现代性提升为一个理论问题加以讨论的哲学家。黑格尔讨论现代性的一个直接思想成果,便是在法哲学和政治哲学的视域内,对市民社会及与之相连带的对象与问题的界划、盘点与检省。如财产权、自由、普遍伦理等,都成为黑格尔政治哲学得以构造的关键词,而这甚至也代表着黑格尔同时代的政治哲学家研究的重心。之后,马克思沿着黑格尔讨论现代性的路向作了进一步探索,由此形成马克思既同质于黑格尔话语又超越于后者的政治哲学。在此意义上,马克思的政治哲学也可大体上算作是现代性论式下生成的理论范例。在卢卡奇对物化的分析与透视中,应当说也折射着一种清晰的现代性问题意识。因为当卢卡奇指证物化之隐在的摧毁性(对无产阶级之意识的摧毁)时,他所感触到的,正是现代工业社会和商品世界的工具理性所具有的穿透力量,而物化的形成,在根本上乃是工具理性的张扬所导致的结果。按照马克斯·韦伯的描述,工具理性正代表着现代性的一种最为实质的逻辑发生,15、16世纪以来现代社会的发展,正是借助了工具理性的内在推动。所以,虽然卢卡奇的理论基调主要在于探索革命的诸种问题,以此表明他鲜明的实践旨趣以及与庸俗唯物主义的分道扬镳,但现代性问题显然已经与他的政治哲学关联在一起了。卢卡奇政治哲学中的现代性要素,与接下来登场亮相的西方马克思主义所阐发和建构的现代性政治哲学在理论上有一定关联。

（一）批判理论的原初界定及其政治底蕴

批判理论作为一个理论课题被正式厘定之前，卢卡奇、柯尔施等早期西方马克思主义者其实已经确立了从属于批判理论的思想路向和哲学范式，甚至可以认为，早在马克思抨击资本逻辑之时，批判理论就作为一种思想表达方式开始形成。正是因为如此，法兰克福学派对于批判理论的系统建设，一开始就试图沿着马克思、卢卡奇、柯尔施以及布洛赫等先贤和启迪者的足迹前进。而只有这样，批判理论才会在一种实质性的"批判"精神的指引下，去分析和解释其所要批判的事物与现象。基于对这一问题的深刻思考，法兰克福学派第一代领导人霍克海默在《批判理论》一书中，通过区分传统理论与批判理论而对后者的支点、旨归、实质等进行了周详而细致的阐发。霍克海默这样说道：

> 我指出了两种认识方式：一种是以笛卡儿的《方法论》为基础，另一种是以马克思的政治经济学批判为基础。由笛卡儿创立并广泛运用于特定学科研究的传统意义上的理论，依据产生于当代社会生活的诸种问题组织着人们的经验。得之于各门学科的框架使得知识获得了一种形式，这种形式使得知识在任何特定的情形下都能为尽可能多的目的服务。而问题的社会根源、科学运用于中的现实情境以及科学欲以效力的诸种目的，都被科学看作是处在于它自身的东西。
>
> 相反，批判的社会理论则把在其整体性中作为他们自身历史生活方式之生产者的人，作为它研究的对象。作为科学之出发点的现实情境并不仅仅被看作依照或然律去证实和预见的原始材料。每一原始材料都不仅仅依赖自然，而且还依赖人类对它施加的力量。对象、知觉的类型、所提及的问题以及答案的意义，都证明着人类能动性的存在。①

在上面的论述中，霍克海默对传统理论与批判理论作了一个简明扼要但却至关重要的比较。根据他的看法，传统理论着力发展的是各门学科的"知识"，这与对经验对象的观察相关联，与科学的方法和范式相一致。而批判理论则大不相同。批判理论以"整体性"为重要参照坐标，以历史活动着的人作为根本研究对象，以证明人类能动性的存在为重要前提。可以发

---

① ［联邦德国］麦克斯·霍克海默：《批判理论》，李小兵等译，重庆出版社 1989 年版，第 230—231 页。

现，这种对比，恰恰表明的是近现代社会两种理论推导方式的分殊与划界。笛卡儿以降的传统理论，大致相当于早期西方马克思主义竭力反拨的科学、实证、经验意义上的理论形式；而由马克思开创出来的批判理论，则代表着一种异质于科学、实证、经验传统的人文主义理论传统。如果说在马克思以及早期西方马克思主义的人文主义理论探索中，政治哲学就是寓于其中的重要思想逻辑，那么，在霍克海默的解述中，政治哲学的逻辑脉络同样是显而易见的。对于这个问题，我们可以从以下三个方面来具体把握：

其一，根据霍克海默的界定，批判理论就其本质而言，实质上从属于不同于实证主义和经验主义的规范科学。所以，正如马尔库塞所指出的，批判理论最关键的工作之一，就是确立规范科学所必有的价值判断。而一旦在价值判断的层面来进行立论和阐发，那么批判理论要么使自身与政治哲学内在打通，要么直接成为一种特定形态的政治哲学。

其二，既然正如霍克海默所指，批判理论是在"整体性"的坐标系中，开展对"整体性"的人的研究，那么毋庸置疑的是，批判理论已经在实质上关涉到理论与现实、部分与整体之间的张力，进而也就关涉到事物的"现实性"与"非现实性"、"完成性"与"未完成性"之间的关系。如果说如此一来，批判理论必然预设了"理想的"、"前面的"东西，那么这种东西也正是政治哲学通常要去诉求和追逐的目标。

其三，既然批判理论是以人而不是以经验事物为研究对象，是以澄明和释放人的主体能动性而不是以证明客观规律和自然命定性为划界标准，那么，它无论与具体科学存在多么广泛的联系，其目的绝非仅仅是增长知识本身，而更主要在于"把人从奴役中解放出来"①。由于人的解放是马克思以来政治哲学的根本主题之一和终极目标之一，所以从致思路向和思想定位来看，批判理论同样可归结为一种政治哲学。

批判理论通达政治哲学的以上三个方面，在美国哲学家理查德·沃林的研究中有一个综合性的判断与指认：

> 按照霍克海默的观点，哲学和社会科学这两门学科是必然地相辅相成的。没有一般观念指导的经验研究将是一堆零乱的无意义的材料堆砌，仅仅是材料本身而已。它仅仅呈现了个别的专门学科之日益不相关联的各种结果，而不是对于主流社会趋势的一致而系统的思考；像

---

① ［联邦德国］麦克斯·霍克海默：《批判理论》，李小兵等译，重庆出版社1989年版，第232页。

以前一样,这是一种把社会片断的当前状况提升为某个二次方程式的实践。而且,由于被提高到方法论绝对的姿态,带着对于"事实"的无批判尊重,经验主义表现了对于当下给定的社会秩序的全盘肯定。由于它禁欲主义地看待评价问题或规范问题,由于它完全忽视了社会发展的重大趋势和动力,它以像晚期黑格尔(纵然出于不同理由)把现实性和合理性同一起来那样而告终。因此,为了同实证主义社会科学之自我抵消的唯名论作斗争,霍克海默不得不求助于卢卡奇的一个范畴:总体性。追随于黑格尔和马克思之后,卢卡奇千方百计地把那个范畴重新引入20世纪的社会哲学话语之中。因为按照霍克海默的观点,由于忽视了这个范畴,受制于某种严格的知识复制理论的正统社会科学仍被指责为只是反映了当代社会生活的片断及其危机四伏的性质。只有通过统一于某个理论计划,只有首先牢记作为一个性质全体的社会秩序的观点,经验研究的成果才免于堕入琐碎的和无意义的命运之中。①

沃林在这段重要论述中虽然没有直接使用"批判理论"这个名词,但他所梳理、描述和刻画的,正是霍克海默所构造的不同于实证主义和经验主义的批判理论。以沃林之见,批判理论之所以不同于实证主义和经验主义,就在于其总体性范畴的运用及由之而来的理论维度的确立。沃林的这个观点是准确而深刻的,而其深刻之处就在于看到了理论对于经验研究所具有的引导意义。这种引导意义,也就是霍克海默所强调的:"如果脱离开理论去思考理论对象,我们就会歪曲理论对象,就会陷入无为主义或顺世哲学。批判理论的每个组成部分都以对现存秩序的批判为前提,都以沿着由理论本身规定的路线与现存秩序作斗争为前提。"②霍克海默和沃林在这里所讲的"理论",显然是哲学特别是政治哲学意义上的,而非指涉所有社会科学。正因为如此,"理论"才展现出批判的精神性品格,从而也才构成盘问、审理、校验、引导经验世界的标准。如果说批判理论所具有的重大特质之一,就是在"理论"的制高点上来审理和批判现实,那么它不仅能够在总体性的视域内克服纯粹经验研究的碎片化和意义流放,而且还能够在本体论和形而上学的界面上构建起乌托邦的精神性维度。批判理论的这一重大特质及

① [美]理查德·沃林:《文化批评的观念》,张国清译,商务印书馆2000年版,第92—93页。
② [联邦德国]麦克斯·霍克海默:《批判理论》,李小兵等译,重庆出版社1989年版,第217页。

能力,不但为其批判和超越实证主义与经验主义奠定了坚实的前提,而且也为其探索"理想的"、"前面的"东西,从而为其思考和回答"人的解放"问题提供了可靠的基础。这样来看,沃林的上述判断与指认,既以隐在的方式揭示了批判理论通达政治哲学的诸个方面,实质也界划出批判理论之为政治哲学的最重要规定性——通过规范性和超越性的理论来构建乌托邦。

为了构建批判理论的乌托邦,霍克海默和马尔库塞等人纷纷求助于自古希腊哲学以来的理性主义传统,因为正如沃林所指出的,"不以理性为根据的乌托邦将是空洞的,正如脱离了乌托邦渴望的理性将是悲哀的。"①因此,第一代法兰克福学派在勾绘批判理论的路线图时,一开始并没有一味地否定理性主义遗产,而是在很大程度上通过复活这一遗产,来策划批判的思想事业。就此而言,批判理论作为一种特定形态的政治哲学,在其初创时期,实质是以一种积极向上的精神面貌,来探索"理想的"、"前面的"东西,从而彰显其乌托邦的精神性意蕴的。

(二) 启蒙理性的批判与批判理论的转向

如同法兰克福学派自身的发展过程,批判理论的发展可谓一波三折、跌宕起伏。批判理论的发展以霍克海默、阿多诺的《启蒙辩证法》(1940年)为转折点。霍克海默所界定的不同于传统理论的批判理论,严格说来只是《启蒙辩证法》问世之前的一种哲学形态。《启蒙辩证法》的问世使批判理论发生了明显的范式转折,标志着批判理论新阶段的到来。在批判理论新的发展阶段,法兰克福学派成员们陡然改变了他们对无产阶级和理性的看法与态度。如果说在批判理论的初创阶段,他们仍将无产阶级视作一个具有革命潜力的群体,因而把重新唤起无产阶级的革命热情当成宗旨之一(虽然不像早期西方马克思主义那样将其作为根本宗旨),那么,《启蒙辩证法》之后的这些批判理论家,则完全丧失了对无产阶级的信心,因而不再将革命的赌注押在无产阶级身上(在这个意义上,他们走向了文化精英主义);而如果说在批判理论的初创阶段,他们仍将第一哲学的理性主义遗产看作是建立乌托邦这一精神性维度的基本依托,那么在新阶段,他们则直接将理性置于被废黜的境地。这种前后态度的巨大反差,首先体现在他们对启蒙辩证法的论证上。

在霍克海默、阿多诺看来,启蒙辩证法深刻揭示了西方理性主义传统的二律背反,即代表进步、自由的启蒙精神和愈益彰显的工具理性本身隐含了

---

① ［美］理查德·沃林:《文化批评的观念》,张国清译,商务印书馆2000年版,第88页。

对自然和对人的双重奴役,现代极权主义、法西斯主义以及种族主义等都是启蒙之负面影响的必然结果与当代反映。在这个意义上,资本主义的种种危险,只是人类灾难史的部分和个例,其根源不在于资本主义自身,而在于启蒙本身,在于人类理性(工具理性)本身。他们在《启蒙辩证法》的"前言"中这样说道:

> 我们在研究过程中所遇到的疑难是我们必须探讨的第一个对象:启蒙的自我毁灭。我们并不怀疑,社会中的自由与启蒙思想是密不可分的。但是,我们认为,我们也同样清楚地认识到,启蒙思想的概念本身已经包含着今天随处可见的倒退的萌芽。在这方面,启蒙思想与相关的历史形态和社会制度比较起来并不逊色。如果启蒙没有对这一倒退的环节进行反思,它也就无法改变自身的命运了。由于对进步的毁灭力量的思考一直都掌握在它的敌人手里,因此,实用化的思想失去了其扬弃的特征,进而也失去了与真理之间的联系。技术造就起来的大众时刻准备着投身到任意一种暴政当中;他们天生就亲近种族的偏执狂,尽管这样做十分危险,也毫无意义;但由此我们可以清楚地看到当代理论观念的弱点究竟何在。

> 我们认为,这些断片的贡献在于,它们阐明了,启蒙倒退成神话,其原因不能到本身已经成为目的的民族主义神话、异教主义神话以及其他现代神话中去寻找,而只能到畏惧真理的启蒙自身中去寻找。我们必须从思想史和现实的角度去理解启蒙和神话这两个概念。同启蒙一样,整个资产阶级社会的现实运动都表现为观念,而这些观念又体现在人和制度身上;同样,真理不仅仅是理性意识,同样也是包括理性意识的实际形态。①

在这里,霍克海默、阿多诺以一种异常清晰的问题意识,阐明了他们对于启蒙的基本理解:启蒙的"推进",在一定意义上又是社会的"退步",因此,启蒙的发生又表现为它的自我毁灭。这就决定了,只有在启蒙中去发现困扰着现代社会、对现代人的生存造成巨大压迫的民族和宗教问题的根芽,才可有的放矢地去消除这些问题。本着这样的理解,霍克海默、阿多诺以及其他早期法兰克福学派成员,沿着之前反拨实证主义的路线,以更为激进的

---

① [德]马克斯·霍克海默、西奥多·阿道尔诺:《启蒙辩证法》,渠敬东、曹卫东译,上海人民出版社2003年版,"前言"第3—4页。

方式表达了批判理论之"批判性"的政治意图,由此将启蒙推动下发生的诸种政治和文化事件统统推上历史的"被告席"而予以口诛笔伐,这就有了对诸如"管理化的世界"、"科学技术意识形态"、"文化工业"、"单向度的人"以及"全面的异化"等的深刻批判。这些批判对象在霍克海默、阿多诺、马尔库塞等人看来,都代表着启蒙理性的具体实现及其逻辑上的铺展,因此它们虽是社会各个不同层面的一些现代性征象,但它们作为启蒙的产物又是通合的,即都是以单一性来消解多样性、以同质性来消解异质性,这凸现出启蒙理性的普遍统摄权力。在谈到"文化工业论"时,霍克海默和阿多诺就对启蒙理性的这种普遍统摄权力进行了批判性的检阅:

> 在今天,文化给一切都贴上了同样的标签。电影、广播和杂志制造了一个系统。不仅各个部分之间能够取得一致,各个部分在整体上也能够取得一致。甚至对那些政治上针锋相对的人来说,他们的审美活动也总是满怀热情,对钢铁机器的节奏韵律充满褒扬和赞颂。不管是在权威国家,还是在其他地方,装潢精美的工业管理建筑和展览中心到处都是一模一样。辉煌雄伟的塔楼鳞次栉比,映射出具有国际影响的出色规划,按照这个规划,一系列企业如雨后的春笋突飞猛进地发展起来,这些企业的标志,就是周围一片片灰暗的房屋,而各种商业场所也散落在龌龊而阴郁的城市之中。在钢筋水泥构筑的城市中心的周围,是看起来像贫民窟似的旧房子,而坐落在城市周边地区的新别墅,则以其先进的技术备受称赞,不过,对那些简易房屋来说,过不了多久,它们就会像空罐头盒一样被抛弃掉。城市建房规划是专门为个人设计的,即带有一个小型卫生间的独立单元,然而,这样的设计却使这些个人越来越屈服于他的对手:资本主义的绝对权力。正因为城市居民本身就是生产者和消费者,所以他们为了工作和享受,都搬到了市中心,他们的居住单元,也都聚集成了井井有条的住宅群。宏观和微观之间所形成的这种非常显著的一致性,恰恰反映了人们所具有的文化模式:在这里,普遍性和特殊性已经假惺惺地统一起来了。在垄断下,所有大众文化都是一致的,它通过人为的方式生产出来的框架结构,也开始明显地表现出来。①

---

① [德]马克斯·霍克海默、西奥多·阿道尔诺:《启蒙辩证法》,渠敬东、曹卫东译,上海人民出版社2003年版,第134—135页。

　　不容否认,这段论述作为对现代文化现象的一种"生动"图绘,其实正代表着法兰克福学派对现代性之同质逻辑和启蒙理性之普遍统摄权力的深度指证。就此而论,霍克海默、阿多诺眼中的"文化工业",尽管是在资本主义的局部剖面上形成的"景观",但却又折射出启蒙理性的整体性霸权之法则,这与马尔库塞所揭示的"单向度的人"如出一辙。进一步说,启蒙的霸权从根本上加以审理,就是一种现代性政治的运作逻辑。这是因为,同质取代异质,单一取代多样,作为这种霸权的"实现",实质上就是一种现代性意识形态的胜利和狂欢,这是 20 世纪资本主义最为得意的政治"成就"。这种现代性政治和意识形态,用一个在法兰克福学派批判启蒙时更为普泛的术语来指认,就是"极权主义"。对此,马尔库塞在《单向度的人》一书的"导论"中,进行过非常明确的分析和诛伐:

　　　　这个分析集中在发达的工业社会,在这个社会里,生产和分配的技术设备(随着自动化部门的增长)在起作用,但不是作为那些可以同其社会政治效果分离开来的纯工具的总和,而是作为先验地决定着设备的产品以及维修和延伸设备的操作的体系。在这个社会里,生产设备不仅决定着社会需要的职业、技艺和态度,也决定着个人的需要和欲望,就此而言,它倾向于成为极权主义的。因此,它消除了私人生活和公共生活、个人需要和社会需要之间的对立。技术有助于组成社会控制和社会凝聚的新的更有效和更令人愉快的形式。……面对着这个社会的极权主义特点,技术"中立"的传统观念不能再维持下去了。不能把技术本身同它的用处孤立开来;技术的社会是一个统治体系,它已在技术的概念和构造中起作用。……以技术为中介,文化、政治和经济融合成一个无所不在的体系,这个体系吞没或抵制一切替代品。这个体系的生产力和增长潜力稳定了这个社会,并把技术的进步包容在统治的框架内。技术的合理性已变成政治的合理性。①

　　从这段论述可以看出,马尔库塞其实是沿着霍克海默、阿多诺对"文化工业"的批判,对启蒙理性的霸权本质进行了一种鞭辟入里的透析与解剖,从而指认出技术合理性向政治合理性的过渡以及由之而来的政治"极权主义"。如果说根据霍克海默的原初界定,批判理论还未与现代性论题发生

————————

① [美]赫伯特·马尔库塞:《单向度的人》,张峰、吕世平译,重庆出版社 1988 年版,"导论"第6—7页。

实质性对接，而至多只是为批判现代性作了思想的准备或为之提供了一个基本的理论模型，那么根据马尔库塞对极权主义的指认，批判理论已经显而易见地切入了现代性论题，并且将针对启蒙理性和现代性的批判推向了最高点，代表了现代性批判的一种激进话语。正是在这里，现代性范式下的政治哲学所具有的要求和特质，才更加清晰地呈示出来，这涉及政治哲学在"古代"和"现代"之间进行的价值排序。也正是在这里，20世纪那些最为重要的政治哲学家，如汉娜·阿伦特、列奥·施特劳斯以及包括马尔库塞、弗洛姆等在内的法兰克福学派成员，实质是以一种"大合唱"的方式，组成了强大的"合力"，来联手对现代性"前进"中的政治"倒退"予以检省与讨伐的，这是20世纪政治哲学图谱中最为壮观的景致之一。考虑到这种情况，我们再次将阿伦特引入到讨论中来，这对于在政治哲学的视域内审视批判理论的发展与新的思想定位，具有重要参照性意义。

众所周知，阿伦特是以一位政治哲学家的角色而著称于20世纪思想史的。阿伦特政治哲学的核心论题之一，就是批判和声讨极权主义。阿伦特批判和声讨极权主义的理论根据之一，是其公共领域概念。她指出，公共领域虽是一个共同的生活空间，但在本来意义上，却不是某种人类共同本性的产物，而是依照差异原则加以构造的结果。"公共领域的实在性依赖于无数视角和方面的同时在场，在其中，一个公共世界自行呈现，对此是无法用任何共同尺度或标尺预先设计的。因为公共世界是一个所有人共同的聚会场所，每个出场的人在里面有不同的位置，一个人的位置也不同于另一个人的，就像两个物体占据不同位置一样。被他人看到或听到的意义来自这个事实：每个人都是从不同角度来看和听的。……只有事物被许多人从不同角度观看而不改变它们的同一性，以至于聚集在它周围的人知道他们从纯粹的多样性中看到的是同一个东西，只有在这样的地方，世界的实在性才能真实可靠地出现。"①公共领域的差异性意味着，人的行动及其所构成的世界应该是复数和多元的。在这个复数和多元的世界上一起生活，"根本上意味着一个事物世界（a world of things）存在于共同拥有它们的人们中间，仿佛一张桌子置于围桌而坐的人们之间。这个世界，就像每一个'介于之间'（in-between）的东西一样，让人们既相互联系又彼此分开"②。

然而，在阿伦特看来，现代社会的实情，与公共领域的本来意义是背道而驰的。因为现代社会总是倾向于以单一性和普遍性取代多样性和差异

① ［美］汉娜·阿伦特：《人的境况》，王寅丽译，上海人民出版社2009年版，第38页。
② ［美］汉娜·阿伦特：《人的境况》，王寅丽译，上海人民出版社2009年版，第34页。

性,这看似催生出巨大的"公共性"空间,使人们生活在一个具有共同取向、共同行动基础的公共平台上,但其实质,却是意味着一种"虚假"的公共领域和一种扭曲的公共性的形成,意味着承载自由之精神的那种公共领域的瓦解和本真的公共性的丧失。"这种情形的诡异就有点像在一个降神会上,许多人围桌而坐,突然,由于突然降临的某种魔法,他们看到他们中间的桌子消失不见了,以致相对而坐的两个人不仅无法隔开,而且也完全没有什么有形的东西能把他们联系起来。"①阿伦特强调,这种情况作为现代人生活状态的真实写照,正表明一个删除自由、遗弃民主的极权主义社会的到来,表明现代人就生活在极权主义的恐怖之中。这是因为,自由与民主的本真精神,只有在彰显人的个性与主体性的前提下才能够得到展现,而人的个性与主体性的彰显,又是由复数性、多样性和差异性来确保的。所以,一旦"同质"取代了"异质","单一性"取代了"多样性",那么个性与主体性在失却其实现的必要条件后,自由与民主的精神就将渐行渐远,而极权主义则就会跃居于现代政治的前台。

即使不考虑法兰克福学派对极权主义的指责,阿伦特对极权主义的这一政治批判,也并不是特立独行的。大致在阿伦特批判现代政治的同一时期、同一语境,也有许多追求自由的思想求索者,在同样的意义上对极权主义或者类似于极权主义的东西加以考问,从而也表达了对于"多样"、"异质"、"分殊"等政治原则的肯定与期许。比如说,埃尔斯特·基勒(Ernest Gellner)就曾指出,现代社会应由众多的组合人(modular man)所构成的,这些组合人"极有可能按照多样的、不可估计的和复杂的原则参与一种有组织的文化共同体。……他们可以不受固定仪式的约束而植入自己的独特目的,宣告自己的特殊言说。当一个人不能认同一个共同体的政策,从而无法与别人达成一致时,他可以不受管束地离开这个共同体"②。也就是说,现代社会在基勒看来,应当容许多样组织的产生和多样个人活动空间的存在,人们可以不受一种统一准则的规约,从而可以自由地参与各种共同体,也可以自由地离开这个共同体。这种对于现代政治原则的正面指认,其实正暗含着对西方现代性推进过程中违背这种原则之政治行为的批判,这种批判与阿伦特以及法兰克福学派的批判是没有本质区别的。

在多样性和异质性的支点上来批判现代政治,实质上总会或自觉或不

---

① [美]汉娜·阿伦特:《人的境况》,王寅丽译,上海人民出版社 2009 年版,第 35 页。

② Ernest Gellner, "The Importance of Being Modular", in *Civil Society: Theory, History, Comparison*, John A. Hall ed., Polity Press, 1995, pp.41—42.

自觉地采取一种通常被人们称为"保守主义"或"激进主义"的立场,这两种立场往往对于现代性的事物保持着高度的警惕,而对于过往的历史则怀有天然的眷恋,或者对于被后现代主义者所青睐的事物怀有天然的好感。其实正是在这种意义上,阿伦特、基勒以及施特劳斯,在对现代和古代的价值排序中,要么走向了"政治反现代主义"、"厚古薄今"的"怀旧主义"以及苏格拉底—柏拉图式的政治哲学叙述道路,要么走向了一种后现代主义的诉求。这在本质上都是将矛头对准了现代性本身,都是以颠覆现代社会的逻辑和要求为前提来确定推理的支点。例如,当施特劳斯将思想的源头追溯到古希腊,进而以图绘苏格拉底—柏拉图式的政治哲学为起点来审理现代世界的事物与现象时,他就是通过反对现代性来确定其政治哲学的理论路数的,现代性在他的眼中,就是"青年造反运动",任何推动现代性的企图,都将积重难返,其本身的致思方略也是需要作根本调整的。其实对于施特劳斯的这一回归古典的反现代性取向,应当说是众所周知的思想史事件,人们对此并不会感到陌生。而对于阿伦特,人们一定会注意到她对极权主义的批判,但未必注意到她在批判极权主义时对现代性本身的一种质疑。但后一点,对于阿伦特来说却也是极其重要的一种理论旨趣,它与极权主义的批判是相辅相成的一体之两面。阿伦特对极权主义的批判是一项系统性的理论工程,从文本来看,遍布在她的多本著作之中,而《人的境况》就是其中之一。只要理解了《人的境况》一书的写作主旨,就会发现阿伦特对作为现代性之内在要求的生产逻辑和科学技术理性的深刻检省,实际上将她的极权主义批判的反现代性理路推向极致。

在《人的境况》一书的"前言"中,阿伦特这样说道:"现代和现代世界还不是一回事。从科学上讲,肇始于17世纪的现代,已于20世纪初终结;从政治上讲,我们今天生活于其中的现代世界,诞生于首次原子弹爆炸。这里我不讨论作为本书写作背景的现代世界。一方面,我把自己局限于对那些一般人类能力的分析上,这些人类能力出自人之境况,因而是永恒的,即只要人类境况本身不改变,它们就不会无可挽回地丧失。另一方面,历史分析的目的是追溯现代的世界异化——人逃离地球进入宇宙和逃离世界返回自我的双重过程——的根源,以达到对这样一个社会之本性的理解:这个社会从它被一个崭新、未知的时代的来临所征服的那一刻起,就开始发展和表现自身了。"①阿伦特的这段话实质上告诉我们,她在《人的境况》中虽然局限于对一般人类能力和历史进行分析,但这种看似与现代性批判无关的研究,

① [美]汉娜·阿伦特:《人的境况》,王寅丽译,上海人民出版社2009年版,"前言"第5页。

既是以现代世界为背景的,也是要建立起审视现代世界的理论前提和基本框架。

本着上述写作旨趣,阿伦特深刻检省了如下问题:人类自迈入经济社会以来,就始终被一种生产力的逻辑所左右,始终强调社会的发展应由工具理性来推动。所以,即使现代科技使劳动者从典型的工业革命的生产方式中解放出来,劳动者也并不会随之而从劳动的心态中解放出来。消费社会的劳动者自认为是社会进步的推动者,但他们只是在"谋生"的意义上,"制造"着社会所需要的物质产品,而从未认真地追问和反思他们的谋生活动所包含的违反政治本质的种种问题。政治的本质之一,就在于人们通过言谈来呈现自己在公共领域的独异性。然而,由谋生的活动所驱使的另外两种活动——知识的探求和科学的探索,却将言谈之于政治的重要性严严实实地遮蔽了起来。"凡言谈的重要性遭遇危险之处,事情就在本质上变成了政治的,因为言谈使人成为一种政治存在。假如我们遵照如此频繁地催促着我们的建议,即让我们的文化态度也去适应当前科学成就的地位,我们就会不顾一切地采取一种让言谈不再有意义的生活方式。因为今天的科学已经被迫采取了一种数学符号'语言',虽然这种符号语言最初只不过用作口头陈述的一种省略形式,但它现在包含的陈述再也不能转译回口头言说。为什么说不信任科学家作为科学家的政治判断是明智的,首先不是因为他们没有'性格'——他们没有拒绝发明核武器,也不是因为他们'天真'——他们不明白这些武器一旦被发明出来,就没有人会就如何使用来咨询他们的意见,而恰恰是因为这样一个事实:他们生活在一个言谈已经丧失力量的世界里,无论人们做什么、认识什么或经验什么,都只有在能被谈论的范围内才有意义。"①阿伦特对知识特别是对科学的质询与批判,显然表明她对现代性的基本性格和前进方向采取的是一种消极的态度,表明现代性本身已经作为一个否定性的事物而被她推到了批判的前台。这样来看,后现代主义者常常将阿伦特看作是他们思想的先驱,进而将她列入后现代主义的"先贤谱"中,应当说是有其根据的。

如果以上论述以充分的事实表明,在对极权主义和现代性的批判上,作为政治哲学家的阿伦特乃是霍克海默、阿多诺、马尔库塞的同道中人,那么这一点反过来也表明,这些法兰克福学派理论家在推动启蒙批判下的批判理论不断前行时,实质在以最切实的行动来呼应同时代的那些最伟大的政治哲学家的理论探索。由此我们可以看到,虽然人们通常不会将批判理论

---

① ［美］汉娜·阿伦特:《人的境况》,王寅丽译,上海人民出版社 2009 年版,"前言"第 3 页。

与政治哲学联系起来,但究其根本,批判理论已经在对启蒙理性的批判中切近或切入了政治哲学的论域,从而彰示为一种以反诘现代性为特定目标的政治哲学。这一点,也正是阿伦特对于我们在政治哲学视域内审视和理解批判理论的参照性意义之所在。

　　然而,与阿伦特以及施特劳斯等政治哲学家迥然有异的一点是,随着对现代性批判的不断加深,霍克海默、阿多诺以及马尔库塞等人越来越倾向于远离和抛弃原初的立论前提和理论立场,从而不仅牺牲了批判理论作为一种政治哲学的自洽性,而且也从根本上动摇了批判理论之为政治哲学的坚实根基。具体而言,问题主要在于:由于在质问同质性政治原则和挑战极权主义时,这些法兰克福学派理论家越来越不相信现代性能够创造出自身的合法性根据,所以他们在批判启蒙时,虽然也希望能够以一种肯定性的启蒙概念来使之"从盲目统治的纠结中摆脱出来",但最终还是将启蒙及与之相关联的事物整体性地推上了历史的被告席。由此可以发现,与早期的批判理论相比,"启蒙批判"之后的批判理论实际上已经发生了根本性的逻辑颠覆,从而也就不可避免地导致这样两个后果:一是批判理论完全溢出马克思的政治经济学批判框架而转换为针对人类普遍理性的哲学;二是由于乌托邦的理想变得越来越无可依托和趋于暗淡,因而批判理论蒙上了彻底怀疑主义和彻底悲观主义的阴影。后一点对批判理论来说,几乎构成了灾难性的打击。因为正如理查德·沃林所指,"假如霍克海默、阿多诺和马尔库塞的工作被删去了乌托邦追求这一维度,那么它似乎丧失了最为根本的驱动力"[①]。无论是霍克海默、阿多诺还是马尔库塞,都认识到了这一潜在的困难。例如,在《单向度的人》一书的"导论"中,马尔库塞就曾这样说道:面对发达工业社会的成就,"批判理论处于未能为超越这个社会而提出基本原理的状态之中。真空状态会掏空理论结构本身,因为批判社会理论的范畴是在这样一个时期得到发展的,即对拒绝和颠覆的需要就体现在有效的社会力量的行动中。这些范畴本质上是否定性和反对性概念,它们确定着19世纪欧洲社会的现实矛盾。……随着工业社会一体化的增长,这些范畴正在失去它们批判的涵义,并趋向于成为描述性的、靠不住的或操作的术语"[②]。面对这样一个困难,法兰克福学派理论家们纷纷通过回应尼采和叔本华的生命哲学而求助于艺术和审美领域,希望将乌托邦之根重新植于这

---

　　① ［美］理查德·沃林:《文化批评的观念》,张国清译,商务印书馆2000年版,第110页。
　　② ［美］赫伯特·马尔库塞:《单向度的人》,张峰、吕世平译,重庆出版社1988年版,"导论"第5页。

些领域之中。然而,极具反讽和悲剧意味的是,艺术无法回避如下悖论:要么固守自身的自治原则;要么在做出必然解放之承诺的条件下,使自己变成融入日常生活中的一种未来资源。如果是前一种情况,那么艺术与任何一种乌托邦的拯救功能都没有必然联系;如果是后一种情况,那么艺术将变成另一种形式的工具理性。这样说来,"艺术无力承受在他们的体制中必须承受的沉重负担。结果,留下来的只是某个'全面受到主导的世界'的观念窘境和历史上无法实现的乌托邦计划"①。在这种情况下,作为一种政治哲学的理论构筑,第一代法兰克福学派的批判理论虽然像阿伦特及施特劳斯的政治哲学那样将现代性作为检阅与修正的对象,但却没有像后者那样总是建立在一个牢固可靠的推理平台上;它虽然有了 1968 年学生运动的积极回应而显得不那么悲凉,但在阿多诺"否定性辩证法"的逻辑重构下还是走到了它的历史尽头。

(三)哈贝马斯与批判理论的重建

　　批判理论在第一代法兰克福学派那里的变异,并不意味着它本身的最终覆灭,最终覆灭的只是将启蒙理性作为批判对象的批判理论形态。之所以存在这样一种状况,首先是因为哈贝马斯在批判性地承接法兰克福学派之思想传统的前提下对批判理论的重构。只要对哈贝马斯早期和中期的思想稍加分疏即可得知,如同马克思对黑格尔的关系,哈贝马斯延续了第一代法兰克福学派的批判理论工作,这在一定意义上,成为他登上当代思想舞台迈出的第一步。第一代法兰克福学派理论家摧枯拉朽式的批判,给道德自我意识被彻底摧毁从而不得不重新寻找生活方向的青年哈贝马斯带来了切肤之痛。因而,从师从阿多诺的那一天起,哈贝马斯就与批判理论结下了不解之缘,注定要为发展批判理论而奋斗一生。但与此同时,哈贝马斯从来就没有不加反思地接管批判理论的遗产,而是对这份遗产保持了极高的警惕与理论自觉。虽然在作为学生的开始时日内与老师保持了较多的一致,但随着理论视野的扩展和知识范式的更新,哈贝马斯逐渐觉察到早期批判理论蒙上的悲观主义色彩,并最终指认出它的三大弱点:其一,早期批判理论缺乏规范基础,即缺乏科学的理性根据;其二,早期批判理论的工具理性批判过于抽象,因而缺乏对复杂的资本主义的矛盾、得失的经验主义分析;其三,在政治理论层面上,早期批判理论没有认真、公正地看待民主—法制国家的传统,低估了它的历史成就,也无从对它做出合理评价。在哈贝马斯看

---

① [美]理查德·沃林:《文化批评的观念》,张国清译,商务印书馆 2000 年版,第 113 页。

来,这些弱点产生的深层根源,是批判理论家对理性概念片面而偏激式理解,即仅仅在陈述的真实性这种狭义的真理意向内理解理性,从而将人类的整体理性还原为单一的工具理性,由此造成对工具理性的批判悲剧性地置换为对人类普遍理性的责难。这种对理性的理解,又深深植根于自笛卡儿以来的传统哲学思维方式之中。这种思维方式,根据哈贝马斯的指证,是基于主体—客体二分的意识哲学,它自笛卡儿提出"我思故我在"命题从而确立人的主体认识地位以降,一直作为一条强劲的逻辑主线贯穿于康德、黑格尔、马克思、韦伯等人的哲学中,并延伸到早期法兰克福学派。哈贝马斯不无惋惜地指出,霍克海默和阿多诺虽然口口声声地扬言要将笛卡儿以来的知识论传统扫地出门,但实质上却深深地陷入这一传统的根本性思维方式中。从这一思维方式出发,本质上体现为主体性批判的工具理性批判仅仅实现为主体自我的自反性批判,亦即主体自身与它的镜像之间的相互映照(根据拉康的镜像理论,主体在镜像中无法达到对自身的完整性认识),因此,这种批判不能真正超越主体的中心化,不能达到对解放的乌托邦的现实触摸,这样一来,导致悲观主义的产生就是在所难免的。在哈贝马斯看来,早期法兰克福学派理论家这一思维方式的根本性缺憾,与他们狭窄的哲学视野是不无相关的。在一次访谈中,哈贝马斯这样说道:

> 我来到法兰克福时,使我感到新奇的是霍克海默和阿多诺很少同我在波恩所熟悉的当代哲学发生关系。我从来没有否认过,阿多诺精心地研究过海德格尔。直至今日我仍认为,他对海德格尔的每一句话都作了精心的研究。然而他完全排斥雅斯贝尔斯和现象学。他的这种选择,对我这个从波恩到法兰克福的人来说,简直如同到了异域一般。①

哈贝马斯坚定地认为,正是这种与当代哲学的出人意料的隔离,使霍克海默和阿多诺更多地回到传统,从而重蹈旧哲学思维之覆辙,最后引导批判理论发生根本性歧变。对于哈贝马斯来说,就是从霍克海默和阿多诺止步的地方起步,以一种新的方式来激活批判理论发展的可能空间,使这一理论传统能够在新的历史和文化语境中创获它的发展路径。这一任务,全都系于哈贝马斯对早期批判理论的根本性改造,而这种改造,也确实拯救了批判理论,使这种理论从危机四伏的困难中摆脱出来,由此死灰复燃,获得了新

---

① 《哈贝马斯精粹》,曹卫东选译,南京大学出版社 2004 年版,第 489 页。

的生命。

哈贝马斯对早期批判理论的改造,本质上关涉到他如何对批判理论之规范基础加以重建,因为在他看来,作为一种独特的理论形态,批判理论的生命力主要取决于它能否从自身体系中推导出用以论证事物之当下状态和未来走向的根据与法则,而这一点,又主要从理论的规范基础上得到说明。他认为,从批判启蒙精神的"启蒙辩证法"到构造反体系哲学的"否定性辩证法",霍克海默和阿多诺实质上在本体意义上完全拒斥了理性存在的合法性,也正是因为如此,他们摧毁了批判理论业已确立的规范基础。因此,重建批判理论的规范基础,如果脱离了对理性存在之合法性的证立,那么,这项工作终将是无收获的、无意义的。进而论之,重新在学理上设置一种理性并将之论证为批判理论由以存在和达致自足状态的原因与根据,才是规范基础获得重生的关键性环节。这样的理性概念,在哈贝马斯看来,不能从意识哲学的孤立主体视角去理解,而只能从交互主体即主体际的视角去理解,因而是一种交往理性。交往理性与语言这一质点直接相关,本质上内在于以语言为中心的交往中。

哈贝马斯的这一理解,依托于他对当代哲学资源的全面汲取。当他指责早期法兰克福学派缺乏当代哲学视野时,就表明在他背后站立的不仅是马克斯·韦伯,而且还有现象学派、存在主义者、逻辑经验主义者以及分析哲学家,如此等等。在如此之多的思想资源中,语言哲学应当是对哈贝马斯影响最大的理论支脉之一。作为 20 世纪的一场深刻的哲学革命,语言哲学的转向被英美分析哲学和欧洲大陆哲学共同发起和推动。维特根斯坦、海德格尔、奥斯汀、塞尔、乔姆斯基等语言哲学家粉墨登场,成为这场哲学革命中的主角。他们对语言的哲学研究,深深影响了 20 世纪西方哲学的总体走向,并引发 20 世纪 50、60 年代的语言学大论争。在这种文化背景中踏上学术道路的哈贝马斯深受启发。无论是科学主义的还是人本主义的语言哲学观点,都成为哈贝马斯的反思对象。而由维特根斯坦所创立、并为奥斯汀和塞尔所发展的日常语言哲学和语用论,则直接构成哈贝马斯改造批判理论的起点之一。根据后期维特根斯坦提出的"语言游戏"理论,语言并非外在于人类日常实践和生活结构,而是后者的基本组成部分,因而我们的谈话就是我们的生活;而根据奥斯汀和塞尔的语用论观点,语言的本质不在于符号与句子的集合,而是言语行为的集合,因而语言就其功能而言不仅仅在于"有所表达",更重要的是"有所作为"。这一基于日常生活的语用学维度,依阿佩尔之见,代表了语言哲学转向的根本。或许正是因为如此,它得到了哈贝马斯的极力推崇。当哈贝马斯宣称"使我们从自然中脱离出来的东西就是我们按其本质能够认识的唯一事实:语言"①时,他主要是从语用学的角度来说的。在充分认定语言哲学特别是语用学传统之价值的基础上,哈贝马斯创构了他自己的语言哲学,即"普遍语用学"。普遍语用学重在"分析言语行为,研究语言的交往职能,探讨说话者和听者之间的关系,阐述他们二者之间如何达到相互理解的规范性、一般性的前提条件"②。借助于这一研究重心的取置,普遍语用学搭建起了一个新的社会批判理论的平台。在这一平台上,哈贝马斯声称,人类运用理性的能力不仅在日常的言语行为中体现出来,而且后者还支撑着一种朝向自由、公正等普遍价值的深层取向。也就是说,人们的日常谈话不仅使一种基于交往和沟通的理性得以出场,而且还直接包含了社会的深层价值诉求与解放的乌托邦。就此而言,它是规范性的,是批判理论可以用来统一思想、观点以及明确目的、旨趣的阿基米德点。最重要的是,根植于言语交往中的理性,避免了早期法兰克福学派在单一的陈述真实性向度内理解理性之误区,展示出理性运用的全方位意蕴。因为根据哈贝马斯对普遍语用学的界定,一个话语要想成为有效的,就必须要求首先满足若干有效性条件,只有这样才能被听者所接受,成功的交往才能实现。这些有效性条件,除了依赖"客观世界"而存在的真实性以外,同时还包括依赖"主观世界"而存在的真诚性和依赖"社会世界"而存在的正确性。因此,一次有效的言语交往,实际上承担了三项语用学功能:呈现事实、表达言说者自身的主体性、建立合法的人际关系,这一过程本身是最可理喻的。

在语言交往和沟通活动中理解理性,构成了对早期批判理论的根本性颠覆。如果说早期批判理论家仅仅将理性归结为主体与客体之关系的展示,那么哈贝马斯则将理性同时归结为主体与主体之关系的建构;而如果说早期批判理论家认为,理性仅仅是一种为满足目的而发动的工具性的攫取,那么哈贝马斯则指出,理性同时也是一种为达致理解和价值而发生的身边故事的诉说。这种差异绝不是表面的命题转换,而是深刻的哲学范式的变革和转换,是主体间性取代主体性、生活哲学取代意识哲学的胜利。在哈贝马斯看来,批判理论的这一范式转换,意味着批判基调与批判主题的一次全面变更。在语言的基点上引入交往理性,直接将以《启蒙辩证法》以核心的批判理论对人类普遍理性的整体批判引渡为对晚期资本主义和现代性的局

---

① ［德］哈贝马斯:《作为"意识形态"的技术与科学》,李黎等译,学林出版社1999年版,第132—133页。
② 艾四林:《哈贝马斯》,湖南教育出版社1999年版,第58页。

部诊断。本质上,批判理论仍然将矛头指向工具理性,但出发点已全然不同。它不是以启蒙理性的全面灾难为逻辑起点,而是以工具理性与交往理性的紧张关系为逻辑起点。在这种情况下,当哈贝马斯试图详尽地描绘批判理论的构图时,他是不可能要求质疑理性本身的,理性恰恰是批判理论得以重构的一个内在依托;毋宁说,哈贝马斯要求质疑的,只是理性的变异,具体地说,就是理性与工具理性的等值,理性完全向工具理性的蜕变。一旦肯定了理性本身的价值,哈贝马斯无疑也就能够在工具理性的对立面顺当地开引出他所极度尊崇因而也极力去建构的交往理性。交往理性在哈贝马斯的理论意向中,既能够像卢卡奇、布洛赫的总体性那样开创出乌托邦的精神祈向的维度,又能够成为一种理论的可靠的推论基础。正是在如此这番的意义上,我们可以从哈贝马斯本人的角度上来说,批判理论的死而复生,全然在于两方面的重要转折:其一,交往理性由于总是预设一个希望的、乌托邦的永恒追求的维度,因而也就使批判理论成为一种积极向上的、不乏精神动力之源的理论设置,这在很大程度上根除了早期批判理论的悲观主义基调;其二,交往理性将对启蒙遗产的彻底否弃置换为对启蒙的公正对待,由此在全方面地思考现代性推进的可能性空间中重新确立起批判理论的理性基础。有趣的是,这两个方面的转折都体现着向初创时期的批判理论的一种回归,即回归到乌托邦的求取中,回归到理性的路径上。同时,也由于交往理性之构设,在很大意义上是要体现反实证主义、反工具理性的精神实质,这也与早期的批判理论是十分吻合的。但我们也要看到,这种回归并不是简单地对第一代法兰克福学派的早期理论加以复制,而是以接管批判理论之遗产为前提,在一种新的条件下,用一种新的可能性的范式——简约地说就是"交往"范式——来激活西方马克思主义尤其是法兰克福学派所开创的"批判"的传统。应当说,这才是哈贝马斯重构批判理论的基本路数。

　　不容否认,正是哈贝马斯的工作,使得走到"死角"里的早期批判理论绝处逢生,并由此转入到一条异乎寻常的发展道路上,从而逐渐扩散为多学科领域(学科际)的学术视角和知识传统。以此论之,哈贝马斯对批判理论的重建,放大了西方马克思主义所提出并不断推进的"批判"的意义,使从属于"批判"的理论传统在当代产生出更为直接的思想效果和启示。20世纪80年代之后的后马克思主义、政治自由主义、女权主义以及大众文化研究,无一不受哈贝马斯批判理论的影响,无一不与这一理论牵连共在。而哈贝马斯研究在国际学术界的兴起与持续升温,应当说与其批判理论之别有匠心的设计,以及由此而显示出的独特的思想魅力是分不开的。就此而言,哈贝马斯足以被看作是批判理论传统中的轴心人物。

如果我们再一次回溯早期批判理论的失足之处,就更能看清哈贝马斯的贡献在哪里。对于早期批判理论所陷入的困境,英国学者尼格尔·多德是这样理解的:

> 这些困难并不在于法兰克福学派理论家对于普遍理性概念的描绘,而在于他们明显没能延续这样一种思想走下去:理性来自人类社会和文化活动并与现代社会的经济活动相联系。这一中断主要是由于批判理论将现代社会和文化作为一个整体加以概念化。由于他们坚信普遍化的理性使现代社会失去了光彩,所以他们不能以一种建设性的方式来追问理性该采取其他什么样的形式以及现代社会的特定领域内是否已经出现了这种形式。他们对于启蒙思想——它是如此的自信以至于它从一开始就将人类的自由淹没——含有一种根本性和彻底性憎恨,他们甚至不去寻找它的缺点。尽管他们对否定情有独钟,但这还是表明了这样一种奇特的趋势:依据现代社会的外表对其进行判断并接受普遍理性的思想——只要能把二者都抛出手就行。他们以否定的形式写实了这二者。如果存在一个与现代社会和启蒙运动相并行的历史,那么法兰克福学派理论家并未找出它们。①

应当说,尼格尔·多德的理解深刻地揭示出了早期批判理论的症结之所在,即不能在现代性之行进的逻辑中寻获理性的另一种可能,而只是一味地、不加反思地来否定理性和现代性的一切成就。早期批判理论的这一困难,无疑在哈贝马斯的理论中得到了解决。哈贝马斯将肯定性的交往理性设定为逻辑的前提与起点,正意味着在工具理性之外存在与之并行的理性形式,并且这种理性形式又是可以得到经验证明的。当揭穿了工具理性宰制人的文化生活的真相之后,哈贝马斯又竭力以交往理性为总体范式和主体素材,描绘出了一幅交往乌托邦的历史画像。这幅画像在理查德·沃林看来,并非是可遇而不可求的,因为它本身根源于人的生活故事与生存策划,所以有一个鲜活的生活世界在其背后作为支撑。而用哈贝马斯本人的话说,它的上手全然在于它是对社会变革之未来资源的一种历史把握。

其实这就涉及一个更为根本的问题,即如何对待启蒙现代性的问题。反观批判理论的整部逻辑与整个历史,我们不难发现,无论是早期法兰克福

---

① [英]尼格尔·多德:《社会理论与现代性》,陶传进译,社会科学文献出版社 2002 年版,第98 页。

学派,还是哈贝马斯,以及在阿多诺《否定辩证法》之后粉墨出场的后现代主义①,其实都在言说同一个故事,即如何描述现代性历程与历史经验,以及如何看待它的未来发展的可能。对于早期法兰克福学派来说,在其理论规划的最早阶段,固然还看不出多少对启蒙现代性的责难,但反实证主义、反法西斯主义以及反犹太迫害主义②的顽强姿态,已经让理论家们看到了启蒙的种种阴暗面。而当《启蒙辩证法》问世以后,法兰克福学派理论家则直接将整个启蒙过程推上被告席,从而承继了由尼采所开创的彻底否定现代性的话语传统,也与阿伦特、施特劳斯的反现代性在步调上保持着一致。到了福柯、利奥塔和德里达等后现代主义那里,这一传统又被出人意料地"发扬光大"。面对种种现代性的缺憾,后现代主义者不仅否定了文化的现代性,同时也否定了社会的现代化,由此引出诸如"主体之死"、"现代终结"、"理性毁灭"等标新立异的术语,并成为"后"文化思潮中的关键词。与早期法兰克福学派和后现代主义者过分夸大现代社会之危险与困难不同,哈贝马斯一方面深刻检思了现代性与启蒙在当代社会中的负面性,另一方面又没有因此而放弃启蒙、放弃现代性,而是通过交往乌托邦的设定来拯救现代性。实质上这就是他为批判理论设置交往理性规范的真正用意,也是他对霍克海默、阿多诺以及福柯表示强烈不满的真实原因。在这个问题上,J. 伯恩施坦说得很好。他说:"也许可以把哈贝马斯的整个理论方案和立场看作是写一部新的启蒙辩证法,即公正对待启蒙遗产阴暗面并解释它的原因,但又承诺并证明我们今天仍然不懈追求的自由、正义和幸福的希望。现代性方案与启蒙思想家的希望,既不是纯粹的幻想,也不是会转变为暴力和恐怖的幼稚的意识形态,而是一个今天还在有待完成,同时又能指导和规范我们的行为的实践任务。"③也正是在这个意义上,哈贝马斯坚定地指出,现代性是一项远未完成的伟大工程,批判理论只是这项工程新的初始规划。这一立场与理论定位,对于我们理解和对待现代性来说,无疑是正确的;而哈贝马斯的批判理论能够在当代思想界引起强烈共鸣,也是不足为奇的。

---

① 从逻辑上看,后现代主义的隆重登场与阿多诺反体系式否定哲学的抛出有一种承接关系。因而,福柯等后现代主义者的批判话语,如果被看成是法兰克福学派批判理论的特殊分支,应当也是有其合理性的。

② 十分有意思的是,早期法兰克福学派的绝大部分成员都是有犹太血统的人。他们对乌托邦维度的设定,显然是受到了弥赛亚犹太救世传统的影响。

③ J. Bernstain, *Habermas and Modernity*, The MIT Press, 1985, Preface.

二、哈贝马斯关于现代性的双重批判

从政治哲学之固有的"政治性"的意义上来讲,我们对于哈贝马斯现代性理论的梳理与分辨,不仅要看到他对于启蒙理性的正面肯定以及由此而完成的对批判理论本身的拯救,同时还要看到他在重构批判理论之后所策动的"批判性"的维度。在一定意义上,只有将这一维度彰示出来并对其内容加以深度剖析,我们才能在现代性话语中对政治哲学的思想逻辑作以根本质询。

其实,与许多现代性哲学家一样,哈贝马斯也是站在一种批判的立场上看待现代性问题,这与他对现代性的肯定并不矛盾。相反,哈贝马斯对现代性的批判,恰恰系于他的这个认定——现代性是一项远未完成的工程(这个认定也表征着哈贝马斯对于现代性的肯定)。更具体地说,是围绕这一认定的下述问题促发哈贝马斯展开对现代性的批判:何以说现代性远未完成? 什么原因导致现代性屡屡不能完成? 现代性为何必须去完成? 如何去完成? 在精心回答这些问题的过程中,哈贝马斯形成了他对现代性的双重批判:一方面指向社会现实层面;另一方面指向思想层面。就前者而言,他深刻批判了工具理性在现代社会中的恣意泛滥所造成的"生活世界的殖民化"现象,主张以交往理性来改造人们被扭曲的现实生活世界,以此解除现代性之困境;就后者而言,他全面检思了自黑格尔以来的哲学家关于现代性问题的思考方式,主张在破除意识哲学思维方式的基础上引入互主体性的交往理性原则来思考现代性方案。

(一) 生活世界的殖民化:不可回避的时代困境

在我们今天的研究平台上,现代性似乎呈现出的不仅仅是"五副面孔",其意蕴之庞杂,使得它始终不能完全"浮出水面"。但有一点并无太大疑义,这就是它总是与自文艺复兴时期人文主义摧毁神学一体世界观和笛卡儿宣称"我思故我在"命题以降确立起来的人的主体理性紧密接合。作为一场深刻的主体革命,人的主体理性之确立既使得以张扬人的意义为主旋律的现代精神横空出世,又使得社会生活的方方面面笼罩上无比闪亮的光环,由此造就了资本主义的一切文明。然而,随着主体理性的伸张和宗教统一世界观的崩溃,社会生活的诸价值领域不断分化,并形成自身的逻辑规则,由此出现不可调和的矛盾冲突;而理性的产物,如社会分工、现代科技、科层组织等等,也经常成为人自身的异己力量,造成现代性的根本性错位。现代性的这些错位带来了人们无尽的反思和批评,以至于这种批评延伸到多种领域的讨论之中,形成一种主流话语。现代性到底给人们带来了什么?这究竟是理性本身的错,还是人们不正确地利用了理性? 人们该如何对待启蒙? 这是否意味着由启蒙精神所标志的现代性已经结束? 人们的批评基本上都是围绕这些问题而展开,而对这些问题不同侧度的回答,也就形成了不同的现代性派别和理论话语。正是在这种背景下,哈贝马斯发动了他对晚期资本主义赫然彰显的现代性困境的深刻讨伐,由此形成一支引人注目的现代性批判话语。

哈贝马斯的批判基于他对体系和生活世界关系的规范性判断。他说,体系和生活世界之区分,反映的是驾驭问题和相互理解问题之区分。原则上,"驾驭的成就和相互理解的成就是不能够随便互相取代的资源。金钱和权力既不能购买也不能排斥团结和意义"①。也就是说,体系和生活世界是有着不同内在逻辑的生活领域,它们都拒斥相互渗透、相互转化。但资本主义社会的客观现实却是,货币和权力媒介的子体系,凭借其强大的渗透力,直指生活世界的行为领域,使生活世界只能病态地挣扎在经济、政治体系的边缘,造成生活世界的非理性化和物化。对于这一过程,哈贝马斯如此说道:

> 一旦独立化的下属体系的命令揭去了它的意识形态的面纱,独立化的下属体系的命令,就会从外部渗入生活世界——正如开拓的主人渗入一个部落社会——并且迫使它们同化。②

这就是生活世界的殖民化,是哈贝马斯对现代性困境的形象指认。它导源于现代性之主体理性原则的无限膨胀,更具体地说,"是经济的和行政管理的合理性的形式,渗入反对转变为货币和权力媒体的行动领域,才导致交往日常实践的片面合理化或物化"③。从深层的文化根源来说,它则与专家文化和公众实践的脱离所造成的文化贫困化相关。在哈贝马斯看来,现代文化的一个凸显特征是,随着宗教世界观的崩溃,各个价值领域发生分化,理性变得分崩离析,科学、道德、艺术由此获得独立自主的地位和发展轨道,每个领域都被机制化、专业化,由专门人员负责,形成专家文化。现代社会的危机和文化的贫困化并不在于价值领域的分化和专家文化的形成,而

---

① J. Habermas, *The Philosophical Discourse of Modernity*, Cambridge: Polity Press, 1987, p.363.
② [德]哈贝马斯:《交往行动理论》第二卷,洪佩郁、蔺青译,重庆出版社 1994 年版,第 456 页。
③ [德]哈贝马斯:《交往行动理论》第二卷,洪佩郁、蔺青译,重庆出版社 1994 年版,第 427 页。

在于专家文化日益脱离广泛的公众实践，以及由此而产生的生活世界如何重新获得专家文化的难题。亦即，"不是文化价值领域的区分和特殊意义的发展导致交往日常实践的文化贫困化，而是精华的专门文化，从交往日常行动的联系中，分裂出来导致日常实践的文化贫困化"①。文化的贫困化又导致生活世界的文化资源出现严重透支和匮乏，使生活世界在面对体系力量的渗透与侵蚀时缺少抗拒之力。

在哈贝马斯的眼中，生活世界的殖民化成为现代社会的病根和毒瘤，是真正需要检视的时代困境。因为，一旦生活世界的语言媒体让位给货币和权力媒体，官僚化、法律化、金钱化进程便会削弱公众话语与交往合理性基础，从而引起技术与道德脱节、伦理要求与表达要求分离、个人进程与社会进程相冲突等社会障碍，并最终导致意义丧失、社会无规律性、个体心理病变等生活世界再生产的畸变形态。

如果说哈贝马斯对时代困境的上述指认还带有某种程度的抽象色彩因而缺乏说服力，那么他从交往领域的法律化事实作出的指证则极具经验的说服力。哈贝马斯认为，西方现代化过程伴随法律化过程。在这个过程中，社会体系不断被法律机制化，并由此获得了再生力。但与此同时，一部分法律条令也直接作为体系媒体干预行动领域，并直导生活世界。以学校法和家庭法为例，法律化首先意味着贯彻国家基本法律，重视儿童对父母、妻子对丈夫、学生对学校和家长、老师和学生对国家学校管理等基本法律。因此，这又意味着官僚政府对这些法律的保护。但法律保护的扩大和学校家庭中基本法的贯彻，要求高度区分个别事实、特殊情况和法律后果。于是，生活世界的这些行为领域就为官僚政治的干预和法律控制敞开了大门。本来，法律应该为生活世界的这些领域服务，法律化应该意味着交往行为的法律补充和超形式化。然而，事实上学校和家庭的行为领域从一开始就是按照法律形式构思的。法律和行政管理机构越来越多地介入学校和家庭生活，家庭和教育由此成为法律媒体的附庸。学校和家庭关系中的法律化和形式化，对参与者来说，意味着形式调节的家庭和共同生活的客观化与去人化："作为法律主体，他们相互进入客观化的、为成就而进行行动的立场。"②

基于上述分析，哈贝马斯不无痛心地指出，现代社会中的冲突并没有因生活世界的不断合理化而减少，官僚、货币包括法律体系无时无刻不在对生

---

① ［德］哈贝马斯：《交往行动理论》第二卷，洪佩郁、蔺青译，重庆出版社1994年版，第427页。

② ［德］哈贝马斯：《交往行动理论》第二卷，洪佩郁、蔺青译，重庆出版社1994年版，第473页。

活世界构成威胁。现代社会的病态不是简化了,而是复杂了;不是减少了,而是形式多样化了。

在将体系推上时代的被告席之后,哈贝马斯接着指出,与其说体系的力量必须进入生活世界,"不如说生活世界的动力必须能够进入功能体系的自我驾驭领域。当然,这就要求改变自主的、自我组织的公共领域与由金钱和权力支配的行为领域之间的关系,易言之,要求在社会整合的维度内对权力进行新的划分。团结的社会整合力量将必须能够对自己宣称要反抗由金钱和权力媒介所驾驭的系统整合"①。

显而易见,哈贝马斯对生活世界殖民化的逻辑与经验指认,并没有将他引入早期法兰克福学派的悲伤情结中。他还是信心十足,相信以价值、规范和相互理解过程为中介的社会生活领域可以免受不断增加的政治、经济子体系要求的影响。他的方案很明确,就是在主体理性面前设置一道交往理性的门槛,让暗淡的生活世界重新找回它失去的价值与规范。他信誓旦旦地说,依凭交往理性之发展,人们完全可以组建一个以谈话、和解与价值共识为总旨趣的文化共同圈,从而达到对生活世界的拯救与全新整合。

他解释道,这不仅仅是逻辑上的必然,而且也是可以由社会冲突和抗议潜力加以说明的无可争辩的事实。他抛弃了传统马克思主义的社会冲突理论,反对单纯地从资本主义国家经济垄断性和政治操纵性的角度,反对从异化的基本观点,去观察和分析现代社会的各种矛盾冲突和社会趋势。他指出,当代的社会问题已经不是物质性的生产力不够发达、不够繁荣;也不是单纯地靠政党及其他子政治团体的运作便可解决的;并且也不能单纯地采取同体系相协调的国家补偿去解决。毋宁说,当代社会是物质财富非常丰富和制度高度完备的体系。在这样一个社会里,暴力冲突的阶级斗争已经平息和沉默,但这并不意味着抗议潜力全部偃旗息鼓。恰恰是,抗议潜力在另一条冲突路线上形成。"更确切地说,新的冲突是在文化再生产,社会统一和社会化领域中形成的。"②这些冲突更多地根源于生活形式的结构和逻辑本身,而不是由分配问题引起的。这些社会冲突和抗议潜力与二战前大不相同。如果说,二战前的社会冲突涉及的还是经济保障、社会保障、军事保障等"旧政治"主题,那么,新的社会冲突涉及的则是生活质量问题、公正问题、个体的自我实现问题、人权问题等"新政治"主题。这种转换恰好构

---

① J. Habermas, *The Philosophical Discourse of Modernity*, Cambridge: Polity Press, 1987, p.364.

② [德]哈贝马斯:《交往行动理论》第二卷,洪佩郁、蔺青译,重庆出版社 1994 年版,第500 页。

成了对生活世界殖民化与反殖民化主题的经验指证,因为新的社会冲突直接与下列事实相关联:在当代资本主义社会中,首先形成了一个特殊的阶层,他们直接地同生产过程相牵连,而且其利益是要维持现有的资本主义的生产增长,并以此作为福利国家协议的基础。与此相对立的是,围绕这个阶层的多种成分构成的周边力量,他们一般是远离"唯生产力功效核心"的阶层,对于晚期资本主义高度发达的生产力功效的自我破坏作用,有很敏感的体会。这两个社会阶层的矛盾引起了诸如和平运动、公民隐私运动、自由选择运动、女权运动、少数民族运动、宗教运动、生态运动等新社会运动。这些"呈现出文化革命特征"①并且"吸纳着现代性规范内容"②的新社会运动,之所以在西方国家异军突起以来,在几十年的时间内一直保持着生机盎然的发展态势,并得到左派人士的不断支持甚至是推波助澜,归根到底就是因为它们直指生活世界的金钱化和官僚化。具体地说,这些抗议运动"针对职业劳动的与利益有依赖关系的工具化,针对劳动力的与市场有依赖关系的动员,针对竞争压力和成就压力的延长直到小学。它们也是针对服务,关系和时间的货币化,针对私人生活领域和个人生活方式的消费的规定转变的"③。也正是这一现实指向引起公众的强烈共鸣因而赢得他们的持续声援,上述新社会运动才构成上文所说的话语民主的经验确证。同时也正是这一现实指向有力地说明"生活世界并不只是听凭经济政治上所采取的措施摆布。在极端的情况下,则会出现被压制的生活世界的反抗,出现社会运动、革命,或者像在波兰,以团结工会为标志的动乱"④,我们才应坚信,生活世界完全可冲破殖民的牢笼而获得重生。

很明显,哈贝马斯不是认为生活世界不可被拯救,而是恰恰相反;不是认为在生产领域内拯救,而是认为在交往领域内拯救。以此为据,他为人类社会的发展构思了一个理想模式。他认为,现代社会的理想模式,是通过主体的合理性的相互理解,达到基于合理动机的协议一致性,以便实现人类的解放。但他并不主张对未来的社会用"解放的社会"一词来指代。他说:

---

①　J. Habermas, *The Philosophical Discourse of Modernity*, Cambridge: Polity Press, 1987, p.365.

②　J. Habermas, *The Philosophical Discourse of Modernity*, Cambridge: Polity Press, 1987, p.365.

③　[德]哈贝马斯:《交往行动理论》第二卷,洪佩郁、蔺青译,重庆出版社1994年版,第504页。

④　[德]J. 哈贝马斯:《生产力与交往——答H.-P.克鲁格》,李黎译,《哲学译丛》1992年第6期。

　　　　所谓"获得了解放的社会"的确是一个容易引起误解的理想。我
　　更倾向于"不受伤害的主体间性"的概念。这一概念产生于对相互理
　　解行为必须具备的条件的分析——它指的是交往行为主体彼此自由承
　　认的对称性互动关系。①

　　很明显,哈贝马斯的意思是,未来的理想社会不是政治经济革命意义上
的解放的社会,而是建立在以互主体性为基础的交往理性基础上的社会。
这个理想社会主要不是由目的合理行为的共同体组成,而主要是由无限制
的交往共同体组成。在交往共同体中,暴力被解除,团结和正义被发扬,个
人的自我实现和自主权成为可能,和解成为人们思想行为的动机。而所谓
"和解","就是人们在不放弃现代社会在文化、社会和经济领域中可能造成
差异的情况下,去寻找共同生活的形式,真正的自主性和依附性在这种放弃
中进入一种和平的关系;和解就是人们能在一种共同性中真诚地生活,这种
共同体不存在向后倒退的实质性的共同体所具有的可疑性"②。
　　总之,未来的理想社会是一个生活世界被彻底解救的社会,一个值得向
往的社会,这个理想社会之所以值得向往,并不是因为它的具体生活方式更
具合理性,而是因为它的成员用以决定其生活方式的程序更具合理性。形
式上完好的交互主体,在自由平等的言谈基础上,在丰富的生活世界背景
下,在遵循真实性、正确性、真诚性、有效性要求的前提下,就客观世界、社会
世界、主观世界中的某些事物进行沟通、协商,达到相互理解或行动上的一
致性,以决定其共同的生活观念和具体的行为方式。简言之,未来的社会之
所以值得向往,就是因为这个社会是在交往理性基础上确立的。交往理性
摒弃了话语的霸权,维护了话语的民主和自由,带来了话语的透明。
　　从上可知,哈贝马斯实际上就是根据交往理论阐述的生活世界交往理
性的标准来衡量时代困境,又根据生活世界交往理性的理想来超越这种困
境,由此形成一支引人注目的现代性批判话语。哈贝马斯的工作引起了一
片轰动,当然,其中夹杂的批评却也不少,有时甚至是高潮迭起。这些批评
主要来自后现代主义者和包括像布尔迪厄这样的著名思想家在内的学者。
　　后现代主义者是站在对现代性和理性彻底否定的立场上批评哈贝马斯
的。在他们看来,当现代性出现根本性困难和历史性错位时,一切挽救现代

----

① 〔德〕尤尔根·哈贝马斯、米夏埃尔·哈勒:《作为未来的过去》,章国锋译,浙江人民出版
　　社 2001 年版,第 113 页。
② H. 鲍克纳:《论哈贝马斯对进步、理性和民主的选择》,李黎译,《哲学译丛》1992 年第
　　4 期。

性和理性的工作都将是徒劳无益的。他们由此指出,哈贝马斯用交往理性来构想未来社会,实际上是挟持了启蒙理性,制造了"交往的乌托邦",最终落入了空想之中。布尔迪厄也曾委婉地说道:"在我看来,促使哈贝马斯将一切现实交往的尺度和规范作为一种理想来表述的前提,只有在极其有限的条件下才能实现。"①面对这些批评,哈贝马斯还是不失风度地予以回应。而他的回应却多少有些让人吃惊。他说,幻想建立在无根据的想象之上,是永远无法实现的;而乌托邦则蕴含着希望,寄托着对与现实完全不同的未来的向往,提供了开辟未来的精神动力。乌托邦的核心精神是批判,批判经验现实中不合理和反理性的东西,并提出一种可供选择的方案。它意味着,现实虽然充满缺陷,但应相信现实同时也包含了克服这些缺陷的内在倾向。它同时意味着,启蒙理性虽然发生了前所未有的断裂,但应首先肯定它的历史成就,相信社会进步的逻辑。许多过去曾被认为是乌托邦的东西,经过数代人的奋斗,在今天终于变成现实,虽然这一过程历经坎坷,甚至一再出现失误和倒退。因此,不能因为启蒙理想的破碎和断裂就去否认理性的作用,否认公正的、理想的社会秩序的建立。正确的态度是,提出一种较为合理的方案,消除当今社会所呈现出来的缺陷,克服它所带来的负面后果,使世界向较为公正的未来发展。生活世界的交往理性就是这样一种方案,它承载着乌托邦的批判使命,担负着弥合启蒙理性、摆脱时代困境的重任。从这个意义上说,交往的乌托邦不是一种空想,而是一种未来的预期,一种理想的憧憬。②

可见,哈贝马斯发动现代性批判,构思交往理性的济世方案,不是无的放矢,而是独有用心。在诘屈聱牙但却耐人寻味的话语中,我们至少可以看到他的工作有值得我们深思、肯定乃至借鉴的东西:其一,在后现代主义思潮的声势显得过于浩大甚至有些泛滥的今天,在一片宣告"主体死亡"、"现代终结"、"理性毁灭"的喧哗声中,哈贝马斯始终将现代性认定为一项没有完成的伟大工程,始终没有放弃对启蒙理想的追求,这一点实在难能可贵。其二,虽然他的方案被不断地贴上"乌托邦"、"幻想"之类的标签,虽然人们经常嘲讽地说,现实生活中,哪来什么交往与共识,谈话中有些人处于中心地位,而有些人则仅仅是配角,即便是达成了共识,也往往是借助声望、舆论或强力。但正如哈贝马斯申辩的那样,正是因为现实障碍的存在,我们才去

---

① 转引自章国锋:《关于一个公正世界的"乌托邦"构想》,山东人民出版社2001年版,"序言"第19页。

② 参见[德]德特勒夫·霍尔斯特:《哈贝马斯传》,章国锋译,东方出版中心2000年版,第143页。

设定不受强制、不受扭曲的理想交往情景和具有规范意义的交往理性。如果连规范的东西都没有了，我们就真的不能交往了。再说，我们不能达成共识，不是因为我们没有这个能力，而是因为我们没有真正诚心地去施展这个能力。莱斯利·A. 豪说得很好，我们是一个非常多样化的物种，是一个具有实现相互理解和达成一致的交往能力的物种。我们不能放弃理性交往社会的各种理想，这样做将使人不寒而栗，难以接受。① 其三，哈贝马斯对生活世界殖民化的深刻批判，实际上暴露的是一个现代经济社会中的深层矛盾，即工具理性和价值理性的紧张关系。这一矛盾不仅成为当代众多市民社会论者形成自己理论话语的基点，而且也深深困惑着人的现实价值选择。哈贝马斯对工具理性的声讨和对回归交往理性的强调，无疑对我们理解和定位市场经济意义重大。

然而，当我们批判地反思哈贝马斯的理论观点时，我们又发现哈贝马斯的确给我们留下了一些疑点。当他说马克思仅仅从经济的一维向度来理解现代社会本质、诊断现代社会之弊时，无形中又给马克思戴上了一顶"经济决定论"的帽子。这顶帽子的不合适在前文中已经指出。"经济决定论"主要是在第二国际理论家中传播并泛滥成灾的，如果将它看作是马克思恩格斯的"专利"，自然是一种极大的误解。与此同时，哈贝马斯在这里也忽视了马克思的最重要遗产，即对人类生活社会维度尤其是对劳动维度的考察。马克思在生产劳动的范式中正确地诊断出时代之弊在于异化，主张以无产阶级革命来扬弃异化，以劳动解放来实现人类解放。而哈贝马斯无论是对资本主义危机和时代问题的分析还是对未来之路的设计，都脱离了马克思的政治经济学批判和社会革命理论，抛弃了生产范式，从而使批判被架空，以至于最终减损了其理论价值。

（二）现代性哲学话语：值得发问的现代性发问

哈贝马斯对现代性所发动的批判，不仅仅体现为对现实层面上由工具理性的体系侵损交往理性的生活世界所造成的"生活世界的殖民化"的批判，同时也体现为对思想层面上现代性话语，即现代性思考方式的批判。之所以需要策划这样一种批判，主要是因为在哈贝马斯看来，当理论家们面对种种现代性的困惑，从而作出不尽相同的反思与回应时，又没有从根本上解决现代性蕴含的内在难题，而只是使得关于现代性的观点纷呈，话语形态迥异，甚至有些光怪陆离，而这恰恰又遏制了以一种普遍性的范式来克服现代

① 参见［美］莱斯利·A. 豪:《哈贝马斯》，陈志刚译，中华书局 2002 年版，第 94 页。

性之困境的可能。

哈贝马斯强调,既然过往的和现在的所有现代性观点和现代性话语,都没有从根本上解决现代性的出路问题,所以它们无一不需要进行审理和矫正,这些现代性的发问本身就值得去发问。于是,在1983年至1984年间,哈贝马斯写成名声大噪的《现代性的哲学话语》(由12篇论文组成),对18世纪后期以降哲学史上的现代性话语作了一次全面的清理与检思,这就形成了他的第二个层面的现代性批判,即声讨现代性谈论方式的思想层面批判。

哈贝马斯的这项工作,是从盘点黑格尔的理论开始的。在他看来,黑格尔并不是第一位对现代性提问的哲学家,但却是"第一位使现代性成为清晰概念的哲学家"[①]。因此,如果想弄清楚究竟何谓现代性,就必须追溯到黑格尔。

哈贝马斯认为,黑格尔的现代性概念有两层含义:其一,指现代的时间意识,即时代概念。黑格尔在《历史哲学讲演录》中,将现代(modern age)解释为新时代(new age),用来表征在1800年前最近的三个世纪,即16、17、18世纪。新大陆的发现、文艺复兴和宗教改革,这三件发生在公元1500年前后的历史大事,构成了现代与中世纪之间的分野。所谓"现代",包含的并不是单纯的编年意义,更重要的是,它成为与古代和中世纪相对的、指向未来的概念。"这是一个为未来而存在的时代,一个向未来的新异性敞开的时代。"[②]现代不是当下或现在,而是以公元1500年前后的历史意识和历史事件为开端的指向未来的发展过程,它既是一次回顾,又是一次展望。在这个意义上,现代是不同于过去的"我们自己的时代"[③]。其二,指自我确定的主体性,即现代性将可以不再借用其他时代提供的模式,而是从自身中创造出规范性,时代必须为自身立法,因此,在思想意识上,现代性完全是自足的。在这个意义上,理性、自我、主体性成为历史的关键词。尤其是主体性,被黑格尔指证为新时代的重要原则,并被赋予四个基本内涵:个人主义(individualism)、批判的权利(the right to criticism)、行动自主性(autonomy of action)与观念论哲学自身(idealistic philosophy itself)。这些主体性原则,集中体现在宗教改革、启蒙运动和法国革命中,体现在现代科学(科学中的自由来自对自然规律的认识)、道德和浪漫艺术等形式中,构成了人们对现代性的终极理解。黑格尔现代性概念的上述含义,哈贝马斯自然也是认同的,

① J. Habermas, *The Philosophical Discourse of Modernity*, Cambridge:Polity Press,1987,p.4.

② J. Habermas, *The Philosophical Discourse of Modernity*, Cambridge:Polity Press,1987,p.5.

③ J. Habermas, *The Philosophical Discourse of Modernity*, Cambridge:Polity Press,1987,p.7.

其本质内容,在哈贝马斯看来,就是自我意识、自我实现和自我决断的理性精神,它是"主体—中心的"(subject—centered)理性原则。

哈贝马斯指出,黑格尔完成了现代性观念的哲学设置之后,又不得不面对现代性所带来的根本性困难,否定现代性的时间意识和自我确定的主体性原则。当黑格尔用整体历史的绝对观念来规定与整合现代的时间意识和主体性原则的时候,实际上已经意味着他对现代性的两层基本含义的哲学批判。然而,在哈贝马斯看来,颇具反讽意味的是,这种批判仅仅实现为主体哲学范式自身的自我批判。基于此,哈贝马斯认为,黑格尔建构现代性的尝试最终归于失败。

哈贝马斯说,自黑格尔之后,现代性哲学话语一直沿着一条固定的逻辑道路发展,即在不断反思现代性的时间意识和主体性原则及其所带来的根本性困难的同时,又在不断否定这种时间意识和主体性原则。从黑格尔、马克思到尼采和海德格尔,从巴塔莱、拉康到福柯和德里达,这种否定没有任何实质性的变化,都是针对以主体性原则为基础的理性。然而,他们和黑格尔一样,都陷入了无穷无尽的困境之中。首先是从青年黑格尔派走出的马克思,他借助于实践概念来谈论异化、革命与解放,以此解决他所属于的那个时代的问题。但实践哲学依然还是主体哲学的一个变种,它虽然没有把理性安置于认知主体的反思当中,但把理性安置在了行为主体的目的合理性当中。在行为者和可以感知、可以掌控的对象世界的关系之中,只能出现一种认知—工具理性。理性的一体化力量,即现在所说的解放实践,是不可能进入这种目的合理性的。马克思的困境延续到了卢卡奇、葛兰西、霍克海默与阿多诺等西方马克思主义哲学家那里。对于霍克海默与阿多诺来说,主体理性在资本主义中的无限制延伸,最直接的后果便是启蒙与反启蒙的神话的无限制纠缠。可是,在指认了这一困惑之后,他们又无力走出这一困惑。这是马克思主义阵营中的一条现代性话语路线。

另外,试图打破西方理性主义框架的尼采,也沿取了黑格尔所肇始的现代性批判逻辑,并形成了一种十分抢眼的现代性哲学话语。当尼采同样体认到现代性的错位与分裂之后,竟石破天惊地指出,现代性已不能为自己立什么法则,所谓现代性,其实压根就没有什么。因此,他没有对主体中心理性再作一次内在批判,而是放弃了启蒙辩证法的纲领,以此告别现代性。哈贝马斯认为,尼采的这种现代性话语已属"后"思想系统,因此,尼采实际上开出了后现代性哲学话语的传统。自尼采之后,现代性哲学话语发生了一种明显的分歧,具体言之,"怀疑论者试图借助于人类学、心理学和历史学方法来揭示权力意志的反常化、反作用力的抵抗和主体中心理性的出现,这些人有巴塔莱、拉康和福柯;形而上学内在的批判者,使用一种特殊的知识,将主体哲学的根源追寻到前苏格拉底,以从内部对形而上学进行彻底的颠覆,这些人主要是海德格尔和德里达"①。但是,怀疑论者和形而上学内在的批判者之间的分歧不是根本性的,他们其实都不约而同地接受了尼采的传统,因而都试图通过发动对本质主义与基础主义的彻底批判来突破现代性之禁锢,克服笼罩了整个世界的主观主义。但遗憾的是,他们都没能走出黑格尔所划定的圈子。因为,当面对现代性在实践中的种种缺憾时,他们要么以主体哲学的幽灵超越主体哲学的视域(这是典型的黑格尔式困境),要么干脆打出结束理性、结束启蒙的旗号,歇斯底里地声讨现代性。这是当代西方哲学中的一条现代性话语路线。

通过清理自黑格尔以来的现代性哲学话语,哈贝马斯总结道:

> 自 18 世纪末以来,现代性话语名称一直不断翻新,但却有一个主题,即社会整合力量的衰退、个体化与断裂。简言之,就是片面的合理化的日常实践的畸形化,这种畸形化突出了对宗教统一力量的替代物的需求。②

黑格尔以来的现代性哲学家,实质上都在力图寻找这种替代物,以弥合启蒙的裂痕,由此形成他们对现代性的种种发问。然而,在哈贝马斯看来,他们对现代性的发问,统统都落入了一个圈套之中,即始终立足于孤立主体的意识哲学思维而展开对主体性的批判。这种批判由于只是主体自我的自反性批判,仅仅表现为主体自身与它的镜像之间的相互映照,因此,这种批判不能真正超越主体的中心化,于是也就不可避免会造成现代性话语的根本错误。这种根本错误在于既不能根除实际的现代性困境,又使得对现代性的谈论陷入瘫痪。这是现代性思考方式的根本性错位。

哈贝马斯指出,要克服这一根本性错位,必须走出意识哲学的思维圈套,将单一主体的主体中心理性置换成交互主体的交往理性。这是因为,从交往理性的向度来理解现代性具有明显优势:

首先,主体中心理性建立在主体的独白基础上,而交往理性则建立在主体间的参与和相互理解基础上。与主体中心理性相比,交往理性避免了对象化思维中的多重矛盾与对立。因为交往是以协商为原则、以同意为机制、

---

① J. Habermas, *The Philosophical Discourse of Modernity*, Cambridge: Polity Press, 1987, p.97.
② J. Habermas, *The Philosophical Discourse of Modernity*, Cambridge: Polity Press, 1987, p.139.

以相互理解为目的的过程,它寻求的是不同对话主体的平衡。

其次,交往理性的设置总是与生活世界这一质点相关联。生活世界包含三个要素,即文化、社会和个性。就文化而言,是指知识的储存,交往参与者对某个东西进行理解时,他们可从中获得可能达到一致诠释的资源;就社会而言,是指合法的秩序,交往参与者在与他人进行交流的时候,可从中获得基于不同集团归属的休戚与共感;而就个性而言,则是指使一个主体在语言能力和行动能力方面具有的权限,这样的主体能够在一定的语言环境中介入相互理解的过程,并在互动的变化语境中保持自身的统一性。作为一个文化生活的场域,生活世界保持不断的更新与再生产。从生活世界三要素的含义来看,文化的再生产保证了传统的延续和知识的协调,可以满足日常生活实践的需要;社会的整合则有利于行为的协调与集团的同一性;而每个社会成员的社会化则关注个人生活史的和谐与集体的生活方式。简言之,生活世界的再生产带来的是,有效的知识、共存和个人确认。实际上,所有这一切都有利于逐步减少对传统、习惯的过分依赖,因而有利于巩固现代性的时间意识与它的自足性。因为,生活世界是在不断交往行动中保持再生产的,它的出场,保证了知识、传统和个体存在得以连续,从而避免了传统为现代立法的可能。

哈贝马斯的观点一经出笼,就得到了积极回应。西拉·本哈比曾肯定地指出,生活世界给现代性带来了三重可能性。"在社会团体领域,通过实践话语而实现的一般行为规范之交感式产生首当其冲。在个性形成领域,个体特性之完善变得更加依赖于个体在超越常规角色和个性界定之条件下编排一个有条理的生活故事时的反身的、批判的态度。一个人的自我界定与建立起来的社会实践相比,变得越来越自主;与僵死的角色理解相比,变得越来越灵活。同样,文化传统的占用变得更加依赖于当代解释者的创造性解释学。现代世界之传统失去了其有效存在的合法性,仅仅是因为它是过去时代的方式。现在,传统的合法性依赖于考虑到目前意义问题之灵活的、创造性的占用。从这三重方式来看,参与原则并非与现代性相对立,它恰恰是现代性首要先决条件之一。在每一个领域——社会、个性和文化,即公共生活之运行、超越时间的稳固个性之形成以及文化传统之延续——中,个体深思熟虑的努力和贡献对现代性来说变得很关键。"[1]而哈贝马斯自己

---

[1] Seyla Benhabib, "Models of Public Space: Hannah Arendt, the Liberal Tradition, and Jürgen Habermas", in Craig Calhoun ed., *Habermas and the Public Sphere*, Cambridge: The MIT Press, 1992, pp.85-86.

也志得意满地以为,他在一种主体间性的话语模式中找回了现代性的初始方案,从而以改写现代性哲学话语之大气重返黑格尔哲学之初的十字路口,为启蒙、为现代性重设坐标。

通盘考论,我们可以说:哈贝马斯对现代性所采取的双重批判——针对社会现实层面上体系对生活世界的殖民侵略和统治,以及针对思想层面上现代性的思考方式——看上去似乎毫无干系,但其实它们是相互关联、彼此融通的:其一,实质上,自黑格尔以来,包括哈贝马斯在内的哲学家所思考的现代性问题是共同的,即如何看待和解决主体理性所造成的现代性困境的问题。由于出发点和所采取的思考方式不同,他们对这一问题往往都作出了不同的判断,采取了不同的处理方案。对于哈贝马斯而言,他依据体系—生活世界的分析框架,将上述问题检视为工具理性遮蔽交往理性的过程,即以工具理性为基础的经济行为和行政管理行为日益严重地侵蚀生活世界的合理结构,使得生活世界的交往理性失去其有效性,最终导致现代社会的危机征候。这便形成了上述第一种批判。而对于自黑格尔以来的现代性论者来说,他们由于局限于意识哲学思维,因而要么把主体理性的克服视为不可能,要么干脆将理性完全悬置或彻底抛弃。所以最终放弃了对现代性的追求和理论谋划。而这正是哈贝马斯上述第二种批判所针对的主要问题。因此,上述两种关于现代性的批判都是导源于同一个问题,即如何理解和看待现代性困境的问题。其二,既然正如上文所示,两种批判都同时系于对"现代性是一项远未完成的工程"的认定,都在试图精心回答"现代性何以远未完成"、"什么原因导致现代性屡屡不能完成"、"现代性为何必须去完成"以及"现代性如何去完成"等问题,因此,这两种批判形成内在的连通与统一是顺理成章的事情。其三,哈贝马斯从第一种批判中引出的结论是,工具理性会不会无限度扩张,完全取决于生活世界的交往理性能不能得到充分释放,潜在的含义是,交往理性是工具理性的对抗和抵消力量,只要人们能够固守生活世界这一颇具人性味的文化阵地,让交往理性的原则能够充分发挥出来,体系之工具理性便不会构成威胁力量,生活世界也就不会被殖民化。而哈贝马斯通过第二种批判所得出的结论是,人们不能从主体—客体二元对立的意识哲学出发来理解现代性及其困境问题,而只能从互主体的交往理性出发来理解这一问题。所以,这两种批判所得出的结论也是共同的,即以交往理性来检视现代性。当然,如果要问这两种批判到底孰轻孰重,或者问哪一种批判更触及了现代性之根本,哈贝马斯似乎并没有给出一个明确的答案。但是,他还是十分看重这样一个判断:如果真正解决了现代性责问方式本身,现代性问题也便会不攻自破,因为起码是现代性话语的道说使得我们谈论现代性成为可能,话语本身就是一种现代性。可以推知,思想层面的批判,在哈贝马斯的心中更重一码。

一个明显的事实是,在对现代性的双重批判中,哈贝马斯的态度并不是暧昧不明的,相反他始终认为:虽然生活世界处处都面临着政治和经济体系的"围追堵截",它的机制时时都有可能遭到权力机制和金钱机制的冲击与腐蚀,但它仍然是可以被解救的,而且也是必须要被解救的;虽然现代性言说自黑格尔以来就一直处于瘫痪状态,但它依然是可以继续言说的,而且也是必须要言说下去的。哈贝马斯对现代性的这一态度,与他对现代性之未完成性的认定是完全一致的。在1980年9月捧得阿多诺奖时发表的题为《现代性——一个未竟工程》的激情演讲中,哈贝马斯指出,现代性出现困境并不意味着现代性的资源已经枯竭,毋宁说它仍不失为一项人类值得为之奋斗的光辉工程,启蒙思想家关于社会进步和人的解放的价值与理想仍然有效,因此不应像后结构主义者那样将现代性理解为已经终结了的任务,而应把它理解为一项未竟工程(unfinished project)。哈贝马斯对现代性之未完成性的理解,不仅构成他批判现代性的前定理由,而且更为重要的是为他的现代性话语的进一步展开提供了可能起点,这与法国后结构主义者是完全异质的。根据后结构主义者对现代性的理解,唯一的工作便是拆解现代性的一切成果,对现代性之本质主义基础作釜底抽薪式的批判;根据哈贝马斯对现代性的理解,在将现代性之困境暴露出来并把它推向审判的前台之后,还要谈论对现代性的修正与重建。然而,谁能担得起修正现代性之重负?它何以能够承担如此重负?它怎样去承担如此重负?无论从理论之完备还是从现实之诉求观之,这些问题都是哈贝马斯必定要面对、必须要回答的。

(三) 理性的重建:现代性批判的逻辑"落点"

对于上面提及的"修正现代性"诸种问题来讲,哈贝马斯最为看重的理论与现实构件,乃是他在策动双重现代性批判时指涉的共同关键词——交往理性。也就是说,哈贝马斯谈论修正与重建现代性的充分、合理根据,存在于交往理性之中。而交往理性的提出以及认同,作为对理性之可能性的一种重新规划,从根本上说,就关系到理性重建的问题。在某种意义上说,只有对这一问题予以彰明,哈贝马斯才能够为现代性批判锁定逻辑"落点"。

不可否认,自黑格尔以来,包括马克思、生命哲学家、存在主义、西方马克思主义、后现代主义以及新自由主义等在内的各路哲学家和哲学派别所发动的诸如意识形态批判、大众文化批判、技术理性批判、性格结构批判、现代国家批判等名目繁多的现代性批判,实质上都不约而同地指向了使现代性真正出场的主观理性和工具理性。因此,近现代思想场域中的主观理性和工具理性无疑成为现代性困惑的原罪。那么,除了本身固有的价值意旨使然之外,主观理性和工具理性缘何会给现代性活动平台带来一片无措与迷茫? 这个问题之被提出自然不是无的放矢,它关涉到哈贝马斯重建理性的原初逻辑起点。

　　问题的答案主要在于启蒙理性的分裂这一事实,即现代社会主体中心理性取代中世纪统一的宗教世界观而导致的各个价值领域的分崩离析和实体理性的解体。这种分裂不仅表现在社会层面上,也表现在理论层面上。理论上,对价值领域和理性的分裂作出经典规定的是康德。康德批判了统一的理性观,指出不同的知识和行为领域遵循不同的内在逻辑,承载不同的理性原则。他的三大批判指认了在三大领域中存在的三种理性原则:在以客观世界为对象的认知领域,起作用的是理论理性;在社会领域,人要遵循实践理性;在思维领域,审美理性起决定性作用。康德对三大理性的区分,实际上将价值领域和理性的分裂最终确立下来。哈贝马斯清楚地意识到了这种分裂,在《交往行动理论》第二卷中,他对这种分裂作出了如下确认:

　　　　通过宗教世界观和形而上学世界观所表达的实体理性,交错地表现在因素中,这些因素只是通过论证的形式联系在一起的。这样,流传下来的问题,在真实性,规范正确性,实在性或美的特殊观点下划分,并且可以作为认识问题,正义性问题,趣味性问题对待,区分为科学、道德和艺术的价值领域。在相应的文化行动体系中,进行着道德理论,法律理论等科学研究讨论,艺术生产和艺术批判,作为专业人员的事务而机制化。文化传统的手工业上的加工,在一种抽象的运用方面,划分出认识工具性、道德实践和美学带表情的知识复合体。①

　　可见,哈贝马斯实际上是以范式的方式排列出三种类型的理性原则:认知的、道德的和审美的,这明显是对康德三大理性的进一步确认。这些理性各有自己的原则、方法和观点,它们彼此不能相互还原,也不能用一种理性的标准来判断另一种理性。

──────────

①　[德]哈贝马斯:《交往行动理论》第二卷,洪佩郁、蔺青译,重庆出版社1994年版,第422页。

作为启蒙现代性战胜神学世界观的结果,理性的分裂一方面带来了现代文化的成就,促成了专门知识结构的形成;另一方面,由于不同行为领域和相关理性原则是相互分立、相互抵触的,因而当建立在科学认知基础上的主体理性因为顺应资本主义现代性发展之根本要求而被推为第一指导性活动准则时,主体理性的问题就必然要出现了。它脱离了道德、价值、意义以及审美关怀,唯余对利益的直接诉求。正因为如此,在一个主体理性占绝对支配权的现代社会中,各种生存要素常常由于理性的分裂而被实际地遮蔽起来。这理所当然地要造成现代性的危机征候,从而使得人们在面对扑面而来而又不可预测的生活风险时产生忧患意识,甚至是不知所措,并且引起理论家对启蒙理性的无尽反思与深刻检省。

理论家审思现代性、批判理性,无非是要解决在现代社会中分裂的理性是否还能够重新统一起来的难题。亦即他们关切的不仅仅是从何种角度、以何种方式来声讨现代性的失范,更重要的是怎样将主体理性、价值理性与审美理性在新的基础上弥合起来,使业已分化的不同生存要素有机地组合在一起,以此驱散笼罩在现代人生活上空的无措与迷乱之雾,回归曾经有过的"美妙直觉"。黑格尔和韦伯的理论努力就为此提供了很好的说明。但正如哈贝马斯所指证的,无论是黑格尔还是韦伯,都不能成功地解决这一问题。就黑格尔来说,他虽然提出了无所不包的绝对理性概念以克服主体中心理性的困境,然而绝对理性却最终由于自身的庞大笨重而内耗,并且从质上来说它还是一种主体理性,试图涵盖一切的总体性在宏大主体的统摄下最终失去对主体与客体、理论与实践、价值与利益关系的协调能力,因为在主体范围内策划对单一主体之限度的克服势必意味着要失败。就韦伯而言,他虽然"提出了一个实践合理性的复合概念,这个复合概念以目的合理的行动方面,与价值合理的行动方面的连结为出发点。但是,韦伯在另外一方面,却完全按照目的合理性来考察社会合理化"①。也就是说,韦伯虽然区分了两类社会行为,但实际上,他却只是在目的—工具行为中和康德区分的认知领域内体察理性,从而将启蒙理性实际地还原为单一的工具理性。这种做法既不可能实现理性的统一,又容易陷入悲观主义之境。

这是否就意味着在近代无可挽回地失去它最初的统一性并分裂为不同部分之后,理性将不可能获得重新统一?或者说,在一个以"分化"为显性

① [德]哈贝马斯:《交往行动理论》第一卷,洪佩郁、蔺青译,重庆出版社1994年版,第323页。

标志的现代社会中,谈论理性的统一是否还是合法的？在一篇标题为《理性在其多种声音中的统一性》的论文中,哈贝马斯给出了肯定性的回答。因此,构建一种新的理性以实现理性的重新统一就顺理成章地成为他重建理性的首要大事。这是哈贝马斯致力于研究交往理性的初衷,它也说明,交往理性必须要担负起弥合理性之重任。但这还只是一种理论的承诺,甚至只是一种口号,因此接下来的工作便是对交往理性之"能力"的证立,这对于哈贝马斯来说是在学理上进行理性重建的重要一环。

　　首先,从与社会行为的对应来看,交往理性扎根于交往行为之中,交往行为构成它的现实载体。且不论交往行为有多少假定的成分,就理论的贯通而言,从交往行为出发理解理性具有较比其他行为视角的独特优势:其一,与工具性行为、规范调节行为和戏剧式行为仅仅与单一的价值世界相关联不同,交往行为作为一种言语行为总是反思地同客观世界、社会世界和主观世界相关联,所以每个行为者都会自觉或不自觉地同时提出所有三个对应的有效性要求:在论及客观世界时,陈述应是真实的;在论及社会世界时,陈述应是正确的;在论及主观世界时,陈述应是真诚的。这表明,语言交往既包含了理性分裂的所有方面,又把所有这些方面内在地联系与统一起来,因而其释放的合理性将更全面,对于理解理性裂缝的弥合将更有意义。其二,交往行为由于同所有知识领域发生意义的关联,因而理性比其他行为理性更容易预防知识的分化,更有可能通过为不同领域知识之生长提供潜力而使人类知识在一条最具合理性的轨道上发展。其三,与工具性行为、规范调节行为和戏剧式行为支离破碎地理解语言的"相互理解性中介功能"相反,交往行为由于将语言的运用看作行为本身,因而更全面、更有张力地理解语言的媒介功能。

　　其次,从与生活世界的对应来看,交往理性内在于生活世界之中,生活世界构成它的存在空间。从生活世界出发理解理性同样具有明显意义:其一,生活世界由于包容文化、社会与个性,因而将知识、规范与个体存在整合为一体,这有利于消解理性分裂的根本性前提,并有助于理性规范产生新的聚合。其二,生活世界由于植根于现实人的实践活动,因而在生活世界中把捉理性突破了在纯思维领域中把捉理性的局限。作为传统形而上学的基本特质,在纯思维领域中把捉理性使理性概念背负上本体论和绝对论的意义。具体言之,传统理性是作为宇宙的普遍法则或者主体的先天本质而存在的。它要么被视为世界固有的秩序,承载着无所不包的统一性诺言;要么被说成是主体与生俱来的先验能力,在自然和历史中贯彻自身,并赋予自然和历史以一种合理结构;有时还被解释为主体和世界共有的本质,主体在理性结构的世界中认识自身。它是一种"实质理性,它能统辖世界本质,并从中识别自身"①,它构成人与外界的终极原因或先验根据,成为一切权威和真理的最终来源。如果说在近代以前它适合人们的致思路向因而具有思辨的社会解释力,那么在近代以后随着科学技术之劲猛发展,它在解释社会时就显得越来越苍白无力,而当"反形而上学"被升腾为一种时代口号从而形成对它的严峻挑战时,它的局限就更是暴露出来。与之相反,作为反形而上学的重要支派,生活世界学说强调对理性的把握应以活生生的交往实践为基础,以生活世界的布展为界面。虽然生活世界作为一种机能分析是静态的,但它作为交往行为的背景假设和信念储存库而出场时却总是流动的。一方面,行为的环境在现实交往中总是构成交往参与者生活世界的"交集",即交往参与者为了尽可能地达致相互理解与一致认同,必须随时调动自己生活世界中的相关资源,以使他们能够获得话语重叠与知识共认。这决定了生活世界应论题的需要而形成若干游段,以此保证它能在交往的实际进程中灵活移转,形成对相互理解的背后支持。另一方面,生活世界为了防止交往因权力、金钱媒介的强制以及谎言、利诱的侵蚀而被扭曲,必须保持不断的再生产以实现自身更新。生活世界的再生产保证了有效知识的连续、群体相互一体化的稳定以及有责任行动者的教育和成长。生活世界的再生产由交往行为所发挥的作用来滋养,交往行为反过来又依赖于生活世界提供的资源,这使生活世界的象征性再生产呈现为一个循环过程。这样一来,生活世界的流动性便破除了形而上学理性的本体承诺,使交往理性不再负有传统理性的先验使命。如果说传统理性由于失去了对现代社会进行解释的合法性因而不可能承担弥合理性之重任,那么交往理性因为超越了传统理性之限度因而在弥合理性上是完全可能的。

我们对交往理性弥合理性之能力的论证不是远离哈贝马斯的思想根本,而是对其重建理性话语的真实再现。从他重建理性的整体语境观之,以交往行为和生活世界的观点来揭示理性的内涵,不只是为了弥合分裂的启蒙理性和抗拒传统的形而上学理性,同时也是为了在理论层面和社会层面上批判工具理性。理论层面上,主要是批判韦伯、霍克海默和阿多诺等人仅仅在工具行为中把握理性并由此将理性归结为工具理性的做法。哈贝马斯指出,他们之所以把理性归结为工具理性,是因为他们完全忽略了在人的交往中通过语言的共识形成的特殊规范,忘记了在人类社会形成之初内在于

---

① [德]于尔根·哈贝马斯:《后形而上学思想》,曹卫东、付德根译,译林出版社2001年版,第34页。

语言交往的整体理性要求。又指出,理性决不能还原为技术原则,也不能等同于目的—手段的合理性,理性的工具化思维所带来的结果只能是理性的摧毁。社会层面上,主要是批判工具理性对交往理性的侵蚀以及由此而带来的时代困境。哈贝马斯不止一次指出,在现代社会中,工具理性过于膨胀,以至于它以强大的渗透力直指生活世界的交往理性,造成生活世界的殖民化和交往理性的异化,带来社会的非理性化。正因为如此,对抗工具理性无可阻挡地成为哈贝马斯重建理性的重要旨趣,当然也是他重建现代性工序中不可避开的重要一环。

由上可知,无论是在理论自身的策略上,还是在理论对现实的关怀上,重建理性实际上可以简单地等同于启蒙如何在现代社会中修补自身的理性规划。这一界定对于哈贝马斯来说虽然是主语位移的,但正因为如此,才说明哈贝马斯的工作不只是对一个知识分子而言的,它作为一项事关宏旨的大业是指向人类的。也正因为如此,哈贝马斯的工作是完全可以避开"价值无涉"的诘难的。虽然由于他将周详细致的分析与小心翼翼的辩驳重点放在对交往理性之"能力"的证成上,因而不免有些维护话语霸权的意味,但我们还得承认,交往理性能够在一个由新自由主义、新保守主义、后现代主义、民主社会主义、民族主义、女权主义以及社群主义等西方20世纪后期主要意识形态和政治哲学的复杂交锋导致的话语"险恶"时代光亮出场,本身就是一件令人欣慰、让人舒怀的事情。以交往理性的建构来理解现代性之重建,根据我们的判断是完全可以上手的,这不仅是因为交往理性兼具弥合启蒙理性之"能力"和抗拒工具理性之"本领",也在于它将语言性、论证性以及重构性等特征融于一身,而这些特征无论是在逻辑上还是在实践上都与"重建"之工事相通合。这清晰地表明,哈贝马斯现代性重建话语在理论上是融贯的、丰盈的,在现实指向上也能当得起"精察洞问"四字。这自然是哈贝马斯现代性批判独特的思想魅力之重要所在,也是哈贝马斯政治哲学的研究在国际学术界兴起与持续升温的背后之重要根据。

第六章　阿伦特对马克思政治哲学的证成与再遮蔽

作为 20 世纪最具原创性的政治哲学家之一,阿伦特既是通过构建和区分概念,又是通过梳理和确立思想史线索来形成其思想叙事的。而在阿伦特所梳理和确立的思想史线索中,马克思又是最关键的一个人物。在一定意义上,阿伦特正是凭借对马克思的独特解读,来架起通往政治哲学的思想桥梁的。这不仅意味着马克思在阿伦特政治哲学的建构中占据了不可撼动的一席之地,而且也反过来,意味着阿伦特在马克思政治哲学的历史推演中发挥了至关重要的作用。理由就是:如果说马克思丰富的政治哲学思想被 19 世纪后期以来所盛行的实证主义理解模式所深深遮蔽,那么阿伦特则在对马克思的解读中,将其整体性地界定为政治哲学家,并有意识地突出了其政治哲学的深刻影响力。就此而论,阿伦特虽然在严格意义上不是一位西方马克思主义者,但对于把握马克思主义政治哲学传统在 20 世纪所发生的多重变奏,她对马克思所作出的独特解读,却是我们无论如何都无法回避的一个论题。

一、阿伦特对马克思政治哲学的证成

马克思之所以成为阿伦特所梳理和确立的思想史线索中最关键的一个人物,一个很重要的原因,就在于后者深刻洞察到了前者在其后的学术和历史上所产生的无可比拟的重大影响力。在《马克思主义与西方政治思想传统》第一手稿中,阿伦特开宗明义地指出:"要对卡尔·马克思进行思考或写点什么,决不是一件容易的事情。他对晚近已经在民族国家取得政治上平等和合法参政权利的工人政党有着极大的影响。学术界对马克思的无视在他故去后还没有延续到 20 个年头,他的影响力再度逐渐上升。20 世纪20 年代,这一广泛的影响从稍微有点落伍于时代的、严格定义上的马克思主义研究,扩大到社会科学、历史科学等所有领域。"①在第二手稿中,阿伦

---

① [美]汉娜·阿伦特:《马克思主义与西方政治思想传统》,孙传钊译,江苏人民出版社 2012年版,第 3 页。

特又进一步强调:"关于马克思的影响,支持者和批判者都不在少数,但要说它产生的科学影响,可以说其他伟大的科学家也具有这样大的影响。可是,马克思思想的实际冲击力,完全在科学以外的领域,超越了学术的、科学的领域。而且,严格地说,他的著作中与学术、科学的领域完全不同的、非科学的那部分,却扎根于现实。"①"马克思所产生的影响及其科学工作的根底里的东西是什么?要回答这个问题,很难找到合适的说辞。真要说的话,恐怕是他的政治哲学。马克思对此并未特别精雕细刻,也不是始终明确,但是它产生的冲击力要比那些精心论述的理论产生的影响的总和还要大"②。

从以上论述来看,阿伦特在虔敬地描绘马克思的思想所产生的重大影响力时,实际将马克思理论工作的核心认定为政治哲学。阿伦特的这个认定绝不是一个简单的学理性的阐释,而必然是马克思哲学理解史上具有重大标志性意义的一个学术事件。因为在马克思哲学的理解史上,长期占据主导地位的实证主义模式并没有为政治哲学开辟出合法性的阐释空间,以至于在马克思、恩格斯之后的很长一段时间内,都不存在"马克思政治哲学"甚至"马克思主义政治哲学"这样的说法。虽然卢卡奇、柯尔施、葛兰西等西方马克思主义者在解读马克思时,从各自的视点建立起了政治哲学的理论维度,但他们毕竟都没有像阿伦特这样直截了当地在"政治哲学"的名下来认定马克思的理论工作及其影响。20世纪70年代之后,英美分析的马克思主义围绕"马克思与正义"所进行的讨论,固然为马克思政治哲学的历史阐释以及马克思主义政治哲学的当代建构注入了全新的活力,但这毕竟是在阿伦特之后的事情。如果这些情况充分表明,阿伦特是真正第一位将马克思的思想一体置于政治哲学问题域中来解读和解释的人,那么她在开显和证成马克思政治哲学上所作出的开创性贡献,是任何人都无法否认的。

进而论之,阿伦特之所以在开显和证成马克思政治哲学上作出了开创性贡献,不仅仅是因为她是在政治哲学的问题域中解读和解释马克思的,而且更是因为她是基于历史概念来界定马克思的政治哲学的。

在《马克思主义与西方政治思想传统》中,阿伦特这样说道:"如果要讨论马克思的话,不仅要讨论产业革命,另一方面也不得不讨论18世纪政治革命以后的时代存在的、能涉及的近代世界的传统思想。而且,还有两个与

---

① [美]汉娜·阿伦特:《马克思主义与西方政治思想传统》,孙传钊译,江苏人民出版社2012年版,第83页。

② [美]汉娜·阿伦特:《马克思主义与西方政治思想传统》,孙传钊译,江苏人民出版社2012年版,第84页。

世界上狭义的政治事件相对独立的、这个时代给近代人带来的新的主要问题,那就是劳动问题和历史问题。马克思著作的意义,既不在于其经济理论,也不在于有关革命的论述,他热衷于这两个新的主要难题。"①阿伦特既然认为马克思热衷于劳动问题和历史问题,那么后者的政治哲学在她的视界之中,必然就是一种以历史概念为根基所构建的理论。阿伦特基于历史概念来界定马克思的政治哲学,无疑显示了其敏锐而独到的学术眼光,因为正如前文所述,马克思政治哲学是以一种历史主义理论的独特形态呈现在政治哲学史上的,揭示、发现和构建"历史",是其重大的理论特色和思想目标。鉴于马克思政治哲学中的"历史"不是一个直截了当的显在概念,而是一个需要深入挖掘的隐在概念,我们有理由认为,阿伦特对马克思政治哲学的界定和阐释,实质已经构成了对这一理论的证成和建构。

不仅如此,阿伦特更深刻的地方,还在于她是在近代以来整个政治哲学史中,来证成和建构马克思以历史概念为内核的政治哲学的。阿伦特的这一工作,集中体现在《过去与未来之间》中。在此书的第二篇即"历史概念"中,阿伦特这样说道:

> 现代之初的一切都指向了对政治行为和政治生活的提升,十六和十七世纪在新政治哲学上如此繁荣,却几乎没有意识到要对历史本身的重要性做出任何特殊的强度。相反,新政治哲学关心的是摆脱过去,而不是恢复历史过程。霍布斯哲学独一无二的特征是,他一心一意地关注未来,坚持对思想和行动作以结果为导向的目的论解释。人只能认识他自己制造的东西的现代信念,似乎与对行动的崇扬相一致,而不是与历史学家的基本沉思态度和一般的历史意识相一致。

> 由此,霍布斯与传统哲学决裂的原因之一就是,所有先前的形而上学都追随亚里士多德,主张追问万物的第一因乃哲学的第一要务,而霍布斯争辩说,相反,哲学的任务应该是指导人们的意图和目标,建立一套合乎理性的行动的目的论。这一点对霍布斯来说是如此重要,以至于他坚持认为动物也能够发现原因,从而发现原因的能力并不是人与动物之间的真正区别;他发现,人和动物的区别毋宁说是在这样一种能力上,即人能够计算"某些现在的或过去的原因导致的结果……而这一迹象我从来不曾在人之外的生物身上看到过"。现代不仅一开始就

---

① [美]汉娜·阿伦特:《马克思主义与西方政治思想传统》,孙传钊译,江苏人民出版社2012年版,第7页。

带来了一种新的、激进的政治哲学——霍布斯只是一个范例,尽管是最有意思的范例——现代还第一次产生了愿意以政治领域的需求来引导自己探索的哲学家;这种新的政治指向不仅出现在霍布斯身上,而且也出现在洛克和休谟身上。可以说,在黑格尔将形而上学转化为一种历史哲学之前,就已经有了这样的为了政治哲学而摆脱形而上学的尝试。

　　在任何对现代历史概念的思考中,一个很困难的问题就是如何解释为什么历史概念在十八世纪的后三分之一的时间里突然兴起,接踵而至的则是人们对纯粹政治思考之兴趣的衰退。(必须得说,维科是一位先行者,他的影响直到他身后两代人之后才为人所察觉。)即使有人还残存着对政治理论的本真兴趣,最后也以绝望告终,就像在托克维尔那里一样;或者以政治混同于历史而告终,就像在马克思那里一样。①

　　在以上论述中,阿伦特指出了一个对于把握马克思政治哲学乃至全部近现代政治哲学来说尤为关键的问题,这就是从现代早期到现代晚期,政治哲学在论题上发生了一次根本性转换:在现代早期,政治哲学所关注的核心论题是政治;而到了现代晚期,政治哲学所关注的核心论题则转换成了历史。实际上,要真正透彻地理解作为一种历史主义理论的马克思政治哲学,特别是要透彻地理解其所包含的"历史"概念,就绝不能仅仅将视野局限于马克思本人的文本,而应当把思维的触角伸向近代以来的思想史,切实地思考阿伦特所指出的这个问题。

　　实质上,现代早期的政治哲学家之所以关注政治而不关注历史,与他们所面对和承担的理论任务是密不可分的。如果说阿伦特在以上论述中所提到的霍布斯、洛克和休谟是现代早期三位最重要的政治哲学家,那么这三位政治哲学家所共同面对和承担的一项理论任务,就是如何在价值和理论层面为新时代立言,从而在更长远的意义上开启一个新时代。这项任务决定了,这三位现代早期政治哲学家根本不可能把回过头去总结历史作为其根本的努力方向,而必然把根本的努力方向调整为阿伦特所说的"对政治行为和政治生活的提升"。

　　进一步说,霍布斯、洛克、休谟等现代早期政治哲学家的关注点虽在政治而不在历史,但从他们理论的背后,我们却又能够挖掘出一直通向马克思

───────────────

① ［美］汉娜·阿伦特:《过去与未来之间》,王寅丽、张立立译,译林出版社2011年版,第72—73页。

的那个真实的历史。这是为什么？

如果说霍布斯、洛克以来政治哲学的根本母题是权利和自由问题，那么这一根本母题既是政治性的，也是经济和社会性的。因为在近现代政治哲学中，权利不是一个无所不包的普泛性概念，其初始和核心含义，就是以劳动为前提的财产权和所有权。这一点，在洛克的《政府论》（下篇）中有过明确表述。洛克这样说道："每人对他自己的人身享有一种所有权，除他以外任何人都没有这种权利。他的身体所从事的劳动和他的双手所进行的工作，我们可以说，是正当地属于他的。所以只要他使任何东西脱离自然所提供的和那个东西所处的状态，他就已经掺进他的劳动，在这上面参加他自己所有的某些东西，因而使它成为他的财产。"①洛克所开启的权利观念，代表的不仅是一个理论层面的问题，同时更是一个现实历史的问题。这个问题的实质是：由于以劳动为前提的财产权和所有权构成了现代市民社会最本质的要素，所以归根结底，霍布斯、洛克、休谟围绕权利、自由及正义等核心政治哲学论题所进行的阐发，都可以追溯到现代市民社会的出场与形成这个重大的历史背景。如果说这些现代早期政治哲学家所承担的为新时代立言，从而开启新时代的理论任务，就是在这个历史背景下确立起来的，那么大致可以这么认为，这个新时代，就是一个由现代市民社会所表征的历史时代。这个情况告诉我们，能否从关注政治转向关注历史，不仅在于能否有意识地反思和把握这个新时代推演为一个过程后所展现出来的必然性（大致来说，维科的工作主要就在这方面），同时更在于能否对这个新时代的真正实体——市民社会予以考察和探究。

市民社会问题固然已经是现代早期政治哲学的一个"根问题"，但霍布斯、洛克、休谟等现代早期政治哲学家是站在由市民社会所表征的新时代的起点处，所以与此相应，市民社会还不可能成为他们考察和探究的一个明确对象。但随着这个新时代的不断延展及其内在矛盾的不断凸显，市民社会则必定会进入政治哲学家的视野当中，政治哲学中的"政治"问题，也必定会由此而转换为"历史"问题。

在近现代以来的政治哲学史上，上述变化主要是在"康德—黑格尔—马克思"这条主线上发生的。康德虽然没有明确围绕市民社会探讨政治哲学问题，但他根据"自律"原则来界定实践理性的目的之一，却在于历史性地解决市民社会中所包含的那个固有矛盾——特殊的私人利益与普遍的公共利益之间的矛盾。所以，康德虽然也像霍布斯、洛克、休谟等人那样，旨在

---

① ［英］洛克：《政府论》（下篇），叶启芳、瞿菊农译，商务印书馆 1964 年版，第 19 页。

努力地为未来制定一种政治法则，但他的这一作为，却既是朝向未来的，也是面对过去的。由此来看，"历史"已经成为康德政治哲学的一个重要视野，而阿伦特的如下断言，即康德的政治哲学是从现代早期关注政治到现代晚期关注历史之间转变的一个重要标志①，则是极其深刻的。

康德之后，黑格尔将市民社会直截了当地确立为其政治哲学的核心概念，这集中体现在《法哲学原理》中。在这部政治哲学的经典作品中，黑格尔把市民社会设定为"伦理"篇中上承家庭、下接国家的中间环节。这个由家庭而市民社会而国家的篇目安排，在一定意义上是其逻辑学思辨结构的一个展现，但由于黑格尔从来没有把逻辑学仅仅视为一种形式的东西，而是将其看作"一切事物的自在自为地存在着的根据"②，所以这个看似形式上的篇目安排，实质充分反映了黑格尔对市民社会问题的一种异常深刻的把握。可以这么说，黑格尔之所以把国家设定为市民社会的一个下游环节，目标并不在于从一种并列结构来阐释它们之间的平行关系，而是要求站在国家所代表的普遍伦理的制高点上，来高屋建瓴地审视和批判市民社会。具体来讲，黑格尔比康德更加敏锐地洞察到了市民社会中特殊的私人利益与普遍的公共利益之间的矛盾，甚至也敏锐地洞察到了由这一矛盾所进一步导致的匮乏、贫困乃至阶层和阶级的分化等社会现象。黑格尔对市民社会的这番洞察，既代表了他对现代整个资本主义历史的一种反思性探析，也代表了他对现代早期政治哲学所涉问题的一种反思性重构，而"历史"在此意义上，便无可争议地成为黑格尔政治哲学的中轴。

在政治哲学中，历史概念的一个基本功能，在于向人们呈示真实发生的"历史"，以便为制定未来的政治法则建立基础。问题在于：康德和黑格尔虽然都对市民社会之内在矛盾作出了反思性的探析，但他们却都是在理性和精神的视野内来解决这一矛盾的，而没有将思维的触角实质性地伸向市民社会及其所表征的历史时代的结构本身。所以，康德和黑格尔的政治哲学虽然都向人们呈示了"历史"，但他们所呈示的"历史"又是有很大限度的，在一定意义上，只是一个并不完全真实的历史"皮影"。真正将思维的触角伸向市民社会及其所表征的历史时代的结构本身，从而真正向人们呈示"历史"，或者真正将霍布斯、洛克、休谟等人所讲述的"政治"问题转换为"历史"问题的人，无疑就是马克思了。

---

① [美]汉娜·阿伦特：《过去与未来之间》，王寅丽、张立立译，译林出版社2011年版，第78页。
② [德]黑格尔：《小逻辑》，贺麟译，商务印书馆1980年版，第85页。

在写作《论犹太人问题》时,马克思取得了两个重大的理论成果:一是在对写入在资产阶级法典中的权利和自由予以追根溯源的检视中,明确看到了政治生活是手段、市民社会生活是目的的事实,从而深化和推进了之前提出的"市民社会决定政治国家"的认识;二是在对市民社会的利己主义原则进行通透彻底的批判中,明确看到了资本主义社会中个体与共同体、特殊利益与普遍利益之间不可自解的对立关系,并由此提出了将政治解放推进到人类解放、将市民社会推进到人类社会的伟大政治主张。这两个重大理论成果,让马克思深刻认识到针对市民社会的研究和批判对于揭露具有非神圣形象的自我异化,以及对于破解现代资本主义历史之秘密的基础性意义。正是基于这个认识,从《1844 年经济学哲学手稿》一直到《资本论》及其手稿,马克思实质性地投身到以政治经济学批判为载体的市民社会研究,由此一方面锁定并打开了通往现代历史的根本入口并向人们呈示了真实的"历史",另一方面也将霍布斯、洛克、休谟以来的政治哲学推进到最深的理论界面。

应当说,对于"康德—黑格尔—马克思"这条历史概念不断得以凸显的主线,阿伦特也有一个基本的梳理和勾勒。她虽然并没有由此而对其所提出的问题,即"如何解释为什么历史概念在十八世纪的后三分之一的时间里突然兴起,接踵而至的则是人们对纯粹政治思考之兴趣的衰退"给出一个清晰的、令人满意的答案,但她所开辟的视野和确立的思想史线索,对于把握马克思政治哲学的历史性本色,却是富有启示性意义的。

二、阿伦特对马克思政治哲学的再遮蔽

阿伦特对马克思的解读,是一个极具悖谬性的学术事件。这种悖谬性主要在于:阿伦特在积极开显和证成马克思政治哲学的同时,又以其特定的方式遮蔽了马克思丰富深刻的政治哲学思想。这倒不意味着阿伦特一方面要求在政治哲学的谱系中来解释马克思,另一方面又像 19 世纪后期以来的实证主义理论家那样,要求离开政治哲学的解释谱系,而是意味着在她那看似精妙绝伦的"原创性"阐释中,又夹杂着对马克思政治哲学的一些根本性误解。对于把握和还原马克思政治哲学的本真思想而言,由这些误解所造成的遮蔽,其负面影响甚至超过之前由实证主义理解模式所造成的遮蔽。这个情况决定了,澄清阿伦特对马克思政治哲学的误解和遮蔽,与认定她对马克思政治哲学的开显和证成,至少具有同等重要性。

具体说来,阿伦特在何种意义上误解了马克思的政治哲学,从而造成了

对后者本真思想的遮蔽？概言之,其误解主要体现在四个观点上:一是认为马克思的政治哲学存在无法弥合的逻辑和思想矛盾;二是认为马克思对劳动的赞颂从根本上违背了自由原则;三是认为马克思应当为20世纪的极权主义负责任;四是认为马克思"实现哲学"的思想终结了政治哲学的传统。

　　误解之一:马克思的政治哲学存在无法弥合的逻辑和思想矛盾。

　　在《马克思主义与西方政治思想传统》第二手稿中,阿伦特这样说道:"我不采用重构其(指马克思——引者注)哲学'体系'的各个片段论述的方法来论述,而想抽出他论断的结论来再现他的政治哲学。……在此,首先我从马克思这种论断观点中选择三个结论,尽量简洁地论述它们的含义。这三个结论恐怕也是大家都熟悉的。第一个结论就是恩格斯把它概括、公式化了的'劳动创造了人本身'。因为与其他马克思思想研究者之间流传的那些论述相反,恩格斯经常把马克思的论述转换成贴切而简洁的叙述。第二个结论是出自《资本论》,就是'暴力是每一个孕育着新社会的旧社会的助产婆'。第三个结论是那篇有名的《关于费尔巴哈的提纲》里最后的总结:哲学家们只是用不同的方式解释世界,问题在于改变世界。"①

　　显而易见,在上述说明性文字中,阿伦特将马克思的政治哲学简化和概括为三个结论性的命题:一是劳动创造了人本身;二是暴力是每一个孕育着新社会的旧社会的助产婆;三是哲学家们只是用不同的方式解释世界,问题在于改变世界。平心而论,仅从这三个命题本身来看,我们不仅没有理由认为阿伦特误解了马克思的政治哲学,相反,我们应当看到阿伦特独具慧眼的深刻之处。因为作为一种独具特色的历史性理论,马克思政治哲学的确与这三个命题及其所包含的叙事在不同程度上发生关联。所以,与人们运用西方规范性政治哲学的框架来诠释马克思的通行研究路数相比,阿伦特所选择的视角,应当说更有助于我们揭示和还原马克思政治哲学的实体性内容。进而言之,如果说阿伦特终究还是从根本上误解了马克思的政治哲学,那么这种误解则主要来自她对这三个命题所作的自以为是的引申和发挥。

　　在阿伦特看来,马克思的上述三个命题,构成了对欧洲政治思想传统的反叛、背离和颠覆。然而意味深长的是,这种反叛、背离和颠覆,却又是在传统的框架中、借用传统的概念系统进行的。这种情况并不意味着马克思的政治哲学充满了思辨的张力,而是意味着它的前后不一致和自相矛盾。这种前后不一致和自相矛盾体现在:马克思一方面将"劳动"论定为人类最基

---

　　①　[美]汉娜·阿伦特:《马克思主义与西方政治思想传统》,孙传钊译,江苏人民出版社2012年版,第84页。

础甚至最高的价值活动,另一方面又要求在未来社会实现劳动对立面上的"闲暇";他一方面诉诸"暴力"来解释人类社会的发展变化,另一方面又要求在未来社会消灭阶级斗争;他一方面在"改变世界"的信条中将"哲学的现实化"确立为哲学的基本开展方式,另一方面又不得不面对"哲学彻底现实化之后,思想是否还存在"这一难题。不仅如此,"这些根本的矛盾,在马克思自己用词的论述中无法解决。因为在那里不能适用辩证法的规则,却往往无视这些根本的矛盾。这是因为无阶级社会,没有劳动和暴力的'自由王国'、'哲学的实现'等全都是被阐释为属于马克思学说的乌托邦主义的部分。确实,马克思在历史最初的'原始共产主义'中发现历史终结后的、他自己描绘的共产主义社会具有人类学上的正当性要素的时候,就成了最早赋予乌托邦主义某种实体的思想家。但是,这种乍看之下的乌托邦主义性质不仅没有能消除矛盾,反而使矛盾更加明显。假如马克思确实论述了能找到自由的乌托邦,自己不被'理想'之外的什么东西所左右,然后去追求这种理想的历史正当性的话,那么,就完全不能理解他为什么要从这个理想社会中的人们那里夺走他们历史中辉煌的本质特征"①。所以概言之,马克思的上述三个命题及其所表征的政治哲学,存在无法化解和弥合的逻辑和思想矛盾。这是阿伦特在理解和阐释马克思政治哲学上的一个实质性见解。

可是,阿伦特的这个见解,并没有看到问题的实质。马克思在阐发其政治哲学思想时虽然使用了一些看似对立的概念,但这绝不表明他的政治哲学存在内在矛盾。阿伦特之所以没有看到问题的实质,原因之一就在于她并没有洞见到这样一个基本事实,即马克思是在两个不同的历史位阶上建立其政治哲学的叙事结构的,而这个基本事实,却正是把握马克思政治哲学独特性的一个重要依据和出发点。

检阅政治哲学史会发现,古往今来的大部分政治哲学,特别是 20 世纪以来以"分析"为进路的政治哲学,几乎都只是在一个位阶上建立其叙事结构的,并不存在不同位阶的问题。如果说作为一种规范性的理论,政治哲学总是要设定其用以推理的价值前提和规范标准,那么对于只涉及一个位阶的政治哲学而言,其价值前提和规范标准必然不会是多重的而是单一的,否则,不仅会出现阿伦特所说的前后不一致和自相矛盾,而且还会因为缺少坚实的立论前提和稳固的理论框架而丧失其理论的解释力。比如说,洛克以

---

① [美]汉娜·阿伦特:《马克思主义与西方政治思想传统》,孙传钊译,江苏人民出版社 2012 年版,第 87 页。

"财产权"为基点、边沁以"最大化的功利"为准则、诺齐克以"至上的自由"为前提、罗尔斯以"作为公正的正义"为底线所构建起来的政治哲学,都符合这个特点。

　　进一步说,这类只涉及一个位阶的政治哲学还有一个共同点,就是都缺少纵贯历史的那种宏大视野,也就是缺少恩格斯在评价黑格尔时所指认的那种宏大的"历史感"。马克思政治哲学与大部分政治哲学相比的一个突出特质,就是拥有了这种宏大的"历史感"。这种"历史感"使马克思政治哲学突破了近代以来政治哲学的知性论逻辑框架和平面化思维,进而使之成为一个"有层次"的理论。马克思政治哲学的"层次",也就是它的不同历史位阶。总体上,正如本书第一章所述,马克思的政治哲学关涉到两个不同的历史位阶,一是市民社会;二是人类社会。前者对应着政治解放,后者对应着人的解放(或人类解放)。比较而言,黑格尔的政治哲学也是一种历史性的理论,故而也存在不同的逻辑和思想层次,但黑格尔并没有由此而突破市民社会这一历史位阶,其政治哲学的不同层次,展现为同一历史位阶内的不断推进和发展。另外,柏拉图的政治哲学严格来说还不能算作一种历史性理论,但它却关涉到两个不同的位阶,一是日常可见的感性世界;二是理念中的超感性世界。但由于这两个世界是一种"非此即彼"的对立关系,而不是历史发展的两个不同环节和阶段,所以柏拉图立足于后一世界所构建的政治哲学,并不存在多个立论前提和多重规范标准。与此不同,马克思政治哲学的两个位阶,正是一前一后、不具有选择性的两个不同历史环节和阶段。所以与此相应,马克思政治哲学必然会包含不同的理论维度,存在不同的立论基点和规范标准,从而也必然会出现阿伦特所说的"前后不一致"和"自相矛盾"。具体一点说,在涉及市民社会这个历史位阶时,马克思政治哲学的立论基点和规范标准会有"向下"的现实性特征,从而与近代之后的规范性政治哲学存在相似之处;而涉及人类社会这个历史位阶时,马克思政治哲学的立论基点和规范标准则会有"向上"的理想性特征,从而又大大超越了近代之后的规范性政治哲学,并与古典政治哲学形成一种类同性。阿伦特所指证的"劳动"与"闲暇"之间的对立,实质上就是马克思政治哲学"向下"的现实性与"向上"的理想性之间的反差。

　　至关重要的是,作为一前一后的两个历史位阶,市民社会和人类社会代表了马克思思考历史发展的一种"序列",所以我们可以看到:一方面,马克思的最高政治理想虽然是迈向人类社会,并实现人类解放,但人类社会并不是没有基础、一步到位的,而市民社会在他看来正是迈向人类社会的基础和踏脚石;另一方面,人类社会虽然是高于市民社会的一个历史位阶,但它在马克思政治哲学中又具有回溯性的价值,亦即它作为一个历史的参照点,在马克思对市民社会的批判中起着思想引导的作用。这样来看,马克思政治哲学"向下"的现实性与"向上"的理想性之间的反差,及由之而造成的"前后不一致"和"自相矛盾",既不是解释者们所炮制出来的"两个马克思"——如青年马克思与老年马克思、不成熟的马克思与成熟的马克思、作为人道主义者的马克思与作为科学主义者的马克思等等——之间的对立,也没有像阿伦特所说的那样,"使马克思陷入比他自己预料的更大的混乱"①。换言之,这种反差、"前后不一致"和"自相矛盾",表征的是马克思政治哲学不同思想界面、不同理论维度、不同立论前提、不同规范标准之间的差异性和互补性,体现的是马克思考察不同历史环节所确立起来的一种有序的层级结构。所以,一言以蔽之,这种反差、"前后不一致"和"自相矛盾"并没有牺牲马克思政治哲学在理论上的自洽性,相反,这深刻表明马克思政治哲学乃是一个具有宽广的解释力,既能上得去又能下得来、既能面对过去又能面对未来的历史性理论。由此说来,阿伦特的上述见解,即马克思政治哲学存在无法化解和弥合的逻辑和思想矛盾,是完全站不住脚的。

实质上,阿伦特对马克思政治哲学的误解是深层次、根本性和全方位的。如果说上述误解,是阿伦特对马克思的三个命题及其所表征的政治哲学在整体上的一个错误解读,那么,她对每一个命题的理解和阐释,实质也都存在着致命的"硬伤"。

误解之二:马克思对劳动的赞颂从根本上违背了自由原则。

众所周知,阿伦特是一个擅长构建和区分概念的政治哲学家,她的许多原创性观点,都是由此而来的。在《人的境况》中,阿伦特就将人类活动在概念上作了三重区分,分别是劳动(labor)、工作(work)和行动(action)。阿伦特认为,对于政治之本质的理解,必须要从这三个概念出发。具体地说,政治的本质之一就是自由,而自由就存在于行动之中。行动有两个特点,一是复数性;二是不可预见性。行动的这两个特点,就决定了它不是远离自由的一种人类活动,而是自由之可能的必要条件。然而,作为一种特定的人类活动形式,劳动并不具备行动的任何一个特质。具体地说,"劳动是与人身体的生物过程相应的活动,身体自发的生长、新陈代谢和最终的衰亡,都要依靠劳动产出和输入生命过程的生存必需品。劳动的人之境况是生命本

---

①　[美]汉娜·阿伦特:《过去与未来之间》,王寅丽、张立立译,译林出版社2011年版,第20页。

身"①。这个情况决定了,由劳动所维系的领域,乃是一个与自由格格不入的必然性领域,"强制性"和"奴役性"乃是劳动的本质之所在。正是因为如此,崇尚自由的古希腊人才将劳动视作一种等而下之的、外于政治领域的活动,从而也没有将劳动概念安置在政治哲学中予以特别考察。

依阿伦特的理解,行动固然是把握政治的最根本出发点,但在马克思的政治哲学中,行动却并不占有一席之地,相反劳动才是最核心的概念。"劳动创造了人本身"这个命题,就显而易见地表明了这一点,因为这个命题所暗含或折射的一个意思,就是马克思对劳动的赞颂。对劳动的赞颂虽然是近代之后的一个整体性事件,而不是马克思一个人的事情,但马克思却无疑是将劳动推向最高点的人。马克思对劳动的赞颂虽然对于工人阶级的政治解放具有重大意义,但却在根基上疏离了政治的原初意义,特别是违背了自由这一最本质性的政治原则。"马克思在把劳动作为人类最重要的活动的时候,从传统来看,他并不是把自由的人、却是把强制的人作为人类来论说的。当进一步说到统治他人的人也是不自由的时候,他一边约定所有的人都拥有自由,一边否定所有人拥有的自由。"②

以上是阿伦特对"劳动创造了人本身"这个命题所作的进一步阐释,其核心点就是认为,马克思对劳动的赞颂从根本上违背了自由原则。从阿伦特自己的概念体系来看,她的这个观点似乎是可以成立的。但阿伦特并没有认识到这样一个问题,即马克思所讲的劳动与她所讲的劳动并不是同一个层次上的概念,前者具有比后者远为丰富而宽广的哲学和政治意蕴。阿伦特之所以会有这个认识上的盲点,原因之一在于,她与她的同时代政治哲学家施特劳斯同样,在理解马克思政治哲学上都犯了一个原则性错误,这就是只看到了马克思政治哲学与近现代西方政治哲学的同质性,而没有意识到前者对后者所构成的突破性推进和革命性转换。

具体到劳动问题,阿伦特认为,从历史来看,对劳动的赞颂,是近代之后随着经济活动从私人领域进入公共领域,从而随着"社会"这一以经济活动为内容的独特领域的兴起而形成的一个必然现象。所以与此相应,劳动概念在理论上的升格,大致来看始自英国古典经济学的传统,而亚当·斯密具有奠基性意义。马克思在对劳动予以赞颂的程度上固然超出了前时代人,但其劳动概念追根溯源,还是植根于斯密所开创的英国古典经济学传统。

---

① [美]汉娜·阿伦特:《人的境况》,王寅丽译,上海人民出版社2009年版,第1页。
② [美]汉娜·阿伦特:《马克思主义与西方政治思想传统》,孙传钊译,江苏人民出版社2012年版,第14页。

由此而论,如果说英国古典经济学所讲的劳动是以物质需要和经济生产为前提的,故而从一开始就固定在自然生命这一必然性的层面上,那么马克思的劳动概念同样摆脱不了这个宿命。实际上,阿伦特的这个解读,是一个极其明显的误读。误读的关键点,无疑就是模糊和遮蔽了马克思与英国古典经济学传统之间的根本断裂。马克思与英国古典经济学传统之间的断裂,不仅仅只是体现为前者用关于社会生产关系和资本批判的经济学(以《资本论》为代表),取代了后者关于致富术的经济学(以《国富论》为代表),同时也体现为前者用存在论或本体论意义上的劳动概念,取代了后者抽象化的劳动概念。

英国古典经济学中的劳动概念之所以是抽象的,不只是因为亚当·斯密及其后继者们总是在抽象一般的层面上来阐释劳动的价值,从而将之认定为社会财富的最终创造者,而且也是因为在这种对劳动的认定中,人类丰富多样的感性存在,统统抽象为干瘪的、仅有物质性意义而没有精神性意义的实存。对于这种抽象化的劳动概念,马克思始终保持一种批判的态度。不过,马克思的批判有一个至关重要的思想根源,这就是黑格尔在“精神现象学”的层面上对劳动概念所作的本体论阐释和建构。要理解黑格尔的这一工作,就需要回到“实体即主体”这个著名论断。从这个论断来看,精神作为实体,最终是要经由“自我意识”的自为塑造,亦即经由具体的、有差异性的人类活动得到实现和展现。精神得到实现和展现的这一过程,也就是黑格尔所讲的以实践为载体的辩证法在逻辑上的一个展开过程。由于劳动在这一过程中所具有的意义并不在于解决了人们物质上的这种或那种需要,而在于使人们在精神的视野下创造出了既属于自己也属于他人的生活世界,所以正如卡尔·洛维特所说,劳动对黑格尔来说,“既不是特殊意义上的体力劳动也不是特殊意义上的脑力劳动,而是在绝对本体论的意义上充满精神的”①。

黑格尔的劳动概念深刻影响了马克思。在《1844 年经济学哲学手稿》中,马克思有这样一段人们耳熟能详的论述:“黑格尔的《现象学》及其最后成果——辩证法,作为推动原则和创造原则的否定性——的伟大之处首先在于,黑格尔把人的自我产生看做一个过程,把对象化看做非对象化,看做外化和这种外化的扬弃;可见,他抓住了劳动的本质,把对象性的人、现实的因而是真正的人理解为人自己的劳动的结果。人同作为类存在物的自身发

---

① ［德］卡尔·洛维特:《从黑格尔到尼采》,李秋零译,生活·读书·新知三联书店 2014 年版,第 357 页。

生现实的、能动的关系,或者说,人作为现实的类存在物即作为人的存在物的实现,只有通过下述途径才有可能:人确实显示出自己的全部类力量——这又只有通过人的全部活动、只有作为历史的结果才有可能——并且把这些力量当做对象来对待,而这首先又只有通过异化的形式才有可能。"①在这段论述中,马克思不但敏锐地洞察到了黑格尔劳动概念的本体论意蕴,而且正确地指出了这一本体论的最重要环节或实质就是外化或对象化(人们在劳动中,总是以对象化的形式来创造自己的生活世界的)。在解读黑格尔劳动概念的基础上,马克思将人直截了当地界定为对象性的人,同时在概念层面将劳动界定为一种对象性活动。如同黑格尔,马克思并没有把对象性活动仅仅指示为劳动,毋宁说他的这个概念同时也指涉劳动之外的其他活动类型,但在马克思以及黑格尔的语境中,劳动则无疑是最基始、最根本、最重要的对象性活动。不过,与黑格尔大为不同,马克思并未把对象性活动解释为精神实体实现和展现自我的方式和过程,而是在参照费尔巴哈的基础上,将之阐释为作为"类存在物"的人实现和确证自己类本性的方式和过程。所以与此相对应,在马克思的阐释结构中,劳动作为一种对象性活动的本质性内涵,就在于通过确证人根本有别于动物的自由本性(即类本性)来彰显其存在论或本体论意义。如果说这个情况充分表明,马克思以吸收黑格尔的思想为前提所建构的劳动概念,归根结底也是一个存在论或本体论概念,那么从内容来看,这个存在论或本体论概念的最高问题,就是自由。而如果说马克思政治哲学存在现实性和理想性这两个既不同又融通的理论维度,那么作为马克思劳动概念最高问题的自由,就对应着其政治哲学的理想性维度,大致相当于"人的自我实现"。

　　马克思基于以自由为最高问题的劳动概念对英国古典经济学传统中抽象劳动概念的批判,是他与后者分道扬镳的一个根本标志,也是近代之后在劳动问题上所发生的最深刻的理论革命之一。我们都知道,马克思批判英国古典经济学的一个核心"靶子",是劳动和资本的对立及由之而造成的私有财产关系的运动。人们通常会认为,劳动和资本的对立所反映出的关系,仅仅就是作为劳动者的工人与作为非劳动者的资本家在财产和财富占有上的剥削关系,但实质上,这个对立所反映出的另外一种关系,就是劳动作为确证和实现人之自由本性的根本方式与劳动作为维系生命的基本手段之间的紧张关系。劳动作为维系生命的基本手段,在最直接的意义上,关涉到吃、喝、住、穿等基本物质需要以及为满足这些需要所进行的生产。马克思

　　①　《马克思恩格斯文集》第1卷,人民出版社2009年版,第205页。

固然强调这些需要在人类社会发展中的基础性意义,并将生产物质生活本身的活动称为"第一个历史活动"和"一切历史的基本条件"①,但马克思的这个观点包含了一层容易被人们所忽视的深意,这便是:物质需要及相关生产活动的重要性对马克思而言,主要是一个事实性的发现而非价值性的建构(例如,恩格斯在《在马克思墓前的讲话》中就指出,马克思发现了人们首先必须吃、喝、住、穿然后才能从事其他活动的事实),所以,如果说马克思因为这个发现了而切近了历史并创立了历史唯物主义理论,那么,他并没有因为这个发现而将作为维系生命基本手段的劳动认定为第一位的人类活动形式。除了创立历史唯物主义,马克思做的另外一项工作,就是在维系生命基本手段的劳动基础上,建构起存在论或本体论意义上、以自由为最高问题的劳动概念。这一点,决定了马克思对英国古典经济学予以批判的基本立场。在马克思看来,英国古典经济学将劳动抽象化为财富和资本的唯一本质,实质上也就把劳动降格为维系生命的基本手段。英国古典经济学的这个做法并未抓住人的机能,而仅仅是抓住了吃、喝、生殖等动物的机能。"吃、喝、生殖等等,固然也是真正的人的机能。但是,如果加以抽象,使这些机能脱离人的其他活动领域并成为最后的和唯一的终极目的,那它们就是动物的机能。"②英国古典经济学的错误之一,就在于忽略了作为类存在物的人的自由本性以及在对象性活动中来自为地展现这种自由本性的可能性,进而混淆了人的机能与动物的机能以及人的生产与动物的生产。所以,亚当·斯密及其后继者们虽然口口声声地在表面上承认人的独立性、自由和价值,但在实质上,却以最为彻底的方式否定和疏离了人。

　　根据阿尔都塞的"断裂论",马克思对英国古典经济学的上述批判,似乎只是表达了在以《1844 年经济学哲学手稿》为核心的早期文本中,在费尔巴哈的基点上所形成的一种以"类"概念为前提的、不成熟的想法,因而不能代表马克思对劳动问题的实质性看法。但毋庸置疑的事实是,在后来的《德意志意识形态》以及《资本论》和相关手稿中,马克思以自由为最高问题对劳动所作的本体论预设,也都没有发生任何改变。在《德意志意识形态》中谈到"分工"时,马克思和恩格斯曾这样说道:"当分工一出现之后,任何人都有自己一定的特殊的活动范围,这个范围是强加于他的,他不能超出这个范围:他是一个猎人、渔夫或牧人,或者是一个批判的批判者,只要他不想失去生活资料,他就始终应该是这样的人。而在共产主义社会里,任何人都

① 《马克思恩格斯文集》第 1 卷,人民出版社 2009 年版,第 531 页。
② 《马克思恩格斯文集》第 1 卷,人民出版社 2009 年版,第 160 页。

没有特殊的活动范围,而是都可以在任何部门内发展,社会调节着整个生产,因而使我有可能随自己的兴趣今天干这事,明天干那事,上午打猎,下午捕鱼,傍晚从事畜牧,晚饭后从事批判,这样就不会使我老是一个猎人、渔夫、牧人或批判者。社会活动的这种固定化,我们本身的产物聚合为一种统治我们、不受我们控制、使我们的愿望不能实现并使我们的打算落空的物质力量,这是迄今为止历史发展中的主要因素之一。"①马克思和恩格斯在这段论述中将由分工所带来的职业上的固定视为一种强制,并憧憬在共产主义社会中以兴趣为中心的、充满诗意的生活方式。这充分说明马克思在清算费尔巴哈的影响、走上历史唯物主义创建之路后,依然没有把维持生命的、从属于必然领域的、具有奴役性的劳动,论定为在价值上最重要的人类活动,而是始终在本体论的层面,思考如何通过作为对象性活动的劳动来解决存在与本质、自由与必然之矛盾的问题,换言之,他始终在思考如何通过劳动来确证人的自由本性的问题。在《资本论》中讨论到"劳动过程"时,马克思虽然将劳动界定为"人和自然之间的过程,是人以自身的活动来中介、调整和控制人和自然之间的物质变换的过程"②,但他同时特意强调,他所考察的是"专属于人的那种形式的劳动",而非蜘蛛、蜜蜂等动物的本能式的活动。在《1857—1858年经济学手稿》中对古代世界与现代世界进行比较时,马克思着重指出,"人表现为生产的目的"的古代世界,要比"生产表现为人的目的、而财富则表现为生产的目的"的现代世界崇高很多,而后者在相形之下则是鄙俗的。③ 马克思在系统研究政治经济学、写作《资本论》时期的这些思想和话语,或直接或间接地告诉我们,他在劳动问题上自始至终都没有汇入英国古典经济学传统,而是一直保持着对生物、生命、财富意义上劳动概念的批判态度,同时也一直执守着劳动作为一种对象性活动的本体论承诺——实现人的自由个性。

以上论述确凿无疑地表明,阿伦特对马克思劳动概念的理解是极其肤浅和表层化的。她并没有从形形色色的现代劳动理论中甄别出马克思的独特思想创造,特别是没有看到马克思与英国古典经济学家在劳动问题上所形成的重大分殊。当她用自己为劳动所下的千篇一律的定义来将马克思僵固地划定在排拒行动、背离自由、疏远政治本质的传统中时,她完全遮蔽了这样一个问题,即马克思恰恰是在自由的基点上,来对劳动予以高度赞颂

---

① 《马克思恩格斯文集》第1卷,人民出版社2009年版,第537页。
② 《马克思恩格斯文集》第5卷,人民出版社2009年版,第207—208页。
③ 参见《马克思恩格斯文集》第8卷,人民出版社2009年版,第137—138页。

的。马克思语境中的这个自由虽然并不完全等同于阿伦特所诉求的自由，但它无论如何都不可能导向阿伦特为劳动所贴定的标签——强制性和奴役性，相反它正是以消解强制性和奴役性为根本前提的。阿伦特对马克思政治哲学在劳动问题上的深深误解，由此可见一斑。

误解之三：马克思应当为20世纪的极权主义负责任。

在阿伦特看来，如果说马克思的上述第一个命题——劳动创造了人本身——折射出的是他对劳动的赞颂，那么与此相类似，他的上述第二个命题——暴力是每一个孕育着新社会的旧社会的助产婆——折射出的，则是他对暴力的赞颂。无论对劳动的赞颂还是对暴力的赞颂，马克思都把对于传统的反叛推向极致，因为在传统社会例如在古希腊城邦社会，劳动和暴力都是外在于政治本质的东西。如果说劳动具有排斥自由的强制性和奴役性，那么暴力也具有这样的特征。而自由作为政治的本质，意味着良性的政治不是借助于劳动和暴力，而是借助于语言，以言谈的方式来处理人们的事务的。如同对劳动的赞颂，马克思同样不是第一个将暴力指认为可以登堂入室的权力形式并对其在理论上加以肯定和赞颂的人，毋宁说早在马克思之前，马基雅维利和霍布斯就已经这么做了。但马克思之前的这两位政治哲学家在此问题上所产生的影响，与马克思并不能相提并论。马克思对暴力予以赞颂的影响，不只于19世纪，而是一直延伸到20世纪，尤其是对20世纪极权主义的形成产生了潜移默化的影响。

根据阿伦特的分析，"从暴力到极权主义"并不是一个直接的等式，而是一个以"制作"（making）为中介的关系式。在阿伦特的概念体系中，"制作"是"工作"的开展方式，其基本含义是，人们在一个固定观念的引导下，以技艺人的角色来制造己所欲求的、具有恒久性和稳定性的物品和世界。以阿伦特之见，制作虽然同样不能体现政治的本质，但在历史经验中，它却是在政治现象背后起到支配性作用的一种思维形式，特别是作为政治现象的暴力和极权主义，都要归结到制作。

就暴力来说，阿伦特认为，其最直接含义无疑是武力、战争和革命等等，但其最深层的思维根源，却正是看似与"暴力"的字面意思完全无关的"制作"。对于这一点，阿伦特在《人的境况》中有一个明确的指认："在以制作来解释行动的政治规划和思考中，暴力一直扮演着重要角色（没有暴力，制造就无法进行）；……只有现代的这一信念——人所能知道的只是他制造的东西，他所谓的更高能力取决于制作，从而他首先是一个技艺人而非一个理性动物（animal rationale）的信念，才引出了在所有把人类事务领域当成一个制造空间的阐释中固有的暴力内涵。这种状况在一系列作为现代典型特征的革命中表现得尤为惊人,所有革命(美国革命除外)都显示了对建立一个新政治体的古罗马式的热情,和把暴力作为'制造'它的唯一手段的颂扬。"①在这段文字中,阿伦特实际上不仅将制作指认为暴力的思维根源,同时也反过来将暴力指认为制作的前提和条件。

进而言之,在阿伦特看来,不仅是暴力,极权主义这一20世纪独特政治现象的思维根源之一,也是制作。对于此,阿伦特在《过去与未来之间》中曾作出过如下论述:"在我对于极权主义的研究中,我试图表明,极权主义现象,尽管具有令人震惊的反功利主义特征和不可思议的对现实的漠视,但分析到最后,它建立在这样的信念基础上:任何事都是可能的,不仅仅是可允许的,不论在道德上还是在其他方面,就像早期虚无主义的情形一样。极权主义体系想要证明,行动可以以任何假设为基础,在融贯一致的行动推演中,特殊的假设会变成真的,会变成实际存在的现实。作为融贯行动之出发点的假定可以要多疯狂有多疯狂;行动总是以制造事实为结束,而事实到那时总是'客观'真实的。于是,最初仅仅是个假设,可以被实际的事情证实或证伪的东西,在融贯行动的推演中变成了一个永远无法反驳的事实。换句话说,作为演绎出发点的公理并不需要像传统形而上学和逻辑学认为的那样,是一个自明真理;它也根本不需要符合在行动一开始被给定的客观世界内的事实;行动的过程如果是融贯一致的,它就会发展下去,直至创造出一个世界,在这个世界内,假设变成了公理性的和自明的。"②在这段论述中,阿伦特将极权主义描述为一个根据某种假设来制造事实的融贯一致的过程,其实也就是将之界划为一个以制作为模型的政治形式,因为如果正像阿伦特所界定的,制作的根本特征在于它既有明确的开端又有明确的、可预见的结果,③那么作为一个过程的极权主义,与制作的这个特征是完全相符合的——假设构成了开端,事实构成了可预见的结果,从假设到事实的融贯一致性也就是从开端到结果的可预见性。

阿伦特考察暴力与制作以及制作与极权主义之间内在关联性的主要目的之一,就在于从马克思主义中追溯和寻找20世纪极权主义的起源。在阿伦特看来,如果说几乎所有的暴力概念都对应着一个制作层面上的核心信念,那么,马克思的暴力概念所对应的制作层面上的核心信念,就是"人创造历史"。用阿伦特的原话说就是:"马克思的名言'暴力是每个孕育新社

---

① [美]汉娜·阿伦特:《人的境况》,王寅丽译,上海人民出版社2009年版,第177页。

② [美]汉娜·阿伦特:《过去与未来之间》,王寅丽、张立立译,译林出版社2011年版,第83—84页。

③ 参见[美]汉娜·阿伦特:《人的境况》,王寅丽译,上海人民出版社2009年版,第110页。

会的旧社会的助产婆',即暴力孕育了历史和政治的所有变革的看法,只是
对整个现代所持信念的概括,并且引出了这个时代最核心信念的推论,那就
是历史是人'创造'的,正如自然是上帝'创造'的一样。"①阿伦特认为,马
克思虽然没有诚心制造一种极权主义的思维形式,但"人创造历史"这个制
作层面上的信念却表明,在其对暴力的赞颂中已经包藏了导致极权主义的
危险要素:"只有作为意识形态的马克思主义是将(西欧)传统与极权主义
的统治形态连接起来的中介物,这一点是没有疑问的。假如没有马克思主
义,要从西欧传统血脉中直接推导出极权主义的许多尝试,即使不是徒有其
表,也是没有说服力的。它们往往一边粗率地表面上放弃了马克思的名字,
一边在无意识中接受其学说带来的东西。"②"今天马克思思想的影响极大,
也是因为这个事实,而且这也说明了他为什么会在一定程度上为极权主义
统治发挥作用。"③

如果将阿伦特对马克思的上述分析与指控概括为一句话,即马克思
(特别是马克思对暴力的赞颂)应当为20世纪的极权主义负责任,那么,阿
伦特的这种分析与指控,完全是建立在对马克思的严重误读和曲解基础上
的。为什么?

我们再来看阿伦特在《过去与未来之间》中的一段针对马克思的话:
"马克思'创造历史'观念的影响大大超出了深信不疑的马克思主义者们和
坚定的革命者们的圈子。……马克思将这一历史观念与现代早期的目的论
政治哲学相结合,于是,按照历史哲学家的说法,'更高目的'是只对历史学
家和哲学家向后回顾的眼光揭示出来的东西,在他的思考中,就能变成政治
行动有意图的目的。……将未知、不可知的'更高目的'转化为有计划、有
意志的意图的危险在于,意义和意义性(meaning and meaningfullness)被转
化成了目的。这就是当马克思把黑格尔式的全部历史意义——自由理念的
逐步展开和实现——转化为人类行动的目的,并且为了和传统一致,他进而
把这个最终'目的'视作一个制作过程的最终产品时发生的事情。"④从这
段话可以看到,阿伦特之所以把马克思"人创造历史"认定为制作层面上

---

① [美]汉娜·阿伦特:《人的境况》,王寅丽译,上海人民出版社2009年版,第177—178页。

② [美]汉娜·阿伦特:《马克思主义与西方政治思想传统》,孙传钊译,江苏人民出版社2012
年版,第7页。

③ [美]汉娜·阿伦特:《马克思主义与西方政治思想传统》,孙传钊译,江苏人民出版社2012
年版,第12页。

④ [美]汉娜·阿伦特:《过去与未来之间》,王寅丽、张立立译,译林出版社2011年版,第
74页。

的、与极权主义存在关联的一个信念，就是因为以她之见，在马克思的这一信念中，包含了一个用以指导人类行动和制造未来历史的、既构成开端又构成最终结果的"目的"。这意味着，阿伦特对马克思的批评，是建立在"目的主义"这个立论基点上的，亦即在她看来，马克思的历史主义归根结底是一种目的主义，或者用更符合阿伦特见解的用词，就是"以本质主义为前提的目的主义"。这种目的主义的基本展开，就是"为了……目的"的行为模式。

　　实质上，判断一个学说是否从属于以本质主义为前提的目的主义，关键要看其所遵从的是否是思维和存在相同质的理论结构，因为只有在思维和存在的同质性中，观念的东西才有资格成为支配历史的本质和目的，或者说，当观念的东西拥有这种支配历史的资格时，就必然会造成思维和存在的同质性。在哲学史上，柏拉图和黑格尔所建立的，都是思维和存在相同质的理论结构（当然，对于柏拉图而言，思维与存在相同质的前提是思维与存在相异质）。所以，将柏拉图和黑格尔的历史主义界定为以本质主义为前提的目的主义，是顺理成章的事情。然而，与柏拉图和黑格尔断然有别，马克思在康德的基础上、在实践哲学的视野内所建立的，则是思维和存在相异质的理论结构。关于这一理论结构的最经典论述，来自马克思和恩格斯在《神圣家族》中批判鲍威尔及其伙伴时的一段话："'宗教世界作为宗教世界'只是作为自我意识的世界而存在，所以批判的批判家——职业的神学家——无论如何也不可能想到，竟然有这样一个世界，在那里意识和存在是不同的，而当我只是扬弃了这个世界的思想存在，即这个世界作为范畴、作为观点的存在的时候，也就是说，当我改变了我自己的主观意识而并没有用真正对象性的方式改变对象性现实，即并没有改变我自己的对象性现实和其他人的对象性现实的时候，这个世界仍然还像往昔一样继续存在。因此，存在和思维的思辨的神秘的同一，在批判那里作为实践和理论的同样神秘的同一重复着。因此，批判怒气冲冲地反对那种还想同理论有所区别的实践，同时也反对那种还想同把某一特定范畴变成'自我意识的无限普遍性'的做法有所区别的理论。批判本身的理论仅限于把一切确定的东西（如国家、私有财产等）宣布为自我意识的无限普遍性的对立物，因而也就把它们宣布为微不足道的东西。其实恰好相反，必须加以说明的是，国家、私有财产等怎样把人变为抽象概念，或者它们怎样成为抽象的人的产物，而不是成为单个的、具体的人的现实。"①特别要注意的是，马克思和恩格斯在这段话中所表达的思维和存在相异质的理论结构，不仅针对业已完成和定格的历

---

① 《马克思恩格斯文集》第1卷，人民出版社2009年版，第358页。

史与现实,而且也针对尚未到来和展开的历史与现实。换言之,马克思和恩格斯不仅要求运用这一理论结构来把握过去和现在,而且也要求运用这一理论结构来看待未来。由此可以看到,马克思在历史主义上所真正持有的观点是:脱离现实实践的先在观念并不能成为认识历史本质和规定历史行动的先验前提,历史只能在以理论为中介的实践活动中逐步展开其本质。马克思的这个观点表明,他虽然在继承维科—黑格尔传统的基础上树立起了"人创造历史"这一基本信念,但他绝没有由此而建立起一种以本质主义为前提的目的主义,从而也绝没有由此而将历史认定为"为了……目的"的制作过程,相反,这种目的主义和制作过程,恰好是马克思要极力批驳和反对的东西。这正如他和恩格斯在《神圣家族》中所指出的:"其实,正是人,现实的、活生生的人在创造这一切,拥有这一切并且进行战斗。并不是'历史'把人当做手段来达到自己——仿佛历史是一个独具魅力的人——的目的。历史不过是追求着自己目的的人的活动而已。"①

当然,说马克思的历史主义不是一种建立在思维和存在相同质基础上的、以本质主义为前提的目的主义,并非要否认其哲学理论设计中"目的"的部分,相反我认为马克思政治哲学乃至其全部哲学的特色之一,就在于承认并确立起了既具有批判性又具有规范性的"目的"。综合来看,马克思所讲的"目的"包括两个方面,一是展现在人类历史活动中并推动历史不断运转的"目的";二是表达马克思形而上学关怀并具有最高规范性意义的"目的"。前者实质就是人们创造自己历史的自由意志,而后者实质就是马克思所确立的"人的解放"这个对他而言唯一的乌托邦承诺。然而毋庸置疑,这两个方面的"目的"都不能在理论上被归结为以本质主义为前提的目的主义,这是因为:其一,作为人们创造自己历史的自由意志,第一个方面的"目的"在马克思看来并不具备本质主义那种首尾一贯的不变性要求,相反它由于受到"既定的、从过去承继下来的条件"的约束而展现出时代性和世代性变换的特点;其二,作为马克思唯一的乌托邦承诺,第二个方面的"目的"也并没有像本质主义那样为历史提供一个可供推测的原点,相反它由于设立了"人的解放"这个具有历史批判性的价值视角而又深刻地展现出一种"反乌托邦"的思想倾向(这与马克思的乌托邦承诺并不矛盾)。

如果以上论述充分表明,马克思的历史主义并非像阿伦特所认定的那样是一种以本质主义为前提的目的主义,那么阿伦特对马克思的指责与批判——马克思应当为 20 世纪的极权主义负责任——就必然是一个根本站

① 《马克思恩格斯文集》第 1 卷,人民出版社 2009 年版,第 295 页。

不住脚的低级错误。阿伦特之所以会犯这样一个错误,原因之一,大概就在于她没有对马克思的文本作出真正深层次和全方位的解读。

误解之四:马克思"实现哲学"的思想终结了政治哲学的传统。

如果说阿伦特对马克思政治哲学的第二个和第三个误解,分别来自她对马克思上述第一个和第二个命题的片面审视与错误解读,那么她的第四个误解,则直接来自她对马克思上述第三个命题——哲学家们只是用不同的方式解释世界,问题在于改变世界——的片面审视与错误解读。在阿伦特看来,马克思在《关于费尔巴哈的提纲》中所提出的这个命题,实际上是对其《〈黑格尔法哲学批判〉导言》中所提出的"不使哲学成为现实,就不能够消灭哲学"这个说法的一个改写,所以这个命题的核心思想,就是"使哲学成为现实"或"实现哲学"。

尽管如上所述,阿伦特将马克思理论工作的核心认定为政治哲学,但在她看来,马克思第三个命题所表达的"实现哲学"的思想,实质意味着政治哲学传统的历史性终结。对于这个悖谬性的观点,阿伦特在《过去与未来之间》中是这样阐述的:"我们的政治思想传统有一个明确的开端和终结,它开始于柏拉图和亚里士多德的教导,我相信,这个传统在卡尔·马克思的理论中差不多到了一个明确的终点。当柏拉图在《国家篇》的洞穴比喻中,将人类事务(human affairs)领域,即所有属于生活在共同世界中之人的事务,描述为黑暗、混乱和欺骗的时候,我们的传统就此发端。人类事务领域是如此混乱不堪,以至于那些渴求真正存在的人如果想发现永恒理念的澄澈天空,就必须远离并弃置这一领域。当马克思宣布哲学及其真理不是处在人群事务及他们的共同世界之外,而是恰恰就处在人群事务及共同世界当中,并且只有在共同生活的领域中'实现'[他将该领域称为"社会",基于"社会化的人"(vergesellschaftete Menschen)的出现而存在]的时候,政治思想传统就到达了它的终点。政治哲学必然暗含着哲学家对于政治的态度;其传统肇始于哲学家厌弃政治,之后又为了将他的标准强加于人类事务之上而回归政治。而当一个哲学家厌弃哲学以便将他的哲学'实现'在政治当中的时候,这个传统的终结就来临了。后一种正是马克思的尝试,这个尝试首先表现在他放弃哲学的决定(这一决定本身是哲学性的)中,之后又表现在他'改变世界'并由此用哲学武装人们的头脑,亦即改变人们'意识'的意图中。"①

---

① [美]汉娜·阿伦特:《过去与未来之间》,王寅丽、张立立译,译林出版社2011年版,第13—14页。

分析以上引文可知,阿伦特指认马克思"实现哲学"的思想终结了政治哲学的传统,是基于以下两个相互关联的理由:一是自柏拉图以来,政治哲学是在严格界划理论与实践、哲学与人类事务领域的前提下确立起来并形成为一种传统的;二是自柏拉图以来,政治哲学是在真理的界面而非意见的层面上确立起来并形成为一种传统的。根据阿伦特的阐释逻辑,由于马克思"实现哲学"的思想既打破了理论与实践、哲学与人类事务领域之间的界限,又存在将真理世界与意见世界加以混淆的倾向,所以将他指认为政治哲学传统的终结者,无论如何都是顺理成章的事情。

如果说阿伦特的这种指认又一次折射出她对马克思政治哲学的根本性误解,那么这种误解就分布在上述两个理由当中。由此也可以说,阿伦特的这个根本性误解不是单向度的而是双重的:一是没有洞见和把握政治哲学中理论与实践、哲学与人类事务领域的真实关系;二是没有发现和领会马克思政治哲学在真理问题上的独特切入方式和展开路径。

我们先来看第一重误解。毋庸置疑,阿伦特的这两个理由暗含着她对政治哲学的基本界定。从第一个理由来看,阿伦特实质将政治哲学界定为一种远离并高于现实政治实践和人类事务领域、处在"这个世界之外"的哲学理论。以柏拉图对感性与理性或者感性生活世界与超感性理念世界的二元划分为参照系,阿伦特对政治哲学所作的这个界定似乎是极其深刻的。然而,阿伦特的致命缺陷在于没有提炼出这样一个贯穿于政治哲学史的问题,即自古代至近代再到当代,政治哲学始终存在一个从理论到现实、从价值观念之设计到社会政治制度之设计的过渡。换言之,政治哲学作为一门现实感很强的实践哲学,并不总是表现出一副"孤芳自赏"和"清高自傲"的理论姿态,而是会把介入和参与现实作为与纯粹的理论哲学相区别的重要品格和能力。由此我们可以看到,柏拉图将哲学界定为感性生活世界之外的思想,不是要在"思"与"行"的分离中,来堵住理论介入和参与现实的通道,反而是要通过提升"思"的高度来加强理论介入和参与现实的能力。进而言之,柏拉图对于最佳政制的思考,不是要以理念的方式来建立一个人类永远无法企及的理想王国,而是要通过建立一个理想王国,来为现实政治提供可以不断改进的范本。如果说以柏拉图为代表的古人已经为政治哲学赋予了介入和参与现实的品格和能力,那么这一做法也为后来人讨论政治哲学确立了一个基本模型。霍布斯、洛克之后的近现代政治哲学逐步放弃了古典政治哲学在形而上学意义上关于最佳政制的思考,并将论题转换为关于合法的所有权及以之为前提的正义问题的辨析和阐释,但政治哲学介入和参与现实的品格和能力却并没有由此而遭到摈弃,相反在政治哲学家与现实政治的复杂互动中得到了凸显和强化。正是因为这一点,所以才有了罗尔斯在《政治哲学史讲义》中所提出的如下问题:政治哲学在何种意义上以何种方式介入并影响日常政治的结果? 而对于该问题,罗尔斯所给出的最重要回答是:由于政治哲学经常讨论的是涉及民主公民之基本权利和自由的宪法问题,所以它在具有司法复审制度的体制中,特别是在宪法问题上,往往扮演着重要的公共角色。① 罗尔斯的这个回答表明,政治哲学介入和参与现实的品格和能力,在他看来主要就表征和体现在关于权利和自由的规范性理论与具体的法律制度之间的张力关系中。具体言之,这一张力关系的基本展开,就在于"将政治哲学讨论的权利、自由等问题转化到宪法中,由此从法律制度层面来保护这些属于现代人政治生活的基本构件,进而把政治哲学的基本主张转换为具体的、可操作的政治制度"②。

以上论述以无可辩驳的事实表明,政治哲学不仅没有像阿伦特所界定的那样,是"这个世界之外"的纯粹理论,相反它构成了"这个世界"最深刻的理论反思水平之一,是对"这个世界"所作的根本性修缮和补充,这是政治哲学作为一种理论与现实世界之间应有的张力关系。不过,需要进一步说明的是,从柏拉图直到罗尔斯的思想史来看,政治哲学与现实世界之间的张力关系,并不是以理论与现实的完全等同为前提的,而是以这两者的"分开"为前提的,因为只有在两者"分开"的前提下,政治哲学才既能够保持理论的反思性本质,又能够由此而为现实世界提供思想主张,并实现向现实世界的过渡。作为一位实践哲学家,马克思将哲学指认为一种世界化或现实化的理论,甚至将之直截了当地指认为一种现实的历史运动,这是其"实现哲学"思想的题中应有之义。马克思对哲学的这一指认无疑以最为彻底的方式彰显了理论介入和参与现实的品格和能力,但人们容易据此而认为马克思有一种将理论与现实加以等同化处理的倾向,这也是阿伦特指责马克思的理由之一。但实质上,正如海德格尔曾经指出的那样,马克思所讲的实践是通过一个关联于黑格尔哲学的确切理论想法而被规定的,所以马克思提出"实现哲学"的要求,并不是要取消理论之于现实的相对独立性,而是要以深刻的理论反思为条件,来将哲学的事业兑现为历史的事业。由此可以看到,马克思"实现哲学"的思想并没有消解政治哲学在理论和现实这两个端点之间所建立起的张力关系,从而也没有如阿伦特所解读的那样,历史

---

① 参见[美]约翰·罗尔斯:《政治哲学史讲义》,杨通进、李丽丽、林航译,中国社会科学出版社 2011 年版,第 5 页。
② 李佃来:《施特劳斯、罗尔斯、马克思:政治哲学的谱系及其内在关系》,《中国人民大学学报》2014 年第 4 期。

性地终结了政治哲学的传统。

我们再来看第二重误解。从阿伦特所倚重的第二个理由来看,她不仅将政治哲学界定为"这个世界之外"的哲学理论,而且也将之界定为真理的世界而非意见的世界。如果说阿伦特的第一个界定映射出她在把握政治哲学史上的某种"欠缺",那么有趣的是,其第二个界定却透显出她在理解政治哲学上卓尔不凡的思想智慧。因为政治哲学虽然从总体上从属于有别于理论哲学的实践哲学,但与理论哲学的问题往往又存在着深刻的内在关联性。作为理论哲学问题之一的真理,虽然通常被人们指示为外在于政治哲学的一个问题,但其实在上至苏格拉底和柏拉图、下至罗尔斯和哈贝马斯的思想长河中,真理常常构成政治哲学的前提或核心。在真理的制高点上来把握政治哲学的必要性在于:政治哲学是一门为现实的政治生活提供优良价值理念的规范性科学,而其所提供的价值理念及作出的规范性论证和说明,在某种意义上既要符合"善"的要求,也要符合"真"的要求。只追求"善"而不追求"真"的政治哲学理论,要么会因为缺乏长久的思想生命力而在现实情境的变化中走向枯竭,要么会因为缺少现实的社会历史根基而无法成为被人们普遍认同和接受的信念。所以,真理对于政治哲学而言具有双重重大意义,一是为政治哲学赋予长久的思想生命力,二是为政治哲学确立社会历史根基。以苏格拉底和柏拉图为代表的古希腊人所看重的是前者,而以罗尔斯和哈贝马斯为代表的当代政治哲学家所看重的是后者。

由此而论,阿伦特对马克思的误解,绝不在于她将政治哲学界定为真理世界本身,而在于她从这个深刻的界定出发而对马克思作出的肤浅解读。阿伦特对马克思的肤浅解读,大致也反映出她在把握德国古典哲学以来的思想史上的偏蔽和粗疏。从阿伦特的相关论述来看,她实际持有如下观点:真理只能在远离现实实践的思想领域才得以证成和确立,在实际的生活过程中,意见往往要大于真理,甚至根本不存在真理。这个典型的柏拉图式的观点,完全忽视了这样一个问题,即从康德到黑格尔再到马克思,真理不是在纯然的思想领域,而是在以思想为前提和中介的现实实践领域得到开显的。具体而论,康德在认识论领域所达到的只是现象而非真理,真理对他而言就是如何解决物自体的问题。而作为对物自体的问题的推进和解决,康德的实践理性既要在道德行动中规定自由的本质,也要在道德行动中揭示真理的可能性。真理由此成为一个在实践中得到证明的问题,当然康德所讲的实践还只是一个具有先验特色的理想化状态,而非经验性的实际生活的展开。黑格尔在康德的基础上,提出了"理论的东西本质上包含于实践的东西之中"以及"不仅把真理理解为实体,同时也理解为主体"的观点,从而将真理直截了当地阐释为一种由人的自为创造活动所塑造的历史运动，实践的真理性以及真理的实践性得到充分彰显。马克思对于真理的理解和阐释承接了康德和黑格尔的思维路线，由此同样强调实践的真理性与真理的实践性问题："人的思维是否具有客观的真理性，这不是一个理论的问题，而是一个实践的问题。人应该在实践中证明自己思维的真理性，即自己思维的现实性和力量，自己思维的此岸性。关于思维——离开实践的思维——的现实性或非现实性的争论，是一个纯粹经院哲学的问题。"①

　　实质上，马克思所讲的实践之所以具有真理性，就在于实践所代表的，并非是阿伦特眼中的那个世俗化的意见世界，而是在德国古典哲学中得到初始昭示，之后又被马克思所深刻把握的历史。实践的真理性，正是由实践的历史性所赋予的，历史是德国古典哲学以来所探求的真理世界的前提和内核（作为先验哲学家的康德也不外于此）。进一步说，由于马克思所把握到的历史的最关键部分，就是几个世纪以来逐渐形成和确立起来的资本主义生产关系及包含于其中的、不可自解的复杂社会矛盾，所以，以"改变世界"为主旨的社会实践和工人运动，作为马克思"实现哲学"思想的根本要求和最后落脚点，恰恰又构成了他在最深刻的意义上把握历史，从而又在最深刻的意义上展现真理的题中应有之义。由此来看，恩格斯在《路德维希·费尔巴哈和德国古典哲学的终结》中的如下说法，是一个极具真理性的论断："德国人的理论兴趣，只是在工人阶级中还没有衰退，继续存在着。……德国的工人运动是德国古典哲学的继承者。"②

　　如果以上论述足以证明，马克思"实现哲学"的思想并不存在将真理世界与意见世界加以混淆的倾向，相反这一思想既以占有真理为前提，又以展现真理为旨归，那么阿伦特依据第二个理由而将马克思认定为政治哲学传统的终结者，就是无中生有的事情。

　　阿伦特向来以观点的新颖性和思想的原创性而著称于政治哲学史。然而，她对马克思政治哲学的上述四个根本性误解及由之而造成的遮蔽，却使其思想的原创意义大打折扣。鉴于阿伦特在政治哲学史上的重要地位，特别是鉴于她在理解和阐释马克思上所产生的广泛影响，我们必须要全面澄清并认真对待阿伦特的这些误解及由之而造成的遮蔽。这无论对于如实地还原她与马克思之间的思想学案，还是对于真实地揭示和展现马克思政治哲学的独特思想状貌及其所代表的理论传统，都具有重大意义。

---

① 《马克思恩格斯文集》第1卷，人民出版社2009年版，第500页。
② 《马克思恩格斯文集》第4卷，人民出版社2009年版，第313页。

第七章 哈贝马斯与普遍性政治哲学

在西方马克思主义政治哲学的界域内,哈贝马斯所作出的重大贡献,不止于现代性批判。在一定意义上可以说,哈贝马斯就是以一位政治哲学家的身份来从事理论研究的,所以,他的很多观点都可以被置放于政治哲学的思想框架中予以审视。如果说,根据哈贝马斯对于交往、共识等宏大叙事的强调,我们将他的政治哲学在总体上概括为"普遍性政治哲学",那么,这种"普遍性政治哲学"集中展现在几个理论节点上,主要有"话语民主"、"合法性"以及"世界市民社会"等。实质上,厘清话语民主、合法性以及世界市民社会等的内涵,不仅对于完整把握哈贝马斯的普遍性政治哲学,而且对于全面呈现西方马克思主义的政治哲学,都具有重要意义。

一、作为哈贝马斯政治哲学关键词的"话语民主"

在哈贝马斯普遍性政治哲学的谱系中,话语民主理论占据着至关重要的地位,将"话语民主"认定为哈贝马斯政治哲学的关键词,一点都不为过。不过,需要特别注意的是,哈贝马斯的话语民主理论并不是一次性地构建起来的,而是经历了一个从酝酿到成熟的发展过程。这要求我们不能用一种"实体化"的思维,在一种"元政治哲学"的层面上来把握这一理论,而应结合哈贝马斯不同时期的文本,历时性地来对之予以阐释。

(一)公共领域与民主:哈贝马斯早期的一种探讨

对于哈贝马斯而言,其话语民主理论实质上紧紧"附生"在其市民社会理论的主干上面,不仅构成后者的一个分支性话题,而且也跟随后者的逻辑推进而形成自身的话语布展。总体上,哈贝马斯对市民社会作出过前后两种具有差异性的界定,而与此相对应,其关于话语民主的阐释,也分为前后两个分殊性的阶段。从文本来看,哈贝马斯对市民社会所作的第一种界定,主要展现在那本在出版之初反响平平,但近30年后在英语学界却掀起轩然大波的《公共领域的结构转型》中。在这本书中,哈贝马斯主要是从历史的角度,具体一点说,是从"18 和 19 世纪初英、法、德三国的历史语境"①出发,来界定市民社会的。以他之见,市民社会是随着资本主义市场经济的发展而形成的、独立于政治国家的私人自主领域。它本身又由两个部分所构成,一是以资本主义私人占有制为基础的市场体系,包括劳动市场、资本市场和商品市场及其控制机制;二是由私人所组成的、独立于政治国家的公共领域,它是一个社会文化体系,"包括教会、文化团体和学会,还包括了独立的传媒、运动和娱乐协会、辩论俱乐部、市民论坛和市民协会,此外还包括职业团体、政治党派、工会和其他组织等"②。

　　哈贝马斯对市民社会的这个界定,虽说是一种经验意义上的描述,但其目标之一,则在于从中概括出一种具有普遍意义的政治分析模式,从而为构建自己的政治哲学提供支持。在他看来,作为市民社会组成部分之一的公共领域,在 18、19 世纪的资本主义历史中,曾发挥过极其重要的政治功能,这倒不是说公共领域像议会、法庭等机构一样,直接充当了国家的政治机器,而是说公共领域内自由平等的对话以及由此而达成的一致和共识,为民主制度提供了合法性基础与理性根据。公共领域的这一功能由于是以公众舆论的形成为前提的,因此,它表征的是一种不同于卢梭"非公众舆论民主"的民主模式。

　　众所周知,在《社会契约论》中,卢梭发展了一种共和主义的民主理论,将重心落脚于"人民主权"。所谓人民主权,就是共同体成员亲身参与政策的订立,其最根本的要求,就是既要以人民的普遍意志为基础,也要体现人民的普遍意志。在哈贝马斯看来,卢梭的普遍意志具有一种自然秩序的表象,但这种自然秩序并不是市民社会内部所固有的法则,而是超越迄今为止一切时代的法则。这主要表现在卢梭对社会契约的描画之中:不平等和不自由是自然状态堕落的结果,为了实现平等和自由,从而使所有人都享有权利和义务,就必须从自然状态过渡到政治社会,方法是每个人都必须把他的人格、财产连同一切权利托交给政治共同体,这就是社会契约。社会契约需要个体服从共同体,人彻底变成公民。这样一来,"卢梭提出了一种彻头彻尾的政治社会的非资产阶级观念,在这个社会里,自律的私人领域,即从国家中解放出来的市民社会没有任何地位。其基础同样也是:财产既是共有的,也是私有的;每个公民只有作为普遍意志的参与者才能获得自律。因

---

①　[德]哈贝马斯:《公共领域的结构转型》,曹卫东等译,学林出版社 1999 年版,第 2 页。
②　[德]哈贝马斯:《公共领域的结构转型》,曹卫东等译,学林出版社 1999 年版,第 29 页。

此,普遍意志不是私人利益冲突的结果;社会契约模式中不容许有私人自律"①。普遍意志既然不是扎根于市民社会的自然秩序或私人自律之中,那么它扎根何处? 根据哈贝马斯的剖析,它扎根在公民内心深处,即扎根在舆论中。但是,这种舆论并不是市民社会的公众舆论,而是一种非公众舆论。因此,树立在普遍意志基础之上的民主,就是一种"非公众舆论"的民主。这种民主脱离了公共领域之辩论和推理的机制,而以一种心灵的默契作为其制度保障。即是说,非公众舆论民主的根基是心灵的共识,而非辩论的共识。这就表明,卢梭在民主的构设中对个人德行寄以过高的希望,认为每个公民的个人动机都是道德的。然而,哈贝马斯指出,民主决不是来自由每个人的良好心灵集合而成的普遍意志,而是来自人们平等讨论的话语过程。这正如他引用曼宁的话所指出的:

> 有必要将自由主义理论和民主思想所共有的视角扭转过来:合法性并不是来源于先定的个人意愿,而是个人意愿的形成过程,亦即话语过程本身……合法的决定并不代表所有人的意愿,而是所有人讨论的结果。赋予结果以合法性的,是意愿的形成过程,而不是已经形成的意愿的总和。讨论的原则既是个人的,也是民主的……哪怕冒着与长久传统相抗的危险,我们也必须肯定,合法性原则是普遍讨论的结果,而不是普遍意愿的表达。②

通过这种审视,哈贝马斯就把民主论证的重心,由普遍意志和市民道德转变为民主意愿和意见的形成过程。这样的过程由于是在公共领域内发生和完成的,因此,公共领域在哈贝马斯那里,就顺理成章地构成了资产阶级民主制度形成的基本前提,这也是两者在18、19世纪的历史语境中所形成的特殊关系。由这种关系所推出的,即是"话语民主"的政治哲学模式。

> 话语民主这一概念植根于民主交往的直觉理想中,根据这一理想,交往的条件是否合理,通过平等公民的公共辩论和批判来决定。这样,在解决集体事务的过程中,公民凭借公共批判,承载了一定的责任。因为基础机制建构了自由公共讨论的框架,公民肯定,这些机制是合

---

① [德]哈贝马斯:《公共领域的结构转型》,曹卫东等译,学林出版社1999年版,第115页。
② [德]哈贝马斯:《公共领域的结构转型》,曹卫东等译,学林出版社1999年版,第23页。

法的。①

毋庸置疑,把民主与"交往"、"自由讨论"、"公共辩论"等连接起来,哈贝马斯也就十分自然地将民主的核心指定为对民主意见和意愿形成过程的论证,而不是对其结果的关注,这也就是话语民主概念的基本内涵。在此意义上,"话语民主"又是一种"程序主义的民主",而话语民主理论也自然而然地被还原为程序主义民主理论。

应当澄清,话语民主理论的完备内容在《公共领域的结构转型》等哈贝马斯早期的著作中并未得到完全阐释,它最终是在其市民社会概念的后来厘定中完善的。但显而易见,要对这一理论予以整体性的把握,"公共领域"概念又是不可缺少的。在这个问题上,不少哈贝马斯研究者都有明确的指认。例如,黄宗智就曾说道:"在西欧历史发展的情境中,哈贝马斯关于公共领域兴起的研究相当于对民主起源(以及其后民主的堕落或"结构性转换")的研究。……我们正是需要在这一情境中去理解哈贝马斯所提到的'市民社会的公共领域'。"②南希·弗雷泽也曾指出:"对于那些致力于思考晚期资本主义社会的民主之限度的人来说,哈贝马斯在 1962 年《公共领域的结构转型》一书中所阐述的'公共领域'概念将是必不可少的理论资源。"③

(二) 生活世界与民主:民主之规范的设置与话语民主理论的推进

事实正如上文所示,哈贝马斯的话语民主理论由于依附于其市民社会理论,因而当后者在新的理论基础上被推进甚或被重构时,前者亦会悄然发生某些变化。在经过了从公共领域到生活世界的决定性理论转折之后,哈贝马斯将市民社会概念第一种形态中的经济部分剔除出去,使它与社会文化系统彻底分离,并把它划归到同时包含政治系统的体系之中,由此确立起"体系(政治+经济)—生活世界(市民社会)"二元分析框架,从而形成其市民社会讨论的第二阶段。与此相应,话语民主理论在这样一个全新的市民

---

① ［德］哈贝马斯:《公共领域的结构转型》,曹卫东等译,学林出版社 1999 年版,第 24 页。

② 转引自魏斐德:《市民社会和公共领域问题的论争——西方人对当代中国政治文化的思考》,载邓正来、［英］J.C.亚历山大编:《国家与市民社会:一种社会理论的研究路径》,中央编译出版社 2002 年版,第 375 页。

③ Nancy Fraser, "Rethinking the Public Sphere: A Contribution to the Critique of Actually Existing Democracy", in Craig Calhoun ed., *Habermas and the Public Sphere*, Cambridge: The MIT Press, 1992, p.109.

社会分析框架中,得到了更深入的阐释。哈贝马斯指出,对整体社会作体系和生活世界的界分,直接使他"将经济和国家机器视为完全整合在一起的行为领域。这些领域再不能以民主的方式,也就是说,以一种政治整合的方式从内部加以改变,而同时不损害其整体特征和功能。国家社会主义的破产证实了这一点。相反,如今激进民主化方向的特征是,原则上保留下来的'权力分配'内部的力量发生了转移。其中,应当在社会整合的不同资源之间,而不是国家权力之间,建立起一种新的力量均衡关系"①。也就是说,晚期资本主义国家中民主的规范不是存在于具有系统整合功能的政治、经济的体系之中,而是存在于具有社会整合功能的生活世界之中;不是以工具性行为操纵的生活领域为基础,而是以追求价值和正义为宗旨的市民社会为基础。那么,市民社会缘何能够成为民主的基础?在《在事实与规范之间》中集中讨论这一问题时,哈贝马斯指出,有活力的市民社会并不受法律的控制和干预,而总是依托公民的自主交往活动而存在,因而总是保持与私人领域的直接关联。进而论之,在私人领域中得到培育的人身、思想和信仰自由、迁徙自由以及通信自由等构成层层的保护圈与严密的隔离带,确保市民社会能够自我立法、自行判断。市民社会的自主性和自发性使人们可以平等、自由地就他们所关心的问题展开以语言为中介的理性讨论,进而在主体间的基础上达成"相互承认",并能兼顾到弱势群体的利益要求。这可让市民社会之自愿性社团来提供有力证词。自愿性社团"介入公共意见形成过程,处理具有普遍关切的议题,为那些没有得到充分代表的、弱小的团体代为发言、追求文化的、宗教的或人道主义的目标,形成教派团体,等等"②。果若如此,这一过程是可以像罗尔斯预设的"原初状态"成为正义的先决性前提那样成为话语民主的原初起点的。因为交谈的各方在这一过程中都可以消除和超越党派的偏见与自身的特权,转而在一种价值中立的理想状态下商讨言谈,这保证了商谈意见的全面与公正。如果再附以不受扭曲的公共领域作为传递,即通过公共领域的渠道将市民社会之商谈意见反馈到政策订立与立法过程中,那么,结果自然是民主的。

但不可否认,上述状况更多的是一种规范,因为正如生活世界的先验存在一样,它的前提是假定的、预设的。如果缺少经验和事实的支持,那么结论的说服力自然会大打折扣。这一难题不仅被哈贝马斯的批评者所质疑,

① [德]哈贝马斯:《公共领域的结构转型》,曹卫东等译,学林出版社1999年版,第21页。
② [德]哈贝马斯:《在事实与规范之间》,童世骏译,生活·读书·新知三联书店2003年版,第455页。

哈贝马斯本人也是清楚自知的。他认识到,市民社会能够为政治形式提供的行动空间是有限的,这是因为:其一,市民社会的活力以生活世界的合理化为根本要件,一旦生活世界受到威胁,市民社会必然是自身难保;其二,在市民社会的政治表现形式即公共领域中,人们获得的只是影响,而不是政治权力本身;其三,法律和行政权力等政治工具不能直接、完全地将市民社会的政治要求上升为改变自身的动力。因此,市民社会的商议性规则在现实的政治运作中失去自治并非罕见,市民社会由于不再能够为国家提供不竭的合法性资源因而导致政治系统产生"合法化两难"也在所难免。但哈贝马斯坚信,这并不意味着市民社会之民主假定在当今社会中全然没有事实的支持与验证,毋宁说,它可以从包括柯亨与阿拉托、罗尔斯、德沃金等当代著名政治哲学大家所共同关注的新社会运动中求得经验的说明。作为市民社会参与政治生活的形式,和平运动、公民隐私运动、自由选择运动、女权运动、少数民族运动、宗教运动、生态运动等新社会运动自20世纪60年代后期以来隆重登场,并一直表现出勃勃生机。它们兼具"进攻性"与"防御性"的双重旨向:所谓进攻性,是指社会运动"设法提出同全社会有关的议题、定义各种对于问题的态度、提出解决问题的建议、提供新的信息、重新诠释价值、调动好的理由、驳斥坏的理由,以便造成广泛的舆论转向、改变有组织的公共意志形成过程的参数,对议会、法院和政府施加影响以有利于特定政策"①。所谓防御性,是指"它们维持现行的社团结构和公共影响结构,形成亚文化的逆向公众和逆向建制,巩固新的集体认同"②。如果说,无论是新社会运动的进攻性还是它的防御性,对于理解市民社会之于民主政治的意义来说都是积极的,那么,它的激进形式"公民违抗"亦是如此。公民违抗总是从市民社会的理性根据出发,直指决策的不合法程序与不具有合法性的决策,以便对它们作出适度调整,直到符合公民的集体要求,达到公众的群体认同。在这一过程中,公民违抗把政治系统与公共领域对接起来,由此形成广泛的社会压力和宽厚的正义资源,在众多情形下迫使权威解除政治封锁,引导政治系统走入良性循环。基于这种对社会运动的体察与判断,哈贝马斯指出:"一定条件下市民社会可以在公共领域中赢得影响,可以通过它自己的公共意见而对议会组织(以及法院)造成一定效应,并且迫使政治

---

① ［德］哈贝马斯:《在事实与规范之间》,童世骏译,生活·读书·新知三联书店2003年版,第457页。
② ［德］哈贝马斯:《在事实与规范之间》,童世骏译,生活·读书·新知三联书店2003年版,第457—458页。

系统转到正式的权力循环。"①这是哈贝马斯极力辩护的观点,它也道出了话语民主的真义:话语民主要求诉诸生活世界之深厚的理性基础,动员市民社会的公众交往,通过公共领域的传感地带而表达政治要求。

不难发现,哈贝马斯在新的市民社会理论框架中阐发的话语民主概念,与之前的概念相比已是大为不同,不仅其理论设定更为精细,在范畴使用上也发生了变化。更为重要的是,在初探话语民主之时,哈贝马斯主要指向了早期资本主义的历史经验,虽然表现为对卢梭民主理论的批评;而在将话语民主推向深入之后,他则主要指向了一种理论的规范设置,虽然他仍煞费苦心地寻求事实的说明。不过,这种前后的变化并没有将整体的话语民主理论分割开来,其基本意旨是一致的,即将民主之重心证立为市民社会中追求一致和共识的话语过程,而非结果,因而,语言、商谈、交往、公共领域以及市民社会等支配性概念与范畴,始终是在场的。

二、普遍性政治哲学视野中的合法性

哈贝马斯在《公共领域的结构转型》《合法化危机》,尤其是《在事实与规范之间》等重要著作中,曾多次论述到"合法性",这是其普遍性政治哲学中的一个异常重要的理论问题。要对这个问题作出全面阐释,就需要论明:哈贝马斯对合法性的界定面对了哪些理论传统?合法性概念在哈贝马斯思想体系中与其他概念之间存在什么关系?应当如何评价哈贝马斯对合法性的独特界定?

(一)哈贝马斯对两种合法性传统的考量与回应

哈贝马斯对合法性的界定,在逻辑上肇始于他对自然法和实证主义两种合法性传统的批评性回应。

合法性之自然法的传统最早可以追溯到古希腊本体论哲学。古希腊本体论致思路向不仅引导人们追求自然世界意义上的终极本源,也引导人们追求伦理和政治意义上的个体之善与群体之善,比如公正、正义等普遍性的伦理规范和价值原则。进而,这样的伦理规范和价值原则又在政治实践中定格为政治制度是否具有合法性的判断标准,即一种现实政治制度的好与坏、优与劣、正当与非正当,最终是要通过它能否彰显公正、正义等价值原则

---

① [德]哈贝马斯:《在事实与规范之间》,童世骏译,生活·读书·新知三联书店2003年版,第461页。

进行判定。例如,亚里士多德就曾指出:"依绝对公正的原则来评断,凡照顾到公共利益的各种政体就是正当或正宗的政体;而那些只照顾到统治者们的利益的政体就都是错误的政体或正宗政体的变态(偏离)。"①在古罗马思想范例中,西塞罗提出了"正义"和"理性"的规范,认为它们是政治共同体成员相互之间达致和谐共在状态的基础和普遍力量。这种"正义"和"理性"的规范并不是人为制造出来的,而是与自然的普遍法则相一致的人类普遍能力。它们不以人们的意志为转移,以一种无形力量的方式存在于政治共同体中,规导着人们的思想观念和政治行为,进而也成为政治合法性进行自我辩护的最终依托。这一合法性的自然法传统绵延至近代早期,通过契约论哲学家对自然状态的预设而获得了新的形态。在洛克等契约论哲学家看来,政治制度的合法性并非通过神启或者政治人物个人的魅力进行说明,毋乃说,一个政府或者一种法律规范只有能够保护人类的自然状态(自然社会),进而彰显自由、平等、正义、仁爱等价值理念,它才是正当的、合法的、值得拥护的,否则,人民就有权根据契约推翻它,进而建立起新的政府或者法律规范。可以看出,无论是以什么样的形态呈现出来,合法性之自然法传统总是在一个形而上的、伦理学的质点上推演政治制度或者法律规范的正当性准则与法则,从而实现了合法性学说与价值学说、道德学说的内在合流。

合法性之实证主义的传统是由韦伯根据经验科学的方法和范式开创出来的。在韦伯看来,经验科学对诸如统治秩序、法律规则等政治社会学基本问题的检视,应当始终在"事实性"、"客观性"、"价值中立性"的牵引下进行,而不应当将普遍性的道德标准和价值规范设置为推论的支点,因为道德标准和价值规范完全是出于个人主观的情感作用,它们与个人的自由、决定和选择有关,而与事实问题没有逻辑上的必然联系,②它们不是经验科学追求的目标和研究的对象。就此而论,成为政治合法性准则的,一定不能是公正、正义、平等、自由等恒久不变的、符合自然理性的伦理要求,而只能是科学性、可计算性、可操作性的政治范畴。根据这样的准则,现代社会的法律体系,必须把任何以"应当"(should)为诉求的规范和理想驱逐出去,最终借助于法律专家和政治立法者对大量法律条款的分析、过滤而定格为形式主义的法律形象。法律的形式是抽象的、普遍的、可核实的,既不专门针对特

---

① [古希腊]亚里士多德:《政治学》,吴寿彭译,商务印书馆1983年版,第132页。

② 参见苏国勋:《理性化及其限制——韦伯思想引论》,上海人民出版社1988年版,第268页。

定的情形,也不专门针对特定的法律对象,它赋予法律体系以统一的、稳定的结构。在这个意义上,合法性指向的是既定法律结构和法律秩序的稳定性和有效性,它是人们对握有权力的人的地位之确认和对其命令之服从,它在某种程度上是以国家的强制为坚实后盾的。如此说来,合法性就融解在行政立法和行政执法的过程当中,合法律性成为合法性的逻辑始源,即只有合法律的,才是正当的、合法的。

　　哈贝马斯认为,上述自成一系的两种合法性解释传统,虽然都各有优点(自然法传统认定的价值原则在当代政治、法律实践中无法回避,实证主义传统认定的政治结构和法律形式在现代性逻辑中不能不以某种方式出场),但也都各有缺点,而后者是根本的、必须要予以指正的。具体而论,自然法的传统由于执着于对形而上的伦理要求的追逐,因而自觉不自觉地隔离了复杂多样、变化多端的现实情景。这种状况造成的困难,在传统形而上学遭到解构因而统一的价值观发生分化的现代社会与后现代社会,无疑是尤为突出的,因为在这样的社会语境中若想假以众所肯认的道德观念来批判现实的政治制度或者法律体系,并据此演绎政治制度或者法律体系的正当、合意与合法,几乎是不可能的事情。实证主义传统的出现,在一定意义上正是面对自然法传统之困难而加以"祛魅"的结果。也正因为如此,自韦伯以降直到 20 世纪 70 年代大半个世纪的政治文化中,自然法传统及其种种变体所造成的影响基本隐退,而实证主义传统则在现代性逻辑的助推下大行其道。不可否认的是,20 世纪 70 年代之后,自然法传统在罗尔斯《正义论》的刺激下被重新激活,以罗尔斯为首的政治哲学家不约而同地根据公平、正义、道德的价值悬设来处理合法性问题,就是这一景况的显证。不过,在哈贝马斯看来:其一,正义、道德的价值判断对于合法性不可或缺与仅仅从前者推出后者之间的差距,是无论如何都不能忽视的。因为决定合法性的不仅仅是正义、道德判断的正确性,而且还有其他因素,"包括是否具备信息,信息是否有说服力和相关性,如何选择信息,信息加工是否有成效,情境诠释和问题提法是否恰当,选举决定是否合理,态度强烈的评价是否真诚,尤其是所达成的妥协是否公平等等"[①]。一言以蔽之,合法性并不等同于正义、道德判断的有效性,后者只是前者的必要但非充分条件。其二,罗尔斯对正义理念的推导以及由之而来的对合法性界标的设置,无论具有什么样的诱惑和感召,也不能摆脱这样一个事实,即这样的过程只是在"原初

――――――――

　　① [德]哈贝马斯:《在事实与规范之间》,童世骏译,生活·读书·新知三联书店 2003 年版,第 285 页。

状态"和"无知之幕"的真空中进行的,因而文化的多元性、"建制化了的政治决策过程",以及"同法治国原则背道而驰、并使组织良好社会面对一幅颇有讽刺意味镜像的社会发展趋势和政治发展趋势"①等需要考量的因素,无一不消失在理论的地平线之下。罗尔斯在《正义论》的补遗之作《政治自由主义》中无论是以什么样的方式来处理多元性的问题,作为政治正义之假设的"重叠共识"也根本不可能建立在多元性的基础之上,由此路径导出的合法性解释方案依然是问题多多的。

　　哈贝马斯指出,实证主义传统的问题在于:其一,当它以"价值中立"的姿态删除任何有关价值关怀和规范指涉的因素时,它却忽视了这样一个基本的判断,即如若隔离了对人的生存要素的突现,合法性自身就不可能得到保证,因为"合法性的客观标准是被统治者方面的事实上承认"②,一种政治制度或者法律制度一旦被人们认为远离他们的生活,其合法性就变得十分脆弱了。其二,实证主义传统诠证合法性的经典公式,即"合法性等于合法律性"只有置放在特定的场境中才可能成立,否则,它根本无法经得起"精察洞问"的推敲。审视欧洲的工人运动和阶级斗争可以发现,"迄今为止最接近于形式法合理统治模式(即合法律性——引者注)的那种政治秩序,其本身并没有被感受为合法的;会这样感受的,充其量是那些从中得益的社会阶层以及它们的自由主义意识形态家"③。这一状貌的更为极端的例子在于,那些独裁的政治和法西斯政权的形成,都是符合韦伯所界定的"规则合理性"、"科学合理性"、"可计算性"、"可操作性"等一系列法律形式的,但显然不能就此而得出"独裁政治和法西斯政权的产生是正当的、合法的"这样的荒唐结论。

　　哈贝马斯说,这两种传统在处理合法性上的失足,若是极为根本地概括就在于,它们都只是在"事实性"和"有效性"两者之间来回摇摆,而对它们的张力关系却不进行任何的说明。一种政治制度或者法律制度之所以能够是合法的,必须具备"事实性"和"有效性"两个向度:政治制度或者法律制度作为现实的政治构件,要能够被信任进而能够显明实际的政治、社会效果,这是"事实性"的向度;这种政治制度或者法律制度被信任是基于人们

---

①　[德]哈贝马斯:《在事实与规范之间》,童世骏译,生活·读书·新知三联书店2003年版,第79页。

②　[德]哈贝马斯:《在事实与规范之间》,童世骏译,生活·读书·新知三联书店2003年版,第362页。

③　[德]哈贝马斯:《在事实与规范之间》,童世骏译,生活·读书·新知三联书店2003年版,第563—564页。

认为它是值得信任的而不是因为其他的原因,这是"有效性"的向度。对于政治合法性而言,这本来应当是紧密咬合在一起的两个向度,因为仅仅具备一个向度,并不一定理所当然地推出合法性。例如,仅仅具备"事实性"可能就会有两种情况:人们之所以信任一种政治或者法律制度,就是出于它是值得信任的,但也可能是出于种种外在的因素而不得不去信任,后一种情况显然就无法对合法性做出令人满意的说明。在自然法传统和实证主义传统那里,"事实性"和"有效性"分明就是相互外在、彼此分离,甚至是截然对立的两个向度,这是它们的合法性基础总是难以达及厚重的真正内缘。

(二) 公共领域作为合法性的基础

哈贝马斯虽然对自然法传统和实证主义传统进行了这样那样的检点与批评,但他并没有将这两种传统简单、粗暴地推上思想的被告席,而是在指证它们不能处理"事实性"和"有效性"张力关系的前提下,对其沉积下来的思想资源进行了创造性的转化,进而将自然法传统彰明的价值的东西与实证主义传统彰明的事实的东西内在地统合在他自己对合法性的理解当中:"合法性意味着,对于某种要求作为正确的和公正的存在物而被认可的政治秩序来说,有一些好的根据。一个合法的秩序应该得到承认。合法性意味着某种政治秩序被认可的价值——这个定义强调了合法性乃是某种可争论的有效性要求,统治秩序的稳定性也依赖于自身(至少)在事实上的被承认。"[1]然而,无论如何都不可能回避的一个问题是,对合法性如此这般的理解,是否就能够保证"事实性"和"有效性"的张力空间完全敞开,进而合法性的理想模态完全形成? 在哈贝马斯看来,这是一个需要进一步层层说明的问题:首先,"事实性"与"有效性"虽然对于合法性的理解而言都不可或缺,但后者相形之下无疑更为根本,因为一种政治或者法律制度只有被人们认为是值得信赖的,它在论证合法性时才具有思想的说服力。在这个意义上,"事实性"并不必然包含着合法性之"有效性"的基本要求,但反过来说有时却是可以成立的。其次,从现代法律秩序的创生来看,"有效性"向度的凸显根本不能依靠政治人物和法律专家的"良心发现"与"道德自觉",而只能建立在这样的基础之上,即"公民应该时时都能够把自己理解为他作为承受者所要服从的法律的创制者"[2],因为在这样的语境中,公民不会不

---

① ［联邦德国］哈贝马斯:《交往与社会进化》,张博树译,重庆出版社1989年版,第184页。
② ［德］哈贝马斯:《在事实与规范之间》,童世骏译,生活·读书·新知三联书店2003年版,第685页。

把自己的意志和生活故事接入到法律的创造过程中,一种值得信赖的法律的形成就会成为顺理成章的事情。再次,公民成为法律的创制者,并不意味着以一种检测"公意"(卢梭语)的方式来检测法律的民意,这种静态的统计学的方式并不能保证公民客观、真实、真诚地表达自己的意志,合法性若要通过这种方式来得到说明,是极其困难的。公民成为法律的创制者,毋宁说是要通过他们的意愿和意见的形成过程来得到保证,因为只有在这样的过程中,公民才可能将自己的生活要素链接到法律的规范与事实当中,法律秩序的"有效性"才可能凸显出来,它与"事实性"之间的张力关系才可能得到确当的处理。这就触及现代社会政治和法律制度之合法性的根本内涵:"民主的意见形成和意志形成过程的程序条件和交往前提是唯一的合法性源泉。"①

这样一来,哈贝马斯就把对合法性的说明转译成对交往行动理论的政治哲学诠证,交往、话语、商谈、程序等交往行动理论的概念,由此成为合法性理论的关键词。至于合法性理论因何能够与交往行动理论发生范式的通约,哈贝马斯认为至少有两方面的缘由:其一,民主的商谈将议题和提议、信息和理由置放于可申解、可论辩的程序当中,人们即便不能直接地借此澄清什么样的政治要求和政治主张是适恰的,什么样的政治措施和政治行为是应当予以取用的,这些政治要素也可以间接地从商谈中赢获出场与在场的根据和意义;其二,就作为合法性重要载体的法而言,它与交往行动并不断然分开,在很多情况下,它"以抽象而有约束力的方式,把由于具体的交往行动关联而为人所知的邻里熟人之间的相互承认结构,传向匿名的、以系统为中介的陌生人之间的互动关系"②。在这个意义上,"商谈、也就是变得具有反思性的交往行动形式,对法的规范的产生(以及运用)具有一种构成性的作用"③。

在哈贝马斯看来,这样的缘由对于说明合法性理论为什么能够立基于交往行动理论之上是没有问题的,可是对于说明前者怎样立基于后者之上则还远远不够,因为交往行动是一个极其宽泛的概念,什么样的交往、在什么样的场域中发生的交往需要接入到政治合法性的基本构架之中,是应当

---

① 〔德〕哈贝马斯:《在事实与规范之间》,童世骏译,生活·读书·新知三联书店 2003 年版,第 686 页。

② 〔德〕哈贝马斯:《在事实与规范之间》,童世骏译,生活·读书·新知三联书店 2003 年版,第 684—685 页。

③ 〔德〕哈贝马斯:《在事实与规范之间》,童世骏译,生活·读书·新知三联书店 2003 年版,第 685 页。

得到具体解释的。对此,哈贝马斯这样说道:"政治立法过程的合理质量不仅仅依赖于赢得选举的多数和得到保护的少数在议会中是如何工作的。它也依赖于参与的水平和教育的水平,依赖于信息和有争议问题之表达的清晰程度,简言之:依赖于政治公共领域中不可工具化的意见形成过程的商谈性质。公共生活的质量一般来说取决于公共领域的传媒和结构实际上开放的机会。"①在这段话中,哈贝马斯实质上是将对政治要素起构造作用的商谈限定为公共领域的活动的展开,从而将公共领域设定为合法性与交往相互关联的根本质点,交往对于合法性的基础性意义也就呈现为公共领域对于合法性的基础意义。这一点,应当是哈贝马斯合法性理论在逻辑上的一个落点,也是他在这一理论中着力说明的问题。

什么是公共领域? 哈贝马斯这样界定:"公共领域最好被描述为一个关于内容、观点、也就是意见的交往网络;在那里,交往之流被以一种特定方式加以过滤和综合,从而成为根据特定议题集束而成的公共意见或舆论。像整个生活世界一样,公共领域也是通过交往行动——对于这种行动来说,掌握自然语言就足够了——而得到再生产的;它是适合于日常交往语言所具有的普遍可理解性的。"②"日常实践的微观领域自发凝聚而成的交往中心发展为自主的公共领域,并且巩固了自我支撑的更高水平的互主体性,当达到一定程度后,以交往为媒介的生活世界的潜能就能够被有组织地得到运用。自我组织的形式强化了集体行动的能力。"③公共领域"通过其市民社会基础而根植于生活世界之中"④。这些界定说明:公共领域在本质上是一种交往结构和因交往行动而形成的社会空间,它与作为交往之根本背景假设的生活世界直接勾连在一起,并以市民社会作为其形成与存在的最直接基础。

在对公共领域如此这般界定的基础之上,哈贝马斯继而解述了下列问题:

第一,公共领域作为商谈与合法性之介质的内缘。哈贝马斯指出,公共领域虽然就其本来的意义而言是在私人的生活世界的基础上形成的,但它

① [德]哈贝马斯:《在事实与规范之间》,童世骏译,生活·读书·新知三联书店 2003 年版,第 586—587 页。

② [德]哈贝马斯:《在事实与规范之间》,童世骏译,生活·读书·新知三联书店 2003 年版,第 446 页。

③ J. Habermas, *The Philosophical Discourse of Modernity*, Cambridge: Polity Press, 1987, p.364.

④ [德]哈贝马斯:《在事实与规范之间》,童世骏译,生活·读书·新知三联书店 2003 年版,第 445 页。

作为生活世界的结构又在表达公共的问题,尤其是那些与政治决策、制度建设以及法规生成有着这样那样联系的公共问题。就此而论,公共领域又作为能够作用于政治系统的结构而存在,构成生活世界的政治形式。正因为如此,"公共领域形成了政治系统这一方面和生活世界的私人部分和功能分化的行动系统这另一方面之间的中介结构"①,它不仅与生活世界而且也与政治系统勾连在一起;也正因为如此,公共领域及其在其中所形成的公众舆论完全可以使建制化的政治与非建制化的自由商谈(商谈的语境即是生活世界)相互融通、彼此连接,从而既保证了政治意志建立在民众意志基础之上并由此彰显了"有效性"的要求,又保证了民众意志不至于散漫为一种无政府主义的东西并由此彰显了"事实性"的要求。

第二,公共领域对于理解合法性的具体优势。哈贝马斯指出,公共领域作为一种交往结构,由于总是与私人生活领域、与市民社会粘连在一起,所以发生于公共领域之中的商谈也就总是与民众、与市民社会的生活故事分割不开。一旦这样的商谈作为社会和政治资源被整合到政治系统当中,政治建构需要什么样的规范和价值,也就获得了最为实在的依托。这不仅避免了实证主义传统在合法性上引发的"价值无涉"的诘问与发难,而且避免了自然法传统根据恒定不变的价值准则来证立合法性的种种困难。例如,如果总是一成不变地将某一种价值准则接入到政治系统当中并由此说明合法性的基础,那么,这样的合法性说明至多只是与某一个固定时间内的固定群体相链接,而绝不具有普遍的意义;这一困难在公共领域的场境中几乎是不存在的,因为公共领域将价值的生成发展为一个动态的过程,它指向的是市民社会的普遍存在和这一普遍存在的展开,这是自然法的传统未曾具有的。推进地看,由于与私人生活领域、与市民社会相互关联,公共领域与政治中心相比更能敏锐地感嗅新的社会问题以及这些问题产生的情境:核军备竞争、克隆研究的风险、生态危机、第三世界的经济恶化、女性问题、移民问题、种族问题、文化认同问题,这些自20世纪70年代以来不断凸现出来的新的社会问题,无一不是首先由市民社会和作为市民社会的公众的私人提出并引入公共领域的,相反,国家机构和大型政治组织却往往只是在公共领域对这些问题讨论和放大之后才将之纳入自己的系统当中。由此而论,"公共领域是一个预警系统,带有一些非专用的、但具有全社会敏感性的传感器"②。它可以

---

① ［德］哈贝马斯:《在事实与规范之间》,童世骏译,生活·读书·新知三联书店2003年版,第461页。

② ［德］哈贝马斯:《在事实与规范之间》,童世骏译,生活·读书·新知三联书店2003年版,第445页。

通过它自己的公共意见而对议会组织以及法院等政治实体造成一定效应，并且迫使这些政治实体转到正式的权力循环当中。就民主法法国的政治、法律实践而言，实证主义传统所假定的"由合法律性而合法性"的公式在这样一种"场境"中是可以成立的，但它的成立也会仅仅是因为被置放于这样的"场境"当中，其他的"场境"都是不可以的。正是在这个意义上，"事实性"的东西与"有效性"的东西是相互吻合的，而不是像在实证主义传统那里经常是相互分离的。既然如此，合法性在这样一种"场境"中无疑就可以获得充分的自我说明与自我辩护，而公共领域在这样一种"场境"中对于合法性而言无疑就具有始源性的意义。

第三，公共领域的自我限制以及对于合法性立基的具体取径。哈贝马斯强调，指认公共领域对于理解合法性的优势是一回事，而指认它在理解合法性中的自我限制是另一回事，两者缺一不可。之所以会如此，主要是因为：其一，公共领域和作为它的基础的市民社会只有在自由的政治文化、完善的私人领域和合理化的生活世界的场境中生成并以这样的场境作为其存在的根本支撑，它对于政治系统之合法性的传导与强化才是可以谈论的；其二，公共领域无论与政治系统发生怎样的关联，它与后者在功能以及整合和再生产方式等方面都截然不同。所以，"在公共领域中，至少在自由的公共领域中，行动者能获得的只能是影响，而不能是政治权力"①。在哈贝马斯看来，公共领域的自我限制并不意味着它对于合法性说明软弱无力，而是意味着要持守对于政治合法性而言的始源性意义，公共领域一方面应当捍卫作为其存在前提的生活世界的纯粹性，使之不至于因为政治、经济等因素的膨胀而质变为一个工具主义的系统；另一方面应当通过民主的意见和意志形成过程的程序性的过滤，以及交往权力向政治权力的传递与过渡，来赋予政治决策以合法性的普遍信念。

第四，公共领域作为合法性基础的重构性。哈贝马斯强调，公共领域与合法性的关联，既不是一个纯粹的规范性问题，也不是一个纯粹的经验性问题，它所指涉的内涵要比这两者都远为复杂。这是为什么？哈贝马斯解释道，在合法性之自然法传统明显势衰而实证主义传统又还没有建立起来的自由资本主义的政治文化中，作为合法性之根本的社会对统治秩序的认可或同意，显然不是以自然法所推演的某种先定的观念为基点，而是以自由沟通和相互交涉的制度机制为基点，它来自公共领域和公众舆论，人们在公共

---

① ［德］哈贝马斯：《在事实与规范之间》，童世骏译，生活·读书·新知三联书店2003年版，第459页。

领域中的讨论和批判活动使得资产阶级统治的合法化成为可能,这在公共领域与法律、民主以及议会活动的关系呈现中得到了最为真实的说明。然而,这一状况只是在政治国家与市民社会界分开来因而公共领域获得了充分的市民社会的基础的前提下才出现的。在20世纪上半叶以来的资本主义政治语境中,市民社会由于政治国家的不断干预而失去其本真的存在结构,公共领域也由之而蜕变为没有根基、不能自足,甚至是受操纵的社会空间。这样一来,"公共性原则(公共领域的标志性内核——引者注)不再担负有使政治统治合法化的责任。尽管无限扩大的公共领域为了获得广泛赞同,向被剥夺了权利的公众反复提出各种各样的要求,但是,公众同时也远离了权力实施和权力均衡过程,以至于公共性原则再也不能证明统治的合法性,更谈不上保障其合法性了"①。在这一情形下,政治系统无论是根据自然法的传统还是实证主义的传统来论证自己的合法性,它也难以还原到自由资本主义标指的政治语境中,因而也难以摆脱合法化危机的深层困扰。在这个意义上,指认公共领域与合法性之间的勾连,就是将公共领域作为合法性基础的经验历史及其所蕴含的思想资源在当下的政治语境中开发出来,进而使合法性的理解建立在交往理论而非自然法和实证主义的理论基础之上。作为一种规范性的工作,这又是对经验的一种当下激活,因而在根本的意义上构成对合法性的重构。这种重构,自然不仅仅是一种理论上的吁求,它在现实的层面上也得到了回应:与新社会运动有着这样那样关联的"公民违抗",就将抗议的矛头直接指向那些虽然通过合乎法律的途径产生但又不具合法性的政治决策,进而又"把有宪法结构的政治意志形成过程与公共领域的交往过程连接起来"②,以此抵制建制性政治的系统惰性并强化合法性的要求,这使重构合法性的公共领域基础成为历史与当下、理论与现实的一个交汇之点。

(三) 罗尔斯的批评以及我们的简单结论

由于哈贝马斯总是竭尽全力地从"有效性"、"民众交往"、"公共领域的商谈"以及"意见形成的程序"等方面来对政治和法律制度进行注解,所以他在由之而来的政治哲学的理论构筑中不但以不同于自然法和实证主义传统的方式厘定了合法性的内涵,而且实质上将合法性渲染成政治哲学的焦

---

① [德]哈贝马斯:《公共领域的结构转型》,曹卫东等译,学林出版社1999年版,第205页。
② [德]哈贝马斯:《在事实与规范之间》,童世骏译,生活·读书·新知三联书店2003年版,第472—473页。

点性问题(从一般意义上讲,突出政治的民众参与基础就是突出合法性)。在这个意义上,哈贝马斯的政治哲学虽然与以"正义"为核心的当今西方主流政治哲学在许多方面享用着共同的理论前提,但其实与后者又已经分道扬镳了。这一情况在罗尔斯看来,就是自由主义与弱共和主义、正义与合法性(或者说实质正义与程序正义)的殊异与分歧。这样的殊异与分歧,使他与哈贝马斯之间发生理论的大交锋变得顺理成章。罗尔斯强调,哈贝马斯将政治哲学的焦点集中在合法性而非正义上,看上去是一个小问题,但如果不对其理论的虚妄进行指正,则难以在当代不同的政治哲学坐标之间进行孰优孰劣的价值排序与理念抉择。基于此,罗尔斯集中从四点批评了哈贝马斯的合法性理论。

其一,合法性与正义并不一定存在一种对称关系。例如,一位合法的国王可以通过有效的政府来实施其统治,但即使这样,他的统治也可能并不正义。"因此,合法性是一个比正义更弱的理念,它给可行的行为所施加的约束也更弱一些。尽管合法性肯定与正义有一种根本性的联系,但它也是制度性的。"①

其二,宪法民主实际上永远难以像哈贝马斯设计的那样通过公共领域的基础来安排其政治程序和政治争论。因为在实际的政治条件下,议会、法院等政治实体在它们的实践中必然要大大偏离哈贝马斯所预设的公共领域的图景与交往辩谈的理想。就民主选举来说,虽然要求经过适当的讨论、商谈后进行总结,最后才进行投票,但是,由于时间、地点等因素的限制,任何一个人都无法对所有的证据和材料进行分析与评估。所以,人们通常都是在无所知晓的情形下进行投票,而公共领域在这样的过程中则根本无法承当哈贝马斯所指认的角色。

其三,哈贝马斯对公共领域理想辩谈中推理与论证之程序的描述并不完善。因为一个直接的事实是,试图通过理想辩谈的交往过程来对待所有人的利益是不现实的,这可能会产生一种满足最大多数人的利益平衡之功利主义的原则。而且,在讨论中要求达成一致极有可能限制公民在支持立法时所使用的理性,亦即,他们的推理理性被迫与其他公民的认识相一致,这就容易造成妥协性的观点。而"如果说,立宪民主的条件往往迫使各种群体拥护较具妥协性和理性的观点——假如这些观点是有影响的观点的话,那么,这些观点与各种理由的混合在一次公民缺乏对这些指南的意识的

---

①　[美]约翰·罗尔斯:《政治自由主义》,万俊人译,译林出版社 2000 年版,第 455—456 页。

投票中,就会很容易导致非正义,即使该程序的结果合法"①。这一缺陷,也正是第一点指涉到的问题。

其四,合法性作为一种程序性正义总是依赖于其可能性结果的正义,即依赖于实质性正义。这样,一切制度程序的法规和立法虽然应该被公民们看作是可以置放于公共领域中加以开放讨论的,但这种讨论只是构成了实质性正义和理性的背景,任何宣称纯程序的合法性理念和理性理念都只是虚幻的。

罗尔斯的批评在一定意义上说,代表了人们对哈贝马斯的合法性理论进行质疑的那些突出的观点,同时他的批评也使得这一理论在当代学术场域中的思想效应被放大(就此而论,不让罗尔斯的批评出场,似乎就不能在完整的意义上把捉哈贝马斯的合法性理论),这种情况与哈贝马斯对罗尔斯理论的批评如出一辙。然而,将所有这些问题安放到我们的学术场域中进行评价时,则应当小心谨慎。因为人们经常是通过处理哈贝马斯与罗尔斯之间的思想学案而走入哈贝马斯的思想世界并进而对他的理论做出种种评价,可人们又经常相沿成习地以非此即彼的方式来处理这一学案,于是由此而来的评价由于隔离了真实的思想语境而变得不那么真实。例如,有一种颇为流行的做法就是,以哈贝马斯没有解决罗尔斯的问题而对前者进行这样那样的指责,甚至于在他的合法性理论上贴上这样那样的标签。可是,若是极为根本地审视会发现,虽然哈贝马斯也将"正义"以及与此相类似的价值理念看作是合法性不可缺少的内在元素,而罗尔斯也像哈贝马斯所指认的那样通过激活自然法传统的方式来回答合法性问题,但他们之间的相互批评基本上还是不同理论坐标中的问题的碰撞,因为哈贝马斯在《在事实与规范之间》这部集中论述合法性的著作的"前言"中说过这样一段话:"就在它(指资本主义——引者注)可以独占现代性的道德—实践自我理解的遗产的时刻,面对在全球性社会危机四伏的层面上积极推进对资本主义进行福利国家的、生态主义的驯服这个任务,它却气馁退缩了。对市场导控之经济的系统逻辑它毕恭毕敬;在国家科层之权力媒介的过分负担面前它至少是小心翼翼。但是,对于那种实际上已经受到威胁的资源——贮藏在法律结构之中、急需持续更新的社会团结——它却置若罔闻,缺少哪怕只是有些相似的敏感性。"②在这段话中,哈贝马斯将以公共领域来说明合法性

---

① [美]约翰·罗尔斯:《政治自由主义》,万俊人译,译林出版社2000年版,第459页。
② [德]哈贝马斯:《在事实与规范之间》,童世骏译,生活·读书·新知三联书店2003年版,"前言"第6页。

的理论范式又系于对资本主义的批判,因为在他看来,资本主义政治、经济等工具主义的行为领域对价值的、规范的、人道主义的文化领域的遮盖,使没有完成的现代性的推进变得步履维艰,而这正是合法化危机在当今资本主义社会不断发生的深层原因。即便不是站在纯粹的马克思主义传统的立场上来指正这样的问题,哈贝马斯的分析也是从批判理论的逻辑基点出发的,这与罗尔斯自然是大不相同的,因此简单地将罗尔斯作为标准来评价哈贝马斯,则难免有些理论错置的感觉,虽然罗尔斯对哈贝马斯的上述批评在某些方面点到了哈贝马斯理论的致命之处。

　　实质上,这里又涉及一个根本性的问题:当哈贝马斯从批判理论出发论证合法性时,他与葛兰西以降的西方马克思主义传统是一致的,即对政治上层建筑问题的考察,不是主要通过说明经济基础而是主要通过说明文化问题来进行。葛兰西的市民社会理论、早期法兰克福学派的"文化工业论"等等都是如此。而这些理论定位与思想观点之所以能够引起人们的强烈共鸣,正是它们在真实的意义上揭示出现代社会的政治逻辑,揭示出如果不能将政治的根基与社会文化领域中的因素连接起来,政治结构的合理与合法是不可能获得充分的说明的。哈贝马斯将合法性的基础指认为公共领域而不是政治国家,显然就是这样一种葛兰西以降自上而下的思维路向的延伸。他认为在公共领域这样一个有着独特结构的社会文化世界中,可以确立起一套既指向个性自由发展又指向群体认同的普遍有效的行为方式和价值规范,而政治结构越是向公共领域敞开,越是与这样的行为方式和价值规范对接起来,就越是能够将"事实性"与"有效性"有机地结为一体,合法性自然也就越是能够为自己提供有说服力的辩护。这样一种与葛兰西、与早期法兰克福学派有着惊人类似的理论指认,正说明哈贝马斯的理论思考不是偶然的学理预制,它与对其背后的历史与政治逻辑之场境的彰明是根本关联在一起的。这样的场境似乎也没有成为罗尔斯这样的政治哲学家心中认可的东西,或者说他根本就不是在对这样的场境进行理解的原点上创构"正义"理念的。所以在我们看来,甚至于罗尔斯本人对哈贝马斯的有些批评都没有从后者真实的语境出发,因而不中肯的地方并非不存在;而人们在没有理解哈贝马斯理论之背后场境的前提下所做的种种评论,更是让人大跌眼镜,也值得我们深长思之。毕竟,哈贝马斯提出的问题和从各个角度展开的说明,都是深刻的、有见地的,对于我们理解政治与社会、政治与文化、公共领域与私人领域、公域自律与私域自律、工具理性与价值理性、事实与规范、法治与民主等等,提供了宝贵的理论资源和思想智慧。

三、世界市民社会理论及其限度

如果说,在20世纪80年代以来发生的国际范围内的市民社会的大讨论中,作为西方马克思主义理论家的哈贝马斯所扮演的角色无论如何都是不能忽视的,那么同样不能忽视的是,哈贝马斯讨论市民社会问题,并不是在一种语境和一个层面上进行的,如果从某一个固定的理论质点来理解他的市民社会话语,那难免会捉襟见肘、顾此失彼。一个毋庸讳言的事实是,在哈贝马斯的理论场域中,既有"市民社会"(civil society)这个概念,也有"世界市民社会"(global civil society)这个概念。这两个概念自然有其内在的连接和重合之处,但它们由于涉及不同的语境和问题,因而在外延和内涵上也存在诸多殊异。学术界在对这方面的问题进行研究时,往往没有质性地来考量这两个概念之间的同质和异质之处,因而往往是以理解前一概念的方式来理解后一概念,这也就隐性地造成了对哈贝马斯政治哲学话语的一种人为切割和随意匡定。有鉴于此,我们就特别需要将哈贝马斯的"世界市民社会"概念作为一个相对独立的论题进行论述,并以此为切入点澄明哈氏广义市民社会(作为"市民社会"与"世界市民社会"的复合体)的论域所链接到的具体理论场境和呈示出的具体理论问题。

(一) 哈贝马斯提出世界市民社会问题的语境和意旨

"世界市民社会"的英文对应词是"global civil society"。从一般意义上讲,这一概念应当指涉到政府、社会组织以及它们之间的相互关系等论题。但在哈贝马斯这里,情况却远为复杂:一方面,有关社会组织的种种论题也包含在他的世界市民社会的概念当中;但另一方面,这些内容却又附生在一个更为重要的论题之上,这就是关于全球化语境下民族国家及其同时链接到的主权、人权等的问题式。这个在哈贝马斯理论中以问题式的形式出场的论题,构成他的世界市民社会理论的核心内容。如果不将这一层面的内容揭示出来,对这一理论的阐释就不可能是通透的、全面的。情况何以至此?

作为一个兴趣广泛的思想者,哈贝马斯自20世纪90年代以来,有意识地弱化了对元交往行为理论和一般现代性理论的建构和论述(因为这些方面的任务已经基本完成),进而强化了对普遍性政治哲学的研究。在这一过程中,"民族国家"、"主权"、"人权"、"全球治理"等问题顺理成章地进入到哈贝马斯的理论视野当中,成为哈贝马斯政治哲学讨论除"话语民主"、

"合法性"等主题之外的新的理论焦点,这集中体现在《包容他者》、《后民族结构》等著作关于国际政治所作的讨论当中。在这种讨论中,哈贝马斯提出并阐述了这样一个观点:随着全球化时代的到来,民族国家遇到了前所未有的挑战,其法律安全、管理效率、领土主权、集体认同以及民主合法性等都受到巨大冲击,它的弱点和弊端也充分暴露出来。因此,民族国家必须进行重新调整,甚至彻底转型,进而构建一种"后民族格局"。也就是说,世界各民族特别是欧洲各民族应该组成一个"超民族的"统一国家,并以统一宪政为基础凝聚起来,由此形成"没有世界政府的全球管理制度",在"世界公民"的政治和文化认同中处理那些在传统的民族国家框架中无法处理的问题。这就是哈贝马斯世界市民社会思想的要义之所在。

在哈贝马斯看来,新自由主义者鼓吹的"民族国家行将消亡"的观点,如果不考虑其为资本主义之全球扩张鸣锣开道的目的,它是具有合理性的。理由在于,全球化的到来使当代人类共同面临的一些重要问题充分暴露出来,而这些问题凭单一的民族国家将无法处理,甚至会加剧,因此它们应该被引入到跨民族、跨文化的国际组织即所谓的"世界市民社会"组织中解决。具体而言,主要涉及四方面的问题:其一,在竞争愈益激烈的全球化经济框架中,民族国家为了保持其足够的国际竞争力,势必会放弃业已订立的福利政策,从而造成贫富差距的拉大和社会分化,由此又会导致民主基础的崩溃和自由政治文化的丧失。因而,"只有把民族国家的社会福利国家职能转让给能够在一定程度上适应跨国经济的政治共同体,才能在迄今的水平上履行这种职能"①。其二,在全球化时代,生态问题、恐怖主义问题、毒品走私问题等国际问题使世界上的人们越来越认识到,在世界社会语境下的公民的背后,"世界社会已经成为一个风险共同体"②,"社会的局限性、风险的共同性和集体命运的相关性"③前所未有地凸现出来,所以,"各个国家都必须在对内政策上鲜明地被纳入一个负有世界义务的国家共同体的有约束力的合作过程"④。其三,由激烈的军备竞争和大规模杀伤性武器的滥用所导致的战争危险没有因冷战的结束而有所减弱,这使通过组建全球性

---

① [德]乌·贝克、哈贝马斯等:《全球化与政治》,王学东等译,中央编译出版社 2000 年版,第 78 页。
② [德]尤尔根·哈贝马斯:《包容他者》,曹卫东译,上海人民出版社 2002 年版,"前言"第 1 页。
③ [德]尤尔根·哈贝马斯:《后民族结构》,曹卫东译,上海人民出版社 2002 年版,第 66 页。
④ [德]乌·贝克、哈贝马斯等:《全球化与政治》,王学东等译,中央编译出版社 2000 年版,第 82 页。

政府来维护世界和平成为一种响亮的国际呼声,使对康德"世界公民"观念和"永久和平"观念的沿接与开发成为当代人责无旁贷的使命。其四,当今世界政治文化的多元化使关于"人权"特别是欧洲人权方案的讨论成为一个悬而未决甚至碎片化的问题。但欧洲人权方案"曾经是对欧洲当年必须克服教派分裂所造成的政治后果的问题的回答,其他文化今天也面临相类似的问题"①。因此,人权理应不受限制地对一切人生效,关于人权的讨论只有在跨民族、跨文化的语境中进行,方能使其回归到应有的意义上来。

哈贝马斯对这些问题的指认可以表明:他的世界市民社会理论的主旨其实就是在于强调全球化背景下"全球治理"的意义和必要性,强调"世界公民"之政治和文化认同对于破解后民族结构中上述一系列问题的不可替代的价值。这正如他在《后民族结构》中指出的那样:"治理失去约束的世界社会,需要一些新的政策,对负担重新加以分配。要想做到这一点,就离不开世界公民之间的团结。"②然而,热衷于理论建构的哈贝马斯由于经常会面临"理论与经验分离"的诘问与质疑,所以,他的所谓的"全球治理"与"世界公民"在实质上是刻意地以欧洲的实践为基础来描绘的,因为"一切都充分说明,欧洲在经济、社会以及行政等方面共同发展已久,而且具备相同的文化背景和成功克服民族主义的共同历史经验"③。简言之,欧洲共同体基本上是唯一能与"全球治理"和"世界公民"发生关联的实体。当然,哈贝马斯并不满足于欧洲已有的更多局限于经济联合的一体化水平,而认为政治和文化的一体化对于政治体系的重构具有更根本的意义。在《后民族结构》的"前言"中他这样说道:"满足于市场一体化的欧洲人与从民族国家的观念出发对欧元持怀疑态度的人携起手来,想一同使欧洲仅仅停留在经济一体化的水平上,并让欧洲在政治上永远都处于四分五裂的状态。这样做所要付出的代价预计就是社会发生扭曲,而这样的代价按照今天的文明标准来衡量是昂贵甚至过于昂贵了。"④"在民族框架内,政治越来越难以与全球化的竞争保持同步。我认为,一种规范性的选择只能是使欧盟实现联邦制(欧盟本来就在社会政策和经济政策上具有了一定的活动空间),这样可能会带来一些新的突破;然后,我们才可以去考虑在未来建立一个全球性的秩序,既保持着差异性,又实现了社会均衡。欧洲致力于消灭任何一种暴

① 《哈贝马斯在华讲演集》,人民出版社 2002 年版,第 11 页。
② [德]尤尔根·哈贝马斯:《后民族结构》,曹卫东译,上海人民出版社 2002 年版,第 67 页。
③ [德]尤尔根·哈贝马斯:《包容他者》,曹卫东译,上海人民出版社 2002 年版,第 187 页。
④ [德]尤尔根·哈贝马斯:《后民族结构》,曹卫东译,上海人民出版社 2002 年版,"前言"第1 页。

力,包括社会暴力和文化暴力,这样一个欧洲将不会受到后殖民主义的侵蚀,因而也不会倒退到欧洲中心主义。在人权的文化间性话语当中,也会保持一种充分解中心化的视角。"①

由哈贝马斯的这些论述其实可以推知,他的世界市民社会的构想无论有什么样的经验作以支撑,也还是一种事实与价值相结合的判断,是他用其普遍性政治哲学的范式来挑战全球化语境下国际政治结构的一种理论发挥。在这个意义上,世界市民社会虽然对于哈贝马斯来说首先是一个欧洲的问题,但他从建构这一理论的一开始,就没有仅仅局限于欧洲,而是将其看作是一个具有普泛意义的世界性问题。在谈到世界市民社会的政治意义(具体地说是对于民主意志之形成的意义)时,哈贝马斯明确表明,与民主意志形成的经验性前提条件相比,他更加关注的是对前提条件之"规范"视角的论证。② 规范性的东西在哈贝马斯那里向来就是理论研究的重头戏(例如,他对一般交往理论的创构,讲的就是如何在话语交往的规范性基础上达及相互理解与认知连通;他对历史唯物主义的重建,也是要将规范性的思想酶素注入到对马克思主义哲学的理解当中,并以此消解实证主义和经验主义的抵制),而"规范性"对哈贝马斯来说除了其所承载的具体内涵之外,还有"普遍性"的旨向,即在"规范性"名下表达的内容不是针对特殊的对象而是针对普遍的对象而言的。实质上在哈贝马斯看来,只有在"普遍性"的起点上,"全球治理"与"世界公民"的讨论才具有实至名归的含义与意义,否则,就难以避免"中心主义"尤其是"欧洲中心主义"的质询甚至是发难。

(二) 世界市民社会并非市民社会的外延拓展

严格说来,世界市民社会理论并不是哈贝马斯的专利,而是近年来在新自由主义者所鼓吹的"民族国家行将消亡"的观点的引领下形成的一个由多位理论家共同关注的新的西方学术生长点。除了哈贝马斯之外,约翰·基恩、戴维·赫尔德、戴维·布朗、保罗·韦普纳、玛丽·卡尔多以及乌尔里希·贝克等一大批西方学者都参与到这个话题的讨论中来,但哈贝马斯的研究毋庸置疑是最引人注目的。根据基恩的界定,世界市民社会是市民社会的一种延伸,它们之间没有严格的界域,市民社会自产生的那一刻起,其

---

① [德]尤尔根·哈贝马斯:《后民族结构》,曹卫东译,上海人民出版社 2002 年版,"前言"第 2 页。

② 参见[德]尤尔根·哈贝马斯:《包容他者》,曹卫东译,上海人民出版社 2002 年版,第 186 页。

构成形态之间的相互依赖、相互连接,决定了它会发展成具有普遍历史意义的、超民族的世界市民社会。① 哈贝马斯讲的"世界市民社会"与他讲的"市民社会"在很大程度上是不同的,所以,基恩的界定自然不能完全吻合哈贝马斯世界市民社会理论的实际情形,但这只是问题的一方面;另一方面,他的世界市民社会理论也的确是他过往市民社会话语与全球化语境相结合的产物,是他将那些在过去市民社会理论框架内无法全部容纳的问题引入新论域的结果,就此而论,基恩的界定似乎又可以简略地看作是哈贝马斯世界市民社会之绘制的一个缩影。从这个角度来说,不了解哈贝马斯的"市民社会"概念,就难以完整地说明他的"世界市民社会"概念的内涵。

正如我们在前文的研究中所明示的那样,哈贝马斯对于市民社会的界定,从总体上说与黑格尔、马克思的界定大为不同。如果说早期的哈贝马斯还像后二者那样,从由私法构成的,借助于劳动市场、资本市场和商品市场来实现导控的经济的向度来理解市民社会,那么,后来的哈贝马斯则完全将这一向度从市民社会的界定中剔除出去,从而将之看作是一些非政府的、非经济的联系和自愿联合,看作是由公共领域的交往结构所促生的一些社会关系的结合,看作是扎根于生活世界之中的社会要素的组合,看作是在商谈过程中或多或少自发地出现的文化社团、文化组织和文化运动,看作是通过感受、选择来将私人世界的问题引入到公共政治世界进而催生民主的机制。这也就是说,市民社会在哈贝马斯这里主要是与公共领域、生活世界、商谈、交往等概念粘连在一起的,讲的是现代西方国家政治结构的一种界分规范和民主政治由以形成的合法性根据,这与"民族国家"以及"人权"等在世界市民社会理论中出场的问题是没有牵连的。反过来说,指涉到"民族国家"、"人权"等方面的问题,则显然就是世界市民社会理论要加以凸显的内容。

不过,既然在"市民社会"这一术语上已经发生了重合,那么,在讲述世界市民社会的基本母题时,哈贝马斯之前在讲述市民社会②时所使用的概念、采取的理念、解决问题的方式和范式等都会在不同的意义上整体或者部分地延续过来。实际情况的确如此,公共领域、生活世界、话语民主以及交往理性等粘连在之前市民社会话语中的范畴都无一例外地被引入到世界市民社会的讨论中来(即便是以一种变相的形式被引入进来)。在谈到以欧

① John Keane, *Global Civil Society*? Cambridge University Press, 2003, p.27.

② "市民社会"是哈贝马斯在 20 世纪 60—90 年代的理论活动中提出并加以阐释的一个重要概念,而"世界市民社会"概念则是他在 90 年代之后的理论活动中提出并加以阐发的。

洲为范本的世界公民社会的形成时,哈贝马斯语重心长地指出:"这里的核心是政治公共领域,它促使公民在同一时间内对同等重要的议题表现出自己的立场。这种政治公共领域没有受到内部或外部的压制,因而还比较完整。它必须扎根在自由的政治文化语境当中,并且必须由公民社会这样一个自由联合体来具体承担。此外还必须渗透到私人生活领域的社会经验当中,以便被加工成为公共议题。非国家的政党必须在这样的语境当中找到自己的牢靠基础,才能在非正式的公共交往与制度化的议政和决策过程之间发挥桥梁作用。所以,从规范角度来看,如果不能在共同的政治文化背景下形成一种欧洲范围内的公共领域,一个由不同利益集团、非政府组织、公民运动等组成的公民社会,一个欧洲意义上的政党体系——一句话,如果没有一种超越国家公共领域的交往关系,就不可能有民主意义上的欧洲联邦国家。"①

　　在上面这段著名的论述中,哈贝马斯说明了这样一个问题:真正意义上的世界市民社会就是指在超越民族之公共交往的基础上形成的一种与政治和经济体系完全异质的公共领域。正是在这个意义上,世界市民社会可以简单地看作是市民社会的一种延伸,两者在内涵上获得了实质性的重合,因为市民社会在哈贝马斯那里的典型特征就是被界定为以生活世界之交往为基础的非政治和经济形态的公共领域。也正是在这个意义上,世界市民社会之属于"市民"的那一维度凸现了出来,因为不论学术界对"公共领域"进行了什么样的理解和发挥,这一概念在哈贝马斯那里总是要去彰显其"市民性"的向度(即德文对应词中的 buergerliche 或者 zivil 以及英文对应词 civil 所表达的含义),是要去说明非政府的民间社会形态的形成、结构、功能以及与政治体系(甚至包括经济体系)的关系。所以,在论述到"全球治理"的时候,哈贝马斯有时就直截了当地指出:"这类'设计'的主要承担者不是政府,而是社会运动和非政府组织,即超越国界的公民社会的积极成员。"②

　　这样一来,一个看似颇具悖论性的问题就应运而生了:如上文所述,哈贝马斯发展世界市民社会理论,原本是要去说明民族国家在全球化背景下遇到的挑战以及应对这种挑战的国际政治策略,这是建立在民族国家之特殊性主权不断式微的理论预设之上的一种政治构想,凸显的是"民族性"与"超民族性"、"特殊性权力"与"普遍性权力"以及"主权"与"人权"(在哈

---

① ［德］尤尔根·哈贝马斯:《包容他者》,曹卫东译,上海人民出版社 2002 年版,第 186 页。
② ［德］尤尔根·哈贝马斯:《后民族结构》,曹卫东译,上海人民出版社 2002 年版,第 68 页。

贝马斯看来,主权是特殊的,人权是普遍的)等的矛盾。在这种理论运演中,"政治性"的向度并没有被剔除在外,相反,如果缺失了这样的向度,就难以形成对诸如恐怖主义问题、毒品问题、人权问题等问题的全球治理,因而哈贝马斯也就反复地强调"政治一体化"、"政治共同体"形成的意义。然而,哈贝马斯却又在"公共领域"的意义上沿着"市民性"的向度来论述世界市民社会,这就在突出"市民性"与"政治性"之矛盾的同时,冲淡了"民族性"与"超民族性"、"特殊性权力"与"普遍性权力"之间的矛盾,因为即便是在"全球"的层面上诠证民间社会组织和社会运动对于多种国际问题之治理的意义,也不会在实质上链接到有关"民族权力"的种种论题。这种理论运演与哈贝马斯发展世界市民社会理论的原初意愿显然渐行渐远,进而言之,如果一直沿着这条路线来讨论世界市民社会,那么哈贝马斯20世纪90年代中期以来的理论创造似乎就不可能开发出更新的思想空间(基于"世界市民社会"与"市民社会"的连通与重合而言),其普遍性政治哲学的理论设计似乎就遭遇到一个隐性的阻隔。应当如何理解哈贝马斯著作中的这一悖论?

从"市民社会"过渡到"世界市民社会",哈贝马斯在个别方面的确是要强调"市民性"的向度,强调民间社会运动对于全球化时代政治模式之建构的意义。但从更深的层面上来看,哈贝马斯的着力点其实并不在于此,而是在于通过渲染"主体间性"来渲染"文化间性",进而在交往哲学的理论范式下说明民族国家的政治和文化结构何以能够被后民族国家的政治和文化结构所取代:哈贝马斯论述"公共领域"与"生活世界",是建立在对"主体性"哲学之洗刷与"主体间性"哲学之证成的基础之上的。更进一步的逻辑是,正是由于确立起"主体间性"的理论范式,哈贝马斯才如鱼得水地说明"市民社会"的理论语境要去呈现的那些问题,如政治的合法性问题、话语民主的可能性与优先性问题,如此等等。作为对"主体—客体"逻辑和思维神话的一种祛魅,"主体间性"注重的不是个体的自我意识结构与自我认同,而是人与人之间的对话和交往关系,"自我与他我相互承认"①的关系,这也就是哈贝马斯交往行为理论进行推理的一个根本性支点,哈贝马斯在这个支点上实现了从近现代主体哲学或意识哲学向当代交往行为哲学的转变。②在世界市民社会的理论范例中,哈贝马斯自然不会轻易抛弃这个推理支点,

---

①　段德智:《主体生成论——对"主体死亡论"之超越》,人民出版社2009年版,第190页。

②　参见段德智:《主体生成论——对"主体死亡论"之超越》,人民出版社2009年版,第190页。

相反,他用"公共领域"以及"生活世界"等范畴来彰明世界市民社会的本质性内涵,就已经隐性地预设了这一推理支点的普遍与可用之性。更为具体地说,哈贝马斯指认不同民族政治和文化的交融、重合与相互认同,正是在由"主体间性"而来的"文化间性"的内在佐助下进行的。与"主体间性"的范式要求相仿,"文化间性"强调的不是单一民族的地位、身份和自我认同,而是不同民族、不同国家、不同文化之间的对话和合作关系。例如,在全球化时代道德问题上,由"文化间性"所指涉的合法性"不仅仅是来自于我们作为群体内部的成员互相之间的期待和要求,而且涉及我们如何跨越巨大的地理、历史、文化和社会的距离来对待陌生人的问题"①。根据"文化间性",哈贝马斯自然可以顺理成章地将包含民族国家、主权、人权等论题的问题式作为其世界市民社会之论证的焦点。所以,经过"世界市民社会"、"市民社会"、"公共领域"、"主体间性"、"文化间性"的逻辑循环,哈贝马斯又回到原来的落点上,向"市民性"与"政治性"之论题的歧出,并没有在实质上"伤害"其世界市民社会理论的原初构想,上面指认的那个悖论在此意义上或许对哈贝马斯来说是可以不计的。

(三) 对世界市民社会之构设的一种诘问与挑战

既然世界市民社会理论归根结底来看就是要回答不同民族、不同文化为何以及如何走向同一的问题,那么这一理论也就在实质上构成 20 世纪 90 年代中期以来哈贝马斯"普遍性"政治哲学之创造的一个思想硬核,因为一旦将理论的视野扩展到全球语境中多民族、多文化之交往与融通的界域上,"普遍性"的理论向度自然就获得了最为根本的支撑,这可谓是哈贝马斯交往哲学一以贯之的理论立场的最大程度的发挥。在某种意义上甚至可以说,如果不提出这样一个理论问题,哈贝马斯似乎就没有在最高的理论质点上开发交往哲学可资取用的实践空间,所以即使没有"全球化"的语境作为理论的铺陈,没有学术界关于"世界大同"的探讨作为思想的刺激,他也可能在交往哲学之链条的尾端大谈"民族同一性"、"文化趋同性"之类的话题。就此而论,哈贝马斯的世界市民社会理论涉及"现实性"、"逻辑性"的矛盾以及由之而来的"价值性"问题。

客观地讲,考虑到哈贝马斯在"全球治理"特别是欧洲共同体之经验的意义上说明世界市民社会之构设的必要与必然,我们不能不说这一理论的掘进已经获得了一个"现实性"的支点(用乌·贝克的话说就是"全球性的

---

① [德]尤尔根·哈贝马斯:《后民族结构》,曹卫东译,上海人民出版社 2002 年版,第 234 页。

政治组织是个已知领域"①），哈贝马斯在这个支点上所进行的思考与推理自然是有根有据、合情合理的。如若不然，约翰·基恩、戴维·赫尔德、戴维·布朗、保罗·韦普纳等众多的著名学者也不至于在这一问题的研究上煞费苦心、绞尽脑汁。然而，这只是问题的一方面。另一方面，哈贝马斯的"善良意志"和"金玉良言"既然已经预伏了"现实性"与"逻辑性"的矛盾，那么他的世界市民社会理论关涉到的那些问题的复杂性，可能就远远大于人们的想象，对此还需缜密考量、深长思之。

　　与基恩、赫尔德、布朗等人对世界市民社会与民族国家在规范上孰强孰弱、孰生孰灭的讨论甚至争论不同，哈贝马斯直接是以辩护"全球化削弱民族国家权力从而使民族国家步步走向消亡"的论断为起点展开论证的。我们并不否认，全球化趋势的日益明朗和一些国际性组织的成立确实向民族国家权力提出了挑战，但如何正确对待国家权力与跨国权力之间的关系，合理化解它们之间的矛盾，则是一个严肃而复杂的问题，并非简单地接受一些带有策略性的观点即可。事实上，民族文化、宗教信仰以及意识形态之间的摩擦、对立和冲突并没有因为经济全球化的到来而有所缓和，相反却在逐步升级；民族与民族、国家与国家之间的界限似乎在趋于模糊，但在 20 世纪末兴起的颇有声势的民族主义浪潮却又在一定程度上强化了它们之间的分界。所以，情况正如有的国外学者所论，"全球化没有带来'国家的终结'，反而推动了各种调整战略的出现，而且在某些方面推动了更加积极的国家的出现。因此，国家政府的权力不一定被全球化削弱了，相反正在重组和重构，以迎接在一个相互联系更紧密的世界中治理过程不断复杂的挑战"②。由此观之，哈贝马斯世界市民社会理论虽然以一定程度的欧洲一体化为经验的依托和验证，但其预设前提在更为根本的层面上却是经不住拷问的，不管这一理论的"价值"向度延伸到哪里。

　　然而，进一步推敲，问题可能会更大。在全球化冲击波中形成"民族国家消亡"的口号和"保卫民族权力"的呼声之间的鲜明对比，不是一个偶然现象，究其根源，则主要在于当今世界上国与国之间在政治、经济、军事等方面的不平衡，以及由此而产生的利益冲突。具体论之，西方大国打着"民族国家走向消亡，世界趋于一体"的旗号，到处扩张资本，推行所谓"先进文化"，甚至还以"普遍人权"的口实来干涉别国内政；而在经济上处于弱势的

---

① ［德］乌·贝克、哈贝马斯等：《全球化与政治》，王学东等译，中央编译出版社 2000 年版，第 38 页。

② ［英］戴维·赫尔德等：《全球大变革》，杨雪冬等译，社会科学文献出版社 2001 年版，第 14 页。

发展中国家则要力图通过"强化民族权力"来抵制西方经济逻辑和政治强权的渗透,保护自己本民族的文化传统,捍卫自己的民族利益。这说明,在民族国家的世界体系由以形成的根本条件并未随着经济全球化的到来而过时的情况下,唆使民族国家放弃自己的特殊利益而组建所谓的"世界政治共同体"、"世界文化共同体",不仅其可能性令人生疑,而且也是一项极冒风险的举动。如果说,生态问题、恐怖主义问题、毒品走私问题、难民问题以及一些牵涉全球可持续发展的经济问题,由于带有国际的粘连性因而可以被纳入相应的跨国组织中解决(而且可能会有意想不到的效果),那么,民主、自由特别是人权等政治和意识形态问题以及关乎民族文化传统存在之根本的文化问题,则完全不可能按照一种普遍的"世界标准"来衡量与推广。而如果说,哈贝马斯在世界市民社会的讨论中主要沿着前一方面的问题来指陈"风险共同体"的功能、可能、路径而绕开后一方面的问题,那么,他完全有可能发展出一套既具有理论的价值引导性又具有实践的可操作性的哲学话语。但不争的事实是,作为政治哲学家的哈贝马斯似乎更加钟情于研究那些与政治事务有直接或根本关联的问题,民主、自由、人权等问题即是如此。所以,在世界市民社会的话语框架中,话语民主和自由的可转译性以及人权的普适性等显然成为哈贝马斯殚精竭虑加以论述的内容。在西方的政治和文化语境中,哈贝马斯谈论的民主、人权,一定有其背后依据,因而在政治设计上赢获共鸣也就不足为怪;然而一旦超出了这个语境,哈贝马斯就不得不面对这样一个严肃的问题:在全球化进程中,"许多国家,特别是发达资本主义国家在关键方面显然已经变得更加主动"①。所以,"全球政策进程的许多参与者,特别是那些全球公民社会的主导实体,也根本代表不了世界各国和人民的利益"②。毋宁说,"西方世界经济强国从'世界共同利益'中获得了新的权力资源:全球市民社会的议题为正在全球活动的西方进行经济和军事干预提供了意识形态工具"③。在这个意义上,哈贝马斯"引进世界范围内的政治意志构成因素,并保证政治决策的约束力"④的策划是必须要受到质询的,尽管他是希望通过政治方式来"驯化"在全球范

---

① [英]戴维·赫尔德等:《全球大变革》,杨雪冬等译,社会科学文献出版社2001年版,第602页。

② [英]戴维·赫尔德、安东尼·麦克格鲁编:《治理全球化:权力、权威与全球治理》,曹荣湘等译,社会科学文献出版社2004年版,第21页。

③ [德]乌·贝克、哈贝马斯等:《全球化与政治》,王学东等译,中央编译出版社2000年版,第43—44页。

④ [德]乌·贝克、哈贝马斯等:《全球化与政治》,王学东等译,中央编译出版社2000年版,第80页。

围内横冲直撞的资本主义。

　　我们通过深层剖析会发现,哈贝马斯理论之误与其文化间性的普适主义逻辑矛盾分割不开。他曾经将批判的矛头指向海德格尔与福柯、利奥塔和德里达等后现代主义者,他本身又与他们处在同一基点上,因为交往理性同样打破了海氏与后现代主义者痛心疾首的基础主义与普适主义神话(这主要是通过对传统"意识哲学"之批判来实现的)。但与此同时,哈贝马斯又戏剧性地制造了一种新的普适主义:多个主体、多种文化充当同样角色,没有中心,没有边缘。谈话者必须放弃其特殊利益,而只能将共有的、普遍的东西带到谈话中来。那么,对于所谓的"世界市民社会"来说,就是要求一切民族都抛掉自身固有的生活传统与文化习惯,而保留作为全球化运动之根本的现代性的一般特性。这从表面上看是一种不折不扣的人类普适主义设想,然而诚如马克思所说,现代性在本质上是资本主义化的过程,现代性的理想熔铸的是西方资本主义的价值观念。当包括东方民族在内的非资本主义世界在面对扑面而来的现代性浪潮而不得不接受时,实际上已经不知不觉地将西方资本主义的许多因素纳入自身系统中来。这就意味着,当不同民族走到一起,组建"世界市民社会"时,只是将西方的"真理"、"正义"、"民主"、"信仰"保留下来,而这些在西方现代性中积淀起来的生活标准与价值判断,展现的只是西方普适主义的文化观念。哈贝马斯原先设想,交往理性、文化间性将会使民族国家内部的民主、自由以及人权扩展到世界范围,并借助市民社会的组织和政治公共领域的调节,铸成跨民族的互助意识,从而在抵挡大国强权逻辑的前提下保证包容性、公正性等启蒙理想重新展露。但是,在世界政治经济格局依旧极不均衡因而"全球时代"几近演变成没有东方的"全球西方"①的状况下,我们完全不可能设定游戏规则来做到包容与公正。所以,不管哈贝马斯在多大程度上认识到"西方中心主义"的危险并极力去克服他自己划定的西方普适主义的文化圈,只要他在实质上将理论的视野由西方推到东方、由欧洲语境推到全球语境,而且只要他不再以批判理论家的身份而是以他自己所说的"参与跨文化人权讨论的西方辩护士的角色"②来指认世界市民社会的普遍性,他就不可能讲清"多元基础上的普遍"究竟意味着什么,这大概是哈贝马斯普遍性政治哲学迄今为止最容易遭受质疑的问题。

　　①　[德]乌·贝克、哈贝马斯等:《全球化与政治》,王学东等译,中央编译出版社2000年版,第43页。
　　②　《哈贝马斯在华讲演集》,人民出版社2002年版,第6页。

四、哈贝马斯对当代政治哲学的贡献

作为当代最重要的社会批判理论家之一,哈贝马斯无疑也是一位异常活跃的政治哲学家。然而,一个不争的事实是,人们在勾绘当代政治哲学的理论图谱时,往往首先想到的是罗尔斯、诺齐克、德沃金以及柯亨等人,对哈贝马斯的政治哲学思想却很少给予关注。比如说,加拿大学者威尔·金里卡在《当代政治哲学》一书中,就没有像对待罗尔斯和德沃金那样,把哈贝马斯放在"当代政治哲学"的任何一个重要位置上加以评论,而只是在个别地方作为一种补充性的材料谈到了他。基于这个审视,我们在讨论话语民主、合法性以及世界市民社会三个问题之后,再对接到由罗尔斯所代表的当代西方规范性政治哲学的语境,通过比较阐释,来开显哈贝马斯对当代政治哲学的发展所具有的独特贡献。

（一）哈贝马斯对政治规范的证成,为理解个人性与 公共性的关系提供了一个重要视角

众所周知,当代政治哲学的主流是英美规范性政治哲学。英美规范性政治哲学的核心工作,就在于探寻并证成某种政治规范,进而以之为前提来思考如何构建一个公正理想的社会制度。比如,罗尔斯、诺齐克分别围绕"作为公平的正义"和"基于权利的正义"而展开的系统论证,就充分体现了这一点。由此也可以看到,不同规范性政治哲学之间的差异和分歧,并不在于它们是否明确提出了某种政治规范,而在于它们提出的是何种政治规范,不同政治规范表达的是不同的价值诉求和立场。对于哈贝马斯而言,确立一种统一的政治规范,以此代替传统宗教形而上学来发挥社会整合功能,始终是其关切和思考的一个焦点问题,自然也是其政治哲学的一个核心议题。不过,与罗尔斯、诺齐克等政治哲学家迥然有别,哈贝马斯关切和思考的重心,首先不是"应当提出和建立何种政治规范",而首先是"如何形成和建立某种政治规范",也就是形成和建立政治规范的程序。这就说明,哈贝马斯是从程序主义的进路,来思考政治规范之证成问题的。

哈贝马斯对政治规范所作的程序主义证成,与其一贯倡导的交往行动理论是完全一致的。但我们不能因此而想当然地认为,哈贝马斯是用一种由交往行动理论所推导出来的先验模型,来建立其政治哲学的叙事框架。情况毋宁是,作为一位旨在维护和修补现代启蒙精神的政治哲学家,哈贝马斯在很大意义上,是基于对个人性与公共性之关系的把握和阐释,来提出其

政治哲学见解的。所以,事实上,居于哈贝马斯政治哲学立论中心的问题之一,就是个人性与公共性的关系。他之所以主张对政治规范作程序主义的证成,正是出于对这一关系的独特理解。

追溯起来,个人性与公共性的关系,不仅在哈贝马斯的政治哲学中,而且在近代以来几乎全部政治哲学史中,都是一个极其重要的问题。政治哲学家们在理解这个问题上,形成了两种不同传统的分化,一是肇始于霍布斯和洛克、强调个人性大于公共性的自由主义传统;二是肇始于亚里士多德、强调公共性大于个人性的共和主义传统。具体来看,之所以说自由主义传统强调的是个人性大于公共性,是因为根据这一传统,个人构成道德世界的基石,个人的生命、自由和财产,都是由"自然法"所命定的、神圣不可侵犯的东西。而之所以说共和主义传统强调的是公共性大于个人性,则是因为根据这一传统,任何不能促成或促进共同福利而只导向个人利益的行为,都是不值得追求甚至不具有合法性的。这两种传统固然都要求一以贯之地坚守和捍卫自己的价值立场,但实质上,又都蕴含了从其自身内部难以克服的逻辑和思想矛盾。对于自由主义传统而言,其所辩护的个人性虽然总是被标榜为"利己不损人"(洛克)或"利己又利他"(亚当·斯密)的价值取向,但正如马克思所揭示的,在原子化的个人主义世界里,并不会产生出一种"互利"的关系结构,相反"每个人都互相妨碍别人利益的实现,这种一切人反对一切人的战争所造成的结果,不是普遍的肯定,而是普遍的否定"①。在此意义上,个人性所带来的,恰恰可能是反个人性的东西。个人性与反个人性,成了自由主义逻辑框架中无法调节的一对矛盾。对于共和主义传统来说,其所辩护的公共性虽然可以在很大程度上弥补自由主义的缺陷,但往往不能很好地解释,共同福利何以能够与每个个体的利益关联在一起。事实上,一种无助于增进个体利益的公共性,可能会因为抽象空洞性而丧失其应有的规范性力量,在实现了政治解放、个体的权利和自由原则得以普遍确立的现代社会,这个情况尤其明显。

自由主义传统和共和主义传统所蕴含的逻辑和思想矛盾,为从第三种视角来界定个人性与公共性的关系留下了巨大空间。具体言之,如何将个人性与公共性协调在一个合理的平衡点上,从而避免在这两者之间所进行的非此即彼的选择及由之而导致的弊端,大致从休谟开始,就成为政治哲学的一个显在问题。在对这个问题的解决上,康德和卢梭的思考比较具有代表性。康德继承了霍布斯、洛克以来的自由主义传统,不过,他没有将自由

---

① 《马克思恩格斯文集》第8卷,人民出版社2009年版,第50页。

和权利论证为经验意义上、以追求私利为目标的他律原则,而是将其严格证立为先验性的自律原则。如果说从康德的自由概念中衍推出的是一种公共理性而非私人理性,那么在他的政治哲学中,个体权利与公共权利、特殊利益与共同福利、自由与平等实质上是结合在一起的。至于卢梭,其所着力阐释的"公意"和共同体,并非在主观权利和个人利益之外塑造起来并凌驾于后者之上的权威他者,毋宁说作为共同利益的表征,它们也是每个人的权利和利益得以平等实现的一个制度性框架。这正如卢梭在《社会契约论》中所指出的,"共同体在接受个人的财富时,不仅没有真正剥夺个人的财富,反而保证了个人对财富的合法拥有,把占有转化为一种真正的权利,把对财富的享用转化为对财富的所有权"①。由此可见,康德和卢梭都把个人性与公共性结合在了一起。

　　作为一位擅长于进行理论综合的政治哲学家,哈贝马斯总体上延续了康德和卢梭的思路,注重在自由主义传统和共和主义传统之间做协调性的工作,以此化解个人性与公共性之间的矛盾。不过,以哈贝马斯之见,康德和卢梭并没有在这个问题上提供一个令人满意的理论方案,原因是他们并没有走出自由主义传统和共和主义传统的偏执:就康德而言,其政治哲学的主干是依系于自由概念和道德原则的法权论。然而,"作为其法权论之出发的,是每个人作为'他的人性'而享有的那个权利,也就是以强制力量为后盾的对于平等个人的自由的权利。……就此而言那些保护人们的私人自主的'自然权利',也是在主权立法者之前就存在的。在这方面,公民的'共同的、联合起来的意志'受到以道德为基础的人权的限制"②。就卢梭来说,公意概念的伦理含义远强于道德含义,他"把通过社会契约来构成人民主权想象为一种生存方式性质的结社行动,通过这种行动,个体化的、取向于成功而行动的个人转变为一个伦理共同体的取向于共同福利的公民。……但是,这种自我立法实践赖以为生的如果是一个在价值取向上已经取得一致的民族的伦理实体,卢梭就无法解释,他所设定的那种公民对共同福利的取向,怎么能够与社会中不同私人彼此分化的利益相协调,也就是说规范地构成的共同意志如何在不借助于压制的情况下与个人的自由选择相一致"③。所以简言之,康德更接近于自由主义传统,卢梭更接近于共和主义

① [法]卢梭:《社会契约论》,李平沤译,商务印书馆 2011 年版,第 27 页。
② [德]哈贝马斯:《在事实与规范之间》,童世骏译,生活·读书·新知三联书店 2003 年版,第 124 页。
③ [德]哈贝马斯:《在事实与规范之间》,童世骏译,生活·读书·新知三联书店 2003 年版,第 125—126 页。

传统。如果说前者将个人性推置为一个优先于公共性的价值，那么后者的情况则完全相反。

哈贝马斯对康德和卢梭的评论旨在表明：无论是个人性原则及展现这一原则的人权、道德和现代人的自由，还是公共性原则及展现这一原则的主权、伦理和古代人的自由，都是政治生活中不可或缺也不可偏废的东西。所以，既不能因为强调前者的重要性而减损后者，也不能因为强调后者的重要性而贬抑前者，而应当始终把这两者的关系，理解为一种相互诠释、同宗同源的同构式关系。哈贝马斯提出这个观点，目标并不在于从纯粹的学术层面来破解个人性与公共性之间的紧张或竞争关系，而在于立足现代民主法治国的政治实践，为切实有效的政治规范的确立提供一个最佳模式。以他之见，现代民主法治国的政治规范既不可能体现在由自然法所给予的先验权利和自由中，也不可能体现在由强制性力量（如法西斯主义）所颁布的条文律令中，而只能体现在由人们所制定，并由人们所遵守的实定法中。总体上，现代实定法表征的是一个权利体系。而作为权利体系的实定法要彰显其应有的规范性力量，就既需要将人权的理念纳入其中，也需要将人民主权的理念纳入其中，最直接的原因在于，"扎根于宗教和形上传统中的规范性内容，在经过后传统论证之过滤之后，就是凝结在这两个理念之中的"①。然而，哈贝马斯强调："权利体系既不能被归结为对于人权的道德诠释，也不能被归结为对于人民主权的伦理理解，因为公民的私人自主既不能置于他们的政治自主之上，也不能置于他们的政治自主之下。我们与人权和人民主权相联系的规范性直觉要充分体现于权利体系之中的话，我们的出发点就必须既不是把对于平等的主观行动自由的权利当作道德权利、把它作为外在限制加在主权立法者之上，也不是把这种权利工具化，作为实现立法者目标的功能性条件。"②显而易见，哈贝马斯不仅主张现代实定法要容纳人权和人民主权的理念，而且主张消除在人权所代表的个人性与人民主权所代表的公共性之间的任何不平衡性。

根据哈贝马斯的论述，要将人权所代表的个人性与人民主权所代表的公共性维系在一个绝对的平衡点上，从而使它们保持一种相互诠释、同宗同源的同构式关系，就不能满足于"既守护个体利益、又守护共同福利"这样的一般性口号和价值立场，而应当使现代法的制定，切实地建立在一个民主

---

①　［德］哈贝马斯：《在事实与规范之间》，童世骏译，生活·读书·新知三联书店2003年版，第122页。

②　［德］哈贝马斯：《在事实与规范之间》，童世骏译，生活·读书·新知三联书店2003年版，第128页。

的程序基础之上,直白地说,也就是让人们通过实质性地参与政治规范的构建而制定现代法。不过,这个民主程序不是人们在没有充分讨论的前提下进行抉择和决定的过程,而是一个以交往和商谈为中介与机制的开放性过程。而依哈贝马斯的想法,也只有在这样一个交往、商谈的开放性过程中,个人性与公共性才可能找到一种真正的平衡,用他自己的话说就是,"私人自主和公共自主的同源性,只有在用商谈论来澄清自我立法这个意象之含义的时候才得到澄清,根据这个意象,法律的承受者同时也是这些法律的创制者"①。进而言之,以交往和商谈为中介与机制的民主程序之所以能够确保个人性与公共性之间的平衡,是因为如下两个相辅相成的方面:一方面,人们在交往和商谈中不仅可以就自己的私人利益充分发表意见,而且也会随着交往情境的逐步展开而使抽象的"人权"具体化为各种权利和自由形式;另一方面,在人们的交往和商谈中,不仅不会因一私之见的冲突而产生出一种抵消公共性的力量,相反会因为理解的达成而真正确立起相互承认的、为人民主权作奠基的共识性政治理念。哈贝马斯相信,只要这两个方面在一个交往和商谈的民主程序中都能够得到充分实现,那么人权与人民主权、个人性与公共性就不可能是一种对抗性的关系,而必然是不可分解的一体之两面。与此同时,只要一种实定法的制定坚实地建立在这种民主程序的基础之上,那么它就能够充分地彰显并发挥其应有的、用以整合人们社会生活的规范性力量。

哈贝马斯对现代实定法之规范性基础——交往和商谈的民主程序——的阐释,也就是他对现代政治规范的证成。在这一独特的证成中,哈贝马斯虽然并未像罗尔斯或诺齐克那样,明确地告诉人们一个社会究竟需要什么样的政治规范,但他在自由主义和共和主义之间所进行的调和,却显然为人们理解和处理个人性与公共性之错综复杂的关系提供了一个有启发性的视角,即便这个问题是包裹在这一证成中的。在我看来,一种富有思想解释力的政治哲学,已不能满足于像严格的自由主义和严格的共和主义那样,在个人性与公共性之间进行非此即彼的选择,而必定要在这两者之间赋予一种张力,从而既防止它们发生分离,又防止它们相互化约。在一定意义上,哈贝马斯立基于商谈理论的政治哲学,是符合这种要求的。相比而言,不仅是康德和卢梭,而且就连对自由主义作出平等主义修正、同样具有综合意识的罗尔斯,也没有像哈贝马斯那样,处理好个人性与公共性之间的平衡性问

---

① [德]哈贝马斯:《在事实与规范之间》,童世骏译,生活·读书·新知三联书店 2003 年版,第 128 页。

题,因为在他为正义所设定的两条原则中,表征个人性的第一条原则即平等的权利原则,是优先于表征公共性的第二条原则即差异原则的。

（二）哈贝马斯对普遍主义的阐释,为探索差异 政治问题打开了一个重要缺口

由于哈贝马斯所设计的以交往和商谈为基石的程序指向的是一种相互理解和共识,所以我们可以在总体上将其政治哲学指认为一种普遍主义的政治哲学,普遍主义是其根本诉求之一。扩而论之,当代英美各种规范性政治哲学实质也都具有普遍主义的特点,因为可以明确的一点是,罗尔斯、诺齐克等人所确证和辩护的政治规范,都是针对整个社会结构和所有人的,而非社会中的某些群体的。然而,英美规范性政治哲学在力图构建普遍主义政治规范时,却并没有很好地解决甚至也可以说是回避了差异政治这个棘手的问题。而实质上,一种没有认真对待和思考差异政治问题的政治哲学,就很有可能会制造出一种疏离规范性的话语霸权或独断主义。从这一点来看,哈贝马斯基于交往和商谈而对普遍主义的阐释,展现出相较于英美规范性政治哲学的独特理论和实践价值,因为他不仅通由这一阐释而对差异政治问题进行了积极的思考和探索,而且也针对该问题提出了一种较优的解决方案。

当代英美规范性政治哲学之所以没有很好地解决或者说回避了差异政治问题,与其遵从和使用的方法是有直接关系的。当代英美规范性政治哲学的不同流派——如自由至上主义、平等的自由主义——虽然在价值立场上存在分歧,但在方法论上却是高度一致的,这就是都遵从和使用了契约论的论证方法。契约论既是近代以来最重要的一种政治哲学理论传统,也代表了近代以来最主要的一种政治哲学论证方法,霍布斯、洛克、卢梭、康德以及当代的罗尔斯和诺齐克,都是处在这一传统中、使用这一方法的政治哲学家。作为一种方法,契约论既有还原主义的特点,又有先验主义的特点,其总的运思路数,就是把现实的、感性的、充满情感和欲望的人,还原为具有理性能力的、均质的、无差别的自然人,进而在此基础上先验地建构起一个无矛盾的、整体性的、可普遍推广的规范性政治框架。契约论的这个运思路数,在某种意义上是它的一个优长之处,其优长性体现在两个方面,一是能够为政治哲学提供一个在逻辑上具有自洽性的阐释框架;二是有利于为社会制度和社会结构的设计与优化提供价值前提,从而有利于建构罗尔斯所指称的"严格服从"的政治哲学理论。然而,我们通过深入剖析会发现,契约论并不是无懈可击的,其不能自行克服的重大缺陷之一,就是容易将"差

异政治"这个现实社会层面上的现象和难题遮蔽起来,而进一步的后果,则可能就是对一种隐性或显性压迫的默认与助长。因为事实上,现实社会中人们在身份、地位、信仰、道德观、习俗、性别、肤色等方面的差异,有时是无法也不应当以契约论所设定的均质的、单一的、无差别的、无矛盾的规范性框架来加以描述和把握的,而只有在充分考察和尊重这些差异的基础上,政治哲学才可能确立起一种具有深广的涵摄力和普泛的可推广性的政治规范。

契约论的上述重大缺陷,在近现代以及当代都有其特定的表现,这导源于每个时代最突出的"差异性问题"本身。在近现代,也就是在资本主义从形成到走向结构相对"成熟"和明朗的时代,最突出的差异性问题是阶级问题,亦即工人和资本家在资本这一固化的结构中的分化问题。这一问题的存在虽然是铁定不移的,但却无法为契约论政治哲学家所洞察,因为在还原主义和先验主义的运思路数中,契约论把生活在资本主义社会中的每一个人,都界定为有自由人身、权利要求和平等诉求,并以理性法和契约来调节相互关系的市民社会成员。契约论政治哲学家没有也不可能像马克思那样看到,市民社会并不是一个可用先验的方式来设定和描述的关系组合模式,而是一个充满着"迄今为止最复杂社会关系"的领域。在这个领域中,工人虽然与资本家一样,被赋予了一种法权人的资格,而且他们之间所进行的劳动力的买卖行为,也符合契约原则并受到法律的保护,但实质上,在市民社会所表征的"迄今为止最复杂社会关系"中,工人被排除在市民社会成员之外,其与资本家根本不可能以"自然人"的名义而归为一个整体,相反,他们之间在资本主义社会中的结构性差异以及由这种差异所造成的剥削,才是最突出、最根本的政治问题,因而也才是一种有规范力量的政治哲学最需要把握和回应的问题。在此意义上,运用契约论来解释近现代的资本主义社会和历史,至多只能提供一种形式上的正义和平等观念,而这不仅不会带来一种实质的正义和平等,相反,一定会将工人与资本家之间的结构性差异及由之而造成的剥削,以一种机巧的方式掩盖起来。这正是马克思和恩格斯或直接或间接地批评契约论、自然法的深刻原因。

在当代,最突出的差异性问题发生了很大变化,呈现出更为复杂的局面。除了工人和资本家之间在社会结构上的隐性差异(虽然很多西方政治哲学家并不承认这种差异在当代的在场),更受关注的差异,来自信仰、道德观、种族、性别等的多元主义事实,在美国和德国等国家,由这些方面的差异所带来的问题尤其复杂。在当代英美契约论政治哲学获得强势复苏的过程中,这些方面的差异无疑被人为地消除在一个硬质的理论框架中,因为事实上,不管是罗尔斯还是诺齐克,都没有真正将这些差异本身作为一些具有独立意义的政治哲学问题来加以探讨。在某种意义上,差异政治就是一种"中心—边缘"政治,其关键点,就是边缘群体的处境、认同和命运。总体上,当代契约论政治哲学是一种理性主义哲学,其在先验的立场上所提出的价值主张,都是近代以来所形成的启蒙理性原则。然而,在差异政治中,有些边缘群体实际上是被排除在启蒙理性原则之外的。由此而论,当代英美契约论政治哲学所设定的同一性政治规范,往往可能是一些边缘群体无法达到的界域,或者也可能是他们遭受一种潜在歧视和排斥的根据。

如果说我们在罗尔斯和诺齐克的著作中找不到对上述差异政治的真正关注,那么相反,在哈贝马斯的著作中,差异政治是一个十分显明的问题。在政治哲学上,哈贝马斯的商谈理论既是对契约论的一个批判,也是对契约论的一个替代。哈贝马斯敏锐地洞察到当代世界特别是当代欧美国家的多元化事实和错综复杂的差异性问题,因而也深刻认识到契约论和自然法在描述这一事实和问题上的不可能性或潜含着的"排他"主张。他之所以不遗余力地为自己的商谈理论作辩护,一个很重要的考虑,就是把多元问题和差异问题放在他的政治哲学框架中加以解决。因为他所讲的交往和商谈作为一种公共政治规范的形成机制,是扎根于作为私人领域的市民社会的。这个市民社会,并不是指黑格尔界定的那个由经济生产关系所维系的同质的生产领域,而是指由各种不同的文化认知群体所组成的异质的生活领域,从现实来看,对应的就是20世纪六七十年代以来由西方新社会运动所造就的多元政治文化。哈贝马斯将自己的这个考虑,定位于如何以"包容"的开放性姿态来对待"他者":"平等地尊重每一个人,并非仅仅针对同类,而且也包括他者的人格或他者的他性。携起手来,对作为我们中间一员的他者负责,这样做涉及共同体中变化不定的'我们'范畴。而这个共同体没有任何本质规定,处于透明和开放状态,并且还在不断扩大。这种道德共同体的结构原则就是要消除一切歧视和苦难,包容一切边缘群体,并且相互尊重。这样建构起来的共同体不是一个迫使一切成员用各自的方式都彻底趋于同化的集体。这里所谓的包容(Einbeziehung),不是把他者囊括(Einschließen)到自身当中,也不是把他者拒绝到自身之外。所谓'包容他者',实际上是说:共同体对所有的人都是开放的,包括那些陌生的人或想保持陌生的人。"①毫无疑问,一种公共政治规范如果是建立在"包容他者"的开放性商

① ［德］尤尔根·哈贝马斯:《包容他者》,曹卫东译,上海人民出版社2002年版,"前言"第1—2页。

谈过程基础上的,而不是在契约论的先验框架下被设定出来的,那么,它可能就会对那些容易遭到排拒和歧视的边缘群体(包括一些潜在的边缘群体)具有持续的敞开性和切实的适用性。而这一点,对于英美契约论政治哲学来讲,是难以做到的。

哈贝马斯"包容他者"的政治主张,并不是以容许各种歧见的任意聚合为目标的,毋宁说其最终目标还是在于寻求政治共识,也就是要"异中求同"。这个在承认和包容差异基础上所求得的"同",表征着哈贝马斯的普遍主义主张。与通过契约论所推定的普遍主义相比,这种普遍主义显然已在很大程度上消除了独断主义的可能以及潜在的话语霸权,差异政治问题在其中得到了令人比较信服的解决。

事实上,在当今欧美学术界,不仅是哈贝马斯,以艾丽斯·M. 杨为代表的一些政治哲学学者,同样在审察英美契约论政治哲学的基础上,介入了差异政治问题。在一定意义上,杨受到了哈贝马斯的深刻影响,但却不同意后者的普遍主义政治主张。在《正义与差异政治》一书中,杨这样说道:"哈贝马斯将公共空间视为一个理性的领域,与欲望和情感的私人领域相对,从而保存了同一性和普适主义的共和主义遗产。……交往行为理论追求的是一种主体间性的和语境化的参与式民主。没有超验的公正观,规范的理性就只能依赖于将它们理解成是经过所有受其制约的人相互讨论的结果。……对交往伦理有一个可能的解释,即在所有人都能平等地表达自己的需求和欲望的条件下,规范性主张是对那些个人需要被满足又被他人认可的需求、情感和欲望进行表达的结果。……康德式普适主义在哈贝马斯理论中所造成的紧张,导致他无法迈向一种激进的多元主义参与政治观。哈贝马斯保留了理性/情感二分法的印迹。他更加坚定地将有关情感的话语从有关规范的话语中分离出来。他的语言模式本身进而高度依赖一种话语商谈的范式,忽视了语言中的隐喻的、修辞的、游戏的、具象的方面对交往效果具有非常重要的影响。尽管交往伦理是可能的,哈贝马斯本人仍然许诺了一种'普遍他者'的'道德观',在这种观念中,理性的主体仍然来自对其需求、欲望和情感牵系的抽象,仍然站在一个普遍性的立足点上来看待他者。因而,哈贝马斯保留了权利和原则的公共领域与语境化需求的私人领域之间的二元对立。最终,主张参与者在对话中寻求合意,仍旧念念不忘市民公共性的同一性理想。"①杨对哈贝马斯的批评,表达了在差异政治问题上的一种激

---

① [美]艾丽斯·M. 杨:《正义与差异政治》,李诚予、刘靖子译,中国政法大学出版社2017年版,第142—143页。

进主义的态度和立场。这种态度和立场的核心点，就是祛除一切为构建普遍主义政治规范而作出的努力，从而使差异保持在一个尽可能大的范围内。如何评价这种接近于后现代主义的激进主义？进而，如何评价以杨为代表的激进主义者对哈贝马斯的批评？

客观地说，上述激进主义的态度和立场，如同哈贝马斯"包容他者"的主张，对于修正英美契约论政治哲学在差异政治问题上所存在的缺陷和弊端，是有一定意义的。然而，政治哲学作为一种实践性很强的理论，其最为重要的宗旨之一，就在于为一个稳态社会（罗尔斯所讲的"良序社会"，就是一个稳态社会）的构建提供价值前提和思想指导。而毋庸讳言，一个稳态社会的构建，是离不开人们在文化、价值观和政治规范上的共识的，因为似乎很难想象，一个布满各种不同利益要求和文化认同的社会，除了这种共识，能够靠什么成为一个稳态社会。就此而论，普遍主义——哪怕是一种受限制的普遍主义——不仅是当代英美各种规范性政治哲学以及哈贝马斯政治哲学的一个坚实诉求，它也应当成为一切政治哲学的一个重要诉求。英美契约论政治哲学对差异问题的遮蔽自然是一个重大偏误，但对该问题的过度放大与无限拔高也有矫枉过正之嫌。如果说在差异政治问题上，英美契约论政治哲学家与以杨为范例的激进主义者分别代表了两个极点，那么哈贝马斯则代表了这两个极点间的一种折中的立场。这种折中的立场，或许是人们把握差异政治问题最需要的，只要人们既要求用相互承认的普遍主义规范来调节社会生活，又要求在各种"独异性"上持守彼此包容的开放性态度。

（三）哈贝马斯对"应当之软弱性"的揭示，为激活政治哲学的现实主义传统提供了一种重要思路

在《在事实与规范之间》中，哈贝马斯有一段极具挑战性和冲击力的论述："从70年代（指20世纪——引者注）初期开始，社会科学对理性法传统之规范主义的破坏，引起了出乎意料的反应。也就是说，在实践哲学问题总的来说得到重新重视的过程中，法哲学发生了一个转向，以相当直接的方式使理性法传统恢复了荣誉。至少从约翰·罗尔斯的《正义论》（1971年）开始，钟摆就偏向这另一边了。不仅在哲学家和法学家中间，而且在经济学家中间，人们已经习惯于毫无拘束地采纳那些17、18世纪的理论，似乎人们可以用不着重视社会科学对法的祛魅了。由于没有在元批判层次上涉及政治经济学和社会理论所造成的视角变化，在直接恢复理性法论证的同时，把这两个商谈域之间的桥梁给拆除了。但是，在规范性商谈的领域内，关于应当

之软弱性[die Ohnmacht des Sollens]的问题同时也紧迫地提了出来。这个问题曾经促使黑格尔去研究亚当·斯密和大卫·李嘉图,以便确切了解作为伦理理念之现实性的环节之一的现代市民社会的结构。"①

哈贝马斯的这段论述,针对的是 17 世纪以来的整个理性法传统,特别是 20 世纪 70 年代以来以罗尔斯《正义论》的发表为契机而获得复兴的理性法哲学。这里的法哲学和理性法传统,就是指自霍布斯、洛克到卢梭、康德再到罗尔斯和德沃金的规范性政治哲学及其传统,因为众所周知,近代以来规范性政治哲学的内核就是"法",也就是我们通常所讲的法权或权利(right)②。对于这种规范性政治哲学,哈贝马斯显然是以挑战的姿态来面对的。他要挑战的关键点是:这种规范性政治哲学在当代获得强势复兴固然是一件值得肯定的大事,但它却实际上被一个问题所深深困扰,这便是"应当之软弱性"问题。那么,"应当之软弱性"究竟是一个什么问题呢?

概括地说,霍布斯、洛克以来的主流规范性政治哲学,作为一种契约论和自然法传统,也是一种先验主义传统。这种传统始终如一的目标,是致力于以自然法为最高根据、以纯粹的应当为最终指令,在虚拟的原初状态下来先验地构建可用于指导社会分配和制度设计的政治规范。对于政治规范的构建固然是政治哲学不可或缺的工作,但这种以纯粹的应当自居的构建工作,却不仅将差异政治问题遮蔽起来,而且也会在事实与规范、是与应当之间划出一条鸿沟。这种先验主义传统不是不关注事实和是对应的现实,相反,它的一个基本诉求,就在于将先在的应当与规范"推广"和"运用"到现实中。然而,毋庸讳言,这种诉求并不会触动和改变其立论的先验性以及应当和规范的纯粹性,所以,复杂多变的、充满各种矛盾的感性现实,并不会得到真正深刻的考察,从而也根本不可能在政治规范的构建中占有任何实质性的位置。对于规范与感性现实之间的这种隔离,作为法兰克福学派第三代传人的霍耐特有一个深刻检思。他在《自由的权利》一书的"导论"中指出:"在制约当代政治哲学最大的一些局限中,其中有一个局限就是它与社会分析的脱节,这使得哲学只能定位在纯粹规范性的原则上。不是因为阐述这些规范性规则——社会秩序的道德合法性是按这些规则来衡量的——不是正义论的任务;但是当今这些原则,大多是在与现存实践和机制(Institutionen)的道德行为相隔绝的状态中被构思出来,然后再被'应用'到

---

① [德]哈贝马斯:《在事实与规范之间》,童世骏译,生活·读书·新知三联书店 2003 年版,第 70 页。

② 哈贝马斯的政治哲学,在很大意义上就是法哲学,至少在《在事实与规范之间》中就是这样。

社会现实中去的。"①事实上，霍耐特所指认的这个与社会分析相脱节（即与感性现实之间的隔离）的局限，就是哈贝马斯所指认的"应当之软弱性"。

如果说在近现代政治哲学史上，无论是霍布斯、洛克还是卢梭、康德，都没有意识到这个"应当之软弱性"的问题，那么作为当代政治哲学的集大成者，罗尔斯实际上已经意识到这个问题给他带来的麻烦。正如哈贝马斯所看到的那样，罗尔斯构建正义理论，总体上分为两步：第一步是在原初状态下设计出"作为公平的正义"的两个规范性原则；第二步便是考察这两个原则的可接受性和稳定性问题。实际上，第二步的核心点，就是规范如何"应用"到现实，即如何与现实对接。不过，在《正义论》中，罗尔斯并没有突出"现实"这个端点，因为他是以证明人们的善观念和正义感的一致性和重合，来论证正义原则的可接受性和稳定性的。在很大意义上，这是一种基于形而上学意义上的人性假定和心理学的论证，因而没有涉及现实。但到后来，罗尔斯充分认识到：正义原则的可接受性和稳定性问题所面对的最大挑战，是多元文化和多元价值观这个西方社会特别是美国社会的现实。换言之，如何让持有不同文化认同和价值观的群体都能接受"作为公平的正义"原则，是不得不考虑的重要问题。按理说，罗尔斯的这个认识已经"迫使"他开始从纯粹的应当和规范，走向鲜活的现实生活。但在我看来，他在这个问题上的处理方式，实际上又以一种十分巧妙的方式回避了现实。原因是在后来的《政治自由主义》中，罗尔斯将"作为公平的正义"重新修正和论定为一种既与多元文化相容，又与之完全无关的纯粹的"政治正义"。罗尔斯的这个处理方式看似解决了多元文化这个现实给他所造成的麻烦，但其实他并没有认真思考和回答多元文化如何能够容纳和接受一个公共的正义规范这个根本性的问题，进一步追溯，也就是没有针对多元文化及其内生矛盾进行深入细致的考察。由此来看，最有可能接近现实的罗尔斯，也没有解决政治哲学之先验主义传统的"应当之软弱性"问题。

不过，我们通过梳理近代以来政治哲学史会发现，除了先验主义传统，还有另外一个完全不同的传统也是十分重要的，这就是现实主义传统。大致说来，政治哲学的现实主义传统是由黑格尔开创的。黑格尔在《小逻辑》中曾郑重强调，哲学（包括政治哲学）研究的不是"应当如此"的东西，而是"真实如此"的东西："哲学所研究的对象是理念，而理念并不会软弱无力到永远只是应当如此，而不是真实如此的程度。所以哲学研究的对象就是现

---

① 　［德］阿克塞尔·霍耐特：《自由的权利》，王旭译，社会科学文献出版社2013年版，第9页。

实性,而前面所说的那些事物、社会状况、典章制度等等,只不过是现实性的浅显外在的方面而已。"①事实上,黑格尔的这个观点,在很大意义上是要批评从霍布斯、洛克到康德的先验主义传统,因为这个传统就是以构建"应当如此"的东西为目标。当然,在政治哲学上,黑格尔不是要彻底地清除"应当"并解构规范性理论,而是要思考一个更根本的问题:应当和规范的东西,在何种历史条件和制度框架下才是可能的?黑格尔对这个问题的思考,决定了体现其政治哲学思想的典籍——《法哲学原理》的基本逻辑结构。众所周知,《法哲学原理》的第一篇为"抽象法",讨论的核心论题是洛克以来凸显出来的"所有权"。不过,黑格尔并没有像洛克那样,将所有权论定为自然法或借助于自然法来为之作辩护,而是将之视为应当继续考察的"抽象法"。遵从自己确立的"从抽象到具体"的辩证逻辑,黑格尔实际上是在第三篇即"伦理"中,通过深刻检视市民社会及其内在矛盾,来完成对所有权论题的阐释的。在黑格尔的心目中,如果仅仅停留于抽象法来把握所有权,那就还没有走出"应当如此"的框架,而只有过渡到伦理特别是市民社会,才可能认识到所有权关联到的"真实如此"的东西。这正如黑格尔本人所说,在作为需要体系的市民社会中,"所有权法不再是自在的,而已达到了它的有效的现实性"②。哈贝马斯显然就是因为深刻洞察到了这个问题,所以才在我们上面引述的那段话中特意强调,关于"应当之软弱性"的问题曾经促使黑格尔去研究亚当·斯密和大卫·李嘉图,以便确切了解作为伦理理念之现实性的环节之一的现代市民社会的结构。

　　第一个继承黑格尔所开创的政治哲学之现实主义传统的人,是马克思。我始终认为,马克思从来就没有否弃近代以来的政治哲学家们所重视的价值——权利、自由、平等、公正等等。不过,与之前政治哲学家不同的是,马克思是在历史唯物主义的视域内,在政治经济学批判的框架中,来透彻地考察和把握这些为现代人所守护的价值的。所以,马克思政治哲学的任务已经不再是为所有权的合法性和分配的公正性进行辩护和论证,而是在于揭示所有权和公正的分配何以可能这个更深层次的问题,这与黑格尔的政治哲学显然是如出一辙的。不过,马克思超出黑格尔的地方,是将后者的"精神实体"根本性地置换为历史实体,从而真正向人们呈现了历史实体特别是资本实体的自我运动机制,所以也真正使规范与现实发生了对接。简言之,马克思比自己的老师黑格尔更加彻底地贯彻了现实主义传统之原则。

---

① [德]黑格尔:《小逻辑》,贺麟译,商务印书馆1980年版,第44页。

② [德]黑格尔:《法哲学原理》,范扬、张企泰译,商务印书馆1961年版,第217页。

令人遗憾的是,在当代规范性政治哲学的强势复兴中,黑格尔和马克思的思想资源并没有得到应有的重视,政治哲学的现实主义传统在一定意义上被先验主义传统所湮没,至少在英美国家,情况就是如此。比如说,罗尔斯曾明确承认康德对他的深刻影响,但却很少提到黑格尔。他虽然在《政治哲学史讲义》中精细地探讨和论析了马克思的政治哲学,但他的工作,主要是以建构自己的正义理论的方式,来建构马克思规范意义上的政治哲学,所以,以深入研究生产关系为前提的现实主义维度,并没有出现在他的视野中。这个事实让我们更加清楚地看到,罗尔斯为什么也没有扭转政治哲学之先验主义传统的一贯套路,即没有解决"应当之软弱性"问题。

作为一位试图在英美传统和欧陆传统之间作调和的当代政治哲学家,哈贝马斯显然自觉继承了黑格尔所开创的现实主义传统①。这正如他在《在事实与规范之间》的"前言"中所指出的:"在德国,法哲学早已不仅仅是哲学家们的事情了。如果我对黑格尔的名字几乎只字不提,而更借重于康德的法律理论,那也表明我想回避一种为我们设置了无法实现之标准的模式。为了寻求同社会现实的接触,法哲学进入了各个法学流派,这绝不是偶然的。但是,我也不想纠缠于一种仍然把重点放在对刑法基础之讨论的法学上专业性很强的法哲学。曾经可以在黑格尔哲学诸概念中加以综合的那些东西,现在则要求从法律理论、法社会学、法律史、道德理论和社会理论的视角出发,进行方法上多元的处理。"②进一步说,立足于黑格尔的传统和遗产,哈贝马斯所要着力思考和解决的问题,就是如何确立一种为人们所认可并自觉接受的政治规范。在哈贝马斯看来,政治哲学的先验主义传统向来都是把权利作为一种道德法强行地赋予立法者,但是这就违背了一个基本原则——法律的承受者同时也是法律的创制者(上文提到的)。而如果要让法律的承受者成为法律的创制者,就只能将法建立在充分的交往和商谈基础上。从法的这一创制原则来看,权利不可能再被作为一种有先在约束力的东西,毋宁说,需要确定的是,人们在一种以理解为目标的交往结构中,会彼此认可什么样的具体权利。如果说人们彼此认可的具体权利在很大程度上就表征着一种有效的政治规范,那么,显而易见,政治规范就不可能是一种纯粹的"应当",而是"应当"与"是"、"价值"与"事实"的一个合体,或者说是"事实"和"是"中的"应当"。在哈贝马斯看来,这样来理解政治规

---

① 霍耐特以"承认"为原则而建构的规范性政治哲学,也是以自觉继承黑格尔传统为基础的。

② ［德］哈贝马斯:《在事实与规范之间》,童世骏译,生活·读书·新知三联书店2003年版,"前言"第1页。

范之确立的问题,在很大意义上是为了实质性地破解事实与规范之间的如下紧张关系:"规范主义的思路始终有脱离社会现实的危险,而客观主义的思路则淡忘了所有规范的方面。"①不过,由于哈贝马斯主要是针对当今英美规范性政治哲学特别是其中的"应当之软弱性"提出"事实与规范"问题的,所以最为他所重视的东西,还是"事实"与"是"及其所关联的社会现实。当然,需要更加明确的一点是,这里的"事实"和"是",不是一种既定的东西,而是人们开放的交往过程及在这一过程中所具体生成的东西。

与英美规范性政治哲学相比较,在某种意义上,我更认同哈贝马斯的方案。在向现实的敞开中,哈贝马斯虽然没有达到马克思以及黑格尔的深刻程度,但他毕竟在先验主义传统占据主导地位的当今政治哲学界,开辟出了一条向黑格尔和马克思传统复归的路径。这条路径其实没有使政治哲学丧失其对规范性的执着追求,从而也没有疏远政治哲学的本色。相反,在这条路径上,政治哲学的规范性因为获得了现实的奠基而能彰显其规范力量。

当今政治哲学的主流,依然是英美规范性政治哲学,罗尔斯几乎是一个人们研究政治哲学时无法回避的人物。哈贝马斯的政治哲学虽然不能归在罗尔斯所确立的范式中,但他也自觉地介入了后者所开创和开显的问题域,所以近代以来理性法传统的一些价值和要素,他也是认可的。如果说在此意义上,哈贝马斯的政治哲学成为连接英美政治哲学与欧洲大陆政治哲学的桥梁,那么,我们借助这座桥梁,特别是借助于对以上三个方面问题的把握——个人性与公共性的关系、差异政治以及现实主义传统的复归,是可以更深刻地来认识当今主流规范性政治哲学,以及更富有成效地来构建当代中国政治哲学的。

---

① [德]哈贝马斯:《在事实与规范之间》,童世骏译,生活·读书·新知三联书店2003年版,第8页。

第八章　美国马克思主义与政治哲学:一个延续

20世纪70年代之后,传统的西方马克思主义开始走向衰落,而一大批以理解、批判晚期资本主义社会和后现代社会为旨向的马克思主义理论家,在美国、英国等传统西方马克思主义并未真正覆盖到的领地上成长起来,并纷纷登上当代世界马克思主义发展的舞台。他们与传统的西方马克思主义者相比,在学术思考的背景、问题提出的剖面、理论构造的旨趣、思想达及的途径等方面,都是不尽相同,甚至是大相异质的。但是,从理论逻辑的延展来看,他们与传统的西方马克思主义者又在某些方面环环相扣、紧紧相连,或者是沿着后者的足迹一路向前走,所以,当他们随着资本主义历史的不断变化而调整研究的方向与问题的视野,进而形成他们相对于传统西方马克思主义理论的独特理论成果时,他们实质上又在一定意义上延伸了西方马克思主义的论题与界域,从而也使马克思主义哲学传统在20世纪后期有一个新的纵深推进。从这个观察视角来说,70年代之后所形成的马克思主义诸种形态与潮流,也理所当然地应成为我们的重要考察对象,对其政治哲学思想的梳理、把握和评价,也就理所当然地成为我们的重要学术任务。

考虑到20世纪70年代之后美国马克思主义在政治哲学研究上的主导性地位,我们将其作为一个实体性内容来加以盘点与考究,以此揭示当代马克思主义政治哲学发展的基本趋势。

一、从西方马克思主义到美国马克思主义:分殊与同质

如果说,20世纪70年代之前,在西方资本主义国家占主导地位的马克思主义传统,是植根于西欧大陆,以革命的文化批判(40年代之前)和文化的现代性批判(40年代之后)为基本主题的西方马克思主义,那么,在这一时期中,美国马克思主义虽然也通过融合美国本土的实用主义而进行自己的理论传统的创造,但其产生的思想影响,根本不可能与西方马克思主义相提并论,卡尔沃顿、悉尼·胡克等早期的美国马克思主义理论家,也根本不可能像卢卡奇、葛兰西、阿多诺等西方马克思主义理论家一样名扬天下、彪

炳史册。然而,20世纪70年代之后,随着阿多诺、萨特、阿尔都塞等理论家相继退出思想舞台并相继离世,作为一种思想传统的西方马克思主义逐渐走向衰落,马克思主义发展的格局也由此而发生了戏剧性的变化:在西欧大陆,虽然有哈贝马斯、鲍德里亚等著名思想家通过以各不相同的方式接续西方马克思主义的传统而进行着理论的创构,但他们的理论主旨,却不在于从根本的意义上阐述马克思主义的观点,所以西欧大陆的马克思主义研究,不再像在过去的半个多世纪中那样门派迭出、百家争鸣,其势衰的趋势,已成为不言而喻的事实;相反,在以美国为主导的英语国家,马克思主义研究却开始焕发出勃勃生机。一大批以重新理解马克思和重新解读当代社会为基本旨向的理论家和学术流派,开始纷纷登上思想的舞台,在各自所属的知识框架和话语系统中,进行着马克思主义理论的创造。正是在这种背景下,具有相对独特的理论形态的美国马克思主义凸显出来,并成为当今国外的马克思主义中最富有思想成果、最引人注目的理论形态。

总体论之,美国的马克思主义理论创造,代表了西方国家马克思主义发展的新的历史和逻辑阶段,与传统的西方马克思主义相比,它无论是在宏观上还是在微观上都发生了重要的变化,从而表现出与传统的西方马克思主义殊为不同的特点:其一,在发展的路向上,如果说传统的西方马克思主义主要是依托党派、革命和政治运动发展起来的,那么,美国的马克思主义则主要是走进院校,通过学院式的研究逐步发展起来的,虽然美国马克思主义理论家越来越希望将理论的发展与社会政治运动甚至是革命连接起来。进而论之,如果说党派领导人和政治运动的领袖在西方马克思主义的创立和发展过程中起到了推波助澜的关键作用,那么,以大学教授为主体的知识分子则理所当然地成为美国马克思主义的最主要开创者。其二,在理论的主题上,如果说传统的西方马克思主义注重的是对西方发达资本主义国家革命道路的历史思考和对资本主义现代性的批判,那么,美国的马克思主义则主要是基于对后工业社会和美国新社会运动的考量,将生态问题、性别问题、种族问题、阶级问题、全球化问题、新帝国主义问题以及后现代主义问题等一系列新的社会问题纳入讨论的范围,同时也开展了对现代制度之正义的而非现代性的研究。其三,在对待苏联理论模式上,如果说传统的西方马克思主义在形成和发展的过程中,自始至终都将理论的矛头指向苏联马克思主义模式并对其进行釜底抽薪式的批判,那么,美国的马克思主义在形成和发展的过程中,则由于苏联的垮台,而基本上没有把批判苏联的理论模式作为一种明确的口号提出来,虽然其在形态上并不等同于苏联的理论模式。甚至于,美国马克思主义在近年的研究中,还旗帜鲜明地打出了"回到列宁"(Return to Lenin)的口号,主张通过重新开掘列宁思想的当代意义而认识和应对美国层出不穷的政治危机。《重新上膛的列宁:通向一种真理的政治学》(Lenin Reloaded:Toward a Politics of Truth)、《重新发现的列宁》(Lenin Rediscovered)以及《马克思、列宁和革命的实践》(Marx,Lenin and the Revolutionary Experience)等列宁研究的新著的出版,就是这一口号和主张的有力佐证。

美国马克思主义与传统西方马克思主义的这些不同,生动地凸显了马克思主义哲学的"效果历史",即凸显了不同语境下马克思主义哲学创造的不同向度与可能性空间,同时也凸显了美国马克思主义作为西方国家最新的马克思主义理论形态的相对特定性。但我们也应注意到,除上述不同外,美国马克思主义与传统西方马克思主义之间又存在较为明显的同质、衔接、连续,这主要体现在:其一,美国马克思主义虽然代表了当代国外马克思主义发展相对独特的理论形态,但并没有溢出于马克思主义的思想传统,依然注重在构造理论学说时回到马克思,从马克思那里寻获学术的启迪与思想的灵感。这一点,与卢卡奇、柯尔施、葛兰西、霍克海默、阿多诺、萨特以及哈贝马斯等传统的西方马克思主义者并无不同。其二,传统的西方马克思主义作为一种思想的效应,延续到美国马克思主义知识分子之中,由此催生出具有西方马克思主义家族血统的理论流派和学术研究倾向。例如,诺曼·莱文在承接卢卡奇开创的黑格尔主义马克思主义理论传统的基础上对马克思与黑格尔关系进行的系统考辨,奥尔曼在延续早期西方马克思主义界定的总体性范畴的前提下对辩证法展开的深入探究,法兰克福学派之美国传人理查德·沃林以及左翼马克思主义学者斯蒂芬·布隆纳等对批判理论史进行的深入考察①,都属于这种情形。而从一种更为普泛的意义上看,当前美国马克思主义对于批判理论的高度重视,虽然与批判理论所指向的对象与事物在二战后的美国社会的迭出、呈现不无相关,但在思想传统上,却是与法兰克福学派在美国所形成的思想效应根本无法分开的。众所周知,法兰克福学派的主要成员在20世纪30年代,曾因为法西斯主义的迫害而一度前往美国,马尔库塞、弗洛姆等人则更是主要在美国进行理论创造。这般历史情形,不能不使生成于欧洲大陆的批判理论影响到美国马克思主义的发展。所以,只要对今天美国众多马克思主义者的话语作一番剖析与检阅就会发现,在美

---

①　关于这方面的成果,可以参见 Richard Wolin,The Terms of Cultural Criticism,Columbia University Press,1992;Stephen Bronner,Of Critical Theory and Its Theorists,New York:Routledge,2002。

国马克思主义理论形成与思想推进的背后,蕴藏着丰富的西方马克思主义批判理论之传统的酶素,以至于,如果不去认真地开掘这些酶素,就不可能清晰地认识美国批判理论之研究的思想源头、矛头所指与终极趣味。

二、美国马克思主义趋向于政治哲学:一个基本的判断

当我们把美国马克思主义作为一个相对特定的研究对象加以凸显与把握时,一个十分有趣的现象是,美国马克思主义虽然看上去是由诸种殊异的理论倾向和思想流派所组成,但其本身却又总是与政治哲学有着这样那样的联系,甚至可以直接说,美国马克思主义的理论构造与思想的不断开拓,大致上就是在政治哲学的路向上实现的。这一现象之形成,从根本上看,乃在于两个方面的重要原因:其一,美国马克思主义理论家不是在一种封闭的体系中,而是在一种开放的体系中开展理论研究的,所以,他们不会满足于对一般性抽象学理公式的建构,而是注重将理论的研究与突出的现实问题结合起来,强调以理论的方式来回应现实问题,强调根据现实问题的场境来推动理论的发展,进而以此方式开辟马克思主义发展的广阔空间。一旦与现实紧密结合起来,并不断强调与现实之间张力的保持,理论自然就不会是远离政治生活的概念和逻辑体系,而在很大程度上,会以政治哲学的成果形式得以呈现,因为政治哲学本身就是一种切近现实生活的理论思考模式,支撑其出场与发展的根本性力量,往往就是社会现实及社会现实诸要素的不断变动。其二,美国马克思主义所面对的问题,在粗疏的意义上,几乎都是从属于政治哲学的界域的。具体地说,美国马克思主义面对着资本逻辑之全球的蔓延、社会主义与资本主义在新的历史条件下的对置、公平正义参数的重新排列组合、后现代政治与现代性政治的博弈、新社会运动对诸类社会矛盾和冲突的凸显等凡此种种的问题,这些问题可以说正是我们在一种广义的政治哲学中需要去深入探究的内容,所以我们自然可以不计其细地将美国马克思主义的理论发展界划为政治哲学的一种当代推进。

基于如此这般的判断,我们自然也就可以认为:如果说哲学的总体发展趋势正如有的学者所指出的那样:“政治哲学在今天变得如此重要,几乎成为哲学中最突出同时也是最活跃的部分,以至于成为当下哲学体系中的‘第一哲学’。”①那么,美国马克思主义的理论态势,显然正应了这一指认

---

① 赵汀阳:《每个人的政治》,社会科学文献出版社 2010 年版,第 9 页。

所讲述的情况,政治哲学成为第一哲学,成为不容争辩的显学。正是因为如此,资本的权力、民主的模式、政府的职责、公共领域的标准、个体的权利以及阶级、政党、革命等政治哲学的问题,在近些年逐渐升格为美国马克思主义学术讨论和理论构造中的核心议题。也正是因为如此,美国马克思主义诸种理论倾向和思想流派越来越由分殊和异质走向趋同和融合。

　　这种朝向政治哲学的理论态势,在美国马克思主义近些年的发展中,应当说以一种更为强势的姿态呈现出来。根据对思想前沿的追踪把捉,我们可以很清晰地看到,美国马克思主义理论家越来越普遍地重视将广义的政治哲学作为重要的理论方向纳入思想创构的框架之中,进而在这样的基础上用马克思主义理论来回应和破解美国资本主义以及全球化世界不断呈现、暴露出的新的政治、经济和社会问题。例如,在主题分别为"构造一个激进的政治未来"(Forging a Radical Political Future)和"帝国大厦的裂痕"(Cracks in the Edifice)的"左派论坛"(Left Forum)①2007 年、2008 年年会上,美国马克思主义者和激进政治左派,就集中地在政治哲学的层面上,深刻检讨了伊拉克和阿富汗战争及这些战争所带来的一系列诸如经济衰竭、民主歧变、人权退化等经济、政治和社会问题。在主题为"转折点"(Turning Points)的 2009 年年会上,美国马克思主义者和激进政治左派,又以 2007 年底以来的世界特别是美国金融危机为主要背景,从马克思主义政治哲学和政治经济学的高度,深层次地揭示了资本主义尤其是美国资本主义所陷入的层层危机,如人民的基本需求难以满足、资本主义的再生产难以持续以及意识形态的霸权(ideological hegemony)难以维系等等。"左派论坛"将 2010 年年会的主题设为"中心不能持存:重新燃起激进的想象"(The Center Cannot Hold:Rekindling the Radical Imagination),旨在继续检思美国战争和经济危机所导致的种种后果(包括失业比例的增高、工资收入的减少以及不安全因素的增长),并将声讨的矛头特别指向奥巴马政府,尤其是其向商业资本家和政治保守主义者妥协的政策,这显然也都是一些当下西方马克

---

① "左派论坛"(Left Forum)是美国影响最大的左派和进步学者学术会议,其前身是"社会主义学者大会"(Socialist Scholars Conference),至今有 40 多年的历史。每年 3—4 月份,"左派论坛"都要在纽约举办大规模学术年会,与会人数一般在 1500—2000 人之间;每一年的其他时间,"左派论坛"也会召开一些小型的学术研讨会。"左派论坛"的宗旨,就是通过反思和探讨"我们这个时代最迫在眉睫、最亟待解决的问题"(burning issues of our times),来助推一个更加健全、更为正义的社会的形成。实质上,由于"左派论坛"是以马克思主义为根本性基调,因而它能够比较真实地反映美国马克思主义发展的最前沿状况。正是在这个意义上,美国著名马克思主义学者、辩证法马克思主义代表伯尔特·奥尔曼指出,"左派论坛"这么多年以来,为社会主义知识分子提供了非常有价值的机会。

思主义者、左翼学者和其他进步理论家关注的政治哲学话题。再例如,在主题为"危机与批判"的"历史唯物主义"(Historical Materialism)①第七届年会上,来自美国的马克思主义学者不约而同地将讨论的焦点会聚于马克思主义政治哲学之上,从而在新的政治和文化背景之下重构了历史唯物主义的发展语境与可能性路径。马克思早期的政治哲学理论、西方马克思主义种种政治哲学命题、新世纪以来资本主义经济危机牵引出的政治问题,成为这届年会美国马克思主义学者重点讨论的话题。代表美国马克思主义前沿思想动态的"左派论坛"和"历史唯物主义"年会的情况,毋庸置疑折射出的不是特定的、个别的、偶然的现象,而是普泛的、一般的、必然的现象。随着美国马克思主义理论家和学者对当代资本批判的加深,以及随着他们对现代政治理解的推进,政治哲学研究之普泛、一般和必然的态势,会在相当长的时间内保持着。既然情形如此,我们不妨指出:研究美国马克思主义,其实就是在研究政治哲学;如果不在政治哲学的范式内进行思考,造成前台的学理叙述与后台的思想构架的错位乃至冲撞,就是不足为奇的事情。

三、美国马克思主义政治哲学诸流派及其理论布展

由于政治哲学的创获与推进,构成美国马克思主义理论发展最突出、最根本、最有生命力的方向,所以从 20 世纪 70 年代到今天相继形成的理论派别,也基本上代表着美国马克思主义政治哲学发展的生力军,其对于美国马克思主义的理论推动,也就在很大程度上是以对于政治哲学的推动来实现的。故此,梳理美国马克思主义的理论流派,乃是展示美国马克思主义政治哲学不可或缺的环节。集中地概括,分析的马克思主义、生态学马克思主义、后现代马克思主义、新黑格尔主义马克思主义以及辩证法的马克思主义等派别,代表了当前美国马克思主义发展的主流,其观点反映了美国马克思主义的整体风貌,同时也反映了美国马克思主义政治哲学的基本致思模式与论析取径。

---

① 作为学会的"历史唯物主义",是由英国著名马克思主义和左派理论刊物《历史唯物主义》组织起来的。"历史唯物主义"每年在伦敦举办一次年会,然而,由于美国马克思主义和英国马克思主义在 20 世纪 70 年代以来发展中的相互开放、交流、融合以及由此而形成的家族相似,"历史唯物主义"也成为美国马克思主义学者展示自己理论观点的重要舞台。甚至于,自 2008 年以来,"历史唯物主义"学会还衍生出"历史唯物主义北美论坛",这是"历史唯物主义"学会对于美国马克思主义发展之重要意义的一个重要佐证。

（一）分析的马克思主义及其政治哲学探求

分析的马克思主义，作为 20 世纪 70 年代之后形成的最具生命力的国外马克思主义流派之一，不仅仅只是代表着美国马克思主义的理论创获，它也在某种意义上，表征着英国马克思主义发展的水平，英国马克思主义哲学家 G.A.柯亨，就是分析的马克思主义的主要开创者之一。不过，从队伍的阵容上来说，美国分析的马克思主义显得更为强大，约翰·罗默、乔恩·埃尔斯特、埃里克·欧林·赖特以及波兰裔美国学者亚当·普雷泽沃斯克，都是当今美国分析的马克思主义的代表人物。

对于分析的马克思主义的原初理论目标，现任耶鲁大学教授的约翰·罗默有过这样一段论述："按照现代科学的标准，马克思主义理论必然是粗糙的，在细节上是存在错误的，甚至于，其某些基本观点也是错误的。但是，在说明某些历史阶段和历史事件时，它又表现出异乎寻常的说服力，所以我们就觉得，马克思主义理论中，必定有需要澄清和进一步阐明的合理内核。我们不会因为一件好的工具在某些时候突然失灵就将之遗弃，特别是在没有发现有更好的工具作以替代时，更应当如此。"[1]由这段论述可以明确地看到，分析的马克思主义在对待马克思主义传统时，并没有不加反思地去接受业已形成的理论结构和话语逻辑，而是强调在确认现代科学即英美分析哲学标准之合法性的前提下，运用这样的标准度量传统的马克思主义理论，进而对马克思主义传统进行一种方法创新意义和理论创新意义上的重建。这样的重建，由于根据的是分析哲学，特别是风行于美国的逻辑经验主义哲学的方法，所以其任务大致在于：其一，将马克思主义理论中含糊不清的地方表述得更为准确，论证得更为严密；其二，将马克思主义理论因为过于注重宏大叙事而忽略的微观层次的问题揭示出来，对其加以质性考究；其三，对马克思主义理论，特别是教条的马克思主义理论中在经验上不能成立的论题加以修正，使之切近、符合不断变化的现实历史。

毋庸置疑，这样的理论目标，虽然强调对马克思主义进行这样那样的改正，并在实质上将之引向"技术决定论"，但并没有将马克思主义传统完全推上思想的被告席，而是在坚持马克思主义理论基本指向的前提下，通过分析的方法，使马克思主义成为一门精细、丰满的科学。然而，自 20 世纪 80年代末期以来，在基本的问题求证方式和理论布展视域上，分析的马克思主义发生了重要的转型，即从注重对马克思主义理论进行语言和逻辑上的分

---

[1] John Roemer ed.,*Analytical Marxism*,Cambridge University Press,1986,p.2.

析,转变为注重对当代社会政治哲学问题进行追问与考量,结果,在关于马克思主义的基本指向上,分析的马克思主义由此也发生了质的改变。

　　一个直接的问题是,分析的马克思主义缘何会转向对先前并不涉足的政治哲学的研究? 在约翰·罗默等人看来,这一问题的答案在于这样的事实:随着资本主义经济的发展和社会福利政策的推行,马克思和恩格斯时代所凸显的阶级结构和阶级矛盾趋于消解,而社会矛盾分散在阶级之外的多个质点上,于是,马克思和恩格斯所认定的革命之可能性变得越来越"不可能",马克思主义理论所一直强调的阶级斗争的学说,也由此受到了前所未有的严峻挑战。在这样的历史时刻,要使人们从根本上树立起社会主义或者共产主义的信念,是不可能通过捍卫传统马克思主义的阶级理论来完成的,毋宁说,只有从道德和政治哲学的角度批判资本主义的不合正义,进而从这样的角度说明社会主义的正当与合意,此一目标才有可能真正达及。这种情况,换成 G.A.柯亨的论析就是,西方资本主义社会阶级结构的深刻变化,"导致了以前并不存在的规范性问题,或者更准确地说,它们导致了以前几乎没有政治意义的规范性问题。现在,这些规范性问题具有了重要的政治意义"①。分析的马克思主义,就是在如此这般的问题意识下踏上政治哲学探索之旅的。

　　问题的关键是,分析的马克思主义强调,突出政治哲学的理论维度,开展政治哲学的理论研究,几乎不能依托于传统的马克思主义理论结构,因为马克思的思想在一个多世纪的时间里,虽然为许多理论家提供了论证资本主义制度不合道德与正义规范的依据,但马克思通过预制劳动价值论而对资本主义剥削的指正与批判,主要是在技术和事实层面上而不是在道德和价值层面上展开的,就此而论,马克思哲学本身并不包含一种强劲的基于正义的政治哲学逻辑。而马克思之后的马克思主义理论,特别是长期以来被当作"正统的马克思主义"的理论,则更是强化了阶级斗争的维度并由此而打压了系于道德和正义的政治哲学逻辑。② 正因为如此,只有在马克思主义理论传统被逐渐边缘化的时候,将之引向由当代正义讨论开导出的政治哲学的路向,进而在这样的基础上对之进行精细的理论"重构",才不仅会直接导向对当代问题的具有穿透力的洞察与破解,而且也才会在新的历史

---

① 吕增奎编:《马克思与诺齐克之间:G.A.柯亨文选》,江苏人民出版社 2007 年版,第 158 页。
② 柯亨对于这一传统马克思主义理论之特质,给出了一种比较客观的解释:"当人们由于自己境况的紧迫性被迫进行社会主义革命并处于有望成功的良好形势之中时,你就不必去证明社会主义革命作为原则问题的正当性。"吕增奎编:《马克思与诺齐克之间:G.A.柯亨文选》,江苏人民出版社 2007 年版,第 166 页。

条件下激活作为一种传统的马克思主义。

分析的马克思主义的这番强调很清楚地表明：其所要发展的政治哲学，基本上指涉不到阶级、革命、国家、政党这样一些在传统的马克思主义中得到着重论述的政治哲学论题；其所讨论的，则是罗尔斯《正义论》发表以来逐渐开引出来的一些从属于规范性政治哲学的问题，如机会平等、社会正义、公民资格等等。分析的马克思主义者认为，只有将这样一些当代的问题开掘出来，并在当代政治哲学的理论架构内对之加以具体论证，才能在根基上为社会主义在道德上具有正当性提供合法性的说明。对于这样一种将马克思主义政治哲学的讨论引入到当代正义之论的基本取置，常常作为英美分析的马克思主义之发言人的柯亨有过如下申明："我属于一个被称为分析马克思主义（analytical Marxism）的思想学派。这一立场的某些支持者，包括我在内，都深深地沉迷于道德哲学和政治哲学中那些过去并没有引起马克思主义者注意的问题。我们所关注的问题包括：对平等的信奉究竟要求些什么？那些拥有生产能力且天资较好的人对于那些相对缺乏生产能力或有残疾或有特殊需要的人究竟负有何种类型的义务？我们寻找一个准确的剥削定义，也想知道剥削究竟为什么是不正当的。"①

在当代正义之论的基本框架内发展马克思主义政治哲学，对于美国分析的马克思主义而言，最突出、最引人注目、最有颠覆性和表征性的理论创制之一，应当是对马克思主义剥削理论的重新理解和重新阐发。分析的马克思主义之所以要对马克思主义剥削理论予以重新理解和重新阐发，是因为在埃尔斯特、罗默等人看来，传统马克思主义讲的剥削不能成为道德理论的一个规范性概念，因为人们由于先天技能、闲暇收入以及时间倾向上的差别而导致的劳资关系以及剥削，正是马克思讲的剥削的几种范例，但这些范例中的剥削却不可能在道德层面上被认为是不正当的。② 而对于罗默等分析的马克思主义者来讲，其理论的兴奋点在于对剥削进行一种道德意义上的研究，也就是思考如何将道德意蕴注入剥削概念当中，进而在此基础上根据正义的内在法则，建立对生产资料私有制度的批判。③ 这一理论兴奋点，成就了以罗默为代表的美国分析的马克思主义者的新的规范性的剥削理论和政治哲学，而这一新的剥削理论和政治哲学，根据罗默等人的说辞就是，

---

① 吕增奎编：《马克思与诺齐克之间：G.A.柯亨文选》，江苏人民出版社 2007 年版，第 157 页。
② 可参见［美］乔恩・埃尔斯特：《理解马克思》，何怀远等译，中国人民大学出版社 2008 年版，第 216 页。
③ 参见［美］约翰・E.罗默：《在自由中丧失——马克思主义经济哲学导论》，段忠桥、刘磊译，经济科学出版社 2003 年版，第 190 页。

彰示了一种可贵的"重构"意识,形成了对马克思剥削理论的一种必要反拨。

罗默无比笃定地指出,要检省马克思的剥削理论,首先应当看到的是,马克思的确没有在实质上提出规范性的理论范式,而只是以一种技术性和事实性的方式来界定其剥削。这种技术性和事实性,主要体现在其劳动价值论中:资本家剥削了工人,首先就是由于前者无偿占有了后者的部分劳动价值(即剩余价值),而价值又是通过劳动时间来度量的,所以剥削最终就被还原为一个可以在时间上计算的数字。虽然"马克思主义把剥削用作一种统计量既有实证性的目的也有规范性的目的。在其实证性的用法中,对工人的剥削被说成是为了解释利润。在其规范性的用法中,剥削被说成是为了指出工人受到资本家的不公正的对待"①。但其实,数字统计意义上的剥削,即技术性的剥削,常常是不具有规范性的意义的,例如,因为资本的稀缺而导致的劳动力价值的下降,虽然也促成了剥削的产生,但这是自然因素造成的事实,却是不能以正当和非正当来判断的。所以,应当在技术性剥削与规范性剥削之间进行严格划界,进而在规范性剥削的维度内设置道义的标准和正义的标石。

罗默强调,从规范性剥削的视角看,"资本主义的本质上的不公正不在于生产地点发生了什么,而在于在此之前的决定阶级、收入和福利的财产关系"②。亦即,正义或非正义并不取决于生产,而是取决于有形资本最初的分配。有形资本最初的分配若是不公正,那么随后的生产关系也就是不公正的;相反,若是这种分配并非不公正,那么随后的生产关系就不能被认为是不公止的。为了细致入微地分析分配与正义的关系,罗默区分了几种导致有形资本最初分配不平等的情况:(1)以抢劫、掠夺的方式获得有形资本;(2)因不同的时间偏好率,即不同的人对资本的储藏和消费的预期不同而使资本发挥的效率不同;(3)组织劳动和运用稀缺性生产要素等的企业家能力千差万别;(4)冒险精神存在不同;(5)个人运气存在偶然性差异。罗默以为,这五种情况虽然带来的结果并无不同,即都使资本的分配显得不尽平等,但这却不意味着它们都应当在道德的基准上受到谴责,后四种情况就基本上不在正义检讨的范围之内,而只有第一种情况属于这样的检讨对象。马克思的失误之处其实也就在这里。如果所有资本的积累都是基于他

---

① [美]约翰·E.罗默:《在自由中丧失——马克思主义经济哲学导论》,段忠桥、刘磊译,经济科学出版社 2003 年版,第 59 页。

② [美]约翰·E.罗默:《在自由中丧失——马克思主义经济哲学导论》,段忠桥、刘磊译,经济科学出版社 2003 年版,第 119 页。

所描述的圈地运动或者与之类似的情形,那么他对于剥削的批判也就名正言顺;但资本积累的实际状况却远为复杂,有的是基于抢劫、掠夺,而有的是基于个人的禀赋、勤奋以及运气等因素,甚至有的是几种因素的一种混合,所以当马克思不加甄别地将资本推上"被告席"时,正义的判断也就不可能实至名归了。

这番指证与论述表明:罗默等分析的马克思主义者,实际上由对剥削理论的重构进入到了"分配正义"的研究中,更具体一点说,他们由此开始着力关注资源、产品以及机会等分配方面的正当性问题。这样一个重要的理论指向,对于同情弱者的马克思主义者来说,是很容易导向平等主义立场的,罗默等人其实也不例外。所以,自进入分配正义领域之后,多数分析的马克思主义者自觉不自觉地将"平等"问题纳入理论视野的核心地带,并由此而成为平等主义的捍卫者。就罗默而言,他的一些理论著述,如《社会主义的未来》(1994年)、《分配正义理论》(1996年)、《机会平等》(1998年)以及《民主、教育和平等》(2006年)等,都是或直接或间接围绕"平等"问题而展开探讨的。[①]正是因为这一点,柯亨才不无坦率地指出,罗默的研究,直接使马克思主义者成为"更加一致的平等主义者"[②]。这虽然不能算作分析的马克思主义者重构马克思主义剥削理论和拓深马克思主义政治哲学的最终归宿,但起码在他们自己看来,是区别于自由主义尤其是自由至上主义的根本界标。

总体而言,分析的马克思主义是在建构性理论的界面上,而非批判性理

---

① 在此值得一提的是罗默对于"机会平等"的探讨。在《机会平等》一书中,罗默指出,今天关于机会平等的观念主要有两种:第一种是所谓的"非歧视原则"的机会平等观念。根据这种观念,在社会职位的竞争中,唯有那些与个体在职位中的表现一定相关的因素,如教育、禀赋等等,才能成为判断一个个体能否获得一个职位的标准,而那些与个体在职位中的表现一定无关的因素,如种族、性别等等,则不应当成为这样的标准;第二种是所谓的"无差别原则"的机会平等观念。根据这种观念,社会应当尽其所能地消除人们在社会竞争中由于财富、教育、禀赋等因素的差别而带来的种种差别,对于那些事业正在形成过程中的个体来说,这样的原则是尤为重要的。罗默认为,考量机会平等的观念时,理当将"之前"(before)和"之后"(after)界分开来:竞争开始之前,机会必须是平等的,为了达到这种平等,一定的社会介入也是必要的;但是,竞争开始之后,个体则应当完全依托自己本身的所有可能性因素去获得己所欲求的社会职位,在这个时候,社会的介入就完全是多余的,甚至是错误的。既然如此,在罗默看来,在评判上述两种机会平等的观念孰优孰劣时,首先应当分清每一种观念是否设置了区分"之前"和"之后"的界标,以及在什么地方设置了这种界标(参见 John Roemer, *Equality of Opportunity*, Harvard University Press, 1998)。罗默近几年的研究,比如说其《民主、教育和平等》的研究,就是围绕已经确立起来的关于机会平等的观念而作出的补充和开拓。这说明,关于"机会平等"的探讨已成为罗默政治哲学的一个重要支点。

② 吕增奎编:《马克思与诺齐克之间:G.A.柯亨文选》,江苏人民出版社2007年版,第169页。

论或超越性理论的界面上开展政治哲学研究的。如果正如前文所述,在指涉共产主义第一阶段这一特定历史位阶时,马克思政治哲学展现为一种建构性理论,那么分析的马克思主义的研究路数,依然还是处于马克思所开创的政治哲学传统中的,特别是从对自由主义的批判性态度来看,这一点更是清晰可见。在此意义上,我们也大致可以认为,分析的马克思主义的重大理论贡献之一,就是发展了马克思主义政治哲学传统中建构性理论的部分。

　　不过与此同时,具有反讽意味的是,美国分析的马克思主义在一定意义上,又没有与自由主义完全划清界限,这是从政治哲学传统之分殊出发需指出的一个问题。这个问题的实质在于:罗默、埃尔斯特等人走上政治哲学研究的道路,虽然在他们看来是由于马克思的理论难以适应改变了的现实,但在理论训练上,他们毋庸置疑是受到了罗尔斯、诺齐克等的影响。如果我们把当代政治哲学炽盛的起点界定在罗尔斯《正义论》的发表以及由之而引发的自由与平等、权利与义务等的大讨论,那么,在此之后将正义纳入理论视野的分析的马克思主义者,不能不受到这种思想氛围的熏陶;分析的马克思主义者在与西方种种正义话语的相激互融中开展政治哲学的研究,不能不使其正义理论与罗尔斯、诺齐克以及桑德尔等人的正义理论产生出更高的关联度和更大的相似性。对此,加拿大学者威尔·金里卡在评论罗默的理论活动时有过明确的指认:罗默"把对剥削的思考包含于其中的更宽泛的正义理论越来越接近于罗尔斯式的正义理论。原初的马克思主义的立论是,工人对自己的劳动产品享有资格,而资本主义的不正义就在于使工人被迫放弃这种资格。但大多数当代马克思主义者都试图避免这种自由至上主义式的前提,因为这(与其他理由一起)使得对老弱病残的援助在道德上居然成为可疑的了。而他们越是试图顺应我们的常识——并非一切技术意义上的剥削都是不正义的,他们就越是在诉求罗尔斯式的平等原则。虽然马克思主义对剥削的声讨被认为比自由主义的平等主义正义观更为激进,'马克思主义对资本主义不正义的谴责,并没有迥然不同于表现得不那么激进的当代政治哲学理论所得到的结论——尽管,这些理论的辞藻不如马克思主义的辞藻那么华丽。'譬如,阿内森的马克思主义剥削理论就诉求着作为德沃金理论根基的敏于志向而钝于禀赋的分配原则。以这种新的形式,马克思主义的剥削理论似乎是在运用自由主义的平等主义原则,而不是在与这些原则相竞争"①。

---

① [加]威尔·金里卡:《当代政治哲学》(上),刘莘译,上海三联书店 2004 年版,第 336—337 页。

（二）生态学马克思主义及其对资本主义制度的政治批判

生态学马克思主义，是当今北美以及英国马克思主义的一种独特的、昭显着强劲生命力的理论形态。生态学马克思主义的主要代表人物，包括加拿大学者本·阿格尔和威廉·莱易斯，以及美国学者詹姆斯·奥康纳和约翰·贝拉米·福斯特。在最近一二十年的研究中，美国的生态学马克思主义显然更为引人注目，其理论成果也在呈现出加速增长之态势。

奥康纳在《自然的理由——生态学马克思主义研究》(*Natural Causes：Essays in Ecological Marxism*)一书中，指出资本主义主要存在两种矛盾：其一是马克思所论述的生产力和生产关系之间的矛盾，这种矛盾导致的是因消费不足而产生的经济危机；其二是资本主义生产方式（生产力和生产关系）与生产条件之间的矛盾，这种矛盾导致的是人与自然关系的紧张以及由之而来的生态危机。在奥康纳看来，如果说马克思时代主要凸显出的是第一种矛盾，那么，今天的资本主义则主要凸显出的是第二种矛盾。这是因为，资本自我扩张的本性在现代性逻辑的助推下，在今天达到了前所未有的程度。然而，能够为资本的生产提供条件的自然界是无法进行自我扩张的，其运行的周期和节奏也是无法与资本扩张速度保持一致的。这样一来，无限增长的资本主义生产体系与有限的自然界之间的紧张与对抗就在所难免了，环境破坏与生态危机也就成了不言而喻的事情。可是，传统的马克思主义只是将第一种矛盾作为揭示资本主义危机的逻辑起点，从而忽视了对第二种矛盾的把握。"马克思本人在他的理论阐述中的确较少地涉及资本由于对其自身的社会及环境条件的损害，因而导致资本的成本及花销的增大，从而威胁到资本获得利润的能力，也就是说，带来了经济危机的潜在威胁的问题，马克思对资本由于上述原因而导致的对其自身的发展所构成的限制的程度问题谈得较少。同样，马克思对围绕着生产条件的供应而展开的社会经济及政治斗争对资本的成本、花费及变化性（灵活性）的影响问题也谈得很少，甚至可以说根本没有涉及。"[1]既然如此，今天的历史唯物主义理论就应当突破原来的框架，"将自己的内涵向外扩展到物质自然界之中去"[2]，这也是生态学马克思主义在今天为什么流行起来的重要原因之一。奥康纳指出，生态学马克思主义不同于传统的马克思主义，它是将上述第二种矛盾

---

[1]　［美］詹姆斯·奥康纳：《自然的理由——生态学马克思主义研究》，唐正东、臧佩洪译，南京大学出版社2003年版，第255—256页。

[2]　［美］詹姆斯·奥康纳：《自然的理由——生态学马克思主义研究》，唐正东、臧佩洪译，南京大学出版社2003年版，第9页。

即资本主义生产方式(生产力和生产关系)与生产条件之间的矛盾作为研究的起点,阐释的是"对劳动的剥削以及资本的自我扩张的过程、国家对生产条件的供应的管理、围绕着资本对生产条件的利用与滥用而进行的社会斗争等问题"①,所以,一言以蔽之,生态学马克思主义注重的不是对生产力和生产关系的重构,而是对生产条件的重构。

现为俄勒冈大学社会学系教授的福斯特,是近年来美国生态学马克思主义最为活跃的人物。他在《马克思的生态学——唯物主义与自然》(*Marx's Ecology*:*Materialism and Nature*)一书中,提出了一个与奥康纳以及大多数生态学马克思主义者完全不同的观点,即"马克思的世界观是一种深刻的、真正系统的生态世界观,而且这种生态观是来源于他的唯物主义的"②。在福斯特看来,马克思曾经不止一次地阐述过"新陈代谢断裂"理论。所谓"新陈代谢断裂"理论,指的是资本主义生产方式由于是一种以追求利润和经济增长为基础的掠夺式生产方式,所以这种生产方式必然会造成人类社会与自然界在物质和能量交换过程的中断,以及生态的不可持续性发展。福斯特认为,类似于"新陈代谢断裂"理论的理论话语在马克思以及恩格斯那里比比皆是,这足以证明"整个 19 世纪生态学思想发展的最大成果就是唯物主义自然观的凸显"③,马克思与恩格斯的唯物主义导向的是一种动态的、开放的自然哲学的传统④,这种自然哲学的传统将人类与物种的关系置放于理论讨论的中心,在这个意义上,马克思与恩格斯的唯物主义"预示着许多当今的生态学思想"⑤,为在今天研究生态学的若干具体问题提供了不可多得的理论资源。

不过,在福斯特看来,在今天仍然有许多批评者随意地从下述方面指责马克思以及他的生态学思想:其一,马克思著作中的生态观点与其著作的主体内容没有系统性的联系,因此被作为"说明性旁白"而抛弃;其二,马克思的生态思想被认为是不成比例地来源于他早期对异化现象的批判,而在其后期的著述中则较少出现;其三,我们被告知,马克思最终没有解决对自然的掠夺问题,而是发展了一种"普罗米修斯主义的",即支持技术的、反对生

---

① [美]詹姆斯·奥康纳:《自然的理由——生态学马克思主义研究》,唐正东、臧佩洪译,南京大学出版社 2003 年版,第 265 页。

② John Bellamy Foster, *Marx's Ecology*:*Materialism and Nature*, Monthly Review Press, 2000, p.ⅷ.

③ John Bellamy Foster, *Marx's Ecology*:*Materialism and Nature*, Monthly Review Press, 2000, p.13.

④ See John Bellamy Foster and Paul Burkett, "Classical Marxism and the Second Law of Thermodynamics", *Organization & Environment*, Vol.21, Mar. 2008.

⑤ John Bellamy Foster, *Marx's Ecology*:*Materialism and Nature*, Monthly Review Press, 2000, p.142.

态的观点；其四，根据马克思的观点，资本主义的技术和经济进步已经解决
了生态限制的所有问题，所以，无须再提出一种具有生态意识的社会主义的
观点；其五，他们认为马克思对自然科学或者技术对环境的影响不感兴趣，
因此马克思并不具备研究生态学所需要的自然科学的基础；其六，在他们看
来，马克思把人和动物彻底分开，并认为前者是优于后者的。① 福斯特指
出，这些批评实际上从不同的角度误读了马克思，因为它们既没有将马克思
的生态学思想开掘出来，也常常将马克思的理论与马克思身后的马克思主
义者的理论混为一谈。正确的做法，应当是通过精心地解读马克思的著作，
将蕴含于其中的生态学思想开发出来，进而在这样的基础上重建马克思主
义的生态哲学，这是生态学马克思主义极为根本的学术使命。当然，这也是
福斯特在最近十多年的研究中重点关注的一个向度。

在近几年的研究中，美国生态学马克思主义又发展出了一个新的理论
论域，即生态经济学。这方面的研究，最引人注目的是印第安纳州立大学教
授保罗·柏克特以及福斯特的讨论。柏克特在其新著《马克思主义与生态
经济学：通向一种红与绿的政治经济学》(*Marxism and Ecological Economics*：
Toward a Red and Green Political Economy)中指出，马克思在政治经济学的
批判中，指认了劳动、生产和商品的二重性，由于具体劳动生产出来的使用
价值作为物质和能量变化的结果，体现的是人与自然的"新陈代谢"的关
系，而抽象劳动生产出来的交换价值体现的是资本家阶级与工人阶级的社
会关系，由此马克思实质上是将社会与自然、社会实践与自然规律内在地连
接在了一起。由此可以推知，马克思的政治经济学体系不是在一般意义上
构建起来的，毋乃说，它在将社会问题纳入理论范式的同时，也将自然和生
态问题一并纳入其中，从而阐发了一种生态经济学的观点。柏克特进一步
指出，马克思生态经济学的最突出特点，正是强调从阶级分析的视角理解种
种生态问题，这对于今天生态经济学的发展是一个极有意义的启发。特别
是，当人们普遍地将积累、增长、危机(包括经济和生态危机)与阶级割裂开
来思考生态经济学的问题时，深度地解读、理解马克思的经济学观点，无疑
是尤为重要的。② 柏克特与福斯特又撰文指出，马克思与恩格斯并不是像
有些论者所认为的那样，脱离了当时自然科学的发展，而实际上，他们是高
度关注当时的自然科学成就并积极地将其中的重要成果纳入他们的理论建

①　See John Bellamy Foster，*Marx's Ecology：Materialism and Nature*，Monthly Review Press，2000，
pp.9-10.
②　See Paul Burkett，*Marxism and Ecological Economics：Toward a Red and Green Political
Economy*，Brill Academic Publishers，2006.

构之中。一个显而易见的事实是,他们将热力学理论整合到政治经济学的研究中,从而创造出一套在 19 世纪与众不同的政治经济学理论体系,进而也为生态经济学提供了深厚的理论基础。①

这里需要指出的关键问题是:从其研究对象和理论进路来讲,生态学马克思主义遵循的应当是一种科学主义的马克思主义范式,这似乎与在总体上建立在人文主义基础上的政治哲学并不相干。但是,事实并非如此之简单。美国生态学马克思主义虽然是从一种与科学主义相类似的理论入口提出问题的,但从其最终的理论口号和理论目标来看,则发展出的是一种政治的批判话语,这主要是指根据对生态和生产之关系的判断提出的对资本主义生产逻辑之本性和资本主义制度的批判。福斯特指出:"资本主义经济把追求利润增长作为首要目的,所以要不惜任何代价追求经济增长,包括剥削和牺牲世界上绝大多数人的利益。"②"资本主义作为一种制度需要专心致志、永无休止地积累,不可能与资本和能源密集型经济相分离,因而必须不断加大原材料与能源的生产量,随之也会出现产能过剩、劳动力富余和经济生态浪费。"③资本主义的这种无限追求利润和无限积累的生产本性,正是资本主义国家生态危机形成的制度性根源。从这一根源上来看,"生态与资本主义是互相对立的两个领域,这种对立不是表现在每一个实例之中,而是作为一个整体表现在两者之间的相互作用之中"④。这种对立,也说明发达资本主义国家正在奉行的,是一条生态帝国主义的路线。只要对这条路线的基本实质加以辨认,对其未来的可能性后果加以预判,马克思主义者就会有种种理由相信,"资本主义制度为其生存所需要的快速经济增长,已进入全球范围内生态系统不可持续的发展轨道,因为它已偏向能源与材料的过高消费,致使资源供给和废料消化都受到严重制约,加之资本主义生产本性与方式所造成的社会、经济和生态浪费使形势更加恶化"⑤。

由福斯特的种种论述可以看到,他从开显马克思的生态思想出发来重

① See John Bellamy Foster and Paul Burkett, "Classical Marxism and the Second Law of Thermodynamics", *Organization & Environment*, Vol.21, Mar. 2008.

② [美]约翰·贝拉米·福斯特:《生态危机与资本主义》,耿建新、宋兴无译,上海译文出版社 2006 年版,第 3 页。

③ [美]约翰·贝拉米·福斯特:《生态危机与资本主义》,耿建新、宋兴无译,上海译文出版社 2006 年版,第 127 页。

④ [美]约翰·贝拉米·福斯特:《生态危机与资本主义》,耿建新、宋兴无译,上海译文出版社 2006 年版,第 1 页。

⑤ [美]约翰·贝拉米·福斯特:《生态危机与资本主义》,耿建新、宋兴无译,上海译文出版社 2006 年版,第 69 页。

建当代马克思主义的生态哲学,实质上是以对生态危机之制度性根源的批判为重要"落点"的。在这一问题上,他与其说更加强调资本主义活动方式的原罪,不如说更加强调资本主义制度本身的原罪,这就直接触及到了资本主义制度内在的根本性矛盾,因而也就明确地在资本主义和社会主义两种制度之间进行一种价值论的判断与根本理念的选择。他指出,既然是资本逻辑之本质和资本主义政治制度之本身在根基上决定着生态上的不可持续性,那么就应当"沿着社会主义方向改造社会生产关系,这种社会的支配力量不是追逐利润而是满足人民的真正需要和社会生态可持续发展的要求"①。唯其如此,才有可能从根本上解决生态问题。至于奥康纳,虽然在对马克思生态思想的理解和认识上与福斯特形成鲜明分殊,但在对生态危机之制度性根源的解释和定性上,他与福斯特却是几无异样的。奥康纳也指出,资本主义国家层出不穷的生态问题,归根到底即在于资本主义生产方式和资本主义政治制度本身。只要资本的生产不是为了满足人的基本生存和生活的基本要求,而是为了在利润最大化的原则下不断获取经济收益,那么,这种生产及其支撑这种生产的制度,就不会自觉地来消除生态中的困难与危险,而只会使这种困难与危险日益加剧。这样一来,美国生态学马克思主义者几乎就异口同声地将生态哲学与政治制度的批判结合了起来,由此开创出了一条独特的政治哲学的理论路径,增添了美国马克思主义学术拓展中的政治哲学的内涵。

（三）后现代马克思主义及其政治哲学诸维度的彰显

如果说,分析的马克思主义和生态学马克思主义是美国马克思主义理论家分别将马克思主义理论与分析哲学、生态哲学相嫁接而创造的理论形态,那么,后现代马克思主义则主要是美国马克思主义理论家将后现代文化和后现代社会问题纳入马克思主义理论中而创造出来的理论形态。美国后现代马克思主义的主要代表人物是当红的弗雷德里克·詹姆逊(Fredric Jameson)和戴维·哈维(David Harvey)。他们自20世纪80年代后期开始,就一直注重将后现代主义强调的文化上层建筑的研究方法同马克思主义的政治经济学分析方法结合起来,对后现代社会问题做出马克思主义的回答(就此而论,后现代马克思主义不是后现代主义)。在最近几年的研究中,他们又将理论的视野由纯粹对后现代问题的分析推进到对全球资本主义结

① ［美］约翰·贝拉米·福斯特：《生态危机与资本主义》,耿建新、宋兴无译,上海译文出版社2006年版,第96页。

构性转变的多角度考量中,由此凸显了全球化下的总体性与辩证法、资本的空间及城市化、全球区域发展不平衡等主题。这些主题,在宽泛的意义上,都可被纳入政治哲学的界域中加以审理,因为它们都以各自特定的方式,与政治哲学的逻辑发生着链接。

第一,全球化语境中的总体性与辩证法。

在詹姆逊、哈维看来,自20世纪80年代以来,随着新自由主义和全球资本主义生产方式在世界范围内的传播与不断膨胀,作为晚期资本主义文化逻辑的后现代,逐渐地布展为一种全球范围内的普遍性现象。然而,历史并不像法国后现代主义者指认的那样,进入了一个完全碎片化的时代,现代性并没有因为后现代文化的出场而被消解,相反,全球资本主义的整体性运动正是将现代性作为一种隐性的逻辑,通过对标准化景观的不断复制,来冲击一切对文化多样性的虔诚希望,并由此制造资本主义生产及生活方式的同质性与各民族、各区域本土文化的异质性冲突与整合交错并置的格局。正因为如此,与反对宏大叙事、仅仅强调差异性研究的后现代主义不同,后现代马克思主义主张运用马克思主义的政治经济学,对后现代进行总体的、辩证的研究,由此在卢卡奇、萨特代表的西方马克思主义之后又一次彰显出总体性和辩证法研究的重要意义。

首先,在考察后现代文化、政治以及经济现象时,后现代马克思主义并没有将它们预设为偶然的、孤立的元素,进而在这样的基础上对各个部分进行说明,毋宁说,后现代马克思主义总是将后现代文化、政治及跨国资本的经济力量的关系看作一种辩证的总体性的运动,因而在说明每一部分的内容时,总是竭尽全力地通过对其他部分的说明来完成。例如,哈维就是通过对资本主义经济生产方式的说明来说明后现代文化产生的根源,指出后现代文化的产生,极为根本地看,乃是资本主义生产方式由大规模资本积累的"福特主义"向灵活资本积累的"后福特主义"转变的一个结果;詹姆逊则是通过对文化以及经济的说明来说明后现代的政治现象,认为建立在一定的经济组织形式之上的优秀的文化文本,如流行的电影、绘画、建筑等等,为人们提供了评价政治的样本和认识自身政治立场的可能手段。

其次,在说明地方性、特殊性的事物与主导性的事物在全球和普遍结构中的相互作用时,后现代马克思主义总是依托作为理论结构和方法论前提的辩证法,来展示结构与变化之间的共存关系,进而又将辩证法作为一个重要的理论维度加以阐述:詹姆逊在其新著《辩证法的效价》(*Valences of the Dialectic*)中,从文化批评理论的历史出发,全面分析了之前哲学家的辩证法思想,回应了齐泽克、德勒兹等理论家对辩证法的种种非难,并对当代辩证法理论争议的中心问题(如辩证法在何种意义上是马克思主义的核心？唯物主义辩证法是可能的吗?)做出了回答，从而肯定了马克思主义辩证法的宏大叙事是时代的必然[①]；哈维自撰写《正义、自然和差异地理学》(*Justice, Nature and the Geography of Difference*)从而提出辩证法的11个命题以来，一直注重通过辩证法的思想结构来分析和把握新帝国主义的内在逻辑以及资本的时空转换等后现代和全球化的问题。

　　再次，在阐释马克思主义传统时，后现代马克思主义并没有像欧洲后现代主义和后马克思主义那样，有意地对它进行挑衅或者打压，而是在总体性和辩证法思想价值指认的基础上，提出了"马克思主义传统没有被超越、也不可被超越"的观点：詹姆逊认为，"马克思主义是今天唯一现存的这样一种哲学，即具有知识整体论的思想以及学科领域的总体性"[②]，所以，它作为一门分析资本主义的科学，迄今仍是洞穿和破解资本逻辑、发现资本主义社会表象背后深层本质的最佳模式；哈维则指出，马克思主义虽然因为时过境迁的原因需要这样那样的理论补入或者理论重建，但马克思以及他身后的马克思主义者开创的巨大的辩证法的思想空间，在某种意义上构成今天辩证法理论得以建构的"原点"，那些冰封、删除马克思主义辩证法理论进而宣讲"马克思主义死亡"的种种论调，是无论如何都不可能从根本上为自己提供合法性的辩词的。

　　检阅卢卡奇、早期法兰克福学派的总体性理论范例就会发现，总体性与政治哲学之间是存在一种内在的切关性的，这主要是由于：当在总体性的坐标系中审视资本主义制度时，这个对象就会在关于事实之合理性与非合理性、必然性与偶然性的辩证对置中被通透辨识，所以，总体性之认识范畴往往会导向对资本之实质的正确揭示和对其制度的政治批判，进而也会在此种政治批判中引申出对于符合历史发展趋势的、指向未来的政治结构的证明。总体性与政治哲学之间的这一切关性，不仅在传统西方马克思主义那里存在着，而且对于后现代马克思主义来讲，也是一个直接的事实，从詹姆逊、哈维上述种种问题意识中，我们其实就可以看到这一事实。而当詹姆逊借助于总体性来思考联盟政治的社会主义策略，进而对社会主义作出合法性证明时，其总体性下的政治哲学理论进路，便得到了更为直接的展现。

　　詹姆逊认为，如果社会主义的构想总是与一种阶级理论连接在一起，那

[①]　See Fredric Jameson, *Valences of the Dialectic*, Verso, 2009.

[②]　Buchanan ed., *Jameson on Jameson：Conversations on Cultural Marxism*, Duke University Press, 2007, p.40.

么,20世纪60年代以来工人阶级身份的不断变化以及阶层概念的逐渐流行向传统马克思主义阶级理论提出巨大挑战后,社会主义理论话语遭受质疑自然不足为奇。但与此同时的另外一个现象却值得注意:阶级的分化与60年代青年学生的反文化运动,催生了小团体的活动以及激进的新社会运动的政治力量。新社会运动的主角,虽然不再是工人阶级而是青年、学生、妇女和同性恋者等各个阶层的人,但这些集中于种族歧视、性别歧视、人性压迫、环境破坏等议题的运动,无一不将批判的矛头直指资本主义本身,这隐性地预设了一个社会主义之可能性的前提。这样一个社会主义之可能性的前提,主要体现为各个新社会主义运动的群体和阶层由分散到聚合的联盟政治,这是后现代时代社会主义意识形态之重构上的一种重要政治谋划,昭示了总体性政治的巨大发展空间:其一,各种运动自身由于缺乏一种社会阶级的原动力量,因而对资本主义而言并不具有任何根本的颠覆性,谴责资本主义的努力也总是以失败而告终,这使不同运动在资本主义对岸联手建立一种社会主义的阶级同盟成为必要;其二,各种运动自身也不具有统一的、明确的最终政治目标,不同群体都在为各自眼前的解放而抗争,这恰好使散落在世界各个角落的社会力量重新统一在社会主义的旗帜之下、以社会主义的政治目标对其加以整合成为可能;其三,在美国等资本主义国家当前的政治动态中,由资本权力的无限制膨胀导致的两极分化,以及由经济危机导致的失业比例增高、工资收入减少以及不安全因素增长等,使女权运动、黑人运动等新社会政治运动再度高涨,并使这些运动开始自觉地与社会阶级以及社会主义合法性问题粘连起来,由此使阶级同盟和社会主义的整合具有了经验上的佐证。如此这般的情况说明,后现代文化的政治可能性将转入到一种联盟的政治,各个社会群体在其中将围绕阶级归属的共同问题展开论战,分散的政治力量在马克思主义和社会主义宏大政治目标基础上统一起来,进而形成为一种联合对抗全球资本主义的社会力量。联盟政治这样一来,就不仅是多元团体主义下的一项美国政治策略,更重要的是,从一个对立的方向来看,它同时也成为在全球资本主义普遍化语境下捕捉不同团体和群体、复兴马克思主义阶级理论、激发社会主义潜能的有效途径,这也就为社会主义在理论与实践上的开进提供了重要的支点。

第二,资本的空间及城市化。

后现代马克思主义最引人注目之处,莫过于在吸取晚期列斐伏尔"空间是生产出来的"之观点基础上,将"空间"范畴植入到历史唯物主义的体系当中,由此而对与空间地理直接勾连在一起的一系列问题进行了阐释。这样的研究,由于不是在一般的地理学意义上,而是在政治、经济、文化等地理学意义上展开的,所以后现代马克思主义将空间关系在总体上指认为一种采取特定地理形式的社会关系和政治关系,认为空间逻辑最终指涉的,乃是历史、当下以及未来的时间坐标中的政治、经济、文化逻辑。正因为如此,后现代马克思主义在空间理论中,重点突出了空间与意识形态、空间与资本积累、空间与城市化等具体问题的研究,这使空间理论与政治哲学相互粘连在一起,使后现代马克思主义在空间问题这一具有特殊意义的维度上开辟出政治哲学的思入途径。

首先,空间与意识形态。在 2008 年出版的《时空中的资本》(*Capital in Its Time and Space*)中,詹姆逊从后现代视像文化的空间性向度讨论了新时期的意识形态问题。詹姆逊指出,后现代的视像文化营造了一种无距离的"虚拟空间",还往往通过"古今同戏"的手法产生一种时空倒落的荒诞感,把历史和现实置于同一平面。视像文化向我们展示的,正是文化意识中的权力、政治与生产方式的关系。这种文化提供的视觉消费给人一种新的知觉过程,改变了人们的生活观念,体现了消费主义对资本主义矛盾的掩盖,最终充当了意识形态的角色。就此而论,社会空间重构是一个意识形态的问题。① 与此同时,詹姆逊还从后现代建筑理论入手,论证了空间与意识形态的同构性。他指出,由于社会制度往往支配着人们的生活和实践,不同历史阶段的人们所拥有的空间感是不完全一样的,对于直接以空间的形式而存在的建筑艺术来说,这种分殊和差异是尤为明显的,随着社会空间的巨大变化,建筑的任务也必然发生变化。这种历史的演变归根结底都是不同意识形态的反映,是不同意识形态此消彼长之运动的外在结果。

其次,空间与资本积累。哈维自提出并论证新帝国主义理论以来,一直注重对资本主义领土逻辑的权力和资本逻辑的权力及其这两者之间的辩证关系进行探讨。哈维指出,领土逻辑作为"国家和帝国政治",自始至终都存在确定的边界,而政治权力只能在其界划的范围内运作;资本逻辑作为"资本积累在时空中的过程",却是没有任何边界的,它指向的是一个无限放大的利润空间,因为资本需要不断地循环利用,它不仅仅局限在特定的国度内,而是必然流向世界其他地方,以此创造更多的剩余价值。极为根本地看,以美国为代表的发达资本主义国家 20 世纪 70 年代以来的政治、经济实践,既不是在纯粹的领土逻辑,也不是在纯粹的资本逻辑的助推下发生的,毋宁说,新的历史时期,资本主义体系正是在将这两种完全异质的权力结构内在地整合起来进而使它们相互发生作用的基础上建构起来的。这一过程

---

① See Fredric Jameson,*Capital in Its Time and Space*,Verso,2008.

的一个直接的结果,便是"剥夺性积累"这一新的资本积累模式的形成与风行。如果说,"剥夺性积累"在一定程度上应对和解决了资本主义过度积累的种种危机,那么,它同时也通过压缩资本周转时间而压缩了社会空间,从而引起社会空间结构的变化,进而引起社会关系的变化。

再次,空间与城市化。在哈维看来,空间的重置与城市化的展开从来就不是分开推进的两个过程,在某种意义上,资本主义的城市化造就了社会空间生生息息、不断转换的历史进程。在这种意义上,空间问题是可以通过城市化的问题来进行说明的。在 2008 年发表的《城市的权利》一文中,哈维深入地阐述了"城市化总是一种阶级现象"①的思想,从而在一种新的理论制高点上将空间理论与城市理论内在地会通在一起。哈维指出,现代资本主义社会的城市化在本质上是一种依赖于剩余产品的运动,它折射出的,正是有产者如何通过压缩资本周转的时间与空间而不断吸收资本的镜像。城市居民贫富差距的加大以及由之而来的城市权利的不均衡分配(城市权利不断地掌握在少数的政治和经济精英手中,城市的模式越来越多地受到他们个人欲望的驱使),正是资本主义城市化之本质的有力佐证。在新自由主义大行其道因而需要不断开辟新的空间为其资本运转鸣锣开道的今天,蔓延全球的城市化也被逐渐纳入新自由主义的体系之中,通过世界房地产业这样的经济介质强烈影响着世界经济的总体结构,进而在更大程度上强化了城市化之阶级归属的内在逻辑。在这种情况下,每一次经济危机所造成的影响都会在城市阶级分化之锁链上暴露无遗。例如,2007 年以来的次贷和房地产经济危机就给低收入家庭、非裔美国人和单亲母亲家庭造成了极大的冲击,对城市生活和基础设施带来了恶劣的影响,并且可能带来更大的连续性后果。凡此种种的问题说明,空间的变换、城市化的演进以及阶级利益的分化等等,都在现代城市景观的不断复制中粘连起来。

值得一提的是,在 2009 年出版的《寰宇主义与自由地理》(*Cosmopolitanism and the Geographies of Freedom*)中,哈维对地理学的基本概念,如位置、环境特别是空间,进行了一种本体论上的研究,从而把地理学知识构建为社会理论和政治行动的基础。他深入地批判了布什政府对自由和解放的政治工具性的使用,并指出全球政治主义秩序是一种全球政治的解放形式。他强调复杂的地理格局要求把地理与社会和政治政策结合起来,这是真正的民主的一个必要条件。毋庸置疑,这种研究将空间地理问题直接释放到政治行动主义之中,由此在更为激进的政治哲学层面上推进了后现代马克

---

① David Harvey,"The Right to the City",*New Left Review*,Vol.53,Oct. 2008.

思主义的空间理论。

第三，全球化世界中的地域发展不平衡。

后现代马克思主义关注世界结构性的转变，因而重视全球地域发展不平衡问题的研究。哈维最近的著作就是运用马克思主义社会阶级理论和方法论，对全球资本主义尤其是新自由主义的形式进行了批判，由此直接指涉到全球化世界中的地域发展不平衡的问题。

哈维指出：新自由主义作为一项解决全球低积累率和刺激全球经济增长的策略是失败的，一个重要的原因在于，上层阶级借助新自由主义恢复了其阶级力量，导致社会重新分配权力和财富，并使得全球精英阶级结成了松散的同盟，对全球经济区域进行了重构。无论是社会权力和财富的重新分配还是全球经济区域的重构，都在实质上助推了区域发展的不平衡，使得某些特定地区以牺牲别人为代价而投机性地发展越来越成为一种普遍性的事实。

在 2009 年发表的《为什么美国经济刺激一揽子计划注定会失败》一文中，哈维进一步指出，当前仍在持续的经济危机使世界区域发展的不平衡产生了戏剧性的变化。他借用了阿瑞基在《漫长的 20 世纪》中阐述的经济霸权转移理论（即每一次的霸权重构都发生在经济金融化的最高峰阶段），分析了经济危机背景下美国世界霸权的"衰退"现象。在哈维看来，作为资本内在矛盾运动的一种结果，2007 年底开始的波及全球的经济危机，将以美国为代表的西方世界推向了世界经济结构调整的风口浪尖。这种世界经济结构调整中最主要的一个状况在于，美国和中国解决经济危机的可能方案，蕴含了经济霸权转移的出路。[1]

哈维认为，中美两国实行凯恩斯主义解决方案的条件是不同的。在美国，"凯恩斯主义的解决方案"注定难以成功，因为"凯恩斯主义的解决办法需要大量的和长期的赤字融资"，而美国的巨额财政赤字以及"地缘政治的限制"、新自由主义在美国长期政治教化所带来的政治障碍决定了美国无法为凯恩斯主义提供实现的条件。而在中国，"不管是经济还是政治条件，都存在实现凯恩斯主义的解决方案的可能性"[2]。而且中国广泛存在而又困扰工业和制造业基地的空间合理化的问题，将使中国努力从事生产性支出。

中美采用凯恩斯主义的结果会深刻改变国际政治经济结构，从而影响

---

[1]　See David Harvey, "Why the U.S. Stimulus Package is Bound to Fail", *Socialist Project · E-Bulletin*, No.184, Feb. 2009.

[2]　David Harvey, "Why the U.S. Stimulus Package is Bound to Fail", *Socialist Project · E-Bulletin*, No.184, Feb. 2009.

到世界区域经济发展新的平衡的走势。中国增大基础设施的建设、逐步摆脱依赖美国市场,并以中国国内市场为取代,这是中国工业改变力量对比的一个有效需求的源泉,但这将造成中美的紧张关系。中国国内需求所带来的活力,将驱使越来越多的全球原材料供应商到中国贸易,从而减少美国在国际贸易的相对重要性。这种总体影响将加速全球经济财富从西方流向东方,从而迅速改变霸权经济实力的平衡。至今,这是一个开放性的问题,但全球经济政治的不均衡及美国霸权衰落将很可能成为打破全球经济现状而进入区域霸权结构的先声,区域霸权使得彼此之间既易于激烈地竞争又会在长期经济萧条的不幸问题上合作。①

上述种种分析表明:后现代马克思主义在新的时期主要是注重开掘马克思主义的方法论和政治经济学研究的时代意义,进而在这样的基础上破解和把捉资本主义在全球化运动与后现代转向中的内在矛盾和可能趋势,思考和回答社会主义在新的历史境遇中实现的可能性。这样的理论定位,实质上通过彰显马克思主义的当代相关性价值而对这一理论(指马克思主义)的传统、现代以及未来之间的关系进行了极为精当的处理。这种政治哲学的理论定位,充满了理论与现实的辩证张力和思想的说服力。

(四) 新黑格尔主义马克思主义及其重释
哲学史前提下的政治哲学进路

新黑格尔主义马克思主义在今天是对英美一些以黑格尔哲学为支点来考察马克思主义哲学理论的学者的总体称谓,主要代表人物包括美国的诺曼·莱文、托尼·史密斯以及英国的克里斯多佛·亚瑟、肖恩·塞耶斯等。虽然他们关注的主要问题内存差异,但在基本的学术方向上,却是完全一致的,即都是"将黑格尔或者黑格尔主义置放于马克思主义的场域当中"②,进而以此为基础去指认马克思主义哲学的内涵、实质与特征等等。与前述流派不同的是,新黑格尔主义马克思主义虽然也将一些美国(包括英国)的本土文化因素以及当代社会问题划定在自己的讨论圈中,但其根本的旨向,则是以接续西方马克思主义的传统为起点,展开对马克思主义哲学史的一种学理性的考证。目前,美国新黑格尔主义马克思主义最为活跃的理论人物,当推诺曼·莱文,他的哲学思想不仅在美国,甚至在欧洲、在中国也都产生

---

① David Harvey, "Why the U.S. Stimulus Package is Bound to Fail", *Socialist Project · E-Bulletin*, No.184, Feb. 2009.

② Norman Levine, *Divergent Paths: Hegel in Marxism and Engelsism*, Lexington, 2006, p. XVⅷ.

了相当的影响。中国学术界近些年对马克思与恩格斯关系的种种考量以及论辩，与莱文的"马克思恩格斯对立论"的影响与刺激是不无相关的。为此，我们选取诺曼·莱文作为参照，通过对其近期观点的梳理，呈示新黑格尔主义马克思主义的主要面貌。

近年来，莱文除了继续坚持他在20世纪70年代提出的"马克思恩格斯对立论"之外，还开始对马克思主义哲学尤其是马克思哲学与黑格尔哲学的关系进行系统的考察。2006年，他这方面的初始研究成果《不同的路径：马克思主义与恩格斯主义中的黑格尔》(*Divergent Paths：Hegel in Marxism and Engelsism*)出版。与此同时，他发表的一系列论文和在世界许多地方的学术讲座，也都直接涉及这一论题。在其著述与学术讲座中，莱文提出了如下见解：马克思不是以隔离或者悬置黑格尔哲学为前提来推进自己的哲学思想的，相反，他正是以投身于黑格尔哲学传统并试图变革这一传统作为自己哲学研究的重要前提，因此，理解马克思哲学与黑格尔哲学的关系，应当成为还原马克思主义哲学史本相的最根本性路径。基于这一见解，莱文一方面考证了马克思与黑格尔思想的"连续性"和"非连续性"，另一方面又考证了恩格斯与西方马克思主义理论家对黑格尔及其马克思和黑格尔关系的种种理解，从而通过马克思主义"黑格尔化"与"去黑格尔化"的双重学术祈向，诠释了马克思哲学的黑格尔起源，并由此锁定了马克思哲学和马克思主义哲学史的解读模式。

首先，莱文指出，从黑格尔到马克思思想逻辑的递进，是在马克思与黑格尔思想的"连续性"和"非连续性"的张力关系中实现的。这种"连续性"和"非连续性"主要存在于自我意识、市民社会、生产模式和方法等重要的思想介质之中，马克思正是依托这些思想介质来接续和超越黑格尔所开出的理论传统，并由此而进行哲学的不同层面的创造的。

其一，关于自我意识。莱文指出，马克思在博士论文中用以解决伊壁鸠鲁问题的核心概念，是取自于黑格尔《精神现象学》并经过了青年黑格尔派（主要指鲍威尔）洗刷和放大过后的"自我意识"，这在哲学史上是一个无可争议的事实。由于自我意识通过把主体意志整合到具体的历史活动中而承载起人对自身内在世界与外在世界不断认识、批判与改造的功能，因此它实质上将"定在中的自由"与超越性价值预设为哲学的重要诉求。在这个意义上，自我意识实现了对人的本质力量的理论确证和对人的主体性的理论张扬。正是因为如此，博士论文时期的马克思极为看重意志、主体、偶然性、自由、实践等思想酶素在哲学创构中的作用。这表明此时的马克思主要是倚重黑格尔的理论传统来进行哲学思考的，体现了他与黑格尔之间的"连续性"。质性地考量,这种"连续性"牵引出的,是马克思以"历史性"和"主体性"为基调的唯物主义哲学,而不是"自然"唯物主义哲学。

其二,关于市民社会。莱文认为,马克思在解读黑格尔《法哲学原理》中的市民社会概念的时候,因为批判了黑格尔在市民社会与国家的关系上的虚妄而表现出与黑格尔的"非连续性"。然而,马克思与此同时因为分解出了这一概念中的政治哲学意义而又表现出与黑格尔的"连续性":黑格尔曾经指出,市民社会包含了带有权力性质的同业公会,所以,它(市民社会)实质上也就是一种可以依托民主的方式来解决社会冲突的权力机构。马克思基于这样一种解读,将权力界分为两种类型:一是与政治国家对应的政治权力;二是与市民社会对应的社会权力。马克思从未反对过权力的存在,而是反对建立在生产资料私有制基础上的权力;他指认过国家将会被废除,实质上是说政治权力将会向社会权力回归,即市民社会将会取代国家。也就是说,马克思所讲的国家的废除只是在"state"意义上而不是在"government"的意义上来说的,进一步说,国家的废除对于马克思而言并不意味着无政府主义,而是意味着如何在市民社会中创造通过民主的或者法律的方式来行使管理职能的权力体系。

其三,关于生产模式。在莱文看来,马克思在《1844年经济学哲学手稿》中通过研读、批判黑格尔《精神现象学》获得的主要不是用于分析不同事物之间关系的一般辩证法,而主要是用于透视和剖析历史与社会发展的唯物主义的哲学范畴,即以劳动概念为中心的"生产模式"。具体而论,黑格尔将生产模式指认为人类历史发展的内在法则,并将之概括为占有、对象化、异化、再占有这四个阶段。马克思沿取了这样的生产范式,进而又在政治经济学研究的理论进路上把它内化到"劳动"和"实践"的哲学提升中。马克思根据异化劳动来界定历史的进程,特别是以此来界定对劳动之本质再占有的共产主义,就是这一状况的一个显证。当然,马克思对生产模式的理解和阐述,是在对历史结构和资本主义工业生产深层把捉的基础上进行的,这样的哲学路数,与黑格尔从意识层面解释生产模式的思维结构是殊为不同的。马克思就是在这种"连续性"和"非连续性"的逻辑推进中,开出了实践唯物主义的哲学传统。

其四,关于方法。莱文指出,马克思在以《资本论》为中心的系统的政治经济学研究中,大量地套用了黑格尔《逻辑学》的表述逻辑和作为研究方法的辩证法。具体论之,黑格尔《逻辑学》中抽象与具体、普遍与特殊、形式与内容、本质与实体、矛盾、否定等诸如此类的辩证法的范畴,以及将社会形态解释为一个有机体的总体性范式,无一不被马克思自觉地继承并内化为政治经济学的论证方法，所以，从抽象到具体、从整体到部分等辩证方法与逻辑范畴鲜活地呈现在《资本论》的叙述结构之中。不过，马克思主要是借用了黑格尔方法论的形式，至于上述方法论的内容，马克思则进行了根本性的颠倒，即将辩证方法从黑格尔的理念领域移转到以资本为核心的社会经济领域。马克思与黑格尔在方法上的"连续性"和"非连续性"，为马克思创立历史而非自然辩证法提供了有力的佐证。

其次，以莱文之见，恩格斯与一些西方马克思主义理论家虽然都曾经讨论过黑格尔以及马克思和黑格尔的联系，但这些讨论往往都不能够真实地还原思想史的真相，它们常常引导人们错误地理解马克思主义哲学中的黑格尔元素，进而错误地理解马克思主义哲学中的许多问题。

其一，莱文认为，阿多诺、阿尔都塞、卢卡奇、施密特等西方马克思主义者研究马克思与黑格尔的关系时，都是在特定的时间和空间中，依托特定的政治和文化的语境而展开的，所以，他们的研究都或多或少地打入了不利于廓清马克思与黑格尔真实关系的政治或者文化的因素。例如，"阿多诺之所以在马克思主义史上重新将马克思主义黑格尔化，是因为他想表明：既然黑格尔是错误的，那么马克思主义在某些方面也注定是错误的。……这意味着他不仅批判了所有试图揭示历史之终极目标的努力，而且批判了所有集体主义的组织，如群体、政党以及工会等等。阿多诺是一位个体、特殊性和非系统性的鼓吹者，他把尼采以来的非理性传统作为旗帜来反对那个时代日益生长的集体主义。阿多诺看到了同一性逻辑对人类的威胁，并且指证守护特殊、碎片的最强有力方式就是反对同一性逻辑"[1]。青年卢卡奇在《历史与阶级意识》中将理论的出发点寄生于黑格尔哲学之中，是因为他"将黑格尔认作是马克思思想的先驱，同时也将之认作是无产阶级革命的先驱"[2]。也就是说，青年卢卡奇借助黑格尔哲学来解释马克思哲学，实质上是为了释放马克思主义中的主体性，从而最终为无产阶级的意志革命作合法性论证。阿尔都塞之所以也要讨论马克思与黑格尔的连接，是因为他要实现马克思主义和列宁主义的融合[3]并因此反对斯大林的影响。

其二，莱文认为，在哲学史上，如果说上述西方马克思主义理论家只是在某个方面误读了黑格尔以及马克思与黑格尔的思想关系，那么，恩格斯在他们之前其实早已将这种误读推向一种粗暴的程度：对于黑格尔来说，客观

① Norman Levine, *Divergent Paths: Hegel in Marxism and Engelsism*, Lexington, 2006, p.22.

② Norman Levine, *Divergent Paths: Hegel in Marxism and Engelsism*, Lexington, 2006, p.12.

③ Norman Levine, *Divergent Paths: Hegel in Marxism and Engelsism*, Lexington, 2006, p.27.

现实和个体意识都是绝对精神的组成部分,因而,辩证法的原本意义在于说明存在与思维分离与重新统一的关系,然而,恩格斯却"将黑格尔的辩证方法转化为一种自然哲学"①,进而又以自然哲学的方式将辩证法具体界定为客观事物的关系、规律与法则,例如,将"否定"界定为两个客观事物之间的差异、对立或者冲突,如此等等。所以,恩格斯实质上没有真正理解黑格尔的思想,在某种程度上,他"分解并扭曲了黑格尔的思想"②。恩格斯扭曲黑格尔的逻辑后果,便是对马克思的曲解。"当恩格斯声称辩证法的三大规律,即否定之否定规律、质量互变规律和对立统一规律不仅适用于解释自然,也适用于解释社会时,他无疑将马克思主义哲学引入了歧途。马克思强调的是实践……恩格斯将马克思主义黑格尔化之后却排除了人类的实践活动,并以自然哲学的形而上学取而代之。"③这样说来,马克思倒是离黑格尔更近而离恩格斯更远,如果说马克思是将自己的哲学置放于黑格尔开创的哲学传统之中,那么,恩格斯无疑是曲解并歧出了这一哲学传统(可以明察,莱文是依据"马克思与恩格斯对立"的观点判断了恩格斯与黑格尔的关系,进而又借助这种判断强化了"马克思反对恩格斯"的学术言论)。

如果说,莱文对马克思与黑格尔思想的"连续性"和"非连续性"关系的考证主要彰显的是马克思主义"黑格尔化"的诠释逻辑,那么,他对恩格斯和西方马克思主义理论家的检省,则主要是假以马克思主义"去黑格尔化"的学术名义进行的。不过,"去黑格尔化"对于莱文来说,并不是没有由头地打压或者删除马克思主义哲学解释中的黑格尔因素,而是有针对性地驱逐哲学史上对马克思与黑格尔关系进行曲解的叙事,进而在全新的理论和历史语境中实现马克思主义的"再黑格尔化"。这意味着,莱文无论以什么样的方式状告卢卡奇、阿多诺等西方马克思主义理论家,在根本的意义上,他却继承了卢卡奇以降西方马克思主义中黑格尔主义马克思主义的学理传统,这也是新黑格尔主义马克思主义共有的一个学术定向。

审视近些年西方马克思主义学术界的理论成果会发现,以莱文为代表的新黑格尔主义马克思主义所确定的学术倾向与学术方法,在当今英美学术界产生的理论效应是极为明显的。戴维·麦格雷格、特雷尔·卡弗、伊恩·弗雷泽、托尼·伯恩等知名学者近些年对马克思与黑格尔关系的集中讨论,就是这种效应的一个直接体现。当然,这些学者与新黑格尔主义马克

① Norman Levine, *Divergent Paths: Hegel in Marxism and Engelsism*, Lexington, 2006, p.6.
② Norman Levine, *Divergent Paths: Hegel in Marxism and Engelsism*, Lexington, 2006, p.6.
③ Norman Levine, *Divergent Paths: Hegel in Marxism and Engelsism*, Lexington, 2006, p.6.

思主义之间，也并非只是存在一种单向度的关系，毋宁说，他们之间既相互辩难，又相互促进，推动了马克思哲学之黑格尔起源的学术考论。但有趣的是，他们的研究，在综合的意义上，不仅仅只是将哲学史的研究向纵深推进，而与此同时的另外一个重大学术创获，在于他们对马克思与黑格尔关系的学理考证，将思想史意义上的马克思主义政治哲学研究开显出来，并使之成为美国马克思主义研究者普遍关注的一个学术话题。

　　这里所涉及的问题是这样的：当传统的学术研究相沿成习地以科学主义的范式，即以自然唯物主义的范式来解释马克思和黑格尔的关系时，马克思是很难被说成是一位政治哲学家的，因为一是这种研究范式先定地将他的思想禁锢在实证、经验的框架内，而这是与以价值和理想的说明与求取为根本要旨的政治哲学正相左的；二是这种研究范式总是凸显了马克思对黑格尔哲学的唯物主义改造，而遮蔽了马克思与黑格尔之间在政治哲学上的连续性。莱文等人的研究，由于一再强调对马克思与黑格尔的关系进行微观、质性的探讨，甚至强调从质询"琐碎"的文化、历史与政治事件来呈现这种关系，所以，这已经在实质上突破了传统宏大叙事意义上的科学主义研究范式，进而隐在厘定了一条以思想史为主线的马克思哲学研究的路径。这条研究路径，突出了主体实践、历史性、市民社会等一系列在近代哲学尤其是黑格尔哲学中被彰明、被昭显的论题，因而也在根本上打通了马克思哲学与近代哲学，打通了现代理论智慧与近代理论智慧。而一个直接的事实是，近代哲学家是在政治哲学而不是在认识论或本体论等的视域内彰明与昭显主体实践、历史性、市民社会等一系列论题的，他们建立的是一条政治哲学的理论逻辑。所以由此可推知，莱文等人的研究所厘定的学术路径，实质上是在循着政治哲学的理论线索通达马克思的思想世界的，这就隐性地认定了马克思政治哲学的在场，使人们自然而然地根据马克思对近代政治哲学特别是黑格尔政治哲学的解悟、体认、推动、超越来把握其哲学的内涵，理解其哲学的特质，为人们洞观马克思政治哲学的巨大思想空间打开了一个重要缺口。

　　所以，一言以蔽之，注重学理探索的新黑格尔主义马克思主义，在对马克思与黑格尔之关系的重新解释乃至重构中，推导出了一条以内在地证立马克思政治哲学的合法性为重要"落脚点"的政治哲学研究进路。这一研究进路，与绝大多数美国马克思主义理论家立足于当下政治语境来从事政治哲学研究的进路是殊为不同的：后者大致来说，展现的是一种"前进"的理论思路，它注重对当代问题的回答与破解；而前者总体上看，展现的是一种"回归"的理论思路，它注重对哲学史问题的诠注与说明。

（五）辩证法的马克思主义及其对未来政治的推导

虽然目前有许多美国马克思主义理论家都将辩证法的研究看作是一个重要的学理问题（如詹姆逊和哈维，就重视对辩证法的研究），但辩证法的马克思主义，却主要指的是纽约大学政治学系教授伯特尔·奥尔曼的研究。这位被著名经济学家、《每月评论》创立者保罗·斯威齐誉为"美国马克思主义辩证法研究领军人物"的理论家，自20世纪90年代以来，就一直致力于马克思主义辩证法的研究，并相继出版了《辩证法探究》(*Dialectical Investigations*)、《辩证法：新的前沿领域》(*Dialectics：The New Frontier*)、《辩证法的舞蹈：马克思方法的步骤》(*Dance of Dialectic：Steps in Marx's Method*)等辩证法研究的著作。在这些著作中，奥尔曼集中提出并回答了这样一个问题，即现在为什么需要研究辩证法？在奥尔曼看来，这是因为：其一，辩证法是理解不断变化的世界，尤其是理解巨大而又复杂的资本主义的唯一有效方法；其二，现阶段的资本主义比以往任何时候更为复杂，其变化和相互作用比过去更为迅速，辩证的认识也就变得更为重要；其三，之所以是马克思而不是别人发现了资本主义生存和演进的内在规律，进而又在资本主义内部发现了共产主义，主要是因为马克思拥有了辩证法的理论武器，"正是辩证法，尤其是马克思的辩证法不仅允许而且要求他将多数人孤立看待的东西结合起来"[1]。基于这样的理解，奥尔曼强调，在苏联解体、东欧剧变，因而共产主义的信念受到普遍质疑的今天，回到马克思的文本，解读其丰富的辩证法思想，并由此在新的历史时代构建马克思主义的辩证法，不仅具有深刻的学术意义，更具有深刻的政治实践意义。

马克思辩证法的实质是什么？奥尔曼指出，虽然一些著名的新马克思主义者，如卢卡奇、萨特、列斐伏尔、科西克、戈德曼以及马尔库塞等，都曾竭尽全力地去理解和回答这一问题，但遗憾的是，他们都没有在根本的意义上将这一问题解释清楚。奥尔曼认为，马克思的辩证法，从根本的意义上说，是一种"内在关系"的理论。这种"内在关系"的理论，是马克思在研习黑格尔哲学的过程中继承下来的，当然也经过了马克思的唯物主义的改造。这一理论强调在理解现实世界时，不应当以事物而应当以关系为基本的构件。具体地说，它把任何一种事物处于其中的关系看作是构成这件事物的基本的部分，以至于在理解事物的变化时，不是以事物本身而是以事物处于其中的关系作为最根本的标准。奥尔曼指出，从"内在关系"的角度界定马克思

---

[1]　Bertell Ollman, *Dance of Dialectic：Steps in Marx's Method*, University of Illinois Press, 2003, p.2.

的辩证法,虽然在哲学史上是一件极为困难的事情,但若是周详地考量,则
至少看到如下的依据:其一,马克思发表过使他站在那些把事物当成关系的
人的一边的论述;其二,即使马克思把事物主体当作关系的直接论述是不明
确的,他把人和自然当作相互之间具有内在联系的关系的论述也是清晰明
了的;其三,如果我们采取的立场是马克思在事物和社会关系之间划了一条
不可抹去的界线,那么,我们的任务就在于,解释他在物质世界里看到的是
哪种相互作用,以及自然和社会这两个世界之间是如何联系的;其四,如果
不从"内在关系"的理解出发去理解马克思,那么,将会有意无意地将马克
思与黑格尔的联系在理论视野中删除掉。奥尔曼进而指出,人们之所以在
理解马克思的时候,总是从各不相同的路径出发,将之解读为科学主义者、
批判主义者、理想主义者和革命主义者这些截然不同的角色,归根结底是因
为他们没有理解马克思是在"内在关系"的理论坐标中展开资本主义政治、
经济、文化以及生态的批判的。①

　　奥尔曼强调,马克思的辩证法作为一种"内在关系"的理论,由于"涉及
的是共产主义作为资本主义内部尚未实现的潜在趋势如何演化,以及这种
演化从早期阶段一直延伸到依然遥远的未来的历史"②,因而在新的时代延
伸它的意义,就应当指认共产主义为什么能够在新的历史条件下取代资本
主义。本着这样的见解,奥尔曼指出,在理解资本主义时,首先应当将之理
解为一个关系的系统,而不是把它看作是一个静止的事物。这样一个资本
主义关系的系统,由于构成其关系的部分的变化而变得不稳定,尤其是当那
些潜藏于资本主义中的共产主义的因素变得越来越强大时,共产主义取代
资本主义就会成为顺理成章的事情。实际上,工人和消费者的合作组织、公
共教育、市立医院、政治民主、国有企业等与共产主义直接相关的条件,都在
日益彰显出它们的作用与价值;发达的工业、巨大的物质财富、高水平的科
学、职业技术、有组织的结构、教育和文化等与共产主义没有直接关联的条
件,也在逐渐地转化为共产主义可能性的根据;失业、贫富差距的拉大以及
各种形式不平等的增多,更是使资本主义制度面临重重危机,使共产主义的
根据有了更为直接的佐证。③ 根据辩证法,现在与过去和未来一样,都是一
个暂时过程中的一个阶段,并且与这一过程的其余阶段有着必然的和明显

---

①　Bertell Ollman, *Dance of Dialectic: Steps in Marx's Method*, University of Illinois Press, 2003, pp. 37–39.

②　Bertell Ollman, *Dance of Dialectic: Steps in Marx's Method*, University of Illinois Press, 2003, p.2.

③　See Bertell Ollman, *Dance of Dialectic: Steps in Marx's Method*, University of Illinois Press, 2003, p.159.

的联系。所以,资本主义的今天,并不会像福山所宣告的那样,是历史发展的终点。人们之所以不能普遍地接受共产主义必然取代资本主义的信念,主要是因为他们没有解悟到辩证法所昭示的这一事实。这些论述表明,奥尔曼并没有将辩证法理解为平面意义上的法则、规律等等,而是将之提升到社会政治理论的高度进行阐释,这也就使辩证法的研究转化为一种政治哲学的思想探察。

奥尔曼的理论活动,在一定程度上刺激了美国乃至欧洲、亚洲马克思主义理论界关于辩证法的研究,使讨论辩证法成为复兴马克思主义的重要路径。一个直接的例证在于,在由奥尔曼和托尼·史密斯合编的《辩证法:新的前沿领域》以及这一著作的扩充版《新世纪的辩证法》(*Dialectics for the New Century*)中,福斯特、哈维、詹姆逊、理查德·莱文、亚瑟、比尔·利文特等多位有影响的马克思主义理论家,就从自然、后现代、资本批判、女权主义、系统论、教育学等多种多样的论域和视角考察了什么是辩证法以及如何运用辩证法等问题,从而将马克思主义辩证法研究助推到一个新的历史高度,并由此凸显了与马克思主义辩证法勾连在一起的人道主义、乌托邦精神以及革命在当代的意义。需要注意的是,这些方面之意义的凸显,也正意味着政治哲学之理论空间的不断开拓,这一点当然十分重要。

(六) 美国马克思主义政治哲学诸流派的融合

上述美国马克思主义政治哲学各个流派,由于是在各不相同的传统和视域中开展马克思主义政治哲学的研究,所以相互之间存在相对清晰的理论边界,各自讨论的问题和关注的重点也大为不同,有些流派彼此之间甚至存在根本性的差异。例如,在对待辩证法问题上,分析的马克思主义在重新阐述历史唯物主义范畴的时候,实质上是用分析的方法取代了辩证的方法,把需要用辩证法说明的问题化解成了分析方法能够接受的问题,这在其转向政治哲学研究之前,应当说是一种侧重于科学思维的哲学方法;然而,辩证法的马克思主义却总是不遗余力地将历史唯物主义范畴置放于辩证的思维结构中,强烈吁求用辩证法来说明这样的范畴所指涉的种种问题,这就很容易突出哲学方法对于政治意义的开引。同样还是在辩证法问题上,生态学马克思主义(尤其是福斯特)对于生态问题的研究,实质上是以承认并强调自然辩证法在马克思主义哲学中的地位为基本前提的;然而,新黑格尔主义马克思主义在以黑格尔为支点理解马克思的时候,却在对历史辩证法的张扬中删除了自然辩证法。尽管福斯特和莱文都强调在辩证法的理论空间中开辟出政治哲学的空间,但二人之间的差异还是显而易见的。

　　不过,美国马克思主义政治哲学诸流派并没有完全锁定在各自所在的理论范式和思想传统之中,并没有完全以一种"独善其身"的理论姿态来思考如何将学术研究向纵深推进,有些流派其实是在相互借鉴、相互吸收的过程中提出观点、形成论证的,因而在某些方面表现出非常相似的特征,产生出非常大的交集。比如,辩证法的马克思主义、后现代马克思主义以及福斯特领衔的生态学马克思主义,就有一个比较相似的方面,即这三个流派基本上都还是在坚持马克思主义基本理论的前提下去研究各种现实问题,并由此开展马克思主义政治哲学理论研究的。最近几年美国马克思主义的发展更是表明,不同流派总是试图打破原本彼此隔离的状态,进而通过对话、交流甚至是合作,来实现观念的不断创新和思想的不断创造。所以,一个直接而明显的事实是,有些重要的理论和现实问题,往往不是由哪一个流派单独提出并展开讨论的,毋宁说,这些问题的提出与讨论,往往是通过不同理论流派"大合唱"的方式实现的。例如,近年来美国马克思主义理论家对阶级问题的集中研究,就是由分析的马克思主义、生态学马克思主义以及辩证法的马克思主义共同发起和推进的,这几个流派的代表人物赖特、福斯特、奥尔曼都是这一过程的主角:赖特撰著《阶级》认为,马克思的阶级分析方法在今天需要修正,因为他只是将社会阶级划分为无产阶级与资产阶级,这一阶级概念,无法容纳和解释大量存在于当今资本主义社会中的"中间阶级";福斯特撰文《美国的阶级问题:情况介绍》指出,大多数的马克思主义者都是把列宁的阶级定义当作既定的出发点,然而,这一定义没有考虑到阶级关系的动力性质,也无法回答阶级是怎样在斗争中形成的、阶级意识的性质和程度若何以及阶级如何实现再生产和自我保存等问题;奥尔曼则撰文《马克思对"阶级"概念的使用》指出,许多人批评马克思的阶级概念非常粗糙,其实这是一个误解,马克思在使用"阶级"术语的时候,是做了非常严谨的考证的。可以肯定的一点是,美国马克思主义政治哲学诸流派之所以不断走向对话与融合,主要是因为其所面对的各种政治哲学问题,在资本逻辑不断铺展、现代政治之总体性不断张开的境况下,越来越走向了交叉与叠合,这也代表了现代政治的一个基本定势。

　　上述表明,在美国马克思主义的发展中,政治哲学的理论逻辑不是趋于沉寂了,而是比传统西方马克思主义时期更加突出了。这样的理论逻辑,自然已经超出了关联于平等、正义的狭义政治哲学的理论框架,而是代表了一种广义的政治哲学。这种广义的政治哲学,在一定意义上正是马克思所开创的政治哲学传统的一个当代延展,因为"历史批判性"这一价值底色和精神性原则依然得到了彰显。

附 录 马克思主义政治哲学研究的范式、进路与前提性问题

一、马克思正义理论研究的"划界"意识

马克思的正义理论，是当前马克思主义政治哲学研究中所涉及的最重要论题之一。如果要将这一论题的讨论向纵深推进，就应始终保持一种清醒的"划界"意识，因为只有在划界的前提下，我们才可能切入到马克思政治哲学的问题意识中，避免以外在的理论范式捆绑研究的对象，使马克思正义思想之本质真实地显现出来。这里的划界，主要是指两种唯物主义的划界和两种政治哲学的划界。

（一）两种唯物主义的划界

检视既往马克思正义理论的学术研究会发现，美国人伍德、罗默以及不少中国学者，之所以对马克思的正义思想加以质疑乃至彻底否定，主要是因为在他们看来，马克思的历史唯物主义是关于事实性的理论，而正义是关于价值性的理论，这两者在实质上并不相互兼容，而是彼此对抗的。所以，如果说青年马克思曾沿着黑格尔或青年黑格尔派的足迹，抒发其正义的情感、表达其正义的理念，那么，当走上经济学的研究，从而站在历史的地平线上创建唯物主义后，他就改弦易辙，再不理会正义的学说、再不凸显正义的话题了。这种学术理解所推定的结论，即马克思打压、排拒正义，无论从人们对马克思的情感认识来说，还是从马克思中后期的文本叙述来说，都是不正确的、背离思想史事实的。要反拨这一结论，就需要从根本上诘问这种学术理解的推定前提，这就是，马克思的历史唯物主义究竟是不是单纯的实证性的、事实性的理论。

19世纪末期以降百余年的理论史上，考茨基、普列汉诺夫、波普尔、阿尔都塞、哈贝马斯，这些不同学思传统中的理论家，不管是出于何种用意、基于何种考究，都在实质上将马克思的历史唯物主义还原为实证主义和科学主义。在此牵引下，毫无戒备地指证马克思理论的反正义性，也就成为一种学术的常态。但其实，当以历史唯物主义来指定马克思创立的理论学说

时,需要认识到,这一理论并不对应着一种单向度的、贫瘠的、干瘪的决定论,毋宁说,它蕴含着丰富、深刻的政治哲学思想元素,它归根结底,就是以政治哲学为深厚思想底蕴的新唯物主义。从根本上说,这一理论特质的生成与在场,与马克思创立历史唯物主义的支点和问题意识息息相关。根据马克思在《〈政治经济学批判〉序言》中的记述,他创立历史唯物主义,是从考察市民社会,进而研究经济学开始的,所以,对历史唯物主义理论结构进行剖析,需以把握马克思市民社会理论为前提,需切进到其市民社会话语的问题意识中。市民社会话语的重大问题意识之一,从马克思的文本来看,乃在于质询现代社会的政治机理,洞观现代人的政治生存,求取现代人的政治价值,阐发关切现代历史运动的政治哲学。由此可推知,历史唯物主义与政治哲学并非是彼此外在、互为他者的,而是紧紧粘合在一起,彼此渗透,相得益彰,相映成趣,构成一个理论的整体。这种以政治哲学为底蕴的历史唯物主义,就是我们理解马克思正义观点的真实理论坐标。只有植入到这一坐标系内,才可能超越事实性与价值性的二元对立,从而认识马克思在何种意义上批判了正义,又在何种意义上昭显了正义,而不至于一味地将正义从马克思的理论结构中剔除出去。就此而言,两种唯物主义之间的划界,无疑是推动马克思正义理论之研究的基础性工作。

（二）两种政治哲学的划界

这里所指的两种政治哲学,一种是马克思的政治哲学,另一种是自由主义的政治哲学。这两者之间之所以需要划界,是因为我们在考量马克思的正义观念时,常在打通哲学史从而拉近马克思与近代自由主义者的距离时,忽视了他们之间的本有的异质,这就很容易用自由主义的政治哲学来诠释马克思的政治哲学,用前者的正义观念来注解后者的正义观念。但既然马克思在哲学史上策动了一场哲学的革命,他所创构的政治哲学,就一定与近代自由主义政治哲学分道扬镳,他所阐发的正义理论,就一定与近代自由主义的正义理论划清了界限。

马克思之前,许多自由主义理论家,如休谟、斯密、康德、黑格尔,已经或直接、或间接,或显在、或隐在地论及正义问题。他们关注正义的根本历史背景,就是商业社会、市民社会的形成及其由之而带来的历史大转折。在这样一个历史背景中,自由主义理论家阐述正义,主要是本着两个相辅相成的政治哲学旨趣进行的,一是如何保护由市民社会之形成所催生出的个体自由、个体权利、个体财产,等等;二是如何减少由商业竞争和私人利益的膨胀所造成的社会分化和社会所得物的不正当分配。这两个政治哲学旨趣,说到底,是要为商业社会构建或重建价值体系和伦理秩序,是要为资本主义的发展鸣锣开道。与这两个政治哲学旨趣相对应,基于权利的正义和基于公平的正义,成为自由主义正义之论的两种主要形态,它们既相互辩难,又相互促进。对于马克思来说,虽然他发展政治哲学时,同样面对商业社会的重大历史在场,同样面对市民社会的剧烈内在分化,但他又超越了商业社会和市民社会,即他是站在商业社会和市民社会之外来思考正义问题的,这与自由主义理论家竭力构建、推动、修补商业社会之价值原则形成根本分殊。所以,马克思理论视域中的正义,是不能用自由主义的正义来概括的,它既不是自由主义所讲的基于权利的正义,也不是其所讲的基于公平的正义。在思想范式、内在要求、实现路径等方面,马克思的正义与自由主义的正义,都难以形成实质性重合,难以展开实质性对话。正是在这个意义上,马克思不止一次地批评当时风行的自由主义正义观念,既批评这种正义观念所守护的个体权利,又批评这种正义观念所强调的公平分配,以此表明他自己独特的正义立场,开显他诉求的强大正义世界。但耐人寻味的是,众多围绕马克思正义理论的学术探索,却常常不计马克思政治哲学与自由主义政治哲学之根本分别,常常相沿成习地以近代自由主义的正义论话语,或当代新自由主义的正义论话语,来对马克思的正义理论予以解释、发挥、评价、重建。这自然很容易将这一论题的研究引入歧途,既不可能彰明马克思正义理论特定的思想内涵,又不可能开发这一理论独有的当代意义。所以,如同两种唯物主义的划界,两种政治哲学之间的划界,构成提升、深化、推动马克思正义理论之研究的另一基础性工作。

二、从思想史看马克思政治哲学研究的理路

在某种意义上,学术界是以当代西方政治哲学为切入点,来理解和建构马克思政治哲学的。这一学术理路有其不可否认的意义,但也值得我们高度警惕。一个很重要的原因,就在于当代西方政治哲学是一种纯规范性的理论,它不仅没有把历史唯物主义和政治经济学批判当作立论基石,甚至在其逻辑中潜含着一种排斥后者的力量。故而,一旦把马克思政治哲学理解和建构成一种类似于罗尔斯政治哲学的纯规范性理论,就很容易把马克思思想中最根本的东西遮蔽起来。所以,需要辨明的问题是:我们是否有理由在历史唯物主义和政治经济学批判的理路上,来理解和建构马克思的政治哲学?

（一）黑格尔的启示

要把握上述问题,需要一个切实的思想史维度,而黑格尔则是一个不能绕开的思想史坐标点。众所周知,黑格尔的政治哲学主要展现在《法哲学原理》中。《法哲学原理》在结构上分为三篇,分别是抽象法、道德和伦理。第一篇"抽象法"里面的所有权、契约,我认为是洛克的问题,更明确地说,这是洛克在契约论框架下所推出的从属于自然法的东西。如果说洛克是近现代政治哲学之父,那么所有权、契约恰恰就是近现代政治哲学的"根基性"问题。黑格尔显然充分认识到此"根基性"问题的重要性,但他并没有停留在洛克的层面上,也就是没有在契约论框架下、用自然法来阐释所有权和契约,而是将之界定为"抽象法"。黑格尔在《法哲学原理》中所运用的基本论证方法,就是从抽象到具体的概念辩证法。所以,他不是在第一篇中,而是在走向"具体"之后的第三篇即"伦理"中,完成对所有权和契约的阐释的。如果第一篇讲的是洛克的问题,第二篇讲的是康德的问题,那么只是到了第三篇,黑格尔才真正在讲自己的问题。人们通常会认为,在第三篇中,国家代表了最高的伦理实体,因而也是最能展现黑格尔政治哲学之思想精华的部分,但其实,这一篇中的"市民社会"可能占有更为重要的位置。将抽象法与市民社会结合起来理解就会发现,市民社会恰恰就是黑格尔界定所有权和契约的历史框架,因为黑格尔要明确告诉人们的是,所有权、契约等抽象法和形式法,是植根于在现代世界中形成的市民社会的。在这一点上,黑格尔是极其深刻的。我们知道,近代西方社会所经历的,是一个从传统封建社会向现代商业和市场社会的转型。这个转型的核心,就是作为需要和劳动之体系的市民社会的形成与不断走向成熟。在这个转型中,亦即在市民社会形成与不断走向成熟的过程中,一系列带有规范意义的问题,如合法的所有权问题、基于契约的公正交换和分配问题,都凸显了出来,这在某种意义上造就了洛克以来的政治哲学。洛克、休谟及亚当·斯密等人,实际是站在现代市民社会的历史地平线上来构建各自的政治哲学的,但他们都缺少一种面向市民社会的深层次的历史性研究。在此意义上,黑格尔在市民社会这个框架中阐释所有权和契约,第一次将近代以来,特别是洛克以来的政治哲学推向了它本该到达的历史深度。事实上,黑格尔的思考既在一定意义上符合实际历史,也表征着一种历史性的思想建构。当然,黑格尔还没有历史唯物主义和政治经济学批判这种更深层次的历史性视野,这也是马克思与黑格尔相分野的地方。

（二）马克思的市民社会批判与政治哲学的奠基

马克思与近现代思想史之间错综复杂的关系，充分反映在他对市民社会的批判中。马克思对市民社会的批判深受黑格尔的影响，但他并不满足于像后者那样，将批判的矛头仅仅指向道德与伦理、个人利益与普遍利益的分化，毋宁说他是要批判比这种分化更根本的阶级和社会分化。自洛克到亚当·斯密的政治哲学家将市民社会界定为由平等的自然个体所组成的、符合理性契约精神和公正原则的关系体，黑格尔看到了市民社会中的矛盾，将之指认为原子化的、充满利益竞争关系的领域，马克思则又比黑格尔更进一步，将市民社会所承载的关系，认定为"迄今为止最复杂的社会关系"，也就是资本关系。在此意义上，马克思对市民社会的批判，已经远远超越了黑格尔的伦理意义，而是涉及对资本关系中最深刻社会矛盾的揭示，这正是历史唯物主义和政治经济学批判的题中应有之义。由此来看，马克思实际是在《资本论》及其手稿中，来推进和完成其对市民社会的批判的。

马克思对市民社会的批判，使他实质性地介入到自洛克到斯密再到黑格尔的政治哲学问题域，因而，所有权顺理成章地成为《资本论》及其手稿的一个重要论题，这是我们把握马克思政治哲学的关键之所在。不过，马克思既没有在洛克的意义上、借助于自然法来为所有权的合法性作辩护，也没有在黑格尔的意义上、倚重于国家来为所有权赋予伦理性规范，而是致力于批判所有权所关联到的剥削关系。在《资本论》第 1 卷中，这个问题就是马克思所说的"商品生产所有权规律向资本主义占有规律的转化"；在《1857—1858 年经济学手稿》中，这个问题则就是他所说的"工人丧失所有权，而对象化劳动拥有对活劳动的所有权"。通过阐述这个问题，马克思告诉人们，在资本主义生产关系中，所有权及相关的实定法已经成为一种形式上的东西，工人与资本家之间的阶级分化及由之造成的不平等，才是所有权背后最鲜活、最真实的历史实存。由此可见，马克思的政治哲学不仅是接着洛克、斯密特别是黑格尔来讲的，而且比之前这些政治哲学家更深刻的地方是，他以政治经济学批判所特有的视角，透彻地呈示了所有权、公正何以可能的问题。因此，从洛克到黑格尔再到马克思，代表的是一条历史感不断增强的思想史线索。在这条线索上，黑格尔相对于洛克的推进，在马克思这里则形成了一种质变，历史唯物主义和政治经济学批判成为政治哲学的根本逻辑，或者也可以像阿伦特所说，政治哲学由对行为规则的制定，变成了一种历史理论。这种历史理论并没有疏离政治哲学所特有的东西——规范性,而是把规范性建立在了实实在在的现实基础上,用马克思的话来概括,大概就是"在批判旧世界中发现新世界"。

(三) 实现《资本论》研究与政治哲学研究的对话与融通

不容否认,在当前中国马克思主义哲学界,有两个领域备受瞩目,一是关于《资本论》的研究,二是政治哲学的研究。人们可能会认为,这两个领域之间没有必然联系和交集,因而相互之间也不存在对话与融通的可能性与必要性。但如果上文论述表明,历史唯物主义和政治经济学批判,应当成为我们理解和建构马克思政治哲学的语境与理路,那么,实现这两个领域的对话与融通,就是一件十分有意义的事情。进而言之,这种意义,不仅仅体现在对马克思政治哲学研究理路的厘定上,同时也体现在对《资本论》理解的提升上。《资本论》是一个复调式的文本,我们固然可以从多个视点、在多种意义上来对之进行解读,但我认为,政治哲学这个视点,是尤其不能缺少的。理由在于:根据马克思在《〈政治经济学批判〉序言》中对自己理论历程的回顾与总结,他是为了从根基上理解法的关系,而转向政治经济学研究的。所以,他虽然经历了一个从早期的政治批判向后来的经济批判的转向,但经济批判本身并不是目的,毋宁说,他的最终目的,在于解决从法的关系中所折射和连带出的政治哲学的问题,包括社会公正问题以及人的解放和人的自由而全面发展的问题。简言之,《资本论》的最高问题不是"经济"上的,而是"政治哲学"上的。从政治哲学来理解《资本论》,不仅不会降低这个文本的思想意义,相反会使之上升到应有的思想高度。由此可见,积极推动与实现《资本论》研究和政治哲学研究的对话与融通,对这两个领域而言,都是有深刻的学术理由的。

三、马克思政治哲学研究的三种进路

盘点近十多年来有关马克思政治哲学的研究不难发现,人们往往是在互不相同的语境下、以互不相同的方式、站在互不相同的参照点上来加以阐释的。这种情况并没有带来一种真正的学术讨论上的"百家争鸣",相反在其中夹杂着很多扑朔迷离的成分,而且也使人们无法进行实质性的学术对话。要有效地避免这个情况,从而找到人们进行对话的切入点及将相关研究推向纵深的突破口,就特别需要对马克思政治哲学研究的不同进路进行全面深入的学术史梳理和考察。

（一）马克思政治哲学研究的"政治性"进路

马克思政治哲学研究的"政治性"进路，是由 20 世纪著名政治哲学家汉娜·阿伦特确立起来的，在今天依然或隐或显地影响着人们的相关探讨。毋庸置疑，要厘清这一研究进路的来龙去脉并对其作出实事求是的评价，就必须回到阿伦特的语境。

在《马克思主义与西方政治思想传统》中，阿伦特曾这样说道："要对卡尔·马克思进行思考或写点什么，决不是一件容易的事情。他对晚近已经在民族国家取得政治上平等和合法参政权利的工人政党有着极大的影响。学术界对马克思的无视在他故去后还没有延续到 20 个年头，他的影响力再度逐渐上升。20 世纪 20 年代，这一广泛的影响从稍微有点落伍于时代的、严格定义上的马克思主义研究，扩大到社会科学、历史科学等所有领域。"①"马克思所产生的影响及其科学工作的根底里的东西是什么？要回答这个问题，很难找到合适的说辞。真要说的话，恐怕是他的政治哲学。马克思对此并未特别精雕细刻，也不是始终明确，但是它产生的冲击力要比那些精心论述的理论产生的影响的总和还要大。"②

这两段话表明，阿伦特在描绘马克思的思想所产生的巨大影响力时，实际将后者刻画为一位政治哲学家，从而将其理论工作的核心认定为政治哲学。阿伦特的这种刻画和认定，绝不意味着一个简单的学理性阐释，而必然是马克思理解史上具有重大标志性意义的一个学术事件。其意义在于：在马克思的理解史上，长期占据主导地位的研究范式是实证主义。由于实证主义并没有为政治哲学开辟出合法性的阐释空间，所以，在马克思、恩格斯之后的很长一段时间内，都不存在"马克思政治哲学"甚至"马克思主义政治哲学"这样的说法。与这种情况相对比，阿伦特的刻画和认定，则不仅使"马克思政治哲学"成为一个合法的称谓和论题，而且也由此为人们开辟出了一个理解和阐释马克思的全新学术向度和理论空间。

然而，具有悖谬性的问题是，阿伦特并没有因为上述贡献，而为我们把握马克思的政治哲学提供一个坚实可靠的学术前提，相反如果停留在阿伦特的基点上，我们很可能会得出一些与马克思政治哲学的精神实质相背离

---

① [美]汉娜·阿伦特：《马克思主义与西方政治思想传统》，孙传钊译，江苏人民出版社 2012 年版，第 3 页。

② [美]汉娜·阿伦特：《马克思主义与西方政治思想传统》，孙传钊译，江苏人民出版社 2012 年版，第 84 页。

的结论。这其中的原因,并不在于阿伦特分析马克思的政治哲学时,存在似是而非、模棱两可和暧昧不明的地方,而在于她所确立起来的"政治性"研究进路,并没有将她引向马克思的真实思想世界。

我们之所以将阿伦特所确立起来的研究进路概括和指称为"政治性"进路,主要是因为阿伦特是基于对"政治"的独特理解和界定,来构建自己的政治哲学,并评价包括马克思政治哲学在内的各种政治哲学理论的是非曲直的。在阿伦特的心目中,政治并非指人们通常所说的、与经济和文化等领域相并置的领域,更是指人的生存境况。在她看来,人不同于动物的一个最重要方面,就是其政治性存在,人只有拥有政治性存在,才能够过上有尊严的生活,否则,人可能就与动物无异。不过,作为一种生存境况的"政治"或"人的政治性存在",从来都不是抽象的、无标准的、可随意界定的东西,而是展现在人类具体活动形式中的生命体验,人类具体活动形式构成了政治的坚实载体。根据阿伦特的界划,人类活动在形式上分为三种,分别是劳动、工作和行动。虽然这三种活动形式都与政治相关,但她认为,唯有行动,才真正塑造和实现着人的政治性存在。原因就在于,政治的本质和内核是自由,而与劳动和工作相比,行动则具备了使自由成为可能的两个基本要件,即一是复数性,二是不可预见性。由此而论,一种政治哲学只有立足于行动,才能够触及政治的本质和内核,进而也才能够在理论上将人的政治性存在证立起来。根据这个判断标准,阿伦特认为,马克思的政治哲学只是一种疏远政治和消解人的政治性存在的理论,因为马克思不是在行动的立论基点上,而是在劳动和工作的立论基点上,来确立其政治哲学的叙事框架的。

首先,在阿伦特看来,在劳动的立论基点上,马克思的政治哲学之所以疏远了政治从而消解了人的政治性存在,是因为它不是以对自由的追求,而是以对必然性的追求为旨趣的。阿伦特的这个论点,来自她对劳动的界定。以她之见,劳动是向人们输送生活资料、维系人的物质生命的活动形式,它具有显而易见的强制性和奴役性特点,在本质上从属于必然性领域而非自由领域。正是因为如此,在古希腊人对政治的理解中,劳动并不占有一席之地,而是被视为政治之外的东西。从思想史来看,以劳动为立论基点、以对必然性的追求为旨趣来构建政治哲学,并不是马克思的发明和"专利",而是随着"社会"的兴起而形成的一个整体趋势和现象。阿伦特认为,在古代,政治是公共领域的事务,而劳动是私人领域的事情。而在现代,劳动突破了私人领域的界限,逐渐扩展为一个吞食了古代的公共领域,并对政治起决定作用的"社会"领域。不管是洛克所描绘的那个"财产所有者社会",还是霍布斯所勾画的那个"冷酷无情地致力于获取过程的社会"①,都是指这个"社会"领域。既然这个"社会"领域对政治起着决定作用,而劳动又是这个领域最尊贵的东西,那么,包括霍布斯、洛克、亚当·斯密以及马克思等在内的近现代政治哲学家,实际都是在劳动的立论基点上、在必然性的领域内,来阐发各自的理论观点的。然而,必然性永远都只是一种前政治现象,劳动永远都无法取代行动而成为理解政治的有效前提,所以相对于古代政治哲学,马克思的政治哲学代表了一种理论上的倒退。

其次,在阿伦特看来,在工作的立论基点上,马克思的政治哲学之所以疏远了政治从而消解了人的政治性存在,是因为它包含了一种毁灭自由的暴力乃至极权主义的思维要素。如同上一个论点,阿伦特的这个论点,来自她对工作的界定。以她之见,工作是人们创造一个不同于自然世界,并可以恒久存在的事物世界的活动形式,它虽然不具有劳动的那种强制性和奴役性,但它的思维前提,却是一个具有暴力倾向、与政治之本质相去甚远的观念——制作。制作之所以具有暴力倾向并与政治之本质相去甚远,是因为它透显着强烈的目的论色彩,并始终要求确立一种整齐划一的行为模式和生活方式以及提出一个可预见的结果。在思想史上,柏拉图是第一个以工作为立论基点、以制作为思维前提来构建政治哲学的人。柏拉图构建政治哲学的这一路数,最终定格为根据先验的理念来塑造真理世界,从而又根据这个真理世界来改造现实生活世界的思想方案和理论图式。马克思秉承了柏拉图的路数和传统,并吸收了现代历史主义的思想,提出了"人创造历史"的观念。这个观念表征着马克思对政治的一种特定理解,在马克思的政治哲学中占据了重要地位,并使马克思的政治哲学成为一种历史主义理论。这个观念在马克思的身后产生了广泛而持久的影响,影响的范围"大大超出了深信不疑的马克思主义者们和坚定的革命者们的圈子"②。这个观念看似也蕴含了行动的成分或者本身就是在昭示一种行动,但其实它是对行动和政治的一种最彻底的消解,因为它的思维前提就是具有目的论色彩的制作,而制作必然是行动和政治的天然对立面。从最后一点来看,不仅可以从"人创造历史"的观念中推出暴力,而且这个观念本身,也是从暴力中引申出来的:"马克思的名言'暴力是每个孕育新社会的旧社会的助产婆',即暴力孕育了历史和政治的所有变革的看法,只是对整个现代所持信

①　[美]汉娜·阿伦特:《人的境况》,王寅丽译,上海人民出版社 2009 年版,第 19 页。
②　[美]汉娜·阿伦特:《过去与未来之间》,王寅丽、张立立译,译林出版社 2011 年版,第 74 页。

念的概括,并且引出了这个时代最核心信念的推论,那就是历史是人'创造'的,正如自然是上帝'创造'的一样。"①

以上就是阿伦特在"政治性"进路上对马克思的政治哲学所作出的解读和评论。平心而论,在阿伦特的解读和评论中,也包含了不少很有见地和价值的认识和观点。比如说,她所提出的"以马克思为代表的近现代政治哲学家立足于劳动和社会来理解政治"的认识,就是对马克思所提出的"市民社会决定政治国家"的一种深刻的思想史阐释。再比如说,她所提出的"马克思深受历史主义影响并将其政治哲学建构为一种历史主义理论"的观点,也真实反映了马克思政治哲学的思想史背景及理论定位。然而,由于阿伦特是用她关于"政治"的先入为主的理解和界定来评判马克思的,所以这又不可避免地造成了对马克思政治哲学的深深误解,无论是她从劳动的视点对马克思提出的批评,还是从工作的视点对马克思提出的批评,都是其误解的显证。阿伦特固然为我们开辟了一个从政治哲学来理解和阐释马克思的学术向度,我们固然也可以以她为参照点,在"政治性"进路上开展马克思或马克思主义政治哲学的研究,但我们却需要形成自己独立客观的学术立场,甄别其对马克思所作出的种种解读。

(二) 马克思政治哲学研究的"规范性"进路

众所周知,20 世纪 70 年代以来,英美学术界围绕"马克思与正义"而掀起了一场可谓旷日持久的讨论乃至争论。这场讨论和争论不仅为英美的政治哲学研究注入了新鲜酶素,也为马克思主义哲学的研究打开了新的缺口,其最显著的结果之一,就是使马克思政治哲学成为一个前沿和热点领域,使如何构建马克思主义政治哲学成为一个重大而紧迫的理论课题。不过,稍加盘点就会发现,这场讨论和争论,并不是在阿伦特的"政治性"进路上进行的,准确地说,它所开辟和遵从的是"规范性"的研究进路。

在理论类型上,政治哲学研究的"规范性"进路,对应的是规范性政治哲学。规范性政治哲学是近代之后政治哲学的主流,在罗尔斯发表《正义论》之后,更是占据了绝对主导的地位,成为当今学术界讨论政治哲学的最重要架构和范式。规范性政治哲学的基本运思路数,就在于从前提上证立某个或某些价值,如权利、自由、平等、公正等等,进而据此来从理论上回答一种公正合宜的社会政治制度如何设计的问题。这个运思路数,实质上也就是我们所说的"规范性"进路的主旨。对于这一研究进路而言,树立一个

---

① [美]汉娜·阿伦特:《人的境况》,王寅丽译,上海人民出版社 2009 年版,第 177—178 页。

明确的价值主张,从而彰显政治哲学的规范性意义,是最基础、最关键的工作。这一工作,自然也决定着 20 世纪 70 年代以来英美学术界介入和把握"马克思与正义"这一论题的基本方向。具体来讲,介入这一论题的人,如艾伦·伍德、齐雅德·胡萨米、德雷克·艾伦、诺曼·杰拉斯、G.A.柯亨、乔恩·埃尔斯特、凯·尼尔森、罗杰·汉考克、威廉·麦克布莱德、阿兰·桑德洛、杰弗里·雷曼、安德鲁·莱文、斯图亚特·怀特以及罗尔斯等,都致力于探索和解答一个核心问题,即马克思有没有根据正义这个前提性的价值来批判资本主义。实质上,关于这个问题的探索,已经超出了这个问题本身的特定内容,从而折射出一个更大的问题,这个问题就是:为马克思的哲学确立规范性基础,从而证成或构建规范性的马克思政治哲学,是否具有可能性和合法性?

对于马克思政治哲学的研究而言,这个问题注定是一个具有重大学术和现实意义的问题。从学术角度看,政治哲学本身就是追问价值前提的规范性理论,它一旦抽离了规范性,就会立即歧变为政治哲学之外的东西。阿伦特虽然将马克思理论工作的核心认定为政治哲学,但她并没有认真厘清这个认定的规范性基础,从而也就没有解决这个认定在多大意义上合法的问题。阿伦特没有思考和解决的问题,对于马克思政治哲学研究者来说却不是可有可无的问题,相反在一定意义上,是必须要从学理上来追问和回答的问题。从现实角度看,如何对关涉权利、正义等的重大现实问题作出有力的回应,是当今规范性政治哲学的重要任务,而如何深层次挖掘马克思哲学的规范性视角和内容并为之作出有力辩护,从而使之能够真正触及人们普遍具有的自由平等的权利诉求和正义要求,则是马克思政治哲学摆脱在重大现实规范性问题上失语的题中应有之义。

然而与此同时,上述问题,也注定是一个极具争议和挑战的问题,而且事实上,英美学术界关于这个问题的回答,也的确是各不相同、莫衷一是的。造成这个情况的原因其实并不复杂,主要就是因为马克思在规范性问题上存在"二律背反"的立场:一方面,他几乎没有对某个或某些价值提出系统辩护,进而以之为前提,来明确地构建和树立一个为人们所普遍认同和接受,并且可以外化为人们行为的伦理规范目标和体系;另一方面,他又从异化和剥削的视点,对资本主义持以最全面、最犀利、最深刻、最无情的批判,从而使其哲学理论展现出强烈的价值色彩和规范性力量。对于这一"二律背反",英国学者诺曼·杰拉斯是这样描述的:"马克思对于有关规范问题的理论反思是十分不耐烦和轻视的,他很少亲自研究它们。而对于社会主义伦理理论的详细说明,他是持敌视态度,而不是中立的;他在其他领域如此坚持的那种对问题和概念进行严密考察的方法,在这个领域却遭到他的轻蔑。同时,尽管如此,和几乎其他所有人一样,他也喜欢使用道德评判。规范性的观点存在于或仅仅暗含于他的文字中,并且大量地存在,尽管处于一种无系统的状态。因此,我们不能排除他在这里存在一些(甚至是主要的)前后矛盾。"①

　　在证成或证伪马克思哲学的规范性基础及规范性的马克思政治哲学上,英美学者虽然做了大量细致的工作,但大部分人的工作,却又是不得要领的。因为面对上述"二律背反",他们选择的是站在或肯定或否定的立场上,来作出非此即彼的回应,而很少从整体上来思考如何解决这个"二律背反"的问题。实际上,只要这个问题得不到实质性的解答,就既不能理直气壮地证成马克思哲学的规范性基础及规范性的马克思政治哲学,也不能理直气壮地对此作出证伪。不过,与大部分人不同,介入到"马克思与正义"论题的罗尔斯不仅意识到了这个问题,而且也给出了自己关于这个问题的解答。在《政治哲学史讲义》的"马克思讲座"中,罗尔斯这样说道:"马克思确实把资本主义谴责为不正义的。另一方面他并不认为他自己是在那么做。可以为这个表面上似是而非的悖论提供的解释是,就马克思关于正义的明确评论而言,他是从狭窄的角度来理解该观念的……但是,一旦我们从一种更为宽广的角度——即把正义运用于社会的基本结构及作为背景正义的制度——来思考政治正义的概念,那么,马克思可能就会持有(至少是潜在地持有)某种广义的政治正义概念。如果这被证明是真的,则前面的悖论就将可以被消除。"②"总的来看,把权利和正义的概念归结为司法性的概念是过于狭隘的。权利和正义的概念可以独立于强制性的国家制度及其法律体系而加以构思;事实上,当它们被用来评判社会的基本结构及基本的制度安排时,它们就是这样被构思的。"③罗尔斯的这两段话告诉我们,他是通过区分狭义的正义观念和广义的正义观念,进而在后者的视域内,基于社会的基本结构及基本的制度安排,来解决马克思在规范性上的"二律背反",并由此证成马克思的正义思想及规范性的马克思政治哲学的。罗尔斯的这种阐释,展现了其十分宽广的思维视野和卓尔不凡的理论见地,对于我们在

---

① 李惠斌、李义天编:《马克思与正义理论》,中国人民大学出版社 2010 年版,第 165—166 页。

② [美]约翰·罗尔斯:《政治哲学史讲义》,杨通进、李丽丽、林航译,中国社会科学出版社 2011 年版,第 349—350 页。

③ [美]约翰·罗尔斯:《政治哲学史讲义》,杨通进、李丽丽、林航译,中国社会科学出版社 2011 年版,第 356 页。

"规范性"的进路上揭示和把握马克思的正义思想和政治哲学理论,富有深刻的启发意义。

不过,推进一步来看,罗尔斯在解释马克思上依然存在一个不足,这就是他缺乏黑格尔和马克思那种宽厚的历史感。而实际上,我们只有站在历史性的思维界面上,才能够真正透彻地审视和把握罗尔斯所指出的问题,即如何从社会的基本结构及基本的制度安排来审定马克思的正义思想及其哲学的规范性基础。这是为什么?

马克思关于规范性问题的独特理解,是在与近代以来主流政治哲学的复杂关系中建立起来的。我们知道,近代以来主流政治哲学的规范性,是通过一系列的价值,如权利、自由、平等、正义等得到体现的。以伍德为代表的英美学者,将这些体现政治哲学规范性的价值,一体认定为上层建筑意义上的法权概念。这个认定自然有一定道理,因为随着西方近代之后法律制度的不断确立,这些价值最终是以法的形式定格下来,并且也要借助于法律来得到实质性的辩护。然而,就这些价值的始源来讲,它们是在近现代社会的历史大变革中凸显出来的,其现实历史根基,就是在这样的大变革中所形成的市民社会,甚至也可以说,它们就是对现代市民社会关系的一种最直接反映,或者本身就发挥着构建和修补市民社会关系的功能。如果正像马克思所深刻指出的那样,现代市民社会乃是现代社会的全部历史地基和轴心,那么近代以来政治哲学所讲的这些价值,实质上已经不是受制于社会经济关系的上层建筑了,而是代表着整个资本主义的社会关系结构和制度安排。正是因为如此,马克思才没有纠缠于法权意义上的正义去批判资本主义,而是在政治经济学的视域中,通过揭示资本主义的社会关系结构来为之。马克思的这一做法,实质上并不代表他对权利、自由、平等、正义等价值持一种否定和批判的态度,从而也不代表他的哲学已经与规范性相分离,而是代表他已经在历史唯物主义的视域内,从历史的最深处来把握和阐释这些价值,并由此来建立其哲学思想的规范性向度。由此来说,要在"规范性"的进路上来推进马克思政治哲学的研究,就需要突破西方规范性政治哲学的通行套路,切实地在历史性的思维向度内来构建马克思意义上的规范性政治哲学。这种规范性政治哲学与西方规范性政治哲学的最大不同,就在于它不是以静态的自然关系为前提的,而是以历史为前提的。这种以历史为前提的政治哲学自然不是对马克思思想的一种背离,而是在规范性的理论视域内所把握到的最真实的马克思。这种政治哲学可以与近代之后的西方规范性政治哲学相对话,但它与后者在理论范式上必然又是迥然有异的。

（三）马克思政治哲学研究的"革命性"进路

在人们谈论马克思时,有一种颇为流行的观点,认为马克思的哲学本就是一种政治哲学,所以无须从规范性的前提上来对这个不证自明的问题进行追问。实质上,这种观点就对应着我们所说的马克思政治哲学研究的"革命性"进路。在这一进路上,人们之所以将马克思的哲学直接认定为一种政治哲学,依据就在于马克思哲学的"革命性"旨趣,而人们由此确证起来的马克思政治哲学,就是以"革命"和"阶级斗争"为内核的政治哲学。

不容否认,在马克思哲学的理解和阐释史上,这种"革命性"进路从来就没有缺场。不管是苏联版本的马克思哲学理解模式,还是与苏联版本相对置的西方马克思主义理解模式,实质上都是遵照这一进路,来描绘马克思作为一位政治哲学家的形象。这其中最有代表性的人物,就是早期西方马克思主义哲学家葛兰西。在谈到马克思时,葛兰西这样指出:"一个大人物表现他思想的较有创造力的方面,并不是在从表面的分类的观点来看显然应当是最合乎逻辑的形式中,而是在别处,在表面上看来可以被认为是与之无关的部分中。一个搞政治的人进行哲学写作:情况可能是,他的'真正的'哲学反倒应该在他的政治论著中去寻找。每个人都有一种占支配地位的活动:正是必须从这里去寻找他的思想,这种思想处在一种往往不是暗含在、而且甚至经常是同公开表达的东西相互矛盾的形式中。"①葛兰西在这里所提到的"大人物"和"搞政治的人",就是指马克思。既然葛兰西认为,马克思真正的哲学思想包含在其政治论著中,那么显而易见,他心目中的马克思哲学,必然是一种实至名归的政治哲学,用他自己的话说,它"既是一种也是政治的哲学,又是一种也是哲学的政治"②。问题在于,葛兰西在这里所论及的"政治",并不是后来的阿伦特所界定的那个"政治",即不是人的生存境况意义上、以自由为本质和内核的"政治",而是马克思一直在思考和探索的"革命"。对于此,葛兰西曾借助于马克思与列宁的关系来予以说明:"马克思是一种世界观的创造者。但是,伊里奇(列宁)的地位如何呢? 它是纯粹从属和依赖性的吗? 这得在既是科学又是行动的马克思本身

---

① ［意］安东尼奥·葛兰西:《狱中札记》,曹雷雨、姜丽、张跣译,中国社会科学出版社2000年版,第317页。
② ［意］安东尼奥·葛兰西:《狱中札记》,曹雷雨、姜丽、张跣译,中国社会科学出版社2000年版,第308页。

中去寻找解释。"①"对比马克思和伊里奇以造成一种等级差别,这是愚蠢且无用的。他们分别表现了两个阶段:科学和行动,这两个阶段既是同质的,又是异质的。"②葛兰西在这里的观点非常鲜明,即作为革命家的列宁与作为科学世界观的创造者的马克思,代表了两个既相异、又相同的阶段,甚至马克思就代表了科学世界观和革命行动的统一。葛兰西的这个观点,充分表明他是在"革命"的意义上,来认定马克思哲学中的"政治"的,从而也充分表明他是在这个意义上,来界定马克思的政治哲学的。

应当说,在"革命性"进路上界定和研究马克思的政治哲学,从以下两点来看有其可取和优长之处:一是这与马克思的思想定位和理论宗旨相符合;二是这与"规范性"的研究进路能够形成互补。

首先,我们来看第一点。众所周知,马克思为自己的哲学订立的座右铭是"改变世界":"哲学家们只是用不同的方式解释世界,问题在于改变世界。"③而恩格斯在《在马克思墓前的讲话》中也特别强调:"马克思首先是一个革命家。他毕生的真正使命,就是以这种或那种方式参加推翻资本主义社会及其所建立的国家设施的事业,参加现代无产阶级的解放事业,正是他第一次使现代无产阶级意识到自身的地位和需要,意识到自身解放的条件。斗争是他的生命要素。很少有人像他那样满腔热情、坚韧不拔和卓有成效地进行斗争。"④这些论述告诉我们,以"改变世界"为目标的"革命",在马克思的哲学理论创造活动中绝不是一个边缘性的问题,而必定是最根本、最重要的问题。由此而论,我们虽然可以在现代学科的意义上,将马克思的哲学划分为本体论、认识论、辩证法、历史观等诸多板块,但其实在一定意义上,只有与"改变世界"和"革命"的问题关联起来,这些板块的内容才可以得到透彻而准确的理解。如果说"改变世界"和"革命"是最重大的政治问题之一,那么将马克思的全部哲学一体认定为政治哲学,是有一定道理的。而在"革命性"的进路上来加深和推进对这种政治哲学的研究,自然也有利于把握马克思的思想定位和理论宗旨。

其次,我们再来看第二点。在"规范性"的研究进路上,我们自然可以以历史为基点,来证成和构建在传统的学术理解结构中未曾有过"马克思

---

① [意]安东尼奥·葛兰西:《狱中札记》,曹雷雨、姜丽、张跣译,中国社会科学出版社 2000 年版,第 293 页。

② [意]安东尼奥·葛兰西:《狱中札记》,曹雷雨、姜丽、张跣译,中国社会科学出版社 2000 年版,第 294 页。

③ 《马克思恩格斯文集》第 1 卷,人民出版社 2009 年版,第 502 页。

④ 《马克思恩格斯文集》第 3 卷,人民出版社 2009 年版,第 602 页。

政治哲学",而且通过这种证成和构建,我们自然也可以比较好地解决马克思在规范性问题上的"二律背反"难题。但与此同时,我们又必须要从理论上来清晰地回答,马克思为什么没有像洛克、罗尔斯、诺齐克等规范性政治哲学家那样,明确证立并系统辩护某个或某些价值? 实质上,这个问题只有放在"革命性"的进路上,才可以得到最清晰、最透彻的回答。原因在于:罗尔斯等人证立和辩护某个或某些价值的目的之一,在于为构建公正有序的社会关系提供理论方案,换个角度来看,就在于从理论上说明一种社会关系如何得到改良。然而,正如柯亨所指出的,在 19 世纪,无产阶级集多数派、生产、剥削、贫困、无物可失和革命这六个特征于一身,而站在无产阶级立场上的马克思,必然不可能诉诸系统的规范性言说,通过证立和辩护某个或某些价值,来构制一种关于社会改良的学说,相反,这样的学说正是马克思以及恩格斯极力批判的东西,如蒲鲁东和拉萨尔的学说。如果这一点充分表明,在"革命性"进路上,我们完全可以很好地解释和回答在"规范性"进路上难以解释和回答的问题,那么我们在"规范性"进路上所要做的核心工作,即构建以历史为前提的"马克思政治哲学",与"革命性"进路也能够很好地形成会通。因为这种"马克思政治哲学"的主要宗旨,就是在规范和道义的界面上来开展历史批判,同时也通过历史批判来彰显规范和道义的力量,而历史批判的一个根本归宿,显然就是革命。由这种情况来看,在"革命性"进路和"规范性"进路上,我们完全可以把握到同一个"马克思政治哲学"。

　　然而,我们必须严肃指认的一个问题是:"革命性"进路上,研究者们常常会相沿成习地陷入一个根本性误区,这就是在实证的意义上,用"革命"本身来解释"革命"。这种解释思路的重大弊端,就在于过度放大了"行动",从而忽视和遮蔽了马克思政治哲学中"知"和"思想"的部分,在现实上,这容易导向"阶级斗争决定论"或"唯阶级斗争论"。我们都知道,柏拉图构建政治哲学的一个基本前提,就是将"知"和"行"分离开来,"知"对应着真理,"行"对应着世俗的意见,而他的政治哲学就是要致力于阐发"知"和真理,同时质疑、批判"行"和意见。柏拉图的这一做法必然存在漠视现实生活复杂性的重大弊端,但他对于"知"和"真理"的强调,却显然有助于确立政治哲学的思想性高度,从这一点来看,柏拉图就是后来人构建政治哲学的"母腹"。比如说,德国古典哲学家康德和黑格尔虽然都强调行动的重要性,但他们的共同前提,是要用"知"来作指导。具体一点说,康德是要从其道德学说的先验原则中,引申出实践和行动;而黑格尔是要在关于绝对知识和真理的辩证把握中,来塑造实际的行动。在强调"知"的重要性上,马克思并不逊色于康德和黑格尔。马克思曾郑重指出,"光是思想力求成为现实是不够的,现实本身应当力求趋向思想"①,"理论一经掌握群众,也会变成物质力量"②。而海德格尔在谈到马克思时也曾说道:"解释世界与改变世界之间是否存在着真正的对立? 难道对世界每一个解释不都已经是对世界的改变了吗? 对世界的每一个解释不都预设了:解释是一种真正的思之事业吗? 另一方面,对世界的每一个改变不都把一种理论前见(Vorblick)预设为工具吗? ……实践是通过什么被规定的呢? 通过某种理论,这种理论将生产的概念塑造为对人的(通过他自身的)生产。因此马克思具有一个关于人的理论想法,一个相当确切的想法,这个想法作为基础包含在黑格尔哲学之中。"③马克思本人和海德格尔的这些话启示我们,要理解马克思政治哲学中的"革命"及"革命性"进路中的马克思政治哲学,就必须要抓住其中具有灵魂意义的"知"、"思"和"理论"的部分,否则,就会降低马克思政治哲学的理论高度,并窄化其思想性意义。

如果说政治哲学终究都是一种规范性理论,那么马克思政治哲学中"知"、"思"和"理论"的部分,也就是其规范性的部分。在内容上,这个规范性的部分,实质就是海德格尔所说的"关于人的确切想法"。这个"关于人的确切想法",就是"人的解放"。这正如马克思在《〈黑格尔法哲学批判〉导言》中所指出的,"彻底的德国不从根本上进行革命,就不可能完成革命。德国人的解放就是人的解放。这个解放的头脑是哲学,它的心脏是无产阶级。"④作为一个价值主张和理论目标,人的解放具有面向未来历史的前瞻性和理想性,但它同时也具有针对当下历史的回溯性和现实性,这说明它既构成了对权利、自由、平等、正义等现实性价值的超越,也在某种意义上承认、涵盖了这些现实性价值。由此而论,只要能够把握住"人的解放"这个"知"、"思"和"理论"的部分,人们就不仅可以在"革命性"进路上推进马克思政治哲学研究时,守护住思想的高度,也可以在"规范性"进路上推进马克思政治哲学研究时,开辟出以未来为基点的历史性视野,甚至还可以在"政治性"进路上推进马克思政治哲学研究时,避免阿伦特的那些误解。

作为马克思政治哲学研究中最具有代表性的三种进路,"政治性"进路、"规范性"进路以及"革命性"进路,虽然总体来看处在不同的学思传统

---

① 《马克思恩格斯文集》第 1 卷,人民出版社 2009 年版,第 13 页。

② 《马克思恩格斯文集》第 1 卷,人民出版社 2009 年版,第 11 页。

③ [法]F.费迪耶辑录:《晚期海德格尔的三天讨论班纪要》,丁耘摘译,《哲学译丛》2001 年第3 期。

④ 《马克思恩格斯文集》第 1 卷,人民出版社 2009 年版,第 18 页。

中、有着不同的立论前提、遵从不同的推理路数,但它们之间并不存在不可打通的隔阂。在某种意义上,我们恰恰需要在这三种研究进路的视域融合中,来构建最切合思想史的马克思政治哲学,以及最有理论反思力和思想张力的当代马克思主义政治哲学。

四、马克思主义政治哲学研究的前提性问题及阐释路径

马克思主义政治哲学是近十多年来中国学术界高度关注的一个热点领域。经过学者们十多年来的努力耕耘,这个领域已经取得了长足的发展,相关研究成果如雨后春笋般地涌现出来。不过,有一点必须要承认,这个领域所包含和衍生的一些前提性理论问题,至今尚未得到根本的阐释和解决,这已成为制约这个领域向纵深层面开展的重要因素,因为实质上,只要这些前提性理论问题得不到根本的阐释和解决,马克思主义政治哲学的研究就难以真正获得自我的学术奠基,从而也难以上升到一个更高的反思性水平。基于这种审视,我们在此聚焦三个重大前提性问题,并力图给出合理的阐释路径和方案。

(一) 如何成功破解历史唯物主义与政治哲学之间的对立性或相互无涉性

毋庸置疑,在传统的马克思主义哲学阐释结构中,"政治哲学基本上是空缺的"①。所以,今天马克思主义政治哲学研究的一项基础性工作,就是从马克思主义理论中开辟出政治哲学的学术向度。然而,这项工作所面对的最大困扰之一,就是如何破解历史唯物主义与政治哲学之间的对立性或相互无涉性。按照通常的界定,政治哲学是一门规范性科学,其立论前提是价值论意义上的"应当",而非事实性意义上的"是"。与之相反,历史唯物主义是一种关乎事实和"是"的理论,价值的维度和"应当"的规范性要素并没有在其中占有一席之地。这个界定直截了当地告诉人们,在历史唯物主义与政治哲学之间,并不存在打通和会通的任何可能性,所以,要从马克思主义理论中开辟出政治哲学的向度,就只能将历史唯物主义悬置或屏蔽起来,否则,政治哲学将成为与自身的特质相违背的、不伦不类的东西。对于马克思主义政治哲学的研究来说,历史唯物主义与政治哲学之间的这种对

---

① 李佃来:《马克思的政治哲学:理论与现实》,人民出版社2015年版,第1页。

立性或相互无涉性,表面看来只是一个要不要让历史唯物主义在场的切入点和开展路数的问题,但实则是一个关系到马克思主义政治哲学是否具有合法性的根本问题。这个问题的要害之处在于,历史唯物主义并不能被简单地认定为马克思主义哲学的一个组成部分,毋宁说它应被看作是马克思主义哲学的主干和实质,所以,在悬置或屏蔽历史唯物主义的前提下来开展马克思主义政治哲学的研究,本身就是一个矛盾的说法或"伪命题",而这个矛盾的说法或"伪命题"只能表明一个基本事实,即从马克思主义理论中,是开辟不出政治哲学的学术向度的,换言之,马克思主义政治哲学是不具有合法性的。由此可见,只要历史唯物主义与政治哲学之间的对立性或相互无涉性得不到实质性的破解,马克思主义政治哲学的研究就总是会遭受到"合法性"的质疑。

在先前的研究中,包括笔者在内的部分学者,从"自然权利"、"市民社会"以及"政治经济学批判"等视点,尝试探讨了历史唯物主义与政治哲学之会通或一致的各种可能性①。概括地说,这些尝试性工作的一个主要思路,就是为历史唯物主义赋予一个"应当"的维度,从而找到它与政治哲学之间的交叉点和重合之处。笔者现在认为,在这个问题上,还可以作进一步的阐发,一个具有挑战性的方案,就是为政治哲学赋予一个"是"的维度。之所以说这个方案是具有挑战性的,是因为无论从政治哲学的理论品格来看,还是从政治哲学的发展史来看,我们似乎都没有太多理由从"是"出发来把握政治哲学。不管人们在概念上对政治哲学作出多少种不同的界定,有一点几乎是公认的,即政治哲学是关于"好生活"和"好社会"的学说,而这个界定也正是政治哲学的理论品格之所在。这里的"好生活"和"好社会",往往不是对既定生活和既定社会的一种实然描述,而是作为后者可加效仿的模板而提出来的。正是因为如此,政治哲学对于"好生活"和"好社会"的阐释,一般都是在先验意义上进行的,而很少介入到"是"中,这大概也是彰显其理论品格的题中应有之义。无论是在柏拉图的政治哲学中,还是在霍布斯、洛克之后的政治哲学中,这一点都展现得一清二楚。柏拉图是在感性和理性、意见和真理的二元划界中,来构筑政治哲学的。对他而言,塑造"好生活"或"好社会"的灵感,不是来自现实感性世界,而纯粹是一种理性层面上的先验证成。霍布斯、洛克之后的近现代政治哲学家,弃绝了对

---

① 相关探讨,可参见李佃来:《论历史唯物主义与政治哲学的内在会通》,《中国人民大学学报》2015 年第 1 期;李佃来:《再论历史唯物主义与政治哲学的关系——回应段忠桥教授的"质疑"》,《中国人民大学学报》2017 年第 1 期;白刚:《历史唯物主义在什么意义上是政治哲学》,《教学与研究》2019 年第 1 期。

柏拉图及亚里士多德等古代政治哲学家所崇尚的德性、卓越、永恒等超越性价值的追求,转而为权利、自由、平等、公正、法等现实性价值作规范性的辩护。但总体来看,近现代政治哲学家的一个主导性理论思路,还是在抽象的规范性概念框架中(契约论传统最为典型),来讲述什么是"好生活"或"好社会"的问题,而很少去实际地考察现实社会中所存在的矛盾。

实际上,政治哲学家们虽然大都是在"应当"而非"是"的界面上来论证的,但他们并不是要提供一个与人们的现实生活完全无关的观念模型,而是用"应当"来改进或塑造人们的现实生活世界。显而易见,这个由"应当"所改进或塑造的生活世界,必然是一个同质化的、无矛盾的、具有一劳永逸性的世界。问题就在于,现实生活世界往往具有流变性、异质性、层级性、矛盾叠加性的特点,它不仅无法用"应当"所塑造的同质化的世界来加以描述,而且也不可还原为这个同质化的世界。从这一点来看,政治哲学要真正彰显其固有的规范性力量以及追求"好生活"和"好社会"的理论品格,恰恰不能满足于单纯"应当"意义上的证成和建构,而应时刻保持对于现实世界的敞开性,亦即应实质性地确立起一个"是"的维度。对于这个问题,黑格尔在《小逻辑》的"导言"中,曾作过一个深刻的说明。他说道:"惯于运用理智的人特别喜欢把理念和现实分离开,他们把理智的抽象作用所产生的梦想当成真实可靠,以命令式的'应当'自夸,并且尤其喜欢在政治领域中去规定'应当'。这个世界好像是在静候他们的睿智,以便向他们学习什么是应当的,但又是这个世界所未曾达到的。因为,如果这个世界已经达到了'应当如此'的程度,哪里还有他们表现其老成深虑的余地呢? 如果将理智所提出的'应当',用来反对外表的琐屑的变幻事物、社会状况、典章制度等等,那么在某一时期,在特殊范围内,倒还可以有相当大的重要性,甚至还可以是正确的。而且在这种情形下,他们不难发现许多不正当不合理想的现状。因为谁没有一些聪明去发现在他们周围的事物中,有许多东西事实上没有达到应该如此的地步呢? 但是,如果把能够指出周围琐屑事物的不满处与应当处的这一点聪明,便当成在讨论哲学这门科学上的问题,那就错了。哲学所研究的对象是理念,而理念并不会软弱无力到永远只是应当如此,而不是真实如此的程度。所以哲学研究的对象就是现实性,而前面所说的那些事物、社会状况、典章制度等等,只不过是现实性的浅显外在的方面而已。"①由这个说明可知,黑格尔并不接受柏拉图以来的政治哲学家们仅从"应当"这个软弱无力的层面来构制"好生活"和"好社会"的一贯套路,

①　[德]黑格尔:《小逻辑》,贺麟译,商务印书馆1980年版,第43—44页。

他的真正主张,就是以"真实如此"的"现实性"为对象来开展政治哲学的研究。更为深刻的是,黑格尔在这里所讲的"现实性",并不是经验性的现象世界,而是代表真理和本质的实体世界,各种琐屑的事物、社会状况和典章制度等经验性的东西,都只是这个实体世界的外在显现。这就告诉我们,如果说黑格尔已经为政治哲学赋予了一个"是"的维度,那么这个维度,也就不是各种经验现象的集合,而正是从经验现象背后所折射出来或统摄经验现象的实体世界和本质世界。与此同时,这个"是"的维度并不构成对"应当"的消解,毋宁说黑格尔是要求将"应当"提升到实体的高度来加以对待,从而使之成为符合现实性的东西,而不是使之成为以自身为最终根据、自己为自己立法的纯粹抽象的东西。事实上,黑格尔的这种思考,也正是他在《法哲学原理》中构建政治哲学的前提和基本框架。在《法哲学原理》中,黑格尔并没有从先验的自然法的视角,来重复霍布斯、洛克以来的政治哲学家所讨论的规范性议题,如权利、自由、法等等,而是通过追溯这些议题的现实历史根基——市民社会,来从整体上对之作统合性的考察。黑格尔构建政治哲学的这种独特方式,不仅呈现了他所认定的实体世界和本质世界,而且也在一定意义上,避免了"应当"的"好生活"和"好社会"与现实社会之间的错位和断裂。

按照"精神现象学",特别是"实体即主体"这个论断,黑格尔的实体概念归根结底是一个展开了的历史概念,其基本意旨,是要探寻和揭示作为"事情自身"的历史本质。然而,由于黑格尔所设定的是思维和存在相同质的理论结构,所以,他对于历史之本质的揭示乃是不彻底的,逻辑的东西最后成了历史的主宰者,而历史中最粗糙、最鲜活、最真实的东西,则被严严实实地遮蔽了起来。据此而论,黑格尔为政治哲学所赋予的"是"的维度,其实并没有如其所愿地达到"真实如此"的程度,这也决定了他的政治哲学固然比以纯粹的"应当"为前提的政治哲学更具有现实性和更深刻,但在对现实社会最深层矛盾的反思和把握上,依然还是存在不足的。无疑,政治哲学要根本性地改变这个状况,就只有将思维的触角切实地伸向最本初、最真实的社会关系,这就有赖于一个最彻底的"是"的维度的确立,而历史唯物主义就提供了这样一个"是"的维度。

不管我们在何种意义上为历史唯物主义赋予规范性的要素和"应当"的维度,也要承认这是一个伟大的关于"是"的理论。历史唯物主义的伟大之处,并不在于它为人们提供了一些决定论的公式,而在于极为根本、极为深刻地切近了"事情本身",从而既透彻地揭示了历史的本质,也明白无误地揭示了洞察历史本质的思维路向和方法论前提。这样来看,历史唯物主义所提供的"是"的维度,正是政治哲学最需要确立的一个思维视角。这一点,对于理解、阐释和构建马克思的政治哲学,具有重大意义。其实,马克思既没有否弃霍布斯、洛克以来的政治哲学所讲的那些基本问题,如权利、自由、平等、公正等等,也没有祛除它们本有的规范性意蕴,他与之前的政治哲学家相比的一个重大改换,就是比黑格尔更为彻底地批判了讲述这些政治哲学问题的先验方式和纯粹"应当"性,从而将这些问题置于现实历史和社会关系的框架中予以阐释。在此意义上,试图从马克思的文本中提取纯粹的规范性要素和"应当",必然是不可能的。相反,只有在马克思对现实历史和社会关系的考察中,我们才可能把握到他对于规范性问题的论述。所以,问题的实质在于,马克思必然是有政治哲学的,而其政治哲学又必然不可能是在历史唯物主义之外的一个独立自存的部分。毋宁说,马克思的政治哲学正是因为获得了由历史唯物主义所提供的"是"的维度的奠基,才具有了其实质的规定性和坚实的内容,这与柏拉图以来基于纯粹"应当"的政治哲学传统显然存在根本分殊。马克思的政治哲学不仅没有由此而疏远政治哲学之诉求"好生活"和"好社会"的理论品格,相反,这一理论品格正是由于获得了"是"的奠基而没有下降为空洞的规范性口号。这与马克思所提出的"在批判旧世界中发现新世界",显然是一致的。如果这深刻表明,马克思的政治哲学乃是一种将事实性与规范性、是与应当浑然融为一体的理论形式,那么这同时也告诉我们,悬置或屏蔽历史唯物主义,根本不是阐释和建构马克思政治哲学的合法前提,因而也根本不可能是从马克思主义理论中开辟政治哲学向度的有效门径。显而易见,我们只有为政治哲学切实地赋予"是"的维度,破解其与历史唯物主义之间的对立性或相互无涉性,这些工作才有可能实质性地展开,而马克思主义政治哲学的合法性问题,也才有可能从根本上得到解决。

（二）如何准确把握政治哲学在马克思主义哲学中的位置和地位

虽然政治哲学在传统的马克思主义哲学阐释结构中并未占有一席之地,但时至今日,情况已经发生了根本转变。最近几年来,学术界有越来越多的人开始关注马克思主义政治哲学的研究,使这个领域展现出欣欣向荣的局面和蓬勃的生命力。在马克思主义政治哲学研究从无到有、从相对寂寥到不断兴盛的发展过程中,一个我们必须要认真对待和慎重回答的前提性问题是,在全部马克思主义哲学中,政治哲学究竟占有什么位置和地位?

对于这个问题,学术界有一种主流的认识,即认为政治哲学是从马克思主义哲学中所分化出来的应用哲学和部门哲学,与其并置存在的是经济哲学、文化哲学等等。这个认识所隐含的一个可能性逻辑是,政治哲学虽然对于繁荣马克思主义哲学的研究具有一定意义,但它无论发展到何种程度和地步,至多也只能算作马克思主义哲学中的一个并不特别重要乃至可有可无的分支。与这个认识不同,有个别学者是从马克思主义哲学的理论形态上,来界定和认定政治哲学的地位的。比如,白刚教授在《从"辩证唯物主义"到"政治哲学"——当代中国马克思主义哲学的形态演变及内在逻辑》一文中,就将政治哲学认定为当代中国马克思主义哲学的最新理论形态:"继对马克思主义哲学形态的辩证唯物主义、实践唯物主义和历史唯物主义理解之后,政治哲学又成为了马克思主义哲学的最新形态,甚至出现了从'历史唯物主义'到'政治哲学'的整体性转向。这一转向实际上也体现了马克思主义哲学形态从'存在论'向'价值论'的转变。""在规范性和价值论的意义上,马克思主义政治哲学作为'第一哲学'终于闪亮登场,未来中国化马克思主义哲学的发展,必定是以此为地基而继续前行。"①

　　相比上述第一种观点,第二种观点似乎有人为拔高政治哲学的嫌疑,但其实它比第一种观点更为深刻地看到了问题的本质。所以,笔者总体上认同的是第二种观点。具体一点说,在笔者看来,政治哲学不是马克思主义哲学的一个无关紧要的分支,而是马克思主义哲学的应有理论形态和本根之所在。不过,我们不能满足于在"学术增量"的意义上,依据人员、成果、课题、会议等外在的指标,来描述性地认识这个问题,而更应当从质的规定性上来对之予以把握。在质的规定性上,将政治哲学认定为马克思主义哲学的应有理论形态和本根之所在,既是回到马克思思想原初语境的题中应有之义,也是发展当代中国马克思主义哲学的题中应有之义,第一个方面涉及的是一个"文本"的问题,第二个方面涉及的是一个"当代"的问题。

　　我们先来看第一个方面:将政治哲学认定为马克思主义哲学的应有理论形态和本根之所在,是回到马克思思想原初语境的题中应有之义。

　　西方马克思主义开创者之一葛兰西曾经在勾勒马克思的形象时指出:"一个大人物表现他思想的较有创造力的方面,并不是在从表面的分类的观点来看显然应当是最合乎逻辑的形式中,而是在别处,在表面上看来可以被认为是与之无关的部分中。一个搞政治的人进行哲学写作:情况可能是,他的'真正的'哲学反倒应该在他的政治论著中去寻找。每个人都有一种占支配地位的活动:正是必须从这里去寻找他的思想,这种思想处在一种往

---

① 白刚:《从"辩证唯物主义"到"政治哲学"——当代中国马克思主义哲学的形态演变及内在逻辑》,《求是学刊》2018 年第 5 期。

往不是暗含在、而且甚至经常是同公开表达的东西相互矛盾的形式中。"①
马克思的哲学"既是一种也是政治的哲学,又是一种也是哲学的政治"②。
20世纪最具有原创性的政治哲学家之一阿伦特在图绘马克思的脸谱时更
是直截了当地强调:"马克思所产生的影响及其科学工作的根底里的东西
是什么? 要回答这个问题,很难找到合适的说辞。真要说的话,恐怕是他的
政治哲学。马克思对此并未特别精雕细刻,也不是始终明确,但是它产生的
冲击力要比那些精心论述的理论产生的影响的总和还要大。"③显而易见,
无论是葛兰西还是阿伦特,都将马克思坚执地论定为一位政治哲学家,从而
也都将其思想的内核确凿地指认为政治哲学。葛兰西和阿伦特的观点,对
于还原马克思思想的原初语境,具有不可否认的重大意义。因为事实上,政
治哲学并不是马克思思想中的一个边缘性论题,而正是其哲学理论的一个
根本开展向度④,对于把握其哲学理论来说具有本根性。不过,在这个问题
上,我们不能仅仅停留于葛兰西和阿伦特的阐释,而应另辟蹊径,作进一步
的分析。大致说来,葛兰西和阿伦特都是基于一种广义上的"政治",来考
论马克思的政治哲学的。但是,学术界今天主要是在关涉到平等的权利和
公正的分配等问题的现代规范性政治哲学的界面上,来开展马克思主义政
治哲学研究的。所以,我们是否有理由在本根性上来界定和指认政治哲学
之于马克思的意义和地位,在很大程度上取决于我们是否有理由认为,马克
思理论工作的主干就处在现代规范性政治哲学的论域内。

　　马克思在《〈黑格尔法哲学批判〉导言》中有一个著名的宣言:"真理的
彼岸世界消逝以后,历史的任务就是确立此岸世界的真理。人的自我异化
的神圣形象被揭穿以后,揭露具有非神圣形象的自我异化,就成了为历史服
务的哲学的迫切任务。于是,对天国的批判变成对尘世的批判,对宗教的批
判变成对法的批判,对神学的批判变成对政治的批判。"⑤如果说这个宣言
告诉我们,马克思理论工作的主干,就在于批判尘世和揭露具有非神圣形象
的自我异化,那么具体来看,他所批判的尘世,主要是指作为需要和劳动的
体系、以所有权为纽带的现代市民社会,而他所揭露的具有非神圣形象的自

①　[意]安东尼奥·葛兰西:《狱中札记》,曹雷雨、姜丽、张跣译,中国社会科学出版社2000
　　年版,第317页。
②　[意]安东尼奥·葛兰西:《狱中札记》,曹雷雨、姜丽、张跣译,中国社会科学出版社2000
　　年版,第308页。
③　[美]汉娜·阿伦特:《马克思主义与西方政治思想传统》,孙传钊译,江苏人民出版社2012
　　年版,第84页。
④　参见李佃来:《马克思的政治哲学:理论与现实》,人民出版社2015年版,第1—2页。
⑤　《马克思恩格斯文集》第1卷,人民出版社2009年版,第4页。

我异化,也主要是指现代市民社会中的异化关系。① 特别重要的一点是,作为 16 世纪以来西方社会历史的一个新生事物,现代市民社会的形成,必然带来一个根本而重大的规范性问题,这就是如何为所有权的合法性以及分配的公正性提供辩护这个问题。而这个规范性问题,事实上正是霍布斯、洛克以来所发展起来的现代规范性政治哲学的核心论题。所以,霍布斯、洛克以来的现代规范性政治哲学的发展,与市民社会的出场与不断走向成熟,并不是两条相互无关的线,而是现实历史与哲学理论之间所架构起的一个整体。在这个整体中,霍布斯、洛克、休谟、斯密、边沁等人的政治哲学,既是以市民社会为历史地基而确立起来的,同时也充当了市民社会的理论表征物和"哲学头脑"。这意味着,当一种理论学说明确地涉及市民社会问题时,这种理论学说就必然会和现代规范性政治哲学的论题发生这样那样的关联,无论这种关联是何种形式上的。由此而论,如果我们将马克思理论工作的主干命定为对市民社会及其代表的社会生产和交往关系的检视和批判,那么,马克思实质上就以其独特的方式,整体性地介入了现代规范性政治哲学的基本论题和论域。在发展现代规范性政治哲学上,洛克、休谟、斯密等人的基本工作方式,在于从前提上证立某个或某些价值,如权利、自由、平等、正义等等,进而据此来从理论上探索和回答一种公正合宜的社会政治制度,即一种"好生活"、一个"好社会"如何设计的问题。马克思自然没有采取这个工作方式,但从他对市民社会的批判中,我们却能够看到一个以历史性为底色的规范性政治哲学的版本。或者至少,马克思对市民社会所进行的批判,在事实上以历史的方式,处理了霍布斯、洛克以来的规范性政治哲学的基本论题。所以,一言以蔽之,马克思理论工作的主干,是处在现代规范性政治哲学的论域内的。亦即,现代规范性政治哲学对于马克思而言,具有本根的意义和地位,虽然马克思在市民社会和资本批判的界限内,并没有如洛克或 20 世纪的罗尔斯那样,去发展一种在逻辑上具有自洽性、可直接用来指导社会政治制度之设计的规范性政治哲学。这说明,将政治哲学认定为马克思主义哲学的应有理论形态和本根之所在,是完全符合马克思思想的原初语境的。

我们再来看第二个方面:将政治哲学认定为马克思主义哲学的应有理论形态和本根之所在,是发展当代中国马克思主义哲学的题中应有之义。

---

① 市民社会虽是马克思早期较频繁使用的一个概念,但他对市民社会的批判,则一直延伸到《资本论》及其手稿。在一定意义上,《资本论》及其手稿的写作,是马克思批判市民社会的真正展开和完成。

　　从学术理论上看,当代中国马克思主义哲学,是以20世纪80年代中后期以来的教科书体系的批判、西方马克思主义思潮的引介与研究、以"回到马克思"为标志性口号的马克思文本和思想的再阐释等重要学术事件为契机和突破点,逐步向前发展的。这似乎告诉我们,当代中国马克思主义哲学的每一步重大推进,都要追溯和归结到学术理论上的创新,乃至"叛逆性"的创新上去。实质上,这是一个错觉。考察哲学发展史可知,重大的理论问题往往来自重大的现实问题,重大的现实问题也必然会蕴含着重大的理论问题。理论与现实的这一关系,对于以实践性为重要特质和品格的马克思主义哲学来讲,是尤为重要的。在《〈黑格尔法哲学批判〉导言》中,马克思就曾明确强调:"理论在一个国家实现的程度,总是取决于理论满足这个国家的需要的程度。"①实际上,如果我们把当代中国马克思主义哲学的发展放在40年改革开放的大背景中来加以审视,就很容易看到这样一个基本事实:当代中国马克思主义哲学的理论逻辑,恰恰就来自改革开放的实践逻辑。正是改革开放这一伟大历史实践的生动展开,为当代中国马克思主义哲学的发展提供了最深厚的土壤,而无论是教科书体系的批判、西方马克思主义思潮的引介与研究、以"回到马克思"为标志性口号的马克思文本和思想的再阐释等重要学术事件,还是实践问题、价值问题、主体性问题等马克思主义哲学界集中探讨的重要理论问题,其实只有放在改革开放的叙事框架中,才能够得到最透彻的认识。这个基本事实,对于马克思主义政治哲学的研究来说,究竟意味着什么呢?

　　毋庸置疑,中国40年来的改革开放,是一场从经济领域开始,进而牵涉整个社会的伟大实践。在这场伟大社会实践中,经济领域所发生的变化,已远远超出了纯粹"经济"上的意义,而是关系到社会政治方面的一系列重大问题,尤其重要的是带来了一系列需要由政治哲学来回应和回答的重大规范性问题。事实上,西方社会在由中世纪向近现代过渡的转折期,首先经历的就是商品经济的普遍确立这个前所未有的新现象,而这个新现象恰恰就孕育和包含了如何为所有权的合法性及分配的公正性所辩护这个重大规范性问题,因而也决定性地催生了霍布斯、洛克以来的西方规范性政治哲学。中国改革开放中由经济领域的变革所带来的规范性问题主要包括两类,一是存在于收入分配、教育、司法等领域的、具体的、亟待解决的社会公平正义问题;二是从整体上构建社会伦理规范和行为规则,以此为社会生活树立价值目标、为社会分配提供价值遵循、为政治体制改革确立价值前提的问题。

---

　　① 《马克思恩格斯文集》第1卷,人民出版社2009年版,第12页。

这两类规范性问题不是改革开放实践逻辑中的细枝末节,而是其中最深层次的乃至具有决定意义的东西;它们不会因为改革开放历史进程的推进而趋于沉寂,而是会长期存在于改革开放的历史实践中,甚至也可以说,在社会主要矛盾发生变化、以经济发展为重心转向以社会平衡发展为重心的新时代,它们比以往更加凸显。由此而论,在中国,马克思主义哲学要持续彰显自己在重大现实问题面前的反思能力和旺盛的生命力,就必须要实质性地介入到这些重大的规范性问题中来。所以,政治哲学对于当代中国马克思主义哲学来说,决不应当仅仅是一种具有外在补充意义的分支哲学或部门哲学,相反,它成为当代中国马克思主义哲学的应有理论形态,是理所当然、顺理成章的事情。这也说明,我们现在开展马克思主义政治哲学的研究,不应当仅仅将目标定位于如何摆脱马克思主义哲学界在政治哲学问题面前的失语状态,而应当将目标定位于如何构建当代中国马克思主义哲学的新形态。

(三) 如何全面界定马克思主义政治哲学与当代西方政治哲学的关系

十多年来马克思主义政治哲学研究在中国学术界的勃兴,是以中国改革开放的实践逻辑为最深刻原因和根基的。但是,我们也不能否认,20 世纪 70年代以来,由罗尔斯《正义论》的出版所带动的西方规范性政治哲学的大复兴及其在世界范围引发的巨大学术效应,也是马克思主义政治哲学得以开展出来的一个重要背景或契机。由此一来,马克思主义政治哲学与当代西方政治哲学的关系,就成了一个我们不得不认真对待和思索的重大问题。

总体上,马克思主义政治哲学与当代西方政治哲学的关系,应当从两个方面来加以看待:一是我们要积极参照和借鉴当代西方政治哲学来发展马克思主义政治哲学;二是我们要充分认识马克思主义政治哲学与当代西方政治哲学的异质性,从而在范式上将两者界划开来。

首先,我们为什么要参照和借鉴当代西方政治哲学来发展马克思主义政治哲学?

虽然如上所示,政治哲学在马克思的思想中具有本根的意义和地位,但因为传统的马克思主义哲学解释模式并未为政治哲学开辟一席之地,所以,马克思主义政治哲学作为一个研究模块,实际上是在"既没有自己独立的理论结构与学术方法,也没有自己可资取用的第一手资料"①的条件下,开

---

① 李佃来:《马克思的政治哲学:理论与现实》,人民出版社 2015 年版,第 259 页。

始确立的。由这个情况来看，从已经拥有成熟结构的当代西方政治哲学中借用一些基本的概念和范畴来开展马克思主义政治哲学的研究，是一件很自然的事情，而且对于马克思主义政治哲学初始学术平台的构筑，是大有助益的。不过，更根本的是，从面对的问题和论定的价值上看，马克思主义政治哲学与当代西方政治哲学并不是截然对立的，毋宁说它们之间是存在对话乃至会通的可能性的，而这是我们之所以要参照和借鉴当代西方政治哲学来发展马克思主义政治哲学的一个更深层次的理由。对于我们把握这个问题，加拿大学者威尔·金里卡在《当代政治哲学》（上）中的如下重要论述富有启示："今天几乎所有的分析的马克思主义者都承认，匮乏、冲突、多元以及理性的不完善是人类的永久性特征；任何有吸引力的规范的政治理论都必须解释政治制度应该如何面对这些事实。而向这个方向迈进的第一步就是去发展一种马克思主义的正义理论。"①金里卡在这里所提到的分析的马克思主义者的一项最重要工作，就是在当代西方语境下发展一种马克思主义的正义和政治哲学理论。正如金里卡所指，分析的马克思主义者发展正义理论的一个根本理由，就在于解决人类社会中的匮乏、冲突、多元以及理性的不完善等问题。而事实上，这些问题不仅为以柯亨、埃尔斯特等为代表的当今英美分析的马克思主义者所敏锐捕捉，同时也为以罗尔斯、诺齐克等为代表的当代西方政治哲学家所认真对待。在这个意义上，柯亨等人所发展的马克思主义正义和政治哲学理论，与罗尔斯等人所发展的当代西方政治哲学理论，是存在很大相似和类同性的。与此同时，这两种政治哲学理论予以立论的价值前提，也有一致的地方。比如说，罗尔斯所重视的权利、自由、平等、公正等基本价值，也必然是柯亨建构其政治哲学理论的前提，虽然在这些价值的排序上，他们的主张未必完全相同。

在发展政治哲学上，中国马克思主义哲学界所面对的问题，自然不能简单地概括为金里卡所说的匮乏、冲突、多元以及理性的不完善等所谓人类"永久性"的问题，而主要是在中国改革开放的历史进程中所凸显出来的前述两类规范性问题——具体的社会公平正义问题和从整体上构建社会伦理规范和行为规则的问题。这两类规范性问题虽然是在中国特定的历史语境和文化背景下凸显出来的，具有鲜明的中国印迹，但在现代市场社会中，它们也具有一定的普泛性。具体的社会公平正义问题，相当于兼政治哲学家和经济学家于一身的阿马蒂亚·森所侧重的部分服从的政治哲学问题；从整体上构建社会伦理规范和行为规则的问题，则相当于罗尔斯所侧重的严

---

① ［加］威尔·金里卡：《当代政治哲学》（上），刘莘译，上海三联书店2004年版，第319页。

格服从的政治哲学问题。不管是阿马蒂亚·森的思考,还是罗尔斯的建构,对于发展当代中国马克思主义政治哲学,都是重要的资源,这一点我们不能否认。进一步说,作为一种政治哲学,当代中国马克思主义政治哲学必然要树立明确的价值主张,以此彰显其规范性力量。当代中国马克思主义政治哲学所要树立的价值主张,既不能脱离其所面对和解决的规范性问题,也不能脱离社会主义初级阶段这个更大的背景,所以,那些从属于现代社会(特别是现代市场社会)的价值,如权利、自由、平等、公正、公共理性以及契约精神等等,都应当被纳入当代中国马克思主义政治哲学的价值框架中。我们同样不能否认的是,当代西方政治哲学已经围绕这些价值进行了非常精细的讨论和建构,其对于我们发展马克思主义政治哲学,自然具有重要的参照意义。从这一点来讲,今天人们自觉或不自觉地在罗尔斯所确立的价值坐标系中来研究马克思主义政治哲学的相关问题,也是有一定道理的。

其次,我们为什么要在范式上将马克思主义政治哲学与当代西方政治哲学界划开来?

由于当代西方政治哲学是在西方近现代政治哲学的基础上发展起来的,所以,马克思的政治哲学与西方近现代政治哲学的关系,是我们今天全面认识和界定马克思主义政治哲学与当代西方政治哲学之关系的一个重要根据。虽然如上所述,马克思在对市民社会的批判中,整体性地介入了现代规范性政治哲学的基本论题和论域,但深入分析会发现,马克思的政治哲学与霍布斯、洛克以来的西方近现代政治哲学相比,存在以下三个根本差别:第一,西方近现代政治哲学的主体立论框架,是自然法、契约论和纯粹的"应当",而马克思的政治哲学则完全突破了这个框架,从而与历史唯物主义、与"是"、与历史根本性地联系在了一起。所以,作为一种具有规范性力量的理论,马克思的政治哲学同时也是一种实至名归的历史性理论。而"历史"或"历史意识"在霍布斯、洛克、休谟、斯密、边沁等人的政治哲学中,是根本不存在的,虽然他们都是在市民社会的历史地基上来建构各自的理论学说的。第二,在价值论上,最为西方近现代政治哲学家所重视的是权利和自由,而最为马克思所重视的则是平等。西方近现代政治哲学家虽然也要求平等,但其所讲的平等,更多是权利上的,而非起点和结果上的,而这种权利上的平等,其核心还是权利和自由。马克思也强调权利和自由的基础性意义,但相比而言,平等是他的政治哲学中最根本、最坚实、最能昭显规范性意蕴的价值。如果说西方近现代政治哲学以权利和自由为价值基点所进行的立言,在事实上为私有财产制度作了辩护,那么马克思的政治哲学则在对平等的诉求中,成为私有财产制度最有力的批判性力量。第三,不管霍布斯、洛克、休谟、斯密、边沁等人的政治哲学存在什么具体不同,有一点是完全一致的,即它们都是一种只关注权利、自由、平等、公正、法等现实性价值的单一型理论。与此相对照,马克思的政治哲学则是一种复合型理论,因为它包含了如下两个维度:一是容纳权利、自由、平等、公正等价值的现实性维度;二是以人的自我实现和人的自由而全面发展为终极目标的理想性维度①。这两个维度并不是彼此外在、互为他者的,而是内在贯通的。这既提升了现实性维度的思想品格,也规避了理想性维度与人们现实生活的那种疏远感。马克思政治哲学与西方近现代政治哲学的这三个差别,决定了它们在范式上的根本分野。

　　20世纪70年代以来所发展起来的当代西方政治哲学,并没有真正走出近现代政治哲学的思维框架,因而也不可能克服后者在理论设计上的缺陷,即便对西方近现代政治哲学予以修正和补充的理论学说,如罗尔斯的正义理论,也并不例外。我们在此就以罗尔斯为例,来具体说明这个问题。与霍布斯、洛克、康德等近现代契约论政治哲学家不同,罗尔斯已经意识到契约论框架下所设定的"应当"——正义的两条基本原则——在多元文化中的可能性和稳定性问题,所以他在《政治自由主义》中将"作为公平的正义"命定为"政治正义"。但罗尔斯并没有由此而像马克思那种走向对现实历史和现实社会关系的深刻考察,所以,其正义理论无论怎么修缮,都不可能拥有马克思政治哲学的那种现实感和历史感。在价值立场上,众所周知,与霍布斯、洛克、斯密、边沁等崇尚权利和自由的近现代政治哲学家也不一样,罗尔斯非常看重"平等",这集中体现在他为分配正义所设定的第二条原则——差异原则上。但罗尔斯不是要用"平等",来抵制自由主义和资本主义体系中"自由"的优先性,相反他为分配正义所设定的第一条原则——自由和平等的权利原则,恰恰是优先于差异原则的。另外,在理论模型上,罗尔斯的正义理论并没有超出权利、自由、机会、收入和财富等社会基本善品的分配问题,所以归根结底,它依然是那种只有现实性维度而缺少理想性维度的单一型政治哲学。

　　我们今天开展马克思主义政治哲学研究的最重要工作之一,是立足当代中国,发展一种具有时代感的马克思主义政治哲学。但这项工作绝不可能在背离马克思的前提下进行,否则就不是"马克思主义"政治哲学,而是其他政治哲学了。同时,这种马克思主义政治哲学也不能混同于当代西方政治哲学,特别是要避免后者在理论设计上的漏洞和缺陷。所以,当代中

---

　　①　参见李佃来:《马克思政治哲学的理想性维度与现实性维度》,《学术界》2017年第3期。

国马克思主义政治哲学尤其需要具备马克思政治哲学的三个特点——突破纯粹"应当"的现实性和历史性、以平等为根基性价值诉求社会公正的规范性、兼现实性维度与理想性维度于一体的复合性。这个要求，不是从理论的外在形式上提出来的，而是有其现实针对性和现实意义的。具体说来：（1）当代中国马克思主义政治哲学之所以要具有现实性和历史性，是因为只有从政治哲学的基本理论、范畴、命题，走向对改革开放以来中国具体的社会关系、具体的历史情境的分析，才能够真正提炼、概括出既具有描述性又具有规范性的理念和命题，理论与现实之间的可能性断裂，才能够有效避免。（2）当代中国马克思主义政治哲学之所以要把平等作为根基性价值，是因为"共享发展"是中国特色社会主义将长期贯彻的发展理念，"共同富裕"是中国特色社会主义将长期坚持的一条原则和道路，而"共享发展"和"共同富裕"，都是以追求社会平等（不是平均）为首要价值目标的。（3）当代中国马克思主义政治哲学之所以要兼现实性维度与理想性维度于一体，是因为在社会主要矛盾发生转变，诉求和塑造美好生活的需要日益增长的新时代，既需要在收入分配等领域解决好公平正义这个现实性问题，也需要超出纯粹物质分配的界限，上升到"人的全面发展"这个更高界面，来思索、探索什么是美好生活以及如何实现美好生活这个根本问题。显而易见，当代中国马克思主义政治哲学只有在范式上与当代西方政治哲学界划开来，而不是把后者作为唯一合法样本，才能够具备以上三个特点，从而也才能够发挥对中国社会政治体制改革和中国社会持续健康发展可能具有的引导作用。

主要参考文献

一、中 文 部 分

1.《马克思恩格斯文集》第 1—10 卷，人民出版社 2009 年版。

2.《马克思恩格斯全集》中文第 1 版，人民出版社 1956 年版。

3.《马克思恩格斯选集》第 1—4 卷，人民出版社 1995 年版。

4.《列宁选集》第 1 卷，人民出版社 2012 年版。

5.《列宁专题文集 论辩证唯物主义和历史唯物主义》，人民出版社 2009 年版。

6.《列宁专题文集 论无产阶级政党》，人民出版社 2009 年版。

7.《国际共运史研究资料》第 4 辑，人民出版社 1982 年版。

8.《国际共运史研究资料》第 8 辑，人民出版社 1983 年版。

9.《国际共运史研究资料·卢森堡专辑》，人民出版社 1981 年版。

10.《哲学研究》编辑部编:《唯物主义历史观》第二分册，上海人民出版社 1965 年版。

11. [法]拉法格:《财产及其起源》，王子野译，生活·读书·新知三联书店 1962 年版。

12. [意]安·拉布里奥拉:《关于历史唯物主义》，杨启潾、孙魁、朱中龙译，人民出版社 1984 年版。

13. 殷叙彝编:《伯恩施坦文选》，人民出版社 2008 年版。

14.《卢森堡文选》(上卷)，人民出版社 1984 年版。

15.《卢森堡文选》(下卷)，人民出版社 1990 年版。

16. [德]罗莎·卢森堡:《社会改良还是社会革命?》，徐坚译，生活·读书·新知三联书店 1958 年版。

17. [古希腊]柏拉图:《理想国》，郭斌和、张竹明译，商务印书馆 1986 年版。

18. [古希腊]亚里士多德:《尼各马可伦理学》，廖申白译注，商务印书馆 2003 年版。

19. [古希腊]亚里士多德:《政治学》，吴寿彭译，商务印书馆 1983 年版。

20. [英]霍布斯:《利维坦》，黎思复、黎廷弼译，商务印书馆 1985 年版。

21. [英]洛克:《政府论》(下篇)，叶启芳、瞿菊农译，商务印书馆 1964 年版。

22. [英]休谟:《人性论》(下册)，关文运译，商务印书馆 1980 年版。

23. [英]亚当·斯密:《道德情操论》，蒋自强、钦北愚等译，商务印书馆 1997 年版。

24.［法］卢梭:《论人类不平等的起源和基础》,李常山译,商务印书馆1962年版。

25.［法］卢梭:《社会契约论》,李平沤译,商务印书馆2011年版。

26.［德］伊曼努尔·康德:《纯粹理性批判》,李秋零译,中国人民大学出版社2004年版。

27.［德］伊曼努尔·康德:《实践理性批判》(注释本),李秋零译注,中国人民大学出版社2011年版。

28.［德］伊曼努尔·康德:《实践理性批判》,韩水法译,商务印书馆1999年版。

29.［德］黑格尔:《法哲学原理》,范扬、张企泰译,商务印书馆1961年版。

30.［德］黑格尔:《小逻辑》,贺麟译,商务印书馆1980年版。

31.［德］黑格尔:《精神现象学》(上卷),贺麟、王玖兴译,商务印书馆1962年版。

32.［德］费尔巴哈:《基督教的本质》,荣震华译,商务印书馆1984年版。

33.［英］边沁:《道德与立法原理导论》,时殷弘译,商务印书馆2000年版。

34.［英］约翰·穆勒:《功利主义》,徐大建译,商务印书馆2014年版。

35.［英］约翰·穆勒:《论自由》,孟凡礼译,广西师范大学出版社2011年版。

36.［匈］卢卡奇:《历史与阶级意识——关于马克思主义辩证法的研究》,杜章智、任立、燕宏远译,商务印书馆1999年版。

37.［匈］卢卡奇:《青年黑格尔》(选译),王玖兴译,商务印书馆1963年版。

38.［德］卡尔·柯尔施:《马克思主义和哲学》,王南湜、荣新海译,重庆出版社1989年版。

39.［意］安东尼奥·葛兰西:《狱中札记》,曹雷雨、姜丽、张跣译,中国社会科学出版社2000年版。

40.［联邦德国］麦克斯·霍克海默:《批判理论》,李小兵等译,重庆出版社1989年版。

41.［德］马克斯·霍克海默、西奥多·阿道尔诺:《启蒙辩证法——哲学断片》,渠敬东、曹卫东译,上海人民出版社2003年版。

42.［美］赫伯特·马尔库塞:《单向度的人》,张峰、吕世平译,重庆出版社1988年版。

43.［法］让-保罗·萨特:《辩证理性批判》(上),林骧华等译,安徽文艺出版社1998年版。

44.［法］路易·阿尔都塞:《保卫马克思》,顾良译,商务印书馆1984年版。

45.［德］卡尔·洛维特:《从黑格尔到尼采》,李秋零译,生活·读书·新知三联书店2014年版。

46.孙周兴选编:《海德格尔选集》(下),生活·读书·新知上海三联书店1996年版。

47.［美］汉娜·阿伦特:《马克思主义与西方政治思想传统》,孙传钊译,江苏人民出版社2012年版。

48.［美］汉娜·阿伦特:《人的境况》,王寅丽译,上海人民出版社2009年版。

49. [美]汉娜·阿伦特:《过去与未来之间》,王寅丽、张立立译,译林出版社 2011 年版。

50. [加]菲利普·汉森:《历史、政治与公民权:阿伦特传》,刘佳林译,江苏人民出版社 2004 年版。

51. [美]伊丽莎白·扬-布鲁尔:《阿伦特为什么重要》,刘北成、刘小鸥译,译林出版社 2008 年版。

52. [英]卡尔·波普尔:《历史主义的贫困》,何林等译,社会科学文献出版社 1987 年版。

53. [英]卡尔·波普尔:《开放社会及其敌人》第 2 卷,郑一明等译,中国社会科学出版社 1999 年版。

54. [德]卡尔·施米特:《政治的浪漫派》,冯克利、刘锋译,上海人民出版社 2004 年版。

55. [德]哈贝马斯:《交往行动理论》(第一、二卷),洪佩郁、蔺青译,重庆出版社 1994 年版。

56. [联邦德国]哈贝马斯:《交往与社会进化》,张博树译,重庆出版社 1989 年版。

57. [德]哈贝马斯:《公共领域的结构转型》,曹卫东等译,学林出版社 1999 年版。

58. [德]尤尔根·哈贝马斯:《理论与实践》,郭官义、李黎译,社会科学文献出版社 2004 年版。

59. [德]哈贝马斯:《在事实与规范之间》,童世骏译,生活·读书·新知三联书店 2003 年版。

60. [德]尤尔根·哈贝马斯:《包容他者》,曹卫东译,上海人民出版社 2002 年版。

61. [德]尤尔根·哈贝马斯:《后民族结构》,曹卫东译,上海人民出版社 2002 年版。

62. [德]尤尔根·哈贝马斯:《重建历史唯物主义》,郭官义译,社会科学文献出版社 2000 年版。

63. [德]于尔根·哈贝马斯:《后形而上学思想》,曹卫东、付德根译,译林出版社 2001 年版。

64. [德]哈贝马斯:《作为"意识形态"的技术与科学》,李黎等译,学林出版社 1999 年版。

65.《哈贝马斯在华讲演集》,人民出版社 2002 年版。

66.《哈贝马斯精粹》,曹卫东选译,南京大学出版社 2004 年版。

67. [德]尤尔根·哈贝马斯、米夏埃尔·哈勒:《作为未来的过去》,章国锋译,浙江人民出版社 2001 年版。

68. [德]乌·贝克、哈贝马斯等:《全球化与政治》,王学东等译,中央编译出版社 2000 年版。

69. [德]德特勒夫·霍尔斯特:《哈贝马斯传》,章国锋译,东方出版中心 2000 年版。

70. ［美］莱斯利·A. 豪:《哈贝马斯》,陈志刚译,中华书局 2002 年版。

71. ［英］戴维·赫尔德等:《全球大变革》,杨雪冬等译,社会科学文献出版社 2001 年版。

72. ［英］戴维·赫尔德、安东尼·麦克格鲁编:《治理全球化:权力、权威与全球治理》,曹荣湘等译,社会科学文献出版社 2004 年版。

73. ［美］列奥·施特劳斯:《自然权利与历史》,彭刚译,生活·读书·新知三联书店 2003 年版。

74. ［美］施特劳斯:《什么是政治哲学》,李世祥等译,华夏出版社 2011 年版。

75. ［美］约翰·罗尔斯:《正义论》(修订版),何怀宏、何包钢、廖申白译,中国社会科学出版社 2009 年版。

76. ［美］约翰·罗尔斯:《政治哲学史讲义》,杨通进、李丽丽、林航译,中国社会科学出版社 2011 年版。

77. ［美］约翰·罗尔斯:《政治自由主义》,万俊人译,译林出版社 2000 年版。

78. ［美］罗伯特·诺奇克:《无政府、国家和乌托邦》,姚大志译,中国社会科学出版社 2008 年版。

79. ［英］弗里德里希·冯·哈耶克:《哈耶克文选》,冯克利译,江苏人民出版社 2007 年版。

80. 吕增奎编:《马克思与诺齐克之间:G.A.柯亨文选》,江苏人民出版社 2007 年版。

81. ［美］约翰·E. 罗默:《在自由中丧失——马克思主义经济哲学导论》,段忠桥、刘磊译,经济科学出版社 2003 年版。

82. ［美］乔恩·埃尔斯特:《理解马克思》,何怀远等译,中国人民大学出版社 2008 年版。

83. ［美］詹姆斯·奥康纳:《自然的理由——生态学马克思主义研究》,唐正东、臧佩洪译,南京大学出版社 2003 年版。

84. ［美］约翰·贝拉米·福斯特:《生态危机与资本主义》,耿建新、宋兴无译,上海译文出版社 2006 年版。

85. ［加］威尔·金里卡:《当代政治哲学》(上、下),刘莘译,上海三联书店 2004 年版。

86. ［美］伊安·夏皮罗:《政治的道德基础》,姚建华、宋国友译,上海三联书店 2006 年版。

87. ［美］阿拉斯戴尔·麦金太尔:《谁之正义? 何种合理性?》,万俊人等译,当代中国出版社 1996 年版。

88. ［加］查尔斯·泰勒:《黑格尔》,张国清、朱进东译,译林出版社 2002 年版。

89. ［英］戴维·麦克莱伦:《马克思以后的马克思主义》(第 3 版),李智译,中国人民大学出版社 2004 年版。

90. ［英］伯尔基:《马克思主义的起源》,伍庆、王文扬译,华东师范大学出版社 2007

年版。

91.［美］麦卡锡:《马克思与古人——古典伦理学、社会正义和 19 世纪政治经济学》,王文扬译,华东师范大学出版社 2011 年版。

92.［美］理查德·沃林:《文化批评的观念》,张国清译,商务印书馆 2000 年版。

93.［英］尼格尔·多德:《社会理论与现代性》,陶传进译,社会科学文献出版社 2002 年版。

94.［美］沃伦·布雷克曼:《废黜自我:马克思、青年黑格尔派及激进社会理论的起源》,李佃来译,北京师范大学出版社 2013 年出版。

95.［美］艾伦·布坎南:《马克思与正义》,林进平译,人民出版社 2013 年版。

96.［加］凯·尼尔森:《马克思主义与道德观念——道德、意识形态与历史唯物主义》,李义天译,人民出版社 2014 年版。

97.［英］史蒂文·卢克斯:《马克思主义与道德》,袁聚录译,高等教育出版社 2009 年版。

98.［美］R. W. 米勒:《分析马克思——道德、权力和历史》,张伟译,高等教育出版社 2009 年版。

99.［印度］阿马蒂亚·森:《正义的理念》,王磊、李航译,中国人民大学出版社 2012 年版。

100.［印度］阿马蒂亚·森:《伦理学与经济学》,王宇、王文玉译,商务印书馆 2014 年版。

101.［英］伦纳德·霍布豪斯:《社会正义要素》,孔兆政译,吉林人民出版社 2011 年版。

102.［英］布莱恩·巴里:《正义诸理论》(上、下),孙晓春、曹海军译,吉林人民出版社 2011 年版。

103.［英］戴维·米勒:《社会正义原则》,应奇译,江苏人民出版社 2008 年版。

104.［英］杰弗里·托马斯:《政治哲学导论》,顾肃、刘雪梅译,中国人民大学出版社 2006 年版。

105.［英］乔纳森·沃尔夫:《政治哲学导论》,王涛、赵荣华、陈任博译,吉林出版集团有限责任公司 2009 年版。

106.［德］阿克塞尔·霍耐特:《自由的权利》,王旭译,社会科学文献出版社 2013 年版。

107.［美］艾丽斯·M. 杨:《正义与差异政治》,李诚予、刘靖子译,中国政法大学出版社 2017 年版。

二、英 文 部 分

1. J. Habermas, *The Philosophical Discourse of Modernity*, Cambridge: Polity Press, 1987.

2. Craig Calhoun ed., *Habermas and the Public Sphere*, Cambridge: The MIT Press, 1992.

3. J. Bernstain, *Habermas and Modernity*, The MIT Press, 1985.

4. G. A. Cohen, *History*, *Labour*, *and Freedom*, Oxford University Press, 1989.

5. G. A. Cohen, *On the Currency of Egalitarian Justice*, *and Other Essays in Political Philosophy*, Princeton University Press, 2011.

6. Jonathan Wolff, G. A. Cohen, *Lectures on the History of Moral and Political Philosophy*, Princeton University Press, 2013.

7. John Roemer, *A General Theory of Exploitation and Class*, Harvard University Press, 1982.

8. John Roemer, *A Future for Socialism*, Harvard University Press, 1994.

9. John Roemer, *Equality of Opportunity*, Harvard University Press, 1998.

10. John Roemer, *Democracy*, *Education and Equality*, Cambridge University Press, 2006.

11. John Roemer Edited, *Analytical Marxism*, Cambridge University Press, 1986.

12. Jon Elster, *Local Justice*: *How Institutions Allocate Scarce Goods and Necessary Burdens*, Russell Sage Foundation, 1993.

13. John Bellamy Foster, *Marx's Ecology*: *Materialism and Nature*, Monthly Review Press, 2000.

14. Paul Burkett, *Marxism and Ecological Economics*: *Toward a Red and Green Political Economy*, Brill Academic Publishers, 2006.

15. Fredric Jameson, *Capital in Its Time and Space*, Verso, 2008.

16. Fredric Jameson, *Valences of the Dialectic*, Verso, 2009.

17. Norman Levine, *Divergent Paths*: *Hegel in Marxism and Engelsism*, Lexington, 2006.

18. Bertell Ollman, *Dance of Dialectic*: *Steps in Marx's Method*, University of Illinois Press, 2003.

19. Buchanan ed., *Jameson on Jameson*: *Conversations on Cultural Marxism*, Duke University Press, 2007.

20. George G. Brenkert, *Marx's Ethics of Freedom*, London: Routledge & K. Paul, 1983.

21. Marshall Cohen, Thomas Nagel, Thomas Scanlon(eds.), *Marx*, *Justice*, *and History*: *A Philosophy and Public Affairs Reader*, Princeton University Press, 1980.

22. Tony Smith, *Dialectical Social Theory and Its Critics*: *From Hegel to Analytical Marxism and Postmodernism*, State University of New York Press, 1993.

23. Andrew Levine, *A Future for Marxism?* ——*Althusser*, *the Analytical Turn and the Revival of Socialist Theory*, Pluto Press, 2003.

24. Sean Sayers, *Marx and Alienation*, Palgrave Macmillan Press, 2011.

25. Alex Honneth, *Suffering from Indeterminacy*: *An Attempt at a Reactualization of Hegel's Philosophy of Right*, Van Gorcum Publishers, 2000.

26. R. N. Hunt, *The Political Ideas of Marx and Engels*: *Vol. I*, University of Pittsburgh Press, 1974.

27. David Schmidtz, *Elements of Justice*, Cambridge University Press, 2006.

28. David Schmidtz, *Rational Choice and Moral Agency*, Princeton University Press, 1996.

29. *John Keane*, Global Civil Society? *Cambridge University Press*, 2003.

30. *John A. Hall ed.*, Civil Society: Theory, History, Comparison, *Polity Press*, 1995.

31. *Stephen Bronner*, Of Critical Theory and Its Theorists, *New York: Routledge*, 2002.

32. *Kevin Anderson*, Lenin, Hegel, and Western Marxism, *University of Illinois Press*, 1995.

后　记

　　本书是继《马克思的政治哲学：理论与现实》、《政治哲学视域中的马克思》之后，我近些年来集中、系统地研究马克思主义政治哲学的又一个成果，也是我在《马克思的政治哲学：理论与现实》一书的"后记"中曾提到过的"三部曲"研究计划①中的第二部曲。

　　本书既是我的研究计划中的一个先在组成部分，也是对马克思主义政治哲学领域所普遍存在的问题的一个可能性解决。在马克思主义政治哲学这个生机勃勃的领域中，存在两个值得我们深长思之的问题：一是用西方主流政治哲学做标准来阐释和建构马克思主义政治哲学，二是对马克思主义政治哲学的具体问题关注有余、对马克思主义政治哲学的历史发展把握不足。本书的研究在相当大的意义上，就是针对这两个问题进行的。这决定了本书的工作，主要在于两个方面：一是在理论范式的意义上，来检视和指认马克思主义政治哲学和西方主流规范性政治哲学的质性区别，从而界划马克思主义政治哲学的"传统"，并概括其特质；二是在哲学发展史的维度上，来梳理和呈示马克思主义政治哲学传统在20世纪的不断延展，从而建立一个历史性的马克思主义政治哲学叙事框架。本书之所以定名为《马克思主义政治哲学的传统及其当代延展》，与这两个方面的工作是直接相关的。

　　本书基于以上工作的开展而提出的核心观点，大致可以表述如下：马克思在思想史上对政治哲学的创造，既承接了近代之后西方主流规范性政治哲学的理论问题，又与后者形成了根本分殊，由此开辟了一种以历史批判性为价值底色和精神性原则的政治哲学传统。在马克思、恩格斯身后，这一独具特色的传统曾一度遭到第二国际以及苏联马克思主义哲学阐释模式的曲解和遮蔽，但在西方批判的马克思主义哲学家的理论反思与思想创制中，却又出人意料地被重新开显和激活，这使马克思主义政治哲学在思想逻辑上，从马克思推进到西方马克思主义，从19世纪推进到20世纪。总体上说，政治哲学构成了西方马克思主义的一个普泛的、重要的理论维度。这一理论维度关涉到"实证主义批判"、"主体革命"、"现代性批判"等此消彼长、不尽相同的论域，这说明20世纪的马克思主义政治哲学在主题上是不断出新

---

　　① 参见李佃来：《马克思的政治哲学：理论与现实》，人民出版社2015年版，第361页。

的,在理论内涵上是不断变化的。不过,从共性上说,西方马克思主义对政治哲学的发展,大致是沿着一条有别于自由主义的路径前进的,其所开显和厘定的政治哲学理论路向,在思想史的意义上既与马克思政治哲学相衔接,又推进了马克思政治哲学的论题,从而壮大了异质于自由主义而同质于马克思之范式的政治哲学逻辑,进而也使20世纪政治哲学的历史不独以罗尔斯的方式或者施特劳斯的方式展现出来,大大丰富了作为复数的、广义的政治哲学的内涵。这些观点对于推动方兴未艾的马克思主义政治哲学研究,特别是对于厘定马克思主义政治哲学的边界所具有的意义,应当说是显明昭著的。不过,本书绝没有因此而把这些观点独断地奉为不可触犯的信条。毋宁说,本书的研究只是一个向"前面"敞开的可能性的起点。任何出于善意的学术批评,都可能会是本书的观点和内容得以不断完善的重要契机。

2010年对于我的学术研究而言,可谓是一道重要的分水岭。在此之前,我的最主要研究领域是广义的西方马克思主义(当代国外马克思主义);而在此之后,马克思主义政治哲学成了我最重要的研究领域。不过,需要向学界朋友说明的是,这个变化,并不意味着我与西方马克思主义的"分手"和"告别"。事实上,我从来就没有真正离开过西方马克思主义这个领域,相反,我始终是这个领域忠实不变的关切者。十多年来,我在武汉大学一直承担着西方马克思主义课程的教学任务,从未中断。目前,我还在西方马克思主义这个方向上招收、培养博士研究生。教学和人才培养上的任务,要求我在系统地开展马克思主义政治哲学研究的同时,也必须要保持对西方马克思主义领域的切近关注。不仅如此,就学术的内在机理来说,马克思主义政治哲学和西方马克思主义在我的视野中,从来都不是一种非此即彼的、矛盾性的存在,而是两个完全可以实现内在打通的领域。而且更重要的是,这种内在打通对于每个领域的研究,都可能意味着一种具有重大创新意义的突破。我几乎从来都没有放弃对这两个领域之内在打通性的思考和探索,本书其实也是这种思考和探索的一个产物,当然,与此同时,也是我从未"告别"西方马克思主义的一个明证。

本书得到了国家社科基金后期资助项目的资助,特此向全国哲学社会科学工作办公室以及对本书的内容给予充分肯定并提出进一步修改意见的评审专家表示衷心的感谢。同时要感谢的,还有长期以来对我的学术研究工作给予支持、帮助和鼓励的学界师长、同仁以及我的同事。人民出版社的崔继新先生为本书的编辑、出版付出了大量心血,在此一并表达诚挚的谢忱。

李佃来

2020年深秋于武汉

责任编辑:崔继新
助理编辑:李　航
封面设计:毛　淳　姚　菲
版式设计:周方亚

图书在版编目(CIP)数据

马克思主义政治哲学的传统及其当代延展/李佃来 著. —北京:
　人民出版社,2020.12
(国家社科基金后期资助项目)
ISBN 978－7－01－022337－7

Ⅰ.①马…　Ⅱ.①李…　Ⅲ.①马克思主义-政治哲学-研究
　Ⅳ.①A811.64

中国版本图书馆 CIP 数据核字(2020)第 128127 号

马克思主义政治哲学的传统及其当代延展
MAKESIZHUYI ZHENGZHI ZHEXUE DE CHUANTONG JIQI DANGDAI YANZHAN

李佃来　著

人民出版社 出版发行
(100706　北京市东城区隆福寺街 99 号)

中煤(北京)印务有限公司印刷　新华书店经销

2020 年 12 月第 1 版　2020 年 12 月北京第 1 次印刷
开本:710 毫米×1000 毫米 1/16　印张:20.25
字数:353 千字

ISBN 978－7－01－022337－7　定价:68.00 元

邮购地址 100706　北京市东城区隆福寺街 99 号
人民东方图书销售中心　电话 (010)65250042　65289539